敬愛する植野妙実子先生が古稀を迎えられたこの機会に、
私たち執筆者一同は、あらためて先生の学恩に感謝し、
謹んで本書を先生に捧げます。

植野妙実子先生

植野妙実子先生
古稀記念論文集

憲法理論の再構築

藤野美都子
佐藤　信行　【編著】

敬文堂

はしがき

植野妙実子先生は、このたび古稀を迎えられ、2019年３月末をもって、長年奉職された中央大学を退職されることになりました。

植野先生は、これまで一貫して、憲法学を中心とする公法学を研究教授してこられましたが、そのご活躍の場は研究室や中央大学の教壇に留まらず、国内外の学会での研究、学会運営、法実務、社会活動と多岐にわたっています。本書執筆者一同は、教室や研究会でご教示・ご指導をいただき、あるいは実務や社会活動の場でご一緒する貴重な機会をえてきました。私たちが先生から受けた学恩はあまりにも多く、それを数え上げることは、全くかなわないことでありますが、ほんの数点、ご紹介したく存じます。

植野先生は、憲法学の中でも、人権保障（とりわけ、男女平等問題）とそれを制度的に支える平和主義と憲法審査制度について研究を重ねられ、その成果をもって学界をリードされてきました。とりわけ、憲法関係の主要な学会の一つである憲法理論研究会の事務局長（1990～1992年）と運営委員長（代表）（2000～2002年）を務められたこと（いずれも女性研究者として、はじめて）は、特筆すべきことです。また先生は、早くから、日本法とフランス法との比較法研究とその手法による日仏公法学の発展に尽力され、フランス公法を学ぶ多くの後進を指導し、学界に寄与してこられました。その研究成果は、フランス法を日本に紹介することに留まらず、博士学位論文である“Constitution, Justice et Droits fondamentaux au Japon”をフランスで出版され、また、毎年エクサンプロバンスで開催される国際憲法裁判学会において、日本の憲法裁判に関する報告を続けておられることにも示されていますように、まさに日仏双方の学界に貢献するものとなっています。

また、植野先生は、八王子市男女共同参画協議会会長、第一東京弁護士会懲戒委員会委員など多くの公職に就かれ、男女平等問題をはじめ、研究者としての知見に基づく法実務にも、数多く携わってこられました。先生は、実務家との協働にも熱心に取り組まれ、日本女性法律家協会（1999〜2001年副会長）やLAWASIAといった実務家と研究者が協働する法律家コミュニティでも、重要な役割を果たされてきました。

さらに、植野先生は、数えきれないほどの回数、市民、行政関係者あるいは弁護士等の実務家に向けた講座や講演会に登壇されています。先生が、その時々の憲法問題を鋭く解説するとともに憲法の本来の意義を説く、という地道な活動を、極めて精力的に続けておられることは、広く知られているところです。

私たちは、様々な形で、こうした植野先生のご活躍に接し、あるいはご一緒することで、多くのことを学んでまいりました。そこで、私たちの感謝の念をお伝えしたく、それぞれの研究成果をもって本書を編み、植野先生に献呈申し上げることにいたしました。

植野先生には、どうぞ健康にご留意の上、中央大学ご退職後も、引き続き憲法研究、教育、実務そして社会活動にご活躍され、後進をご教導くださいますようお願い申し上げます。

2018年11月吉日

執筆者一同を代表して

編著者　**藤野美都子**

同　**佐藤　信行**

目　　次

フランス憲法院の対「欧州統合」判例政策
—1970年代の判決例を素材に—

伊　藤　洋　一

はじめに

欧州統合は、「法による統合」である点に特色がある。そのため当初は、EC裁判所の役割が強調された。しかし、ヨーロッパ法の形成には、加盟国の国内裁判所、特に憲法裁判所・最上級審も決定的に重要な役割を果たしてきており、むしろ国内法におけるEC法の適用は、国内裁判所の協力に依存していることを忘れてはならない。従って、EC判例と国内裁判所との明示・黙示の「裁判官対話」こそが、ヨーロッパ法形成の中心的プロセスだったと言っても過言では無い。

欧州統合における裁判機関（まずEC裁判所、次いで国内裁判所）を政治的アクターとして分析するjudicial politics研究に先鞭を付けたのは、New Deal期以降のアメリカ連邦最高裁に関する政治学的研究の蓄積を持つアメリカの研究者であった[(1)]。

しかし、大陸法におけるjudicial politics研究は、裁判官の個別意見が公表される英米法とは異なり、「評議の秘密」の壁がある上、特に伝統的に簡潔を旨とする判決文スタイルをとるフランスの裁判機関については、分析のための資料が極めて乏しく、実際上極めて困難であった。

ところが、2009年以降憲法院の評議要録が国立公文書館（Archives nationales）で公開されたことから、憲法院判例の歴史的展開を、客観的資料に基づき分析できるようになった[(2)]。これは、言うまでも無くjudicial politics研究にとって、他に例を見ない画期的な出来事である。しかし、58年憲法起草資料集について既に別稿で述べた[(3)]のと同様、評議要録を読みさえすれば全てが分かるわけではないことも認識しておかねばならない。確かに、評議要録は、従来「評議の秘密」に阻まれ知り得なかった憲法院内部の議事記録として貴重であるが、憲法院の全構成員が知っていたとしても評議の場で全く言及されずに終わる事柄も存在しうる上、合議前の打合せあるいは構成員間の廊下でのやりとりについては、それがいかに合議の結論に決定的な影響を与えたとしても全く記録されないのが通常だからである。評議要録を利用する際には、文字通り「行間を読む」べく、評議の背景となる歴史的・社会的文脈を知っておくことが不可欠であることを忘れてはならない。

筆者は、既に憲法院の評議要録を利用し、国務院のNicolo判例と関係する限りで、憲法院の人工妊娠中絶判例（1975年）の展開につき分析を行った(4)が、本稿では、上述のような問題意識から、フランスの事例研究として、フランス憲法院のヨーロッパ法関連事件を素材に、憲法院の「判例政策」の分析を試みる。

従来から憲法院判例の展開自体は、日本でも既に紹介されている(5)ので、本稿では、実定法学的な個別判決の分析(6)ではなく、憲法院内部における決定過程の分析に焦点を当てることにしたい。欧州統合は、法と政治の境界線上に位置する問題であるため、憲法院内部の決定過程において、政策的考慮を完全に排除できないどころか、むしろそのような考慮を視野に入れた分析こそが不可欠となる。そこで、本稿では、憲法適合性判断および判断枠組が、どのような考慮によって形成されたかに着目し、憲法院の判例政策の分析を試みたい。

但し、本稿では、紙幅の制約上、1970年代の最も重要な欧州統合関連事件、即ち70年のEC固有財源導入決定事件（Cons. const., 19-6-1970, nº 70-39 DC, Ressources propres des CE, *Rec.*15）および76年の欧州議会直接普通選挙導入決定事件（Cons. const., 30-12-1976, nº 76-71 DC, Élection du Parlement européen au suffrage universel direct, *Rec.*15）に絞って検討する。いずれも、第一に、EEC条約が既に予定していた具体化措置に対して、ドゴール派内の主権至上主義勢力により違憲主張がなされた事例である点、

第二に、条約の違憲審査を巡る制度枠組を形成し、現在に至る憲法院判例の基礎となった点で共通しているからである。

以下では、まず70年代までの憲法院と欧州統合を巡る問題状況を整理し（１)、次に憲法院の評議における対欧州統合戦略の形成過程を、管轄権判断（２）と本案判断（３）とに分けて分析することにしよう。

1　1970年代までの憲法院と欧州統合を巡る問題状況

70年代のEC法関連事件における憲法院の判例政策を具体的に検討するためには、第一にEEC条約と58年憲法の同時代性（１．１)、第二にEC共通農業政策の成立と展開（１．２)、第三にフランス国内政治における欧州統合問題の争点化の経緯（１．３）につき、簡単に振り返っておくことが不可欠である。

１．１　EEC条約と58年憲法の同時代性

まず忘れてはならないのは、EEC条約（1957年署名・批准）とフランス第５共和制憲法制定（1958年）との歴史的同時代性である。別稿で既に明らかにした通り、58年憲法の原始規定にはEECへの明示的言及は皆無であったが、実際には、憲法の条約関連規定は、専らヨーロッパ防衛共同体条約（CED）および57年夏にフランスが批准したばかりのローマ条約（EEC条約およびEuratom条約）を念頭に置き、超国家的な欧州統合に敵対的なドゴールおよびM. ドブレと、欧州統合推進派（G. Mollet, P. Pflimlin）との妥協により起草されたものであった[(7)]。換言すれば、70年代の政界関係者・憲法院構成員は、58年憲法にもローマ条約にも同時代人として直接関与した世代に属していた。

また、憲法院の判例政策を考える際には、特にEEC条約が58年憲法よりも約１年早く成立していたことが、後述するように、憲法上極めて重要な意義を持つことになる。

1．2　EC共通農業政策の成立と展開

第二に、70年代のEC条約関連事件の背景には、「ルクセンブルク危機」（1965-1966）以来の、共通農業政策（以下PACと略記）を巡るフランスと他の加盟国との間の外交的対立があったことを理解しておかねばならない。(8)

EECの60年代は、良くも悪くもドゴールの時代であった。ルクセンブルク危機も、イギリスの２度にわたる加盟申請の挫折も、ドゴールの一方的な決断に起因する。しかし、58年憲法下で初代大統領となったドゴールは、前年に批准されたばかりであったEEC条約を破棄しなかった。その結果、イギリスの当初の予想（ないし期待）に反して、EECは59年から本格始動し、62年にPACが成立することにより、曲がりなりにも欧州統合は進展し、68年には関税同盟の完成を前倒しで実現することができた。とは言え、60年代は、成立したばかりの共同市場の基礎固めの時期であり、65年の機関統合条約以外、さしたる条約改正も無かった。

しかし、関税同盟が完成し、PACが軌道に乗ると、70年代に入って小規模ながら政治的には重要な条約改正が政治日程に上ってきた。農産物輸出国フランスにとって共同市場最大の利点は、PACであり、ドゴールが新憲法下でEEC条約を破棄しなかったのも、共同市場がフランスの国益に適うと判断したからに他ならない。ところが、PACの発展につれ、PAC関連予算はEEC予算の大半を占めるに至り、他の加盟国からの不満が高まってくる。ドゴールが69年の国民投票に敗れて下野し、ポンピドゥー大統領（1969-1974）の下でイギリスのEEC加盟が政治日程に上ると、フランス政府にとっては、更なる事態の深刻化が予想された。イギリスが、自国にとって利益の薄いPACに好意的でないのは明らかであって、共通政策運営が加盟国の拠出金に依存している限り、拠出金算定基準交渉の都度、フランスは財源確保の為に困難な外交交渉を余儀無くされるからである。したがって、フランスにとって、軌道に乗ったPACを恒久化するには安定的財源の確保が至上命題であり、そのための手段が、EC対外関税・消費税の一部を「固有財源」として確保する制度の導入にほかならなかった。他方、他の加盟国は、EC

の「固有」財源が導入されれば、従来の加盟国拠出金に対して国内議会が持っていた財政統制権限が及ばなくなる以上、財政民主主義の確保のため、ECレベルの議会による財政統制を当然の理として要求した。勿論そこで念頭に置かれる機関としては、「超国家的」欧州統合の象徴の一つである「欧州議会」(9)しかないが、PACの恒久化という国益のためには、フランスも譲歩せざるを得なかった(10)。その結果、ECレベルでは、第一に、条約の原始規定では単なる諮問権限しかなかった欧州議会の財政権限強化、第二に民主的正統性を高めるための直接普通選挙制導入が政治日程に上ってきた（72年のVedel報告書、75年末のTindemans報告書)。

1．3　フランス国内政治における欧州統合問題の争点化

ECレベルの交渉を推進したフランス政府にとっては、上記二つの政治課題は、EEC条約の原始規定が既に予定していた措置であり、フランス議会が57年に同条約の批准を承認していたことに鑑みれば、EEC条約の憲法適合性問題は解決済みの筈であった。EEC条約が58年憲法よりも約１年早く成立していたことが、決定的な重要性を持っていたと、先に述べたのはこの文脈においてである。

ところが、この二つの政治課題が、ECレベルでの法的文書として具体化されるや、フランス国内の左右両翼を占める主権至上主義勢力（ドゴール派のM. Debré、J. Foyer等およびフランス共産党）が、ECによる「主権侵害」を激しく糾弾し、欧州統合を巡る政治対立は、50年代のCED論争の再現を思わせる激しい憲法論争の形を取ってマスコミを賑わすことになった。中でも当時のフランス政府にとって厄介だったのは、与党ドゴール派内のMichel Debré等、謂わば身内からの突き上げであった。Debréは、CED論争以来、「超国家的」欧州統合の天敵とも言うべき人物であり且つ58年憲法起草過程でも中心的役割を果たした人物であった。Debréは、第４共和制下でローマ条約の違憲性を主張したものの、当時の憲法に条約の違憲審査制度が存在せず、同条約の批准を阻止できなかったことを教訓とし、58年憲法

草案起草時には、法相として条約の事前違憲審査制（憲法第54条）を新設した人物にほかならず[11]、彼を中心とするドゴール派内の主権至上主義勢力が、EEC条約による「超国家的」欧州統合の進展を阻止すべく、憲法第54条を最大限に活用しようとしたことは容易に理解されよう。

他方、欧州統合推進派は、欧州議会の直接普通選挙制導入が、EEC条約原始規定の単なる「適用措置」に過ぎないことを強調し、憲法第54条があくまで条約の「事前」違憲審査である以上、EEC条約に対する違憲主張はもはや憲法上認め得ないと主張した。

70年代の憲法院提訴事件は、50年代以来の欧州統合に関する政治論争、更には58年憲法起草過程における対立の延長線上に展開されたものであり、46年憲法下でEEC条約の批准を阻止できなかったDebré達にとっては、新憲法下でのリターンマッチとしての色彩を帯びることになった。この点は、70年代の憲法院提訴事件の中心的人物の顔ぶれを見れば明らかである。一方で、強力に違憲論を主張したM. Debré、J. Foyer, F. Goguel、他方で、欧州統合推進派としては、EEC条約交渉に参加し、欧州議会の役割強化に関する「Vedel報告書」（1972年）をまとめたG. Vedel、憲法草案起草グループの一員であったF. Luchaire、第４共和制・第５共和制憲法いずれの起草過程においても有力議員として参加したPaul Coste-Floretがおり、特にGoguel, Luchaire, Coste-Floretは、70年代の憲法院における有力メンバーであったことに注意せねばならない。

しかし、第３共和制下のドレフュス事件に匹敵すると評された50年代のCED論争時とは異なり、第５共和制憲法第54条は、まさにこのような憲法論争に早期決着をつけるべく、憲法院の有権的判断権を規定していた。

70年代の欧州統合関連事件である、欧州議会の財政権限強化と関連するEC固有財源導入決定事件（70年）および欧州議会直接普通選挙導入決定事件（76年）判決が下されたのは、以上のような国内外の歴史的文脈においてであった。

2　管轄権判断と対欧州統合戦略

欧州統合に直接関わるリーディングケースとなった70年のEC固有財源導入決定事件、および76年の欧州議会直接普通選挙制導入決定事件は、共に憲法第54条による条約の事前違憲審査事件である。同条による条約の違憲審査制度は、別稿で詳論した通り、超国家的欧州統合のハードルを高めるためにM. Debréにより構想されたものであるが[(12)]、あくまで「事前」の違憲審査として制度設計されたことから、憲法院の管轄権に関する二つの法解釈問題が生じた。第一は憲法第54条の対象行為の範囲（２．１）、第二は憲法院の審査権限の範囲の画定（２．２）の問題である。

２．１　憲法第54条の対象行為の範囲

憲法第54条の解釈として争い得ないのは次の２点であった。第一に、EEC条約のフランスによる批准は1957年、即ち58年憲法成立前に完了しており、憲法第54条によっても同条約自体を改めて「事前」違憲審査の対象とすることはできない。けれども第二に、EEC条約の新たな改正条約を批准する際には、当該改正条約が「事前」違憲審査の対象となる。

しかし、実際には、両者の区別は必ずしも容易ではなかった。70年代の憲法院提訴事件で問題となった事例は、一方で、EEC条約の原始規定が既に将来の実現可能性を予定していた措置であったが、他方で、「加盟国の憲法規範に従って」批准されることを発効の要件としていたからである。それゆえ、具体的なEC機関の係争行為につき、憲法第54条による違憲審査対象行為となるか否かは、欧州統合推進派と阻止派との間で、結論を左右する重要な政治的論点となった。以下では、この論点に関する憲法院の評議内容を検討しよう。

2．1．1　EC固有財源導入決定事件（Cons. const., 19-6-1970, n° 70-39 DC, *Rec*.15）[13]

58年憲法施行後初の第54条提訴事件となった本件では、EEC条約の原始規定第201条が、将来のEC固有財源導入を既に規定しており、本件で争われたEC固有財源導入決定はその具体化措置に他ならなかった。

そこで、本件評議において、F. Luchaire教授は、EEC条約第201条を改正する1970年4月22日の「条約（traité)」についてはともかく、その前日21日の閣僚理事会によるEC固有財源導入「決定（décision)」については、EEC条約規定の適用措置に過ぎず、第54条の対象たる「国際的な約束（engagement international)」に該当しないとして、不受理を主張した(PV, p. 11＝GDélib., p. 202-203)。この主張が、ローマ条約が既に予定していた統合推進措置に関する閣僚理事会の「決定」につき、憲法院の憲法第54条による管轄権を否定することにより、欧州統合に伴うフランスの主権制限に憲法的基礎を与える帰結をもたらすことは明らかであろう。また、同教授が、58年憲法の起草グループのメンバーとして、Debré法相と激論を戦わせた欧州統合推進派であったこと[14]を想起するならば、かかる管轄権解釈論が、単なる法解釈問題に止まらぬ政治的意義を持ったことも容易に理解されよう。

これと関連して、本件憲法院提訴に至る経緯についても一言しておく必要がある。本件は、下院法律委員会委員長J. Foyerが、EC固有財源導入決定を違憲と主張し、議員提出法案として憲法改正案を突如提出したことを発端とする。74年憲法改正前の当時、国会議員には条約の事前違憲審査（憲法第54条）の提訴権が無かったため、Foyerは、EC固有財源導入決定の批准には、事前の憲法改正を要すると主張し、憲法改正案提出という奇策に出た。その結果、後の国会審議における違憲主張を封じるため、Chaban-Delmas首相が、先手を打って憲法第54条により憲法院の判断を求めざるを得なくなったのである。

Foyer教授は、日本では民事訴訟法学者として[15]知られているが、Luchaire教授同様、58年憲法の起草グループのメンバーであった[16]のみならず、

Michel Debréと並ぶドゴール派内の主権至上主義者として、下院議員を長年務めた「超国家的」欧州統合の不倶戴天の敵であった[(17)]ことに注意せねばならない。EC固有財源導入決定事件は、共に58年憲法起草グループのメンバーであった、主権至上主義者Foyerと欧州統合推進派Luchaireとが、その後議会と憲法院とに分かれて行った憲法論争としての性格を持つものであった。

さて、ここで憲法院の評議に戻ろう。Luchaireの主張した憲法院の管轄否定論は、他の構成員の賛同を得られなかった。本件報告者Chatenet, M. Waline等は、EEC条約の原始規定が「加盟国の憲法規範に従って」批准されることを発効要件としていたことを論拠に、憲法第54条の対象たる「国際的な約束」に該当すると主張し、Luchaireも自身の孤立を認めざるを得なかった（PV, p. 14＝GDélib., p. 204）。確かに、本件での閣僚理事会の「決定」は、EC派生法としての「決定」（EEC条約第189条）というより、一般国際法上の外交行為たる性質を持っていたが、両者の判別は微妙であって、そもそも「裁判官統治」の非難を極度に恐れ、自己の管轄権を厳格に解釈してきた従来の憲法院判例に従う可能もあり得たのである。

しかし、裁判所が判例法を形成する際に、管轄権確保が決定的な重要性を持つのは明らかである。憲法院の多数派が、憲法第54条の対象行為の範囲を緩やかに解する判例を打ち出した背景には、G. Palewski院長が明言したように、欧州統合について新たな措置がとられる都度、国民主権に対する侵害の有無を審査する機会を確保しようとの意図があった（PV, p. 10＝GDélib., p. 202）。欧州統合のような主権に関わる事件については、まず管轄権を確保することが、憲法院の判例政策となったのである。

2．1．2　欧州議会直接普通選挙導入決定事件（Cons. const., 30-12-1976, n° 76-71 DC, *Rec.*15）[(18)]

欧州統合を巡る同様の対立構図は、76年の欧州議会直接普通選挙制導入決定事件においても再現されることになった。今回も、与党内の主権至上主義勢力（M. Debré, J. Foyer）の声高な違憲主張封じ込め、後の欧州議会選挙法の審議を円滑に進めるべく、ジスカール・デスタン大統領が、憲法第54条に基づき憲法院の判断を求めざるを得なくなったからである。

かくして欧州議会直接普通選挙制導入は政治問題化し、マスコミ、特に高級紙Le Monde紙上で激しい論戦が繰り広げられた(19)が、本件でも、欧州統合推進派の主張した有力な法的論拠は、EEC条約の原始規定（第137, 138条）が欧州議会直接普通選挙制導入を既に規定していたという点にあった。憲法院を74年３月に退任していたF. Luchaire教授は、EEC条約が既に批准された以上、もはやその違憲性を主張できないと指摘し(20)、L. Philip教授は、更に明確に、本件ではそもそも憲法院に、憲法第54条による管轄権が無いと主張していた(21)。

しかし、上述の通り、70年のEC固有財源導入決定事件が、既に憲法第54条の対象行為の範囲を緩やかに解釈する先例として存在していたこともあり、報告者のF. Goguel教授は、欧州議会直接普通選挙制導入決定が、形式的にも実質的にも憲法第54条の対象となると主張した（PV du 29-12-1976, p. 9-10)。この管轄権肯定論に対して、70年の評議におけるLuchaire教授と異なり、もはや親欧州統合政党「共和国運動（MPR)」の指導的メンバーであったPaul Coste-Floret教授も、本件では憲法院の管轄権（憲法第54条）否定論を主張しなかった（PV du 29-12-1976, p. 35）ことが注目される。

かくして、憲法院は、EEC条約の原始規定が既に将来の実現可能性を予定していた措置であっても、「加盟国の憲法規範に従って」批准されることを発効の要件とする事例については、Luchaire、Philip両教授の「門前払い」主張を斥け、緩やかな憲法第54条解釈により、自己の違憲審査権限を確保しようとしたのである。

しかし、憲法第54条の違憲審査対象の範囲画定問題の次には、もう一つ重要な論点があった。受理した「国際的な約束」に関する憲法院の審査権限の範囲確定問題である。

2．2　憲法院の審査権限の範囲

EEC条約の原始規定が既に将来の実現可能性を予定していた措置であっても、「加盟国の憲法規範に従って」批准されることを発効要件としている事例では憲法院の管轄権が肯定されるとして、更にその際の違憲審査権限がどこまで及ぶかについては、憲法院内部でも議論があった。

2．2．1　EC固有財源導入決定事件（Cons. const., 19-6-1970, n° 70-39 DC, *Rec*.15）

この議論の背景には、憲法第54条による条約の「事前」違憲審査制に内在する限界の問題があった。この点は、既に70年のEC固有財源導入決定事件において、René Cassinが、問題の本質を以下のように明瞭に指摘していた（PV, p. 12＝GDélib., p. 203）。EEC条約の原始規定が既に将来の実現可能性を予定していた措置については、主権の放棄が完了したのは1957年［EEC条約批准］であって、それを事後に取り消せるとするのは難しかろう。もしそのようなことを全加盟国に認めるなら、もはや共同市場の実現は望むべくもない。本件憲法改正の提案者［Jean Foyer］は、専ら1946年憲法と1958年憲法の違いを理由に、EC固有財源導入決定を違憲と主張しているが、そのような立論には重大な問題がある。なぜなら、新憲法が制定される都度、既存の国際的な約束が違憲とされるなら、もはや共同体を創設することなどできなくなるからだ。

Cassin教授は、ドゴール将軍と共にレジスタンスに参加した「歴史的ドゴール派（gaullistes historiques）」の大物であって、同将軍の厚い信頼を受け国土解放後、国務院トップの副院長（1944-1960）として58年憲法の起草過程にも参加しているが、国際的にも国連の世界人権宣言の起草に尽力し、欧州人権裁判所長官（1965-1968）を務め、68年にノーベル平和賞を受賞した人物である。従って、等しく古くからの「ドゴール派」とは言っても、主権至上主義勢力のM. Debré、J. Foyer等とは異なり、既存条約たるEEC条約に対して、新憲法の規定を根拠に遡及的違憲主張を認めることの危険性を的確に認識していたことが分かる。

その限りでは、Luchaire教授の上記却下主張とは異なるが、憲法院の憲法第54条による本案審査権限の範囲が無制限では無いことを指摘することにより、EEC条約の成果を守る結論を導いたと言えるであろう。実際、憲法院判決が、本件において初めて1946年憲法前文を参照条文（visa）として掲げたのも、Luchaire教授の提案に基づく（PV, p. 20＝GDélib., p. 206）ものであり、フランスの国際組織加盟による主権制限の可能性（1946年憲法前文第15項）を再確認するためであった。[22]

ところが、76年の欧州議会直接普通選挙制導入決定事件でも、再び憲法院の審査権限の範囲が議論されることとなった。

2．2．2　欧州議会直接普通選挙導入決定事件（Cons. const., 30-12-1976, n° 76-71 DC, *Rec*.15）

上述の通り、同事件は、M. Debré等の違憲主張[23]により政治問題化し、マスコミでも激しい憲法論争が展開された。欧州統合推進派のLuchaire,[24] Vedel,[25] Philip[26]教授等が、上記Cassin教授と同様の主張を展開したことは言うまでもない。これに対して、憲法院の初代事務総長（1959-1962）を務めたJ. Boitreaudは、Luchaire教授に対して、既に批准された条約についても、その後の条約適用措置に対する違憲審査の枠内で違憲の抗弁を主張する可能性を、上記70年判決は排除していないと反論した。[27]この主張が、ドゴール派内のDebré等、EEC条約批准を阻止できなかったことを遺憾とする主権至上主義派の論調に沿ったものであることは言うまでも無い。

実際、憲法院判決に先立ちマスコミで展開された憲法論争の対立構図は、憲法院の評議においても再現されることになった。

ドゴール派として広く知られていた[28]本件報告者F. Goguelは、EEC条約第138条が、「各加盟国の憲法規範に従って」と規定していることを根拠に、同条約が既に批准されていても、憲法院は改めて「全ての条約規定」に関する違憲審査権限を持つと繰り返し主張した（PV du 29-12-1976, p. 10-12,

52-53)。換言すれば、Boitreaudの主張同様、憲法院は、欧州議会直接普通選挙の導入自体につき、改めて違憲審査できることになる。これに対して、EEC条約第138条が既に規定していた適用措置に過ぎず、新たな違憲審査は不可と主張したDubois（PV du 29-12-1976, p. 45-46）とMonnerville（PV du 29-12-1976, p. 46）に対して、Brouillet（PV du 29-12-1976, p. 51-52）が、第4共和制下でのローマ条約批准審議における上院決議が、フランスの主権侵害行為を将来も認めないと述べたことを強調すると、ほかならぬ上院の議長を20年余（1947-1968）務めたMonnervilleは、46年憲法下で何の法的権限も無かった上院がそのような決議をしたからと言って、新憲法下での本件には何の関係も無いと突っぱねた（PV du 29-12-1976, p. 52)。

このように激しい見解の対立が存在したにも拘らず—あるいはそれ故に—、結局判決理由中においては、憲法院の違憲審査権限の範囲に関する明示的判示はなされなかった。

上述の通りPhilip教授が憲法院の管轄権自体に対する疑義を明示的に提起していただけに、憲法院が違憲審査権限の範囲に関する明示的判示を行わなかった点は、評釈者の遺憾とするところとなった(29)。特に、憲法院が、管轄権の根拠につき明示的に判示せずに、本案判断に入り、EEC条約の原始規定と異なる加盟国毎の議席配分・選挙規則の「統一」放棄に止まらず、EEC条約の原始規定が既に規定していた欧州議会直接普通選挙導入それ自体につき、合憲限定解釈を示した（cons. 4-7）ことは、黙示的ながら上述のBoitreaudの主張を認めたと解釈され得ただけに、他の加盟国の評釈者の懸念をかき立てた。ドゴール大統領が「ルクセンブルグ危機」の際に、EEC条約が予定していた全会一致から特定多数決への移行に異議を唱えたことは記憶に新しく、EEC条約で決まっていた筈の事項が、憲法第54条の枠内で、憲法院により「事後的」に違憲審査できるとなれば、欧州統合に重大な影響が生じることは目に見えていたからである(30)。

しかし、本件で、管轄権問題に関する明示的判示がなされなかったのは、評議における議論の中心的争点が訴訟要件ではなく、係争決定の憲法適合性を巡る本案判断を巡る対立にあったからであり[31]、まさに本案判断を巡る攻防にこそ、次に検討するように、憲法院の欧州統合に対する判例政策を読み取ることができる。

3　本案判断の選択と対欧州統合戦略

欧州統合に直接関わる初の事件となったのは、70年のEC固有財源導入決定事件であったが、本案判断に関する限り多数派形成は容易であった。これに対して、政治問題化の結果、激しい憲法論争がマスコミで展開された76年の欧州議会直接普通選挙制導入決定事件においては、憲法院内部における多数派形成は困難を極めた。その限りでは、この二つの事件は大いに異なっていたが、憲法院の欧州統合に対する判例政策という点では、共通性が認められる。以下では、70年判決（３．１）、76年判決（３．２）を順次検討しよう。

３．１　EC固有財源導入決定事件（Cons. const., 19-6-1970, n° 70-39 DC, *Rec*.15）

70年の事件においては、既に見たように憲法院の管轄権については、Luchaireが管轄否定論を主張し他のメンバーと対立したが、本案判断に関しては、最初から大勢は合憲論に傾いていた。この点は、Chatenetが報告の冒頭で、EC固有財源導入決定を、フランス政府の長きに亘る外交活動の成果、「フランス外交の勝利」とし、フランスの国益に沿いPACを不可逆化するものと評し（PV, p. 2＝GDélib., p. 199）、本件固有財源導入は、PACの基礎として重要であって、批准しないわけにいかないと主張した（PV, p. 14＝GDélib., p. 204）ことからも明らかである。確かにLuchaire教授は、報告者とは異なり、国内議会の税率・課税標準の決定権を制限する限りで、係争決定は主権制限に該当するが、それは1946年憲法前文（第15項）が認める主権委譲の帰結に他ならず、それ故にこそ違憲とならないと主張したが、合憲論であったことに変わりはなかった。憲法院の多数派が合憲論を支持したことは、違憲論を最後まで主張したのがM. Waline教授ただ１人であったという表決結果にも表れている（PV, p. 21＝GDélib., p. 206)。

しかし、本稿の問題関心から注目されるのは、報告者ChatenetおよびPalewski院長の発言である。報告者Chatenetは、EEC条約が予定していた措置が実施される都度、議会による批准許可（憲法第53条）を要求することにより、政府に、将来の外交交渉を有利に進める武器を与えることの重要性を強調する（PV, p. 8＝GDélib., p. 202)。本件における憲法院の選択肢として、係争決定がローマ条約の適用措置に過ぎないことを理由とする合憲判断あるいは憲法第３条の主権条項に反するとして違憲判断が考えられるとした上で、Chatenetは、前者を提案した。確かにベルギーのように憲法を改正することも考えられるが、合憲判断を下して今後も欧州統合の進展の都度、憲法院の審査可能性を確保する方が、政治的見地からは、フランス政府の手中により大きな権限を与え得る点で妥当だからである（PV, p. 9＝GDélib., p. 202)。Palewski院長も、欧州統合に関する判例政策的考慮に基づき、Chatenet報告の合憲判断支持を表明した（PV, p. 9-10＝GDélib., p. 202)。同院長は、評議を開始するに当たり、本件が国民主権との関係における憲法改正の要否判断を求められた初の事例であることにメンバーの注意を喚起した上で、報告者の提案した合憲判断を下した場合には、新たな措置がとられる都度、国民主権に対する侵害の有無を審査する機会を確保できるが、憲法第54条に基づく違憲判決の結果、ECの行為が自動的に国内法秩序に組み込まれるような憲法改正がなされれば、もはや憲法院による審査ができなくなる。合憲判断と違憲判断との双方のもたらす不都合を比較するなら、後者による不都合の方が大きいと述べた。Waline教授のように、憲法院判断後の帰結を考慮する必要は無いとの反対論も存在した（PV, p. 11＝GDélib., p. 203）が、上述の表決結果からも明らかな通り、憲法院の多数派の賛同を得られなかった。

これに対して、76年判決における多数派形成は、遙かに複雑な経過を辿った。

3．2　欧州議会直接普通選挙制導入決定事件（Cons. const., 30-12-1976, n° 76-71 DC, *Rec.*15）

本件における多数派形成の困難は、当時の評釈者が、審理に要した時間およびメンバーの顔ぶれから既に推測しており[(32)]、本件の報告者がF. Goguelであり、僅差の表決であったとのリーク報道もなされていたが[(33)]、勿論当時、それら憶測・報道の真偽を確認する術は無かった。

しかし、憲法院の評議要録の公開により、憲法院内部における判例政策形成に関わる興味深い事実が明らかとなった。第一は、*Le Nouvel Observateur*によるリーク報道内容の正確性が、評議要録により裏付けられたことである。二段階の表決が行われ、Chatenetが、判決の結論を決める最初の表決において棄権した結果、違憲論と合憲論が４対４の同数となり、Frey院長の採決権により合憲論が採択されたこと、更に、違憲論を主張していた報告者Goguelが最終的な合憲判決案を再度起案することを拒否した結果、Frey院長自らが合憲判決を起案するという異例の事態となったとの報道は、いずれも評議要録と一致する。これに対して、第二に、上記リーク報道においても全く知られていなかった重要な事実が明らかとなった。M. Debréに近い意見を持っていたドゴール派のF. Goguelが報告者に指名され、違憲論を強く主張したにも拘らず、P. Coste-Floretが、異例の対抗報告により合憲論を主張し、それを古参のドゴール派であったFrey院長およびChatenetが支持したことである。

3．2．1　憲法院内の政治力学

これら一連の事実はいずれも、憲法院の評議においては、まさに異例中の異例と評すべきものであったが[(34)]、本稿の問題関心から注目されるのは、憲法院内の微妙な政治力学である。端的に言えば、共に古参のドゴール派であったFrey院長とChatenetが意外にも、ドゴール派のGoguelではなく、合憲論を主張したCoste-Floretを支持した結果、最終的に合憲判断が下されることになった点である。

憲法院構成員は、大統領、上下両院議長が、各々3名の指名権を持つ（憲法第56条1項）。ドゴール派が大統領・下院議長職を握っていた当時、当然ながらFrey院長[35]を含む6人のメンバーは、皆ドゴール派であった。他方、第4共和制以来の欧州統合推進派Coste-Floret、および彼を終始支持したMonnervilleおよびDuboisが全員、ドゴール派支配の外にあった元老院議長の指名により憲法院入りしたメンバーであったのは偶然ではない。それゆえ、構成員の単純な政治的色分けからすれば、6対3で違憲論が容易に多数派を形成できた筈であるが、実際にはそうならなかった。

ドゴール派の報告者Goguelは、マスコミにおけるドゴール派内の主権至上主義勢力Debré, Boitreaud等と同様の違憲論を強力に主張した。また、2回の表決を通じ、Goguel支持の3名（Brouillet, Rey, Sainteny）とCoste-Floret支持の2名（Dubois, Monnerville）は立場を変えなかった。このような両陣営の状況に鑑みれば、本件評議において決定的な意義を持ったのはFrey院長とChatenetの去就であったと言って過言ではない。

実際、評議要録での議論の展開からは、議会内におけるM. Debré等の強硬な違憲論に沿ったGoguel報告に対して、Coste-FloretおよびFrey院長、Chatenetが合憲判断の利点を強調し、Goguel達の説得に努めるという構図が明らかである。Frey院長が、本件の結論につき影響力を行使したとの推測は、上記リーク報道に基づき、学説においても既になされていた[36]が、評議要録および他の情況証拠から、Frey院長が、事前にChatenetおよびCoste-Floretに周到な根回しを行うことにより、合憲判断を導いた可能性は高いと思われる。

この点に関して看過できないのは、Goguelの報告に続き、2時間の昼休みを挟んで、合憲論のCoste-Floretが「書面による報告（“un rapport écrit”）」を提出したという事実である（PV du 29-12-1976, p. 35)。憲法院における評議では、院長により指名された報告者の報告を聞いた後、専らその報告に基づき議論がなされるのが通例であって、報告者の結論に真っ向から対立する「対抗報告」が、しかも「書面」として評議に提出されるのは全く異例である。当時まだタイプライターの時代であったことを考慮すれば、Coste-Floretが、Goguel報告に引き続き「書面」を提出したということは、明らかに事前に準備していたことを意味する。となると、11月5日の大統領との面談の際に、Frey院長が、憲法院提訴延期を希望する理由の一つとして、H. ReyおよびP. Coste-Floretの健康問題と手術の予定を挙げていた[(37)]ことも、単に構成員全員による慎重な審議の確保というだけに止まらない重要性を持ってくる[(38)]。Coste-Floretは、Goguelと並び、この時期の憲法院における評議を主導した有力メンバーだったからである[(39)]。証明は不可能ながら、Coste-Floretが異例の「対抗報告書」を提出した背景には、Frey院長の了承、あるいは更に積極的な働きかけがあった可能性が高いと思われる。

そこで、次にFrey院長とChatenetが当時いかなる立場にあったかを検討しておく必要があろう。

まず注目すべきは、Frey院長とジスカール・デスタン大統領との関係である。Freyを憲法院長に任命したのは、逝去直前のポンピドゥー大統領であったが、同院長はジスカール・デスタン大統領とも良好な関係を保っていた。同大統領就任後、直ちに憲法院への議員提訴権導入を規定した74年憲法改正を進言したのも他ならぬFrey院長であったことを想起せねばならない[(40)]。ところで、Frey院長は、76年秋に欧州議会直接普通選挙導入を決意していたジスカール・デスタン大統領と一度ならず面談しており[(41)]、大統領の憲法院提訴の意図を知悉していた。他のEEC加盟国に対してEC首脳会議（Conseil européen）の定例化と引き替えに欧州議会直接普通選挙導入を約束していた同大統領としては、後者を何としても実現せねばならなかった。したがって、違憲判断が下された場合には、憲法改正を行う意向であることはマスコミにも公表されていた[(42)]。Frey院長が、大統領の期待に応えるべく、憲法院内部で多数を占めるドゴール派を説得しようとしたとしても不思議は無い。

実際にも、Frey院長は、ドゴール派のGoguelを報告者に指名した時点[(43)]で、報告の結論を容易に予想できたであろう。いずれにせよ、憲法院長、報告者、憲法院事務総長による評議の事前打合せにおいて、Goguel報告の結論を知り得たであろうから、事前に根回しを試み得た筈である。

次に問題となるのはChatenetの最初の表決における棄権である。上述の通り、判決の結論を決める最初の表決において、Frey院長の採決権により合憲論が勝利したのであるが、院長採決権が決め手となるには、違憲論と合憲論が同数となる必要がある。ところが、この前提条件はChatenetの棄権により初めて実現したものであり、Chatenetが実質的にはキャスティングヴォートを握っていたと言って過言ではない。

この点に関して注目されるのは、評議において、Coste-Floretが議論が尽きたとして最初の表決を求めたところ、Chatenetが表決を時期尚早と述べて棄権したのに対して、Coste-Floretが謝罪した一幕である（PV du 29-12-1976, p. 57-58)。このやりとり自体、Frey院長、Coste-FloretおよびChatenetの三者による演出であった疑いが濃厚だからである。評議要録には全く言及が無いが、Chatenetが、憲法院提訴の可能性が既に予想されていた76年１月に、欧州議会直接普通選挙制導入を支持する一部ドゴール派グループの声明に賛同者として署名していたため[(44)]、社会党が、Frey憲法院長に対して公式に抗議書簡を送付した事件があり[(45)]、学説でも予断を疑われても仕方の無いChatenetは本件評議に参加すべきでなかったと批判されていた[(46)]。社会党からのFrey院長宛公開書簡がLe Monde紙上で報じられていた以上、この一件を憲法院長のみならず他のメンバーも知らなかった筈は無く、社会党からの公開書簡による抗議を受けたFrey院長が、Chatenetに憲法院メンバーとしての公正さを疑われないよう態度を慎むよう注意したであろうこと、またその評議参加を認めるに当たっても、慎重な態度をとるよう求めたであろうことも容易に推測されよう。このような経緯に照らせば、本来回避し、評議に参加すべきでなかったChatenetにとって、最終的な憲法判断方針を決定する最初の表決に関する限り、棄権が最も穏当な対処法だったことに注意せねばならない。

以上のような種々の情況を勘案すれば、Frey院長が、ChatenetおよびCoste-Floretとの連係プレーにより、Goguel報告に反する合憲判断を導いた可能性が高いと思われる。

3．2．2　Frey院長とChatenetの対欧州統合戦略

上記の推測の当否は暫く措くとしても、本稿の問題関心から重要な次の問題は、本来ならば同じくドゴール派としてM. Debré等の違憲論を支持しても不思議の無かったFrey院長およびChatenetが、評議においてCoste-Floretと共同戦線を張った理由である。

まず、第4共和制以来の欧州統合推進政党であったMRP（人民共和運動）出身のCoste-Floret教授が、合憲論を主張したこと自体には何ら不思議は無い。同教授は、社会党のAndré Philipと共に第4共和制憲法の起草委員会総括報告者として、更に第5共和制憲法起草過程にも憲法諮問委員会の有力メンバーとして関与しており、特に憲法第54条における条約の事前違憲審査機関として憲法院を規定する修正案を提出した人物であった(47)が、奇しくも71年3月に、自らが提案した条約の事前違憲審査機関たる憲法院に任命され、本件の審理に加わることになったのである。

次に、本件で重要な役割を果たしたChatenetは、ドゴール将軍の側近の一人で、60年代前半にEuratom委員会委員長を務めた経験を持つ、当時の憲法院内部でのヨーロッパ通であったが、憲法院では、終始「超国家主義」に対する強力な反対者であった(48)ことに注意を要する。既にローマ条約起草時に、核兵器開発を計画していたフランスにとって、共同市場よりも原子力共同体こそが関心事であったことからすれば、そのような戦略的ポストに、「超国家主義」に敵対的なドゴール派の古参メンバーが任命されたことに不思議はなかろう。その限りでは、Chatenetが、むしろM. Debréに近い政治的立場であったにも拘らず、本件評議でCoste-Floretの合憲案を支持したことが問題となる。

Chatenetは、上述の通り、70年のEC固有財源導入決定事件の報告者として、既にEEC条約に規定されていたEC固有財源導入決定につき、合憲判断を提案しており、また、欧州議会直接普通選挙制導入賛成声明に賛同者と

して署名していた。Chatenetは、自己のEuratomにおける経験を強調しつつ、憲法院の判断が他のEC加盟国に対するフランスの欧州統合政策の表明として注目されるであろうこと、従って、欧州議会が、直接普通選挙制導入を契機として国民主権の担い手となったと主張し、権限強化を要求し、加盟国政府の専権である政治領域に介入することを絶対に認めないと判決中で明示しておく必要を力説した（PV du 29-12-1976, p. 47-48)。Frey院長もChatenetの主張を支持しており、その限りでは、Frey院長とChatenetの基本的立場は、直接普通選挙制導入後の欧州議会の政治的攻勢を懸念していたM. Debréおよび報告者Goguelと、さほどの隔たりは無く、本件憲法院判断により、欧州議会が、直接普通選挙制導入を契機として加盟国権限を簒奪することを阻止しようとした点に変わりは無かったのである。

それにも拘らず、判断が分かれたのは、憲法院が違憲判断を下した後の帰結に関してであった。違憲判決を起案した報告者Goguelは、オランダやアイルランドのような過剰な憲法改正がなされることを危惧し、必要となる憲法改正に関する指針を判決理由中に書き込もうとした（PV du 29-12-1976, p. 53-54)。これに対して、Frey院長、ChatenetおよびCoste-Floretは直ちに、憲法制定権者に対する指示を行うことは憲法院の権限を越え、「裁判官統治」になると強く反対し、Goguelと彼を支持するBrouilletとの間で議論となった（PV du 29-12-1976, p. 54-55)。

そこで更に、Chatenetは、次のような判例政策的理由を挙げ、合憲判断としつつ将来の欧州統合の行方をコントロールする方が得策であると主張した（PV du 29-12-1976, p. 55)。即ち、今なすべき事は、事態を見据え、将来を語ることである。憲法院が違憲判決を下し、欧州議会直接普通選挙制導入決定批准に事前の憲法改正が必要だと判断すれば、憲法改正がなされる可能性は高い。憲法改正が必要となれば、もはや憲法改正自体について憲法院が関与することはできなくなるが、合憲判断の場合には、通常立法たる欧州議会選挙法が、憲法第61条に基づき憲法院の事前審査対象となるであろう。憲法院の義務は、EC機関の他の加盟国メンバーに対して、曖昧さを残さぬようなドクトリンを明示することである。

これに対して、Goguelはなおも、違憲判決でなくば、ドクトリンを示したところで意味は無いと食い下がり、Brouilletも「開け放したドアに鍵をかけても無駄」だとGoguelの主張を援護した（PV du 29-12-1976, p. 56）。他方、Coste-FloretはChatenetの主張を支持し、合憲判断を下すことの利点を次のように強調した。将来を案じるならば、詳細な判決理由を付した合憲判決の方が良い。違憲判決の結果、一度憲法改正がなされれば、将来の欧州統合につき、違憲性を云々することはできなくなってしまう。特に、現大統領は、何としても批准する決意を持っており、憲法院が違憲判断を下せば、憲法改正を行うであろうし、ことによると国民投票による憲法改正を行うかも知れないが、そのような事態は、目下の事態については適切ではあるまいと述べて、国民投票法の違憲審査権限を否定した憲法院の有名な62年判例（Cons. const., 6-11-1962, n° 62-20 DC, Loi référendaire relative à l'élection du Président de la République au suffrage universel direct, *Rec.*27）を言外に匂わせつつ、合憲判断を下すよう主張した。更に、Frey院長も、Coste-Floretを支持し、違憲判断を下せば気は楽になろうが、そうなれば憲法院が将来提訴を受ける可能性が完全に無くなり、従って憲法院のドクトリンを宣明する機会も無くなるであろうと警鐘を鳴らした（PV du 29-12-1976, p. 56）[(49)]。Goguelは、なおもCoste-Floretが示唆した国民投票による憲法改正の可能性は高くないと反論した（PV du 29-12-1976, p. 56）が、今度はChatenetが、Goguel案のように憲法改正の方向性を違憲判決中で示したとしても、その指示に沿った憲法改正がなされなかった場合には、憲法院提訴もなされない可能性が高いと指摘すると、追い討ちをかけるようにCoste-Floretも、違憲判断を下した場合、唯一考えられるのは批准許可法律に対する議員提訴であるが、それとても憲法改正後であり、そもそも議員提訴がなされない可能性が高いと反論した（PV du 29-12-1976, p. 56）[(50)]。

そこで、上述の通り、議論が出尽くしたとしてCoste-Floretが、判決の結論に関する（第１回目の）表決を求め、Chatenetが棄権、４対４の可否同数となりFrey院長の採決権により、合憲判断が採択されたのである。

以上のような評議における議論の応酬の中で注目されるのは、以下の３点である。

第一に、本来心情的には違憲論に近かったドゴール派のFrey院長とChatenetとが、欧州統合推進派として合憲論を主張したCoste-Floretと連携し、同じくドゴール派Goguelの違憲論を斥けたこと。

第二に、その際には、係争決定を直ちに違憲と判断するよりも、将来にわたり憲法院の欧州統合の進展に対する監視権限を確保すべきであるとの判例政策的判断が優先されたこと。その背後には、違憲判決の結果、行き過ぎた憲法改正がなされあるいは国民投票による憲法改正がなされた場合には、憲法院が、将来の欧州統合の進展に対する監視権限行使の機会をもはや失ってしまうとの危惧が存在した。

第三に、それゆえにこそ、憲法院は、以下のような具体的な戦略を打ち出した。まず、本件では詳細な合憲限定解釈を付加する機会を確保すべく、管轄権に関する立ち入った明示的判示をせず、むしろ実質的にはGoguel等の違憲論に近い留保付き合憲判決により、国会審議が予定されていた選挙法の内容への影響力行使を狙うと同時に、欧州議会を初めとするEC機関および他の加盟国に対する警告を発した。更に、将来の欧州統合の進展に対する憲法院の監視権限をより確実に保障するため、74年憲法改正による議員提訴規定の適用の無かった憲法第54条を、判例により「是正し[(51)]」、議会による条約の批准許可に対しても通常「立法」と同様、憲法第61条による提訴が可能であると判示した（cons. 4）。この最後の点は、Frey院長の合憲判決案（PV du 30-12-1976, p. 60）で付加された点であるが、評者が直ちに指摘したように、従来から「裁判官統治」との非難を恐れ、自己の管轄権を極めて限定的に解釈してきた[(52)]憲法院判例としては、異例の大胆な判断であったことを強調しておく必要があろう[(53)]。

おわりに

本稿が明らかにした点を要約すれば、以下の通りである。

第一は、裁判所による判例政策形成研究の方法論に関わる。欧州統合に関する重大な決定を憲法院が行う機会は、ことの性質上そう頻繁ではないため、単純な数量的研究よりも、将来を睨んでの長期的戦略構想に立つ判例形成につき質的研究を行うことが必要かつ有益であって、原理的判決につき掘り下げた事例研究を行うことが不可欠であること、そのような質的研究のために憲法院の評議要録が極めて貴重な研究資料となることは言うまでもないが、評議要録さえ読めば直ちに全てが判明するというわけではなく、その「行間を読む」必要があることである。

第二に、長期的な憲法院の機関利益は、短期的な権限行使の利益最大化（違憲判決による審査権限の誇示）とは必ずしも一致しない複雑な戦略的考慮を伴っており、憲法院の判例政策の分析は、構成員の政治色、例えば単純な「ドゴール派」と言う大雑把な分類によっては十分に説明できない。同じくドゴール派と言っても、Palewski, Frey両院長、Chatenet等のように、具体的事例において、長期的な憲法院の欧州統合に対する審査権限の確保を優先する戦略的判例政策形成もあり得たからである。

第三に、本稿で検討した70年代の憲法院判例は、58年憲法起草過程に直接間接に参加した経験を持つ世代により形成されたことに注意せねばならない。特に76年の欧州議会直接普通選挙導入決定事件では、第４共和制以来の欧州統合阻止派（M. Debré, Jean Foyer, F. Goguel, etc.）と統合推進派（F. Luchaire, P. Coste-Floret, etc.）とのせめぎ合いの中で、Frey院長、ChatenetとCoste-Floretとの妥協の産物として、「一種の国民主権憲章（une sorte de charte de la souveraineté nationale)」だと直ちに評された[54]留保を伴う合憲判断が下されたのである。

（1）Par ex., Weiler, Joseph H.H., The Transformation of Europe, 100 *Yale LJ*

1991, p. 2403-2483; Slaughter, Anne-Marie, Alec Stone Sweet, & Joseph H.H. Weiler（eds.）, *The European Court and National Courts,* Oxford, Hart Pub., 1998; Alter, Karen J., *Establishing the Supremacy of European Law,* Oxford, Oxford UP, 2001.

（２）Cf. Boisdeffre, Martine de, Ouverture［Actes du colloque du 30 janvier 2009 : 25 ans de délibérations 1958–1983. Ouverture des archives du Conseil constitutionnel］, *Cahiers du Cons. constitutionnel* 2009（Hors série）, p. 99-102; Mathieu, Bertrand *et al.*（dir.）, *Les grandes délibérations du Conseil constitutionnel 1958-1983,* Paris, Dalloz, 2009［以下GDélib.と略記］. なお、L. Fabius 院長の就任（2016）以降、憲法院の公式サイトでもその一部が公開されるようになった。
https://www.conseil-constitutionnel.fr/les-decisions/archives-des-comptes-rendus-de-seances［2018. 8. 7最終閲覧］。

（３）拙稿「フランス第５共和制憲法とヨーロッパ統合―憲法第54、55条の起草過程を中心に」辻村みよ子（編集代表）『講座　政治・社会の変動と憲法　フランス憲法からの展望　第１巻』信山社（2017）121-123頁。

（４）拙稿「「裁判官対話」とフランス公法判例―条約の法律に対する優越を素材に」法律時報89巻２号（2017）70-75頁。

（５）辻村みよ子編『フランス憲法院の判例Ⅰ』信山社（2002）および同編『フランス憲法院の判例Ⅱ』信山社（2013）参照。

（６）辻村前掲書［前出注５］（2002）13-17頁［水鳥能伸］参照。

（７）拙稿［前出注３］（2017）141-142頁。

（８）本稿の対象時期に関する欧州統合史の概観としては、遠藤乾『ヨーロッパ統合史』名古屋大学出版会（2008）第５，６，７章参照。

（９）条約上の名称は（Assemblée）だったが、1962年の決議により「欧州議会（Parlement européen）」と自ら改称。ドゴール派は、そもそも「欧州議会」との僭称を許すまじき越権行為と考えており（V. par ex., Debré, Michel, Souveraineté et légitimité, *Le Monde* 9-12-1976)、この名称が条約上明文規定されるのは86年の欧州単一議定書であるが、叙述の便宜上、本稿では以下この名称を使用する。

（10）Emeri, Claude & Jean-Claude Gautron, La construction européenne et les pouvoirs des Assemblées parlementaires, *RDP* 1971, p. 172.

（11）拙稿［前出注３］（2017）127-129頁。

（12）拙稿［前出注３］（2017）129頁。

（13）本件の評議要録（以下PVと略記）は、GDélib., n° 16, p. 199-206に収録されている。

（14）拙稿［前出注３］（2017）138-139頁。

（15）Cornu, Gérard & Jean Foyer, *Procédure civile,* 3ᵉ éd., Paris, PUF, 1996の

共著者である。

(16) Commission des archives constitutionnelles de la Ve République (éd.), *Archives constitutionnelles de la Ve République. Vol. 5 : Témoignages, 1958-1995,* Paris, Documentation française, 2011, p. 51 et suiv.

(17) Foyer, Jean (avec la collaboration de Sabine Jansen), *Sur les chemins du droit avec le Général. Mémoires de ma vie politique (1944-1988),* Paris, Fayard, 2006.

(18) 本件の評議要録は、上記GDélib. に収録されていないが、現在では憲法院の公式サイトで公表されている。
https://www.conseil-constitutionnel.fr/sites/default/files/as/root/bank_mm/decisions/PV/pv1976-12-29-30.pdf [2018. 8. 7閲覧]。

(19) マスコミにおける多数の関連記事リストとして、Favoreu, Louis & Loïc Philip, Jurisprudence du Conseil constitutionnel. Élection au suffrage universel direct des membres de l'Assemblée Européenne, *RDP* 1977, p. 176-180 [Annexe Ⅲ]; Boulouis, Jean, Note sous Conseil constitutionnel (France), 30 décembre 1976, *CDE* 1977, p. 460, note 3参照。

(20) Faut-il réviser la Constitution ?, *Le Monde* 6-11-1976.

(21) Le Conseil constitutionnel est-il compétent ?, *Le Monde* 13-11-1976. なお、Philip教授の父君が、第4共和制憲法の起草に携わった、CED批准賛成派の社会党議員André Philipであったことは、決して偶然ではないであろう。

(22) V. aussi, Luchaire, François, Le Conseil constitutionnel et la protection des droits et libertés du citoyen, *in Mél. M. Waline,* Paris, LGDJ, 1974, p. 570.

(23) V. par ex., Debré, Michel, Souveraineté et légitimité, *Le Monde* 9-12-1976; *id.,* Du bon usage du suffrage universel, *Le Monde* 29-12-1976.

(24) Luchaire, François, Faut-il réviser la Constitution ?, *Le Monde* 6-11-1976.

(25) Vedel, Georges, Bilan d'une controverse, *Le Monde* 25-12-1976.

(26) Philip, Loïc, Le Conseil constitutionnel est-il compétent ?, *Le Monde* 13-11-1976; Parlement européen et Conseil constitutionnel, *Le Monde* 17-12-1976.

(27) Boitreaud, Jacques, L'élection de l'Assemblée européenne et la Constitution française, *Le Monde* 24-11-1976. なお、Boitreaud は、J. Foyer の上記自伝 [前出注17] でも国務院内部のgaullisteとして名前が挙げられている (*op. cit.,* 2006, p. 240)。

(28) V. Ruzié, David, Bulletin de jurisprudence française, *JDI* 1977, p. 71.

(29) Par ex., Favoreu & Philip, Note précit. [前出注19], *RDP* 1977, p. 133, 136-137; Boulouis, Note précit. [前出注19], *CDE* 1977, p. 467-469; Coussirat-Coustère, Vincent, Le Conseil constitutionnel et l'élection au suffrage universel direct de l'Assemblée européen, *AFDI* 1976, p. 809, note 21 bis;

Ruzié, Note précit.［前出注28］, *JDI* 1977, p. 72.

(30) Par ex., Volpe, Giuseppe, L'elezione del Parlamento europeo al vaglio del «Conseil constitutionnel», *Foro it.* 1977, IV, col. 39-40.

(31) Cf. Boulouis, Note précit.［前出注19］, *CDE* 1977, p. 473-474.

(32) Par ex., Favoreu & Loïc, Note précit.［前出注19］, *RDP* 1977, p. 148; Favoreu, Louis & Loïc Philip, *Grandes décisions du Conseil constitutionnel,* 2e éd., Sirey, 1979, p. 370-371; Ruzié, Note précit.［前出注28］, *JDI* 1977, p. 70-71.

(33) Francès, Patrick, Ordre du jour chargé pour le Conseil constitutionnel, *Le Monde* 25-12-1976; Laurens, André, Le Conseil constitutionnel met des limites à la supranationalité tout en jugeant conforme à la Constitution l'élection au suffrage universel, *Le Monde* 1-1-1977; La mue trop discrète du Conseil constitutionnel, *Le Nouvel Observateur* 10/16-1-1977, no 635, p. 32.

(34) GDélib. 2009, p. 234-235, no 12.

(35) 院長指名権は大統領権限である（憲法第56条3項）。

(36) Boudant, Joël, Le Président du Conseil constitutionnel, *RDP* 1987, p. 649.

(37) Le président de la République saisit le Conseil constitutionnel, *Le Monde* 2-12-1976.

(38) Cf. Ruzié, Note précit.［前出注28］, *JDI* 1977, p. 71.

(39) 因みに、Reyは、本件評議に出席しているが評議要録中の発言記録は皆無である。

(40) V. Intervention du Président Valéry Giscard d'Estaing, *in* Maus, Didier & André Roux (dir.), *30 ans de saisine parlementaire du Conseil constitutionnel,* Paris, Economica, 2006, p. 9.

(41) Boudant, art. précit.［前出注36］, *RDP* 1987, p. 601. V. Le président de la République va consulter le Conseil constitutionnel sur un "important texte de loi", *Le Monde* 5-11-1976; Le président de la République saisit le Conseil constitutionnel, *Le Monde* 2-12-1976.

(42) Le président de la République demanderai si nécessaire, une modification de la Constitution, *Le Monde* 9-11-1976.

(43) 12月20日月曜日の評議冒頭、Frey院長からGoguelを報告者とする旨予告があり、Goguelも翌週初めには報告を準備できるので、同29、30日の報告を予定していると発言。V. PV du 20-12-1976, p. 1.

(44) Un "Nouveau Manifeste pour l'indépendance de l'Europe" se prononce pour l'élection du Parlement européen, mais "le même jour et selon le même système électoral dans tous les pays", *Le Monde* 21-1-1976.

(45) Le groupe socialiste reproche à M. Chatenet d'avoir enfreint son "obligation de réserve", *Le Monde* 7-2-1976; M. Defferre : les membres du

Conseil constitutionnel doivent exercer leurs fonctions sans préjugés, *Le Monde* 9-2-1976.

(46) Avril, Pierre et Jean Gicquel, *Chroniques constitutionnelles françaises : 1976-1982,* Paris, PUF, 1983, p. 165.

(47) 拙稿［前出注３］（2017）148頁参照。

(48) GDélib. 2009, p. 231, n° 8.

(49) なお、後日、M. Debréから詰問を受けた際のFreyの応答につき、Debré, Michel, *Mémoires : Combattre toujours, 1969-1993,* Paris, A. Michel, 1994, p. 179参照.

(50) なお、このCoste-Floret発言が、従来議論のあった（V. par ex., Boulouis, Note précit.［前出注19], *CDE* 1977, p. 464-465.)、条約批准許可法に対する憲法第61条提訴を当然の前提とする点に注意。

(51) Favoreu & Philip, *op. cit.*［前出注32], n° 29, p. 375.

(52) Par ex. Cons. const., 15-1-1975, n° 74-54 DC, IVG, *Rec.* 19.

(53) Par ex. Avril & Gicquel, *op. cit.*［前出注46], 1983, p. 164; Favoreu & Philip, Note précit.［前出注19], *RDP* 1977, p. 142-143; Boulouis, Note précit.［前出注19], *CDE* 1977, p. 464-465; Ruzié, Note précit.［前出注28], *JDI* 1977, p. 78; Villiers, Michel de, Le Conseil constitutionnel et l'élection de l' Assemblée européenne au suffrage universel direct ou les pièges du politique, *JCP* 1978, I, 2895, n° 32-33. なお、議会による条約の批准許可に対しても通常立法と同様、議員提訴を可能とする構想は、Coste-Floretが、既に58年憲法第54条起草過程において憲法院の関与を提案した際に存在し、その後削除された規定であったことが注目される。Comité national chargé de la publication des travaux préparatoires des institutions de la Ve République（éd.), *Documents pour servir à l'histoire de l'élaboration de la Constitution du 4 octobre 1958, t. 2,* Paris, La Documentation française, 1988, p. 134; cf. Coussirat-Coustère, art. précit.［前出注29], *AFDI* 1976, p. 814 & note 32.

(54) Laurens, art. précit.［前出注33], *Le Monde* 1-1-1977.

パリテ再考
—多様性からの問いかけ—

藤　野　美都子

はじめに

2018年5月16日、日本では、政治分野における男女共同参画の推進に関する法律（以下、「候補者男女同数法」という）が成立した。この法律は、一般に日本版パリテ法と呼ばれている(1)。フランスのパリテ法が法的強制力を伴うのに対し、候補者男女同数法は、第2条で「政治分野における男女共同参画の推進は、衆議院議員、参議院議員及び地方公共団体の議会の議員の選挙において、政党その他の政治団体の候補者の選定の自由、候補者の立候補の自由その他の政治活動の自由を確保しつつ、男女の候補者の数ができる限り均等となることを目指して行われるものとする」と規定し、政党等に努力義務を課したに過ぎない。したがって、同法の成否は、政党等による自主的な取組と政党等に対する有権者からの働きかけにかかっている。

女性の政治への参画に「おくれ」がみられる日本において、同法が成立したことの意義は大きい。世界経済フォーラムが2017年11月、各国における男女格差を測るジェンダー・ギャップ指数（Gender Gap Index：GGI）(2)を発表したが、日本の指数は0.657、144ヵ国中114位であった。2016年は144ヵ国中111位であり、前回に比べ、経済、教育、保健分野の順位は上昇したものの、政治分野が103位から123位へと下がっている(3)。フランスにおいても女性の政治参画に「おくれ」がみられたが、1999年の憲法改正、2000年のパリテ法制定後、状況が好転した。フランスの2006年のGGIは0.652であり、政治分野では115カ国中60位、全体では70位であったが、2017年のGGIは0.778で、政治分野では9位、全体では11位と順位を上げているのである(4)。

他方、市民を女性と男性とに二分するパリテの論理に対しては、様々な観点からの批判があることにも注意しなければならない。筆者が、とりわけ違和感を覚えたのは、2013年に県議会議員選挙制度が改正され、パリテ二人組多数代表二回投票制scrutin binominal paritaire majoritaire à deux tours が導入されときであった。多様性diversité（ダイバーシティ：diversity）[5] が重要視されている今日、他のマイノリティとの関係に加え、性の多様性という観点からも、パリテの論理に対して疑問を抱いたからである。[6] パリテ政策については、多くの研究が蓄積されているにもかかわらず[7]、本稿が、あえてパリテを考察の対象とする理由は、上記の観点からである。なお、考察の対象を政治分野のパリテに限定し、日本の候補者男女同数法に関する示唆を得ることを、本稿の目的としたい。以下、政治分野におけるパリテ政策の展開を概観し、パリテをめぐる議論を確認し、パリテについて多様性という観点からの検討を試みることとする。

1　パリテ政策の展開

パリテparitéとは、もともと、同一、同等、等価といった意味を有する言葉であるが、今日では、「意思決定機関において男女の代表が各々半数を占め、男女が決定の責任を分有すること[8]」という意味を獲得している。この意味でのパリテに、ヨーロッパが出会うことになったのは、1989年、ストラスブールにおいて、ヨーロッパ評議会のイニシアティブにより男女平等に関するセミナーが開催されたときに遡る。このとき、人々の目が「パリテ民主主義」に向けられた[9]。フランスでは、フランソワズ・ガスパールFrançoise Gaspard、クロード・セルヴァン-シュライバーClaude Servan-Schreiber、とアンヌ・ル・ガルAnne Le Gallの本『女性市民よ、権力の座へ！　自由、平等、パリテ　*Au pouvoir, citoyennes ! : liberté, égalité, parité*』が、1992年に出版されたことを契機として、パリテが一般的なものとなった[10]。

パリテ政策の展開に入る前に、フランスにおける女性の政治参画の歴史を簡単に振り返っておこう。1789年の人および市民の権利宣言（以下、「人権宣言」という）第1条は、「人は、自由、かつ、権利において平等なものとして生まれ、生存する」と謳っていたが、実際には男性の権利宣言でしかなかった。1792年に男性を対象とする普通選挙が初めて実施され、1848年憲法により普通選挙制度が確立された。これに対して、女性の参政権が認められたのは、男性から遅れること100年、1944年であった。1946年憲法前文第3項は、「法律は、女性に対して、すべての領域において、男性のそれと平等な諸権利を保障する」と定め、1958年憲法第3条第4項は、「民事上および政治上の権利を享有する成年男女のフランス国民は、すべて、法律の定める要件にしたがって、選挙人である」と定める。しかし、参政権が認められた後も、政治分野への女性の進出は遅れた。憲法改正によりパリテが導入されることになった1999年の時点で、国民議会（下院）における女性議員の割合は10.9%、元老院（上院）では5.9%、州議会議員では24%、県議会議員では7.9%、コミューン（市町村）議会では21%であった。有権者における女性の割合が53%と高いことと比べると、このように低い割合は、パラドックスであり、異常であった。(11)

女性差別を禁止し、女性に男性と同等の権利を保障しただけでは、政治分野における男女間の不均衡は是正されなかったのである。その理由として、ジャニーヌ・モスュ-ラヴォJanine Mossuz-Lavauは、国民議会の［選挙制度である小選挙区：筆者註］多数代表制により、議員が選挙区を自らの封土とし、その封土を終身で代表し続け、名望家に特権が付与されてきたこと、兼職の容認により重要なポストが限られた人に占められてきたこと、女性を候補者として指名しない政党の問題、政治権力を要求してこなかったフェミニズム運動の問題、家事や育児の大半を引き受けてきた女性たちにとって政治が強い関心の対象とならなかったことなどを挙げている。(12)

女性の政治参画が進まない状況を前にして、1982年、議員が名簿式投票制で選出されるコミューン議会選挙に25%クオータ制の導入が試みられた。しかし、憲法院は、当該性別クオータ制を憲法違反であると判断した。憲法第3条は、「……人民のいかなる部分もいかなる個人も主権の行使を自己のものとすることはできない」と定め、人権宣言第６条は、「すべての市民は、法律の前に平等であるから、その能力にしたがって、かつ、その徳行および才能以外の差別なしに、等しく、すべての位階、地位および公職に就くことができる」と定めている。「市民という資格は、……すべての人に同一の条件で選挙権と被選挙権を与えていること、これらの憲法的価値を有する諸原則は、選挙人や被選挙人のカテゴリーによるあらゆる区別に対立すること」から、「選挙人に付される名簿の作成のために、性を理由とする候補者間の区別を含む規則は、上記に引用した憲法原則に反する」とした(13)。憲法院は、共和国原理である普遍主義に立脚し、このように判断したのである。

フランス革命は、身分制集団から個人を解放し、様々な属性を捨象された抽象的存在としての市民が、主権行使に参加し、国家の構成員となるとする普遍主義的市民概念を構築した。1958年憲法第１条は、「フランスは、不可分の、非宗教的、民主的かつ社会的な共和国である。フランスは、出生、人種または宗教による差別なしに、すべての市民に対して法律の前の平等を保障する」と定め、共和国が不可分であること、そこにおいて市民はすべて平等であることを確認する。一にして不可分の共和国は、出自や社会的属性から引きはがされ、相互互換性が確保される抽象的個人のみを認める。したがって、多元主義を背景とする、民族、宗教、言語、性別、性的指向などを指標とした多様な共同体が政治共同体内に存在するとするコミュノタリスム communautarismeを回避する(14)。性、人種、宗教といった指標により市民を区別し、カテゴリー化することは、普遍主義的市民概念に反すると考えられてきたのである(15)。

にもかかわらず、フランスが、憲法改正をしてまでパリテ導入へと進んだ背景には、女性の政治参画を強く求める世論の盛り上がりと、それに対する政府の積極的な姿勢があった(16)。さらに、国際社会の動き、とりわけ、ヨーロッパ連合における男女平等政策の強い影響があった(17)。ヨーロッパ諸国における性別クオータ制に関する政策には、三つの手法がある(18)。第一は、政党等が自ら選挙の際の候補者リストに取り組む手法、第二は、選挙法律に性別クオータ制の措置を盛り込む手法、第三は、第二の手法の実施に憲法改正を必要とする場合の手法、すなわち憲法改正よる手法の三つである。1982年の憲法院判決により立法措置のみによるクオータ制導入は困難となり憲法改正が必要とされたこと、また、政党による自主的な取組も進まなかったことから[19]、フランスは、第三の手法を採用することとなった。

1．1　憲法改正とパリテ法制定

男女平等に関する1999年７月８日憲法的法律[20]により、1958年憲法第３条に「法律は、選挙によって選出される議員職と公職への男女の平等なアクセスを促進する」とする第５項が、また、第４条に「政党および政治団体は、法律の定める条件にしたがって、第３条最終項［第５項：筆者註］で表明された原則の実施に貢献する」とする第２項が付加された。政府の憲法改正のための提案理由では、「憲法院は、1982年11月18日の判決で、政治的代表に適用される諸規則および諸原則は男女間のあらゆる区別を禁止していると判断した。それゆえ、国民主権の不可分にして普遍的な性格を定める憲法第３条を補完し、これらの諸原則と議員職および公職への男女の平等なアクセスという目標とを両立させる必要がある」とされ、政府提案は第３条を改正するものであった[21]。国民議会は政府案を支持したが、元老院の委員会は、普遍主義に反することになる第３条の改正ではなく、政党に関する第４条の改正を提案した[22]。女性候補者の増員を政党の判断に委ね、政党助成により政党を誘導すべきだとされたのである。しかし、元老院の立場は世論の支持を得られず、最終的には第３条と第４条を改正する修正案により政府・国民議会対元老院の対立を乗り越える妥協が図られた。

これを受け、選挙によって選出される議員職および公職への男女の平等なアクセスを促進することに関する2000年６月６日法律[23]が制定された。一般にパリテ法と呼ばれる同法律は、種々ある選挙制度に応じて、次の三つの手法を採用した。①元老院議員選挙の一部、ヨーロッパ議会議員選挙等、比例代表一回投票制の選挙は、候補者名簿を男女交互とする。②人口3500人以上のコミューン議会議員選挙や州議会議員選挙等、比例代表二回投票制の選挙は、候補者名簿登載順６人ごとに男女同数とする。③小選挙区二回投票制で実施される国民議会議員選挙は、候補者を男女同率とする。男女の開きが２％を超えると、政党助成金のうち得票数に応じて配分される部分が減額される。減額率は男女の候補者比率の差の50％とされた。

パリテ政策は、その後の選挙制度改革により後退したこともあったが、概ね強化されてきた[(24)]。男女交互の候補者名簿作成が義務付けられる対象は、2003年に州議会議員選挙へ、2007年に人口3500人以上のコミューン議会議員選挙へ、2013年に人口1000人以上のコミューン議会議員選挙へと拡大した。また、2007年には、県議会議員選挙の補充候補者について候補者と異なる性の者を指名すること、国民議会議員選挙については政党助成金の減額率を75％に引き上げること、さらに、地方行政執行部となる州議会副議長およびコミューンの助役は男女同数とすることが定められた。補欠選挙の実施を避けるため、本人が辞任した際に代わる補充候補者を立候補にあたって予め指名するものとされている。また、行政執行部となる州議会議長および副議長、コミューンの長および助役は、議会のなかから議員の互選により選出される。2014年には、政党助成金の減額率は150％に引き上げられた。

なお、2008年７月23日の憲法改正[(25)]に際し、職業的社会的責任ある地位にもパリテが導入されることとなり、憲法第３条第５項は、「法律は、選挙によって選出される議員職および公職ならびに職業的および社会的責任ある地位への男女の平等な参画を促進する」と改められ、第１条第２項に移された。

他方、パリテが導入されなかった県議会については、女性議員の比率は、2004年時点で10.9％、2011年時点で13.9％と伸びなかった[(26)]。そこで、県議会議員、コミューン議会議員および広域連合議会議員の選挙ならびに選挙期日の変更に関する2013年５月17日法律[(27)]により、パリテ二人組多数代表二回投票制（以下、「男女ペア立候補制」という）が導入された[(28)]。候補者は男女のペアで立候補し、有権者はこのペアに投票し、各選挙区から１組が選出される。補充候補者は本人と同じ性でなければならない。候補者は、必ずしも同じ政党や会派に属している必要はなく、選挙活動は一緒に行うが、当選後は独立して議員活動を行う。同制度の導入とともに、選挙区の数は、3971から2054に削減された。

県議会議員選挙は、革命期以来カントンcantonsを単位として、小選挙区二回投票制によって行われてきたため、国民議会と同様、パリテを義務づけることが難しく、加えて、政党助成金の減額措置も適用されず、政党の取組が遅れていた。パリテを実現するには、比例代表制の導入が望ましいが、「長年、カントン単位の選挙を行ってきた県議会については、地域とのつながりが薄れる（近接性[29]を維持できない）ことを問題視する反対意見が根強く存在した[30]」。男女ペア立候補制は、近接性を損なわずに、効果的なパリテを保障する制度として考案されたのである[31]。なお、県行政の執行部となる県議会副議長、および常任委員会委員についても、パリテが適用されることになった。

1．2　パリテの成果

ここでは、男女平等高等評議会のパリテガイド（2017年版[32]）で紹介されている成果を提示しておきたい。なお、同ガイドでは、男性比率によりその成果が示されている。

ヨーロッパ議会のフランス選出議員における男性比率を、1999年・パリテ法以前と現時点とで比べると、59.8%から56.8%へ、州議会議員では、72.5%から52.1%へ、州議会副議長では、84.9%から51.6%へ、県議会議員では、90.8%から49.9%へと下がっている。コミューンの助役では、78.2%から52.2%へ、人口1000人以上のコミューン議会議員では、78.3%から51.8%へと推移した。法的強制力が伴う分野においては、ほぼ均等なアクセスが確保されており、パリテ政策は、劇的な効果を挙げている。

部分的な法的強制力あるいは奨励が伴う分野である、元老院議員における男性比率をみると、94.7%から70.8%へ、国民議会議員では、89.1%から61.3%へと減少していることが分かる。

これに対して、法的強制力が及ばない分野である、州議会議長の男性比率は、88.5%から2015年時点で83.3%へ、県議会議長では、99.0%から90.1%へ、コミューンの長では、92.5%から84.0%へと微減にとどまっている。内閣の男女構成比率50%という例外はあるものの、パリテが法的に強制されない分野では、男女の均等なアクセスというには程遠い状況にある。

2　多様性の尊重とパリテ

パリテをめぐっては、様々な観点から活発な議論が展開されてきたが、ここでは、パリテ推進派とパリテ懐疑派の議論を概観したうえで、本稿の目的である多様性の尊重という観点からパリテを検討したい。

2．1　パリテ推進派とパリテ懐疑派

1999年の憲法第3条の改正に対しては、普遍主義に反するとする批判の声が挙がった。市民を女性と男性とに区分するパリテは、様々な属性を捨象された均質な市民から構成される共和国の原理と矛盾する。市民を性、人種、宗教といった指標により区分し、カテゴリー化することは、普遍主義的市民概念に反すると考えられたのである。パリテ懐疑派であり、普遍主義フェミニズムの立場に立つエリザベット・バダンテールElisabeth Badinterは、「共和国憲法に性差を記述する動きを正当化するため、母性によって女性性を暗に定義するという立場に逆戻りしたのはまぎれもない事実だ。それはまるで下院に女性議員を増やすためなら昔ながらのステレオタイプまで担ぎだすのもやむを得ないかのようだった」と、パリテ推進派を厳しく批判する。(33)

この批判に対する哲学的釈明には二つの立場があった。(34) 一つの立場は、「法律が女性を公共空間から排除した結果、歴史的に男性性に刻印された（ジェンダー化された）『抽象的個人』像を、法律によって『女性』に開放することで『脱ジェンダー化』し、普遍主義を完成させる」という立場である。前述したガスパールらは、「パリテは、クオータ制のように区別された社会的カテゴリーとしての女性を代表することを求めないし、女性と男性との本

質的差異が、分離した代表を要求するのだとも主張しない。個人が政治的代表の基本単位でなければならないということも否定しない。……抽象的個人が男女どちらかの性をもつものとして捉えられるべきだと主張した[(35)]」。

もう一つの立場は、人類は男性と女性に二分され、両者には差異があり、男女の混成性mixtéこそが社会の構成原理であり、これを政治の場で実現するのがパリテであるとする立場である[(36)]。代表的論者であるシルヴィアンヌ・アガサンスキーSylviane Agacinskiは、普遍的に性により刻印された人類は、子孫を残すために異性を求め、異性に依存するとして、両性の相補性を認め、「人間の普遍的なあり方とは男性と女性によって構成されているということだから、議会はそうした国民のあり方を的確に表現するものでなければならない」とする[(37)]。

いずれも、性別を考慮に入れない普遍主義こそ男性中心主義を招き、政治からの女性の排除につながったと批判する差異主義フェミニズムの立場に立つが、前者は、性差を文化的・社会的なものと考える文化的差異主義、後者は、性差を本質的なものと考える本質主義的差異主義と称される[(38)]。パリテ推進に大きな影響をもたらしたのは、少数派であった本質主義的差異主義である。その背景には、同時期に展開されていたパックスPacte Civil de Solidarité : PaCS をめぐる論争があった[(39)]。パックスは、同性あるいは異性のカップルに婚姻に準ずる法的権利を認める制度である。政府が、同性婚反対の保守層を抑えるため、パリテ正当化の理論としてアガサンスキーの理論を活用し[(40)]、そして「異性愛を基盤とした既存の社会秩序が崩壊することを恐れた保守層からも、男女の生殖における補完性に基づいてパリテ法を正当化するアガサンスキーの論理は支持された」からであった[(41)]。

ここでは、パリテをめぐる議論の詳細には立ち入らないが、普遍主義フェミニズムの論者がすべてパリテに反対したわけではなく、パリテの論理には賛成しないが、制度的有効性からパリテを支持した論者もいたこと[(42)]、バダンテールの批判は、本質主義的差異主義に対する批判にあたるであろうことを付言しておきたい。

2．2　積極的差別としてのパリテ

パリテ推進派は、パリテが普遍主義を完成させるものであり、普遍主義に反しないとしてきたが、パリテが、普遍主義と折り合いをつけることができたとは言い難い。樋口陽一は、「『男女同数』推進論者は、……過渡的なものを考えているのではない。男性性と女性性がともに公の政治空間に反映されつづけていることが必要だ、と考える。憲法改正という形式が必要とされているのは、違憲判決の根拠を消すという直接の狙いをこえて、過渡的でない社会構想そのものを確認したいからなのである。まさにその点が、普遍主義者たちにとってはとうてい承認できない、ということになる」とする(43)。糠塚康江は、「1999年の憲法改正は、1982年に憲法院によってかけられた差し錠を外すことを目的にしていたにすぎない。立法者は、パリテを強制されていない。……パリテは、『選挙による議員職と公職への男女の均等なアクセスという目標（objectif）に過ぎない』」と解する(44)。2003年の州議会議員選挙区を全国１選挙区から８選挙区に分割した選挙制度改革と元老院の比例代表制の対象となる選挙区を縮減した選挙制度改革について、パリテの効果が減じられるとして憲法院に付託されたが、憲法院は、いずれも憲法違反ではないと判断した(45)。さらに、2015年４月24日の合憲性優先問題判決において、憲法院は、憲法１条２項は、憲法が保障する権利あるいは自由を創設するものではなく、合憲性優先問題の根拠とはなりえないと判示した(46)。

多くの論者が、パリテは、積極的差別discrimination positiveであり、あるいは、クオータ制であるとしている(47)。積極的差別とは、「ある範疇に属する者とそれ以外の者との間に存在する格差・不平等を是正・解消するため、一方を他方より優先的に処遇すること」をいう(48)。アメリカなどではアファーマティブ・アクション、ヨーロッパ連合やイギリスではポジティヴ・アクションの語が使われている。事実上の平等を目指した暫定的、一時的な措置であり、実質的に対等な競争ができるようなった段階で、優先処遇を廃止するということになる。果たして、パリテについても、同様に考えられているだろうか。

なお、「アメリカ合衆国のアファーマティブ・アクションが、……優先処遇の対象者を人種、民族または性別のような個人のアイデンティティを構成する生来的（とされる）特徴によって同定するのに対し、福祉国家の理念に基づくフランスモデルの目的は、『より少なく持つ人により多くのものを与える』という財およびサービスの衡平な再分配であり、対象者の選定はもっぱらその社会的、経済的境遇に着目して行われる[(49)]」。フランスは、出生、人種、宗教による区別なく、すべての市民から構成されるフランス人民しか知らず、マイノリティを知らないとされてきたためである。実際には、フランスは、多面的重層的な積極的差別政策を展開してきた福祉国家としての長い歴史を有しており、建前上不存在であるはずのマイノリティを対象とする施策を積み重ねてきた[(50)]。

ここでは、糠塚が、福祉国家について、つぎのように説明していることに注目しておきたい。「経済的苦境によって自律的たりえなくなった人々に経済的社会的権利を保障することによって自律性を回復させ、市民的政治的権利を行使できる状態にすることで、政治社会への統合が果たされる、という構想である[(51)]」。経済的社会的権利の保障が、市民的政治的権利の行使の前提を整える。女性の政治参画を進める積極的差別政策としては、パリテ以外にも、普遍主義に反しない形での様々な施策が考えられる[(52)]。政治的権利が行使される場面にも、パリテのような積極的差別政策が行われることを論理的に正当化することは容易ではないと思われる。

2．3　多様性からの問いかけ

パリテの後、2000年代にはいると、政治的代表をめぐって、多様性の問題が議論されるようになった[(53)]。「フランス政治史においてある時期問題となった、当選者における女性の過少代表と同様、可視化されたマイノリティの過少代表が、今日、民主主義の機能不全の兆候として認識されている」。「フランス社会の多様性は、その代表者たちの中には見出されず、そのことが、政治と当選者に対する市民の不信に力を貸している[(54)]」と指摘されている。「女性の代表を議会に」というパリテの主張は、その他の共同体、人種、宗教、言語、性的指向、障害、あるいは、皮膚の色などの指標により定義されるその他の共同体からの同様の要求にも途を開くことになると指摘されていた点である。

パリテ推進派は、女性は、共通の利益を有する社会的集団ではないし、マイノリティでもなく、マジョリティである。性は、あらゆる集団を超越したものであり、性による区分は市民のカテゴリー化ではないと反論してきた。[(55)] 人は、男性に生まれるか、女性に生まれるかであり、このことは不変である。[(56)] 性による区別は、他の指標による区別とは異なると主張されてきたのである。

糠塚は、このような考え方を二元性の普遍主義とする。[(57)] しかしながら、この二元性の普遍主義は、議会の審議では理解が得られなかった。なぜならば、前述したようにアガサンスキーの女性性を強調する本質主義的差異主義が幅を利かせ、ガスパールらの文化的差異主義との違いが明確にされないまま、パリテをめぐる「理論的問題が棚上げされ、政治的決断が下された」からである。

確かに、パリテ推進派の理論を批判するカトリーヌ・アシャンCatherine Achinのつぎの指摘は、本質主義的差異主義に向けられたものであった。パリテ推進派の議員たちは、女性の自然的差異を理由として共和主義的平等を調整しあるいは補強しようとし、性に刻印された社会の様相を理由に、このような普遍的所与の「鏡像代表représentation miroir」を要求しようとしている。両性の自然的性差への言及こそが女性を排除してきたにもかかわらず、性差を持ち込むことにより、パリテ推進派たちは矛盾に直面することになろう。また、代表される者と代表者との一致を求めることは、コミュノタリスムにつながる虞がある。[(58)] このようにパリテを記述的代表représentation descriptive[(59)]であると論難するパリテ懐疑派に対して、糠塚は、「『女性議員が存在すれば、それだけ女性の利益が代表される』ことをパリテの構想に読み込んでいないであろうか」と問い返し、「パリテは『女性議員が存在すべきである』と主張する。しかし、女性議員の存在は『女性の利益が代表されている』という帰結を導かない」と指摘する。[60]

ここでは、エリック・ファッサンÉric Fassinが、鏡像代表と表象代表représentation figurationを同義としているアシャンの論理に対し、《表象》の二つの側面、記述的代表と鏡像代表との区別が重要であるとしていることに注目しておきたい。パリテ推進派は、過去の性差別を問い、そこから代表制論を展開するのではなく、社会の鏡として議会を構成すべしとする代表制論を展開している。パリテの正当化の理由が、女性が十分に代表されていなかったからではなく、女性の代表が不十分であったからとされている。[61]

パリテが、市民の半分を女性が占めていることを根拠に、議会においても女性が半分を占めるべきであると要求している時点では、単に割合を問題にしているに過ぎないのではないかとの疑問が生じる。齊藤笑美子は、「『共同体主義に道を開く』というパリテへの批判に応え、性別以外の差異への積極的差別是正措置の拡大はないということを言うために、性別による区別が他の類型による区別とは異なる特殊な差異であると主張している。しかし、pragmatiqueであろうとするならば、公職へのアクセスにおいて統計上正当不可能な不均衡が男女の間に生じており、フランスの状況に照らして何らかの措置が必要であるということが言えれば良いのであって、他の差異との差別化に執着する必要はないように思われる。pragmatiqueというならば、人種のような他のカテゴリーについても、状況によっては何らかの措置が必要とされる論理的可能性は残されているはずではないだろうか」と指摘する。[62]

制度的、歴史的に政治空間から排除され、女性の政治参画が進まなかったことを受け、パリテが導入されたのではなかったか。同じ論理が、なぜ、他のマイノリティには当てはまらないのだろうか。

2．4　性の多様性からの問いかけ

パリテは、市民を女性と男性の二つのカテゴリーに区分する。性の多様性[63]が説かれるなかで、改めて、パリテの二項区分の問題性が問われることになる。「男女二分法の性別規範は、半陰陽者、トランスジェンダー、同性愛

者、エイセクシュアル（性的欲求のない人）などの性的マイノリティの性と生を、直接・間接に阻害・疎外」するからである。[(64)]

ただし、パリテについて語る論者が当該問題に無自覚だったわけではない。モスュ-ラヴォは、「（トランスセクシュアルの問題を除けば）男性でも女性でもない人はほとんどいない」と条件を付している。[(65)]山元一は、「男女二極のジェンダーによる社会の差異構成自体が、多様な諸個人に対する社会の側からの抑圧的刻印ではないかとの問題提起は、極めて深刻に受け止められるべきである」と述べている。[(66)]齊藤笑美子は、「パリテが、一時的な積極的差別是正措置としてではなく、生物学的にあるいは歴史的・文化的に『普遍的』である性差を数値的に反映するものであると主張されるとき、それは同性愛者の権利へのアクセスと矛盾するような緊張関係をはらむ」と指摘する。[(67)]

実際、LGBTの団体の代表は、男女ペア立候補制を導入する法案が閣議決定される直前に、当該制度が、異性愛主義に接続する危険性を有しており、同性愛者に対する差別を生むとして、公開意見状を提出している。男女ペア立候補制は、異性愛主義を前提としたものではないが、こうした危惧は的中し、同性婚反対運動において、「私のパリテに触れるな」「父-母、平等で補完的」といった形で、パリテを異性愛主義的に解釈し、パリテや男女ペア立候補制が連想される表現が用いられた。[(68)]

パリテは、多様な性的指向と性自認に対して抑圧的な制度として立ち現われる。「市民の半分が女性ならば、議会においても半分」という二項区分に苦しむ存在を忘れてはならない。普遍主義は、差別から多様な人々を守る枠組みであったはずである。たとえ積極的差別是正措置として暫定的にパリテの実施が求められる場合であっても、より慎重な態度が望まれよう。

おわりに

女性の政治参画にみられたフランスの「おくれ」を是正するため、憲法が改正され、パリテが導入された。県議会議員選挙に男女ペア立候補制という「世界に類をみない」制度が導入されたのも、県議会議員に占める女性の割合が低迷していたからであった。現状を変革したいとする強い思いとその思いを実現するための効果的な手段が求められた結果が、パリテ政策であったといえよう。パリテ政策は、女性の政治への参画を強力に進めた[(69)]。他方、パリテの効果が及ばない分野では、女性の政治参画が進まない現実もある。固定的な性別役割分担意識や男性中心型労働慣行の変革など、女性を政治から排除してきた状況を地道に改善していく政策も必要とされている。

さらに、パリテには、他のマイノリティを排除する面があり、性の多様性を前提としておらず、現在の形での施策の展開には問題が多いと言わざるを得ない。パリテと同時期に制度化されたパックスについては、当初同性カップルを対象にパックスを認めるものとして提案されたが、普遍主義に抵触すると考えられ、異性カップルをも対象とすることとなった。さらに同性カップルに婚姻を開放する2013年５月17日法律[(70)]により同性婚が承認された際も、既存の法律上の婚姻を同性カップルに開放するというかたちがとられた[(71)]。ここには、普遍主義に対する配慮がみられる。政治参画の途を女性にのみ開放するのではなく、今後は、多様性に配慮した施策を検討する必要があるように思われる。

エブリヌ・ピジェÉvelyne Pisierは、パリテを批判し、つぎのように述べる。「市民権は、『できるだけすべての人間のあらゆる特性を受入れ』、一つさらには二つにさえ還元できないほど多様な現実を前提としている。普遍的なものが多元的なものに開かれているということが、誠意のある民主主義者の正当な願望である。しかし、なにゆえに多元性を二元性に還元するのか[(72)]」。

（1）2018年５月16日朝日新聞朝刊「いちからわかる！　女性議員を増やす法律　パリテ法とも呼ぶの？」

（2）同指数は、経済、教育、政治、保健の４分野のデータから作成され、０が完全不平等、１が完全平等を意味する。

（3）World Economic Forum, The Global Gender Gap Report 2017（https://www.weforum.org/reports/the-global-gender-gap-report-2017）

（4）ちなみに、日本の2006年のGGIは0.6447、政治分野は83位、全体では79位であった。フランスとは対照的に、日本は、その後、政治分野の「おくれ」により順位を下げていることが分かる（World Economic Forum, The Global Gender Gap Report 2006（http://www3.weforum.org/docs/WEF_GenderGap_Report_2006.pdf））。

（5）ダイバーシティは、多様性を意味する言葉であるが、今日、性別、性的指向、国籍、人種、民族、宗教、年齢、障害等の人々の違いに関わりなく、その多様性を認め合い、包摂する社会をめざす概念を表す言葉として使用されている。ダイバーシティ&インクルージョンという語も使われる。

（6）ジャニーヌ・モスュ-ラヴォ Janine Mossuz-Lavauが、ジョセット・トュラ Josette Tratの見解を紹介していたことに示唆を受けた。トュラは、移民出身の若者や同性愛者に対する差別にも目を向け、女性が抑圧されてきた問題を重視はするが、パリテに反対する（Janine Mossuz-Lavau, *Femmes/Hommes pour la Parité*, Presses de Sciences Po, 1998, p. 106）

（7）植野妙実子「パリテの成立と実施（一）」法學新報108巻7・8号（2002年）1頁以下および同「パリテの成立と実施（二）」法學新報108巻11・12号（2002年）93頁以下、鳴子博子「パリテかクォータか、普遍主義か差異主義か―ルソー主義から見た政治哲学的考察―」法學新報109巻3号（2002年）109頁以下、糠塚康江『パリテの論理―男女共同参画の技法』（信山社・2005年）、辻村みよ子「政治参画とジェンダー―クオータ制の合憲性を中心に」川人貞史・山元一編『政治参画とジェンダー』（東北大学出版会・2007年）5頁以下、および石田久仁子「パリテ、またはフランス版男女均等政治参画」女性空間30号（2013年）61頁以下などを参照

（8）糠塚康江『現代代表制と民主主義』（日本評論社・2010年）194頁

（9）Mossuz-Lavau, *supra note*（*6*）, p. 35

（10）*ibid.,* p. 33

（11）Rapport d'information n° 670 de Mme Annick Billon au nom de la délégation aux droits des femmes et à l'égalité des chances entre les hommes et les femmes, Sénat, 17 juillet 2018, p. 28（https://www.senat.fr/rap/r17-670/r17-6701.pdf）

（12）Mossuz-Lavau, *supra note*（*6*）, p. 24 et s.

（13）Décision n° 82-146 DC du 18 novembre 1982（https://www.conseil-constitutionnel.fr/decision/1982/82146DC.htm）

（14）コミュノタリスムと共和主義伝統については、樋口陽一『国法学　人権原論』（有斐閣・2004年）94頁および103頁以下を参照

（15）普遍主義については、山元一「《一にして不可分の共和国》の揺らぎ」日仏法学22（1999年）1頁以下および糠塚康江「パリテが提起する普遍主義的憲法学の課題―パリテ法の展開―」辻村みよ子編『世界のポジティヴ・アクションと男女共同参画』（東北大学出版会・2004年）117頁以下を参照

（16）石田前掲註（7）81頁以下

(17) ヨーロッパ連合の男女平等政策のフランスへの影響については、梶本玲子「フランスの女性の政治参画―EUの女性政策の影響とパリテ・クオータ論争」国際女性12号（1998年）141頁以下、植野妙実子「平等概念の変容」植野妙実子・林瑞枝編『ジェンダーの地平』（中央大学出版部・2007年）103頁以下、井上たか子「欧州連合（EU）のジェンダー平等政策とフランス」女性空間30号（2013年）43頁以下を参照

(18) Éléonore Lépinard et Laure Bereni, La parité ou le mythe d'une exception française, *Pouvoir*, n° 111, p. 76 et s.

(19) Rapport n° 1240 de Mme Catherine Tasca au nom de la commission des lois constitutionnelles, de la législation et de l'administration général de la République, Assemblé nationale, 2 décembre 1998, p. 31 et s.（http://www.assemblee-nationale.fr/11/pdf/rapports/r1240.pdf）

(20) Loi constitutionnelle n° 99-569 du 8 juillet 1999 relative à l'égalité entre les femmes et les hommes

(21) Projet de loi constitutionnelle n° 985 au nom de M. Jacques Chirac par M.Lionel Jospin et Mme Élisabeth Guigou, 18 juin 1998（http://www.assemblee-nationale.fr/11/pdf/projets/pl0985.pdf）

(22) Rapport n° 156 de M. Guy Cabanel au nom de la commission des Lois constitutionnelles, de législation, du suffrage universel, du règlement et d'administration générale, Sénat, 20 janvier 1999,（https://www.senat.fr/rap/l98-156/l98-156.html）

(23) Loi n° 2000-493 du 6 juin 2000 tendant à favoriser l'égal accès des femmes et des hommes aux mandats électoraux et fonctions électives

(24) 2000年6月6日法律以降のパリテ政策の進展については、大山礼子「フランスの県議会選挙制度改革―男女ペア立候補方式によるパリテ（男女同数）の実現と選挙区改定―」駒澤大学法学部研究紀要74号（2016年）91頁以下を参照

(25) Loi constitutionnelle n° 2008-724 du 23 juillet 2008 de modernisation des institutions de la Ve République

(26) Rapport d'information n° 670, *supra note*（*11*）, p. 31 et s.

(27) Loi n° 2013-403 du 17 mai 2013 relative à l'élection des conseillers départementaux, des conseillers municipaux et des conseillers communautaires, et modifiant le calendrier électoral

(28) 同制度については、服部有希「フランスの県議会議員選挙制度改正―パリテ2人組投票による男女共同参画の促進―」外国の立法261号（2014年）22頁以下および大山前掲註（24）77頁以下を参照

(29) 近接性については、糠塚康江「《proximité》考　何を概念化するのか」糠塚康江編『代表制民主主義を再考する　選挙をめぐる三つの問い』（ナカニシヤ出版・2017年）113頁以下を参照

(30) 大山前掲註（24）96頁

(31) Rapport n° 700-701 de M. Pascal Popelon au nom de la commission des lois constitutionnelles, de la legislation et de l'administration générale de la République, Assemblée nationale, 6 février 2013（http://www.assemblee-nationale.fr/14/rapports/r0700.asp#P264_31721）

(32) le Haut Conseil à l'Égalité entre les femmes et les hommes, Guide de la parité des lois pour le partage à égalité des responsabilités politiques, professionnelles et sociales, version au 7 novembre 2017, p. 22（http://haut-conseil-egalite.gouv.fr/IMG/pdf/hce_guide_parite-version_longue_20171115-2.pdf）

(33) エリザベット・バダンテール（夏目幸子訳）『迷走するフェミニズム　これでいいのか女と男』（新曜社・2006年）xiii頁

(34) 糠塚康江「平等理念とパリテの展開―男女『平等』の意味を問う―」辻村みよ子編『社会変動と人権の現代的保障』（信山社・2017年）161頁以下

(35) 糠塚前掲註（8）201頁以下

(36) 糠塚前掲註（34）161頁では、Agacinskiバージョンの「パリテ」と紹介さている。

(37) シルヴィアンヌ・アガサンスキー（丸岡高弘訳）『性の政治学』（産業図書・2008年）255頁

(38) 糠塚前掲註（7）221頁以下および村上彩佳「フランスのパリテ法をめぐる『性差』の解釈―普遍／差異のジレンマを超える『あいまいな本質主義』の可能性―」ソシオロジ61巻2号（2016年）65頁以下

(39) 糠塚前掲註（8）208頁および村上前掲註（38）66頁

(40) Rapport n° 1377 de Mme Catherine Tasca au nom de la commission des lois constitutionnelles, de la législation et de l'administration générale de la Répblique, Assemblée Nationale,10 février 1999, p. 11（http://www.assemblee-nationale.fr/11/pdf/rapports/r1377.pdf）

(41) 村上前掲註（38）66頁

(42) 村上前掲註（38）65頁

(43) 樋口陽一『憲法と国家』（岩波書店・1999年）121頁

(44) 糠塚前掲註（8）211頁以下。なお、ヴェロニック・シャンペイユ・デスプラ（植野妙実子監訳・石川裕一郎訳）「憲法学からみたパリテ―平等原則の実施か、それとも破壊か―」比較法雑誌51巻1号（2017年）15頁も参照

(45) décision n° 2003-468 DC du 3 avril 2003（https://www.conseil-constitutionnel.fr/decision/2003/2003468DC.htm）et décision n° 2003-475 DC du 24 juillet 2003（https://www.conseil-constitutionnel.fr/decision/2003/2003475DC.htm）

(46) décision n° 2015-465 QPC du 24 avril 2015（https://www.conseil-

constitutionnel.fr/decision/2015/2015465QPC.htm）

（47）山元一「国家像・人間像・平等化政策―フランスにおける『積極的差別』について」川人・山元編『政治参画とジェンダー』56頁、辻村前掲註（7）6頁以下、鈴木尊紘「フランスにおける男女平等政治参画―パリテに関する2007年1月31日法を中心に―」外国の立法233号（2007年）158頁、165頁、および杉原泰雄・只野雅人『憲法と議会制』（法律文化社・2007年）295頁以下（只野執筆）を参照

（48）光信一宏「フランス憲法第一条と民族的マイノリティの権利保護―平等原則の問題を中心に―」佐藤幸治ほか編『現代社会における国家と法　阿部照哉先生喜寿記念論文集』（成文堂・2007年）547頁。なお、植野前掲註（17）103頁以下は、「法律の前の平等」と「法律による平等」という視点から、積極的差別について論じている。

（49）光信前掲註（48）547頁

（50）この点に関しては、糠塚前掲註（7）148頁以下、山元前掲註（47）43頁以下および光信前掲註（48）531頁以下を参照

（51）糠塚康江「平等原則　vs. パリテ」辻村みよ子編『フランスの憲法判例Ⅱ』（信山社・2013年）117頁以下

（52）辻村前掲註（7）27頁以下参照

（53）Éric Fassin, Les couleurs de la représentation : introduction, *Revue Française de Science Politique,* v.60-n° 4, 2010, p. 655 et Martina Avanza, Qui représentent les élus de la «diversité» ? Croyance partisanes et points de vue de «divers», *Revue Française de Science Politique,* v.60-n° 4, 2010, p. 745

（54）M.Avanza, *supra note*（*53*）*, p. 748*

（55）Rapport n° 1377, *supra note*（*40*）*,* p. 11

（56）Mossuz-Lavau, *supra note*（*6*）*,* p. 83

（57）糠塚康江「雇用分野におけるフランスの男女平等政策～『積極的是正措置』と『パリテ』～」関東学院法学16巻2号（2006年）68頁

（58）Catherine Achin, «Représentation miroir» vs parité. Les débats parlementaires relatifs à la parité revue à la lumières des théories politiques de la représentation, *Droit et Société*, 47, 2001, p. 237 et s.

（59）記述的代表について、糠塚は、「女性のニーズを理解できるのは女性だけで、男性は理解できないのだから、女性を代表することができるのは女性だけだという考えに通じる。『女性は女性によって代表される』という考え方である」と説明する（糠塚前掲註（8）208頁）。なお、杉原・只野前掲註（47）242頁以下も参照

（60）糠塚前掲註（8）216頁以下

（61）Éric Fassin, *supra note*（*53*）, p. 661 et s.

（62）齋藤笑美子「解題（ヴェロニック・シャンペイユ=デスプラ「フランスにお

ける人権の進展について」）立命館法学320号（2008年）215頁

(63) 性の多様性については、森山至貴『LGBTを読みとく—クィア・スタディーズ入門』（筑摩書房・2017年）を参照

(64) 小宮明彦「性的マイノリティ」季刊セクシュアリティ 5号（2002年）137頁

(65) Mossuz-Lavau, *supra note* (6), p. 74

(66) 山元前掲註（47）74頁。そこで紹介されている住吉雅美「アナルコ・セクシュアリズムをめざして」『ジェンダー、セクシュアリティと法』法哲学年報（2003年）110頁以下は、「性は二つである、という想念は言説の所産であるにすぎず、性はむしろ、n人いればn個あり、同一人物においても通時的にn個あるというように、gradationalに捉えられてよいものではないか。このような思考転換によって、二極化された性の間で性自認が揺らいでいる人々、性指向の変化を体験している人々、その他異性愛を《正常》とする「性」システムの中で疎外感や圧迫感を感じている人々が、マイノリティという囲い込みから解放されることを期待したい」と述べている。

(67) 齊藤笑美子「パックスとパリテ—性差とセクシュアリティの交錯点—」法とセクシュアリティ 1号（2002年）45頁

(68) 村上彩佳「男女平等理念が異性愛主義と結びつく危険性—フランス市民の『パリテ』解釈を事例に—」フォーラム現代社会学17号（2018年）70頁以下

(69) 石田久仁子「パリ市長選とパリテ（男女同数）法〜女女対決の背景で何が起きているのか〜」女性空間31号（2014年）89頁では、1977年に『首都パリを女に任せるわけにはいかない』としてシモーヌ・ヴェーユの立候補が退けられたことに比べ、2014年のパリ市長選が女性候補同士の争いとなったことは、パリテ運動とその結実であるパリテ法が、意識の変化にとどまらず現実に政治権力行使の場へ女性の参画を制度的に促進したからであると指摘する。糠塚前掲註（ 8 ）223頁は、「『男・女』の存在を争点化する力が、パリテにはある。……『選挙による公職』にパリテを導入することによって、社会的な意識変化を促し、改革の対象外であった行政機関や非政治過程の決定機関に波及しているのが、パリテの真の成果であろう」とする。

(70) Loi n° 2013-404 du 17 mai 2013 ouvrant le mariage aux couples de personnes de même sexe

(71) 長谷川秀樹「同性愛者は『性的マイノリティ』か？　パックスから同性婚に至るまでのフランス社会における同性愛と同性親権をめぐる議論」横浜国立大学教育人間学部紀要（社会科学）17号（2015年）64頁。齊藤前掲註（67）52頁も参照

(72) エブリヌ・ピジェ（福岡英明訳）「パリテが提起する解決困難な諸問題 Des impasses de la parité」比較法雑誌34巻 2 号（2000年）120頁

（インターネット情報への最終アクセス：2018年 9 月30日）

百周年を迎えるフランスの原産地呼称法
—その歴史から日本は何を学ぶか—

蛯　原　健　介

はじめに

2019年、フランスのアペラシオン・ドリジーヌ（appellation d'origine）、すなわち原産地呼称はその誕生から百周年を迎える。ワインや農産物の原産地呼称を法的に保護しようという取り組みは、第三共和制期のフランスにおいて制定された「原産地呼称の保護に関する1919年5月6日の法律（Loi du 6 mai 1919 relative à la protection des appellations d'origine）」（以下、1919年法と略称する）を嚆矢とし、1935年7月30日のデクレ＝ロワ（AOC法）[(1)]、そして、一連のEUワイン法、WTOのTRIPS協定を経て、ヨーロッパのみならず世界各国へと広がっている。2015年に運用が始まった日本の「特定農林水産物等の名称の保護に関する法律」、すなわち地理的表示法も、フランスやEUの原産地呼称制度に全面的に立脚して制定されたものであり、数多くの共通点を見出すことができる。

本稿は、原産地呼称制度の出発点に位置づけられる1919年法の歴史的意義について考察を加えるとともに、その後の原産地呼称法の発展および日本法を含む諸外国の立法への影響について論じるものである。筆者は、学部在学時の1993年、はじめてフランスに渡り、エクサンプロヴァンスにおいて短期留学をする機会に恵まれ、ワインやチーズといったフランスが誇る数々の農産物・食品に触れることができた。植野教授は、まさにそのときの引率教員であり、以後、フランス公法研究についてのみならず、フランスの食文化やワインについてもご教示を賜ることができた。この記念論文集に本稿を寄稿させていただくのも、こうした経緯によるものである。植野教授への学恩に、あらためて深く感謝する次第である。

1　1919年法制定前史

1．1　1905年8月1日法とその改正

フランスにおいてはじめて明示的に「原産地呼称の保護」を謳った1919年法であるが、その制定過程では、さまざまな紆余曲折があり、また、内容面でも限界を含むものとならざるを得なかった。

有名なワイン産地であればあるほど、その名声や社会的評価を利用しようとする者があらわれ、産地の呼称が不正に使用されるリスクは高まる。大革命の勃発によって、旧制度下の規制が撤廃され、生産者組合が解体されると、フランスでは、ワイン生産が自由化される一方で、産地の偽称が横行した。スペインから輸入されたバルクワインがボルドーで瓶詰めされて「ボルドーワイン」の名の下に販売されるといった行為が日常的に繰り返された。ボルドーで瓶詰めされれば、その中身が本物のボルドーワインでなくても「ボルドーワイン」を名乗ることができるのであろうか。もし、そうした事態が放置されるのであれば、市場には、ボルドーの原料を用いてボルドーで醸造された「真のボルドーワイン」と、他所で醸造されたワインをボルドーで瓶詰めしただけの「ボルドーワイン」が併存することとなり、消費者に誤解を与えるのみならず、「真のボルドーワイン」の生産者の正当な利益を害するおそれもある。

消費者保護の観点から、一般的に商品の原産地表示を規律しようとする試みは、1919年法以前にも見られた。フランスの消費者法の原点に位置づけられる1905年8月1日の「商品販売における不正行為と、食料品と農産物の偽造の防止のための法律[(2)]」がそうである。この法律は、第1条において、「商品の性質、品質（qualités substantielles)、成分、誤って表記された原産地が主要な販売力となっている場合の原産地……について契約者を騙した、または騙そうとした者は、3月以上1年未満の禁固、および罰金に処する」とし、刑事罰をもって原産地の虚偽表示を禁止しようとしたのである。しかし

ながら、ワインの「原産地」をいかに画定すべきかの問題は残された。そこで、1905年8月1日の法律を改正する1908年8月5日の法律[(3)]によって、「製品の産地の呼称を主張することができる地域の範囲の画定は、従来からの地元の慣習（usage local et constant）にもとづいて行う」という規定が追加された。

この法改正により、産地の範囲を画定する作業は、行政の責任の下で進められることとなったが、有名産地においては、その線引きをめぐって生産者間の激しい対立が見られた。とくにシャンパーニュでは、ブルゴーニュに接する南部のオーブ県が産地の範囲に含まれるかどうかが問題となり、これに反対するマルヌ県の生産者と、オーブ県もシャンパーニュの産地の範囲に含まれるべきであると主張するオーブ県の生産者の間で見解の対立が甚だしく、大規模な暴動にまで発展している[(4)]。かつてフランスの世論を二分したドレフュス事件になぞらえ、このような行政主導の産地画定は、おのずから生産者間の対立を引き起こすものであるとして批判する意見も少なくなかった。

1．2　パム＝ダリア法案

行政による産地画定を進めていく上で、その問題点が明らかになると、司法が産地画定に関与する方法が模索された。1911年6月30日、当時の農業大臣ジュール・パムが下院に提出した法案は、原産地を名乗ることができるかどうかは裁判官が決することとし、その際、産地だけでなく、その産品の性質、構成および「実質的な品質」を考慮に入れるべきとするものであった[(5)]。

ここで注目すべきは、産品の原産地を名乗る要件として、「実質的な品質」が盛り込まれる可能性が示唆されている点である。認められた産地内で生産されれば、いかなる産品でも原産地を名乗ることができるとするのではなく、地理的な要件に加えて、栽培方法や使用品種といったワインの品質にかかわる要件を満たすことができなければ、そのワインは原産地を名乗ることができないとする、後のアペラシオン・ドリジーヌ・コントロレ(appellation d’origine contrôlée)、すなわち統制原産地呼称の理念の萌芽をここに見ることができるのである。

1913年2月27日、下院議員アドリアン・ダリアは、パムの提出した1911年の法案をもとに、新たな法案を提出し、この法案は、「パム＝ダリア法案」と呼ばれている。当初、この法案も、原産地を名乗る条件として、品質要件まで考慮するものとしていたが、この点について、下院では反対意見が相次いだ。(6) 原産地を名乗るためには、その産地で生産されることだけを要件とすればよいのであって、それに加えて品質要件を課すことは生産者の権利の侵害であるとする意見、品質という不明確な概念を持ち込むのは危険であり、裁判においてしかるべき品質を備えていることを証明するのは困難であるとする意見、等々である。結局、下院では、「実質的な品質」を考慮に入れるとする規定は削除され、上院でも、これが復活することはなかった。(7)

1914年に第一次世界大戦が勃発すると、法案審議は中断を余儀なくされたが、戦後すぐに再開され、立法化されるにいたった。これが「原産地呼称の保護に関する1919年5月6日の法律」にほかならない。1919年6月に連合国とドイツとの間で締結されたヴェルサイユ講和条約は、その275条において、ワインの原産地呼称を遵守することをドイツに要求し、原産地呼称を侵害する産品の輸入、輸出、販売、製造等をドイツ政府が禁止すべき旨を規定していたため、フランスにおいてもこれに対応する法律の制定が急がれることとなったのである。(8)

2　1919年法による「原産地呼称の保護」の内実

2．1　1919年法をめぐる二つの解釈

1919年法は、明示的な形で「原産地呼称の保護」を目的に掲げたフランスにおける最初の立法であり、行政ではなく裁判による産地画定を原則とするものであった。同法は、その第1条において、「ある『原産地呼称』が、直接・間接に自己に損害を与え、……その産地、または、従来からの忠実な地元の慣習（usages locaux, loyaux et constants）に反していると主張する者は誰でも、当該呼称の使用の禁止を求めて、裁判上の訴えを起こすことが

できる」と規定している。また、10条では、原産地呼称は集団的な権利として位置づけられており、ジェネリックな性格を有するものとみなされてはならず、パブリック・ドメインに帰することもないという原則が示されている。

1919年法は、その後に制定された1935年のデクレ＝ロワと比較して、保護の不十分さがしばしば指摘されている。この点に関して、トリマイユは、「1919年法の曖昧さと困難は、すべて第1条に起因する(9)」という。

1919年法では、「原産地呼称」を使用できるかどうかの基準は、「産地」または「従来からの忠実な地元の慣習」に求められる。しかし、ここで、「産地」に関する基準と、「従来からの忠実な地元の慣習」に関する基準の両方を満たす必要があるのか、それとも、どちらかひとつでよいのか、をめぐって相対立する二つの解釈が導かれることになる。すなわち、地理的範囲に関する要件さえ満たしていれば「原産地呼称」の使用は可能であるという解釈と、地理的範囲に加えて、「従来からの忠実な地元の慣習」――そこには品質要件も含まれる――に関する要件を満たす必要があるとする解釈である。前者の解釈は、いわば「商業的な慣習（usages commerciaux）」に依拠するものであり、あるコミューンの呼称の使用を、それに隣接する別のコミューンにも容認する方向へと進んでいく可能性がある。これに対して、後者の解釈は、土壌や品種の選択を含む「生産にかかわる慣習（coutumes de production）」こそが原産地呼称を根拠づけるのだとする(10)。

ここで興味深いのは、フランスを代表する二大ワイン産地であるブルゴーニュとボルドーでは、それぞれ異なる解釈が支持されていた事実である。ブルゴーニュの栽培農家においては、その産地のブドウを使いさえすればよいとする、前者の解釈が支持される傾向にあった。ブルゴーニュでは、ネゴシアンが産地外のワインをブレンドしてブルゴーニュの村名を名乗ったワインを販売する慣行があったため、こうしたネゴシアンの行為を阻止することを栽培農家は望んでいたのである。栽培農家は、品質についてのコントロールについては、かえってネゴシアンの裁量に委ねられる領域を拡大するおそれがあるとして、慎重な立場をとっていた。これに対して、ボルドーでは、生産者のみならずネゴシアンも、品質要件が考慮されるべきとする立場であった。ブルゴーニュに比べてはるかに生産量が多いボルドーワインは、国外市場への輸出に依存しなければならず、ボルドーの名声を維持するためには、その品質の保証が必要であると考えられていたからである。[11]

2．2　裁判所の判断—軽視された「品質」

1919年法の曖昧さゆえに生じた二つの見解の対立に決着をつけたのは司法である。1922年2月6日、ボルドーの裁判所は、前者の解釈に立脚した判決を下した。すなわち、裁判所は、1919年法の立法過程において「実質的な品質」という文言が削除された事実に着目し、地理的な原産地か、あるいは、「従来からの忠実な地元の慣習」によって獲得された権利が確立していることか、のいずれかの条件を満たせば原産地呼称を使用できる、としたのである。[12]

破毀院も、1925年5月26-27日の判決において、原産地呼称の使用には、「産地」と「従来からの忠実な地元の慣習」のどちらかひとつの基準を満たせばよいという、ボルドーの裁判所と同じ解釈をとった。また、破毀院は、隣接する地域で生産されたものであっても、真の生産地域内で生産されたものと同一視され、同一の名称が使用されてきたのであれば、原産地呼称の権利を有するとして、「産地」の概念を相対化している。[13]

「産地」と「従来からの忠実な地元の慣習」のどちらかひとつの基準でよいのであれば、理論的には、「従来からの忠実な地元の慣習」に関する基準にのみ依拠した判決が出される可能性もある。しかし、トリマイユによれば、品質にかかわる「慣習」のみが基準として選択され、原産地呼称の使用が判断された裁判例は存在しないという。破毀院は、地理的要件を必須のものと捉える一方で、品質にかかわる「慣習」については、補完的、かつ、散発的に言及するにとどまった。[14]これらの判決において、原産地呼称の使用に際し、品質上の要件を考慮に入れることは必要ないとする解釈がとられたため、地理的要件のみに依拠して1919年法が運用されていくこととなったのである。

2．3　1919年法における「コントロール」なき原産地呼称の限界

一般的に、1919年法の内実は「コントロール」を欠いた原産地呼称にすぎず、その保護水準はおよそ不十分なものであったといわれている。その原因は、1919年法が明示的には品質要件を必須としていなかったことに存する。地理的要件のみが重視され、実質的には、ある特定の地理的範囲内で収穫されたブドウを使うことだけが、原産地呼称を使用する要件とされた。加えて、裁判所は、上述のように地理的要件についても厳格な解釈には消極的で、本来の原産地ではない、近隣の地域まで原産地呼称の使用を認める場合があった。

ひとつの例として、ボルドーの甘口ワインの原産地呼称であるバルサック（Barsac）をめぐる訴訟があげられる。バルサックの生産者組合は、高品質ワインの生産には不適切なパリュ（palus）と呼ばれる湿地帯を原産地呼称ワインの生産地域から除外しようと裁判を提起したが、ボルドーの裁判所は、パリュであってもバルサックやソーテルヌの原産地呼称の地理的範囲に含まれるとの判断を示し、控訴院もこれを支持する判決を下したのである。(15)

結果として、1919年法は、品質軽視のワイン造りを助長し、有名な原産地呼称を名乗った低品質ワインが大量に生産される事態を招くこととなった。ボルドーで収穫されたブドウを使いさえすれば、それがいかなる品種のブドウであっても、どれだけ質の悪いブドウであっても、あるいは、高収量の畑からのものであっても、ボルドーの原産地呼称を適法に使用することができる。一定の社会的評価が確立している産地では、そのようなワインが市場に流通することによって、その名声が損なわれることが懸念された。

ボルドーの中でも高級ワインの産地として知られるメドックでは、栽培が容易で、病気にも抵抗力があり、多産である北米系品種とのハイブリッドを栽培する畑が拡大したが、そのワインの品質は、かつてフランス系品種で造られていたものに比べて極端に劣っていた。また、ブルゴーニュでもハイブリッド品種の栽培面積が拡大しつつあった。(16)

もうひとつの問題点は、1919年法が、裁判による事後的な救済を前提とし

ていたことにある。1919年法は、アプリオリに原産地呼称を保護しようとするものではなく、実際に何者かがその原産地呼称を侵害し、それを侵害された権利者が訴訟を提起し、勝訴することによってはじめて原産地呼称が保護される。しかも、権利侵害者が控訴院で敗訴した場合であっても、破毀申立ては可能であり、破毀院の終局的な判決が下されるまでの間、原産地呼称を不法に使用できる状態が続くのである[(17)]。さらに、裁判所は、原産地呼称に関する数多くの事件をかかえ、裁判の遅滞は常態化し、産地の範囲が画定するまでに長い年月を要することが少なくなかった[(18)]。

以上のように、1919年法による原産地呼称の保護には、問題点と限界があった。1919年法によって実現したのは、結局、「コントロール」なき原産地呼称にすぎなかったのである。そのことは、1935年のデクレ＝ロワとの対比によって、いっそう明白になるであろう。

3 「コントロール」される原産地呼称へ

3．1 真に保護される原産地呼称とは

1919年法は、その後、1927年に改正されるにいたり、「従来からの忠実な地元の慣習」によって認められたブドウ品種を使用することが、原産地呼称を名乗る条件に加えられた。同時に、原産地呼称ワインにハイブリッド系の品種を使用することも禁止された[(19)]。ブドウ品種はワインの品質を左右する決定的な要素のひとつであるから、この改正を契機に原産地呼称ワインの品質が改善されることが期待された。

1929年にはじまる世界恐慌によって、ワイン市場が深刻な生産過剰に見舞われると、フランス政府は、生産抑制に乗り出した。1931年７月４日法（ワイン生産規範法[(20)]）は、ワイン生産量を抑えるため、高収量の畑には納付金の支払を課そうとするものであった。しかし、その対象から原産地呼称ワインは除外されていたため、並級ワインから原産地呼称ワインの生産に移行する者が続出した。その結果、ブドウ品種の要件をクリアしながらも、品質の劣る原産地呼称ワインが大量に産出されることとなったのである[(21)]。こうした状

況の下で、限られた原産地呼称ワインのみを対象にする新たな制度の導入が検討されるようになった。

「コントロール」なき原産地呼称と明確に区別されうる「コントロール」される原産地呼称――これこそ、まさしく« appellation d'origine contrôlée »の着想にほかならない。このAOCの生みの親とされるのは、ジロンド県選出の下院議員で、後に上院議員となるジョセフ・カピュスである。かれは、生産地域やブドウ品種に加え、1ヘクタールあたりの収量、最低アルコール度といった品質要件が原産地呼称を使用する条件に加えられるべきことを主張するとともに、具体的な生産基準の内容については、各原産地呼称の保護組合よって決定されるのが望ましいと考えた。カピュスにおいて、原産地呼称の保護には、厳しい品質要件にもとづく「コントロール」こそが必須の前提でなければならなかったのであり、「コントロール」なき原産地呼称の保護など、およそ成り立ちえないものであった。また、裁判所による事後的な救済に依存する従来の方法も選択する余地はなかった。原産地呼称の侵害が発生するたびに、生産者が訴訟を提起するというのではなく、あらかじめ明確に定められた生産基準を遵守して生産されているかどうかを行政がコントロールし、そうではないワインを行政が取り締まるのが原産地呼称の保護のあり方として望ましいと考えたのである。かかる発想にこそ、今日、フランスやEU諸国のみならず、日本を含む世界各国において導入されている地理的表示制度の起源を見出すことができるのである。

3．2　1935年のデクレ＝ロワ

1935年3月、カピュスは、「コントロール」された原産地呼称、すなわち、「アペラシオン・ドリジーヌ・コントロレ」の法案を上院に提出し、これが1935年7月30日のデクレ＝ロワとして成立した。いわゆるAOC法の誕生である。

このデクレ＝ロワは、その21条において、従来の原産地呼称とは別個に、新たなカテゴリーとしてAOCを設ける旨を定めるとともに、その条件につ

いて以下のような規定を置いている。

「『コントローレ』という原産地呼称の一区分を創設する。全国委員会（CNAO）は、関係する組合の意見をもとに、各AOC呼称のワインおよび蒸留酒に適用される生産条件を定める。この条件に含まれるのは、生産地域、ブドウ品種、1ヘクタール当たりの収量、および、ブドウの栽培、醸造、蒸留の過程で何も加えない自然の製造を前提とするワインの最低アルコール度である。……各AOC呼称のワインの生産に課せられた条件に適合していなければAOC呼称で販売することはできない。」

まさしくカピュスが意図していたように、AOCにおいては、生産地域以外の品質要件も生産条件に盛り込まれるべきこととされ、また、その生産条件を決めるにあたっては、生産者を代表する組合の意見を聴くことが義務づけられている。そして、実際に、AOCを管理する全国的な機関として設置されたのが、今日のINAO＝Institut National de l'Origine et de la Qualité（全国原産地・品質管理機関）の前身をなすCNAO＝Comité National des Appellations d'Origine（ワイン・蒸留酒原産地呼称全国委員会）であった。

1919年法の下での「コントロール」を欠いた原産地呼称とは異なり、1935年のデクレ＝ロワによる「コントロール」された原産地呼称においては、指定された生産地域で栽培され、かつ、指定された品種のブドウを使っていても、各AOCで決められた収量、アルコール度、栽培・醸造方法等々の条件を満たしたものでなければ、そのAOCを名乗ることは許されない。決められた収量を超過して収穫した場合、あるいは、十分な果汁糖度が得られず、アルコール度の基準に達することのできなかったワインについては、たとえその他の条件をすべて満たしていても、AOCワインとして出荷することはできなくなる。それゆえ、AOCワインは、一定の品質が保証されるとともに、その生産量もおのずから制限されることになるのである。

4　保護の進展

4．1　対象産品の拡大

当初、1935年のデクレ＝ロワが保護の対象としていた産品は、ワインと蒸留酒のみであった。1919年法は、ワイン以外の産品をも対象としていたが、実際に裁判所が裁定を下したケースは少なく、むしろ個別の立法による保護が試みられた。ブルーチーズの代表格である「ロックフォール」については、トゥールーズの高等法院による1666年の決定によって産地が画定され、ロックフォール村のコンバルー山の洞窟内で生産されたものだけがロックフォールと称することができるとされてきた。このロックフォールの原産地呼称の保護をねらった個別立法は、1925年７月25日(22)に制定され、そこでは、羊の乳のみを原料とすること、製造方法および熟成を行う場所は、「従来からの忠実な地元の慣習」によるべきこととされた。また、「ヴォライユ・ド・ブレス（ブレス鶏)」については、1957年８月１日法(23)が制定され、その生産地域は、ブール裁判所の1936年12月22日判決で画定されているアン、ジュラ、ソーヌ＝エ＝ロワール各県の一部に限定されること、ブレス・ブランシュ種を使い、伝統的品質の確保を目的とする生産条件を満たしたものでなければ、「ブレス」を名乗ることができないことが法文に明記された。

1970年代から80年代にかけて、チーズの原産地呼称を保護する個別法の制定が相次いだ。日本でも知られている「リヴァロ」「ヌーシャテル」「ポン・レヴェック」「マンステール」「ブリー・ド・モー」といった原産地呼称である。しかし、個別法による保護は、産地および品質の保証制度を複雑化させるほか、統制・管理体制に一貫性を欠くといった問題も生じた。そこで、原産地呼称制度の改革が試みられ、1990年７月20日の法律(24)により、INAOの権限が乳製品や農産物に拡大されるとともに、AOCの登録手続が統一化された。ワインと同様、チーズなどについても、生産地域や生産条件を提案する排他的な権限がINAOに与えられ、その提案にもとづいてデクレの形式でAOCが登録されることとなった。

工業製品および天然資源の原産地呼称については、1919年法による保護の対象に含まれていたが、その登録制度が整備されたのは、2015年になってからである。2015年6月3日のデクレ[(25)]は、知的財産法典を改正し、生産者団体がINPI（産業財産庁）に保護の申請を行い、その地理的表示を登録する手続が定められた。これまでに登録された地理的表示として、« Porcelaine de Limoges »や« Granit de Bretagne »がある。

4．2　EU法とTRIPS協定

ワインや蒸留酒のみならず、食品や農産物であっても、その産地おける伝統的な生産方法や気候・土壌といった産地の特性が、品質などの特性に結びついている産品は少なくない。かかる産品は、国外に輸出されることが多く、生産国内においてはもちろんのこと、国外においてもその産地呼称を保護する必要性が高いことはいうまでもない。しかしながら、諸外国に対して呼称の保護を求めるのは、国際交渉を経なければならず、けっして容易ではない。

1980年代、GATTウルグアイラウンドの交渉開始を機として、当時のECでは、共同体レベルで食品・農産物の産地呼称を保護する制度の導入が検討された。1992年、EC加盟国は、食品・農産物の地理的表示制度の導入につき合意にいたり、理事会規則2081-92[(26)]が制定された。この規則では、AOP＝Appellation d'origine protégée（保護原産地呼称）およびIGP＝Indication géographique protégée（保護地理的表示）という２つのカテゴリーが導入され、前者については、産地内で生産・加工・調整のすべてが行われること、後者については、生産・加工・調整のいずれかが産地内で行われること、という条件が設けられた。

1992年の理事会規則によれば、「原産地呼称」は、「その品質または特徴が、固有の自然的および人的要因を備えた特定の地理的環境に基本的にまたは排他的に起因していること」が必要であり、また、「地理的表示」は、「当該地理的原産地に起因する固有の品質、評判、またはその他の特性を有していること」が前提となる。この規則にいう「地理的表示」については、産地との結びつきを有する品質、評判、その他の特性のいずれかが認められれば、登録される可能性があり、広範な産品が対象に含まれうるものとされた。

ECは、このような地理的表示規則を制定すると同時に、ウルグアイラウンドでは、地理的表示を知的財産のひとつとして国際的に保護するよう強く主張した。その結果、1994年のTRIPS協定には、「地理的表示」と題する第3節が設けられ、地理的表示の侵害行為を防止するための法的措置を採ることがWTO加盟国に義務づけられた。また、ワインおよび蒸留酒については、誤認を招かない使用であっても禁止する追加的保護が定められた。すなわち、WTO「加盟国は、利害関係を有する者に対し、真正の原産地が表示される場合又は地理的表示が翻訳された上で使用される場合若しくは『種類（kind)』、『型（type)』、『様式（style)』、『模造品（imitation)』等の表現を伴う場合においても、ぶどう酒又は蒸留酒を特定する地理的表示が当該地理的表示によって表示されている場所を原産地としないぶどう酒又は蒸留酒に使用されることを防止するための法的手段を確保する」と規定するTRIPS協定23条（1）がこれである。

真正の原産地として、たとえば「日本産」という文言を追加して、「日本産シャンパーニュ」と記載すれば、消費者がフランスのシャンパーニュと誤認するおそれはないが、かかる用法も、追加的保護の及ぶワインおよび蒸留酒については地理的表示の侵害にあたり、WTO加盟国はこれを防止する法的手段を設けなければならない。瓶内二次発酵方式によって製造されるスパークリングワインのラベルに「シャンパン製法（Méthode champenoise)」と記載されることがあるが、これもまた同様に、地理的表示の侵害とみなされる可能性がある。

これに対して、一般の食品・農産物の地理的表示については、TRIPS協定は追加的保護までは求めておらず、原産地の誤認を招く表示が禁止されるにとどまる。「アメリカ産パルメザン・チーズ」のような表示は、「パルメザン」の使用がイタリアの地理的表示「パルミジャーノ・レッジャーノ」を想起させうるが、チーズはTRIPS協定における追加的保護の対象に含まれていないため、EU域外のWTO加盟国では、かかる表示が許容されることとなる。

4．3　韓国、カナダ、そして日本

近年、EUは、諸外国との通商交渉において、交渉相手国における地理的表示保護の強化を求めている。2011年に発効した韓国・EUのFTAでは、EUは韓国に対して162の酒類および食品・農産物の地理的表示のリストを提示し、これを受けて韓国国内でもEU並みの水準で地理的表示を保護することで合意にいたった。ここでは、酒類に加えて、チーズなどの食品・農産物にも追加的保護が及ぶとされた点が注目される。これにともない、韓国の国内法では、食品・農産物についても、真の原産地表示に加えて地理的表示を使用する行為、地理的表示を翻訳または音訳して使用する行為、「種類」「型」「様式」「模造品」等の表現をともなって地理的表示を使用する行為が禁止の対象となった[27]。

これに対して、2017年9月に暫定的に発効したEU・カナダの包括的経済貿易協定（CETA）では、「フェタ」や「ゴルゴンゾーラ」などを地理的表示として保護するものの、韓国・EUのFTAのような追加的保護までは求めていない。真正の原産地を明示し、「kind」「type」「style」などの表現をともなう場合には、その名称の使用は認められる。また、Parmigiano Reggianoなどの原語表記による名称を地理的表示として保護する一方、Parmezanなどの翻訳表現については、保護対象から除外された[28]。

日・EUのEPA交渉においても、EUは地理的表示の保護強化を求め、酒類については、日本の地理的表示8件、EUの地理的表示139件を相互に保護することとなった[29]。食品・農産物についても追加的保護を認め、日本の地理的表示48件、EUの地理的表示71件[30]を相互に保護し、真正の原産地に加えて地理的表示を使用する行為、地理的表示を翻訳または音訳して使用する行為、「種類」「型」「様式」等の表現をともなって地理的表示を使用する行為が禁止されることになる。ただし、一定の例外が設けられており、生産基準書に

おいて生産地域内での加工が定められているEUのチーズ産品につき、協定発効後７年間は当該生産基準書を適用せず、日本国内でカットすることが認められた。また、チーズの「パルメザン」については、地理的表示の保護の対象から除外し、「パルミジャーノ・レッジャーノ」と誤認させる名称の使用方法でない限り認められることとなった(31)。アメリカ産のものが多数流通している日本市場の実態をふまえたものと説明されているが、この点は、EU・カナダのCETAと同じ保護水準であるといえよう。なお、「プロシュット・ディ・パルマ（Prosciutto di Parma、パルマハム）」については、後述する日本の地理的表示法にもとづいて、すでに登録・保護されている(32)。

かくして、国際交渉におけるEUの強い働きかけもあって、多くの国で地理的表示制度が導入され、あるいは、その保護が強化・拡充される傾向にある。その保護水準には各国微妙な差異がみられるとはいえ、地理的表示の使用にあたっては、品質要件を含む所定の生産基準を遵守して生産された産品であることを条件としている国が少なくない。TRIPS協定が、地理的表示を「ある商品に関し、その確立した品質、社会的評価その他の特性が当該商品の地理的原産地に主として帰せられる場合において、当該商品が加盟国の領域又はその領域内の地域若しくは地方を原産地とするものであることを特定する表示」と定義している点に鑑みると、地理的表示を使用する条件として、もはや地理的要件を設けるだけでは不十分であるとの認識が世界で広まっていくものと考えられる。「確立した品質、社会的評価その他の特性」を有する産品であることが、地理的表示として保護される前提となっている以上、必然的に品質にかかわる要件が設けられることになるのである。

5　フランスの原産地呼称法から日本は何を学ぶか
―まとめにかえて

以上、本稿では、1919年法にはじまるフランスの原産地呼称制度の歴史とその展開について概観してきた。日本においても、2015年に、地理的表示法（特定農林水産物等の名称の保護に関する法律）が施行されたが、その内容は、フランスやEUの地理的表示制度の影響を強く受けており、「日本版AOC法」とでもいうべきものとなっている。[(33)] 2018年４月までに、この法律にもとづき、「夕張メロン」や「神戸ビーフ」など60件を超える地理的表示が登録されている。また、ワインを含む酒類の地理的表示については、TRIPS協定を受けて、1994年12月の国税庁告示により、国税庁長官が地理的表示を指定する制度が設けられている。もっとも、実際に酒類の地理的表示保護制度が活用されるようになったのは最近のことであり、ワインの地理的表示は、2013年７月の「山梨」、2018年６月の「北海道」の２例が存在するのみである。[(34)]

1000年以上にわたるワイン造りの歴史と文化をもつヨーロッパ諸国に比べると、日本国内で社会的評価が確立されているワイン産地は少ない。しかし、けっしてワイン用ブドウ栽培に適しているとはいえない日本の気候条件を克服し、いくつかの産地では、海外でも高く評価される高品質ワインが生まれているのも事実である。また、ワインの付加価値を高めるため、行政の支援を受けながら、産地ブランド形成に向けた取り組みが進められているところもある。いずれ、日本においても、産地の評価やブランドをいかに維持し、守っていくかを真剣に検討すべき時期が来るはずである。

これまで日本には、法律にもとづく一般的なワインの産地表示のルールは存在せず、国税庁長官の指定する地理的表示か、業界団体の自主基準しか存在しない状態であった。2015年になって、国税庁が酒類業組合法（酒税の保全及び酒類業組合等に関する法律）にもとづき、「果実酒等の製法品質表示基準」を策定し、３年の猶予期間を経て、2018年10月30日より完全施行されることになっている。

この表示基準は、ワインのラベル表示一般に関して国が定めた初めてのルールであって、地名表示の基準も盛り込まれている。それによれば、国内製造ワイン（ただし、国内で製造された果実酒のうち「国内で収穫されたぶどうのみを使用した」もの、すなわち「日本ワイン」に限る）に地名を表示する場合は、「原料として使用したぶどうのうち、同一の収穫地で収穫されたものを85パーセント以上使用した場合」でなければ、当該収穫地を含む地名を表示することができない。さらに、その地名のみをラベルに表示するには、表示する地名が示す範囲に醸造地がなければならない。すなわち、ぶどう収穫地と同一の都道府県、または同一の市町村でワインを醸造した場合に限って、都道府県名または市町村名のみをラベルに表示することができる、という厳しい基準である(35)。

今まで、何ら産地表示のルールが存在しなかったことを考えれば、たしかにこのような地名表示の基準は画期的なものであるといえよう。しかし、その基準は、純粋に地理的範囲のみを条件とするにとどまり、ワインの品質にかかわる要件はまったく考慮されない。この点においては、フランスの1919年法との類似性を指摘することができるのであって、だからこそ、1919年法が招くこととなったさまざまな問題点を他山の石とするのではなく、日本もフランスの過去に学ぶ必要があるのではなかろうか。

一見厳格にみえる国税庁の表示基準ではあるが、地名表示にあたって、いくら定められた産地内での収穫・醸造が義務づけられたところで、肝心の原料ブドウの品質に関する要件を欠いている以上、品質上問題のあるワインが産地名を名乗ることを防ぐことはできない。1919年法の下でのボルドーワインのように、有名な産地であっても、低品質ワインが造られ、それによって産地の社会的評価が害されることが起こりうるのである。

また、産地の境界が不明確な場合に、誰がどのように画定するのか、という厄介な問題も生じることになる。日本において有名なワイン産地の中には、「桔梗ヶ原」や「茅ヶ岳」のように、明確な線引きが困難な産地も存在する。地理的表示であれば、生産基準案を作成する段階において、生産者のコンセンサスを前提に産地の画定が行われるので、かかる問題は生じにくいが、国税庁の表示基準の下での地名表示は、生産者の合意形成のプロセスを想定していない。しかし、「同一の収穫地で収穫されたものを85パーセント以上使用した場合」でなければ、当該収穫地を含む地名を表示することができない、と規定されている以上、あらかじめその範囲を明確に画定しておく作業は避けられない。フランスにおいて、1905年法の下での行政主導による画定、そして、1919年法では、裁判所による画定という方法が採用され、いずれも失敗に終わったことは本稿で述べたとおりである。わが国でも、このような失敗を繰り返さなければならないのであろうか。

前述のように、現在の日本には、1935年のAOC法の流れを汲む地理的表示制度が、酒類についても、一般の農林水産物についても導入されている。ワインの地理的表示ついては、産地内での収穫・醸造が義務づけられるほか、使用品種、品種ごとの最低果汁糖度、最低アルコール度、補糖・補酸・除酸の上限、総亜硫酸・アルコール分・総酸・揮発酸の値といったワインの品質にかかわる要件が生産基準に規定され、これを遵守することが求められる。また、官能審査が必須とされ、これに合格しなければ、その地理的表示を使用することはできない。(36)

したがって、日本においては、いわば1919年法の「コントロールされない」原産地呼称――国税庁の表示基準にもとづく地名表示――と、1935年のAOC法の「コントロールされる」原産地呼称――「山梨」などの地理的表示――が併存する状態になっているといえる。フランスにおいても、「コントロールされない」原産地呼称と「コントロールされる」原産地呼称との併存状態はしばらく続いていたが、ワインに関しては、1942年までにAOCへの一本化が実現しており、現在では、AOCワイン（EU法上はAOPワイン）もしくはIGPワイン（2009年以前はvin de paysと呼ばれていた、産地表示が可能なワイン）でなければ、そもそも産地表示は認められない。

日本国内におけるワイナリー数は近年増加傾向にあり、とりわけ「ワイン特区」の恩恵を受けて小規模ワイナリーが急激に増えている。しかし、なかには品質上問題のあるワインが生産されている例も見受けられ、当該ワイナリーの評価、ひいてはワイン産地や日本ワインの評価自体が損なわれるのではないかという懸念がある。日本のワイン産地はいまだ形成途上というべき状況にあるが、特定の産地名を表示するワインについては、いずれ最低限の品質要件を課すことも検討されるべきであろう。さらに、海外でも認知されつつあるワイン産地や、日本国内においてすでに社会的評価が確立している産地については、遵守すべき生産基準を定め、地理的表示の指定を受けることが望まれる。日本ワインの品質向上とブランド維持のためにも、フランスの1919年法の教訓を活かしたワイン法の運用を期待したい。

（1）Décret-loi du 30 juillet 1935-Défense du marché des vins et régime économique de l'alcool.

（2）Loi du 1er août 1905 sur la répression des fraudes dans la vente des marchandises et des falsifications des denrées alimentaires et des produits agricole.

（3）Loi du 5 août 1908-Modification de l'article 11 de la loi du 1er août 1905 et complétant cette loi par un article additionnel.

（4）蛯原健介「フランス第三共和制におけるワイン法の成立」明治学院大学法学研究100号104頁以下。

（5）Gilles Trimaille, La loi du 6 mai 1919 relative à la protection des appellations d'origine et la difficile définition des « usages locaux, loyaux et constants », in Serge Wolikow et Olivier Jacquet（dir.）, *Territoires et terroirs du vin du XVIIIe au XXIe siècles,* Edition Universitaires de Dijon, 2011, p. 136.

（6）De la Tremoïlle, Camuzet, Paul-Meunierなどの下院議員が、地理的要件のみを考慮すればよいと主張している。

（7）参照、Gilles Trimaille, *op. cit.,* pp. 136 et s; 安田まり「フランスワインにおける『アペラシオン・ドリジーヌ・コントロレ』の意義の変化」明治学院大学法律科学研究所年報27号111頁以下。

（8）Norbert Olszak, Les appellation d'origine en droit international（1880-1994）, in Serge Wolikow et Florian Humbert（dir.）, *Une histoire des vins et des produits d'AOC,* Edition Universitaires de Dijon, 2015, p. 88.

（9）Gilles Trimaille, *op. cit.,* p. 137.

（10）Gilles Trimaille, *op. cit.,* p. 137.

（11）安田まり・前掲論文113頁参照。

（12）Tribunal civil de Bordeaux, 6 février 1922, *Gazette du palais,* 1922, 1, p. 468.

（13）Cass., civ., 26 et 27 mai 1925, *Dalloz, recueil hebdomadaire,* 1925, p. 445. 本件は、ある生産者が、ハイブリッド品種のワインに原産地呼称を使用した事案である。マルゴーの生産者組合は、フランス系品種でなければ「マルゴー」の原産地呼称を名乗ることはできないとして訴訟を提起したが、破毀院は、品質に関する慣習を遵守している必要はなく、地理的基準さえ満たしていれば十分であるとする判断を下した。同様の破毀院判決として、Cass., civ., 23 janvier 1929,

Dalloz, recueil hebdomadaire, 1929, p. 97.

(14) Gilles Trimaille, *op. cit.,* p. 138.

(15) Tribunal de Bordeaux, 8 janvier 1932; CA Bordeaux, 19 février 1934.

(16) Gilles Trimaille, *op. cit.,* pp. 142 et s.

(17) Gilles Trimaille, *op. cit.,* p. 143.

(18) 安田まり・前掲論文114頁参照。

(19) Loi du 22 juillet 1927 modifie la loi du 6 mai 1919.

(20) Loi du 4 juillet 1931 sur viticulture et commerce du vin.

(21) Florien Humbert, La Naissance du système des AOC : Etude de la mise en place du Comité National des Appellations d'Origine, in Serge Wolikow et Olivier Jacquet (dir.), *Territoires et terroirs du vin du XVIIIe au XXIe siècles,* précité, p. 316.

(22) Loi du 26 juillet 1925 ayant pour but de garantir l'appellation d'origine du fromage de Roquefort.

(23) Loi du 1er août 1957 relative à la protection de l'appellation « volaille de Bresse ».

(24) Loi n° 90-558 du 2 juillet 1990 relative aux appellations d'origine contrôlées des produits agricoles ou alimentaires, bruts ou transformés.

(25) Décret n° 2015-595 du 2 juin 2015 relatif aux indications géographiques protégeant les produits industriels et artisanaux et portant diverses dispositions relatives aux marques.

(26) Règlement (CEE) n° 2081/92 du Conseil, du 14 juillet 1992, relatif à la protection des indications géographiques et des appellations d'origine des produits agricoles et des denrées alimentaires.

(27) 内藤恵久「FTA協定における地理的表示の保護内容とその国内的担保について」
https://www.waseda.jp/inst/oris/assets/uploads/2015/10/728912b3c72c9dda4f02d08b55415341.pdf

(28) 内藤恵久「地理的表示に関する国際的な保護ルールと国内制度」
https://www.waseda.jp/inst/oris/assets/uploads/2015/10/2-4-1_20150803184735_vvrjnm6036sj6umgf0lu8q7h50.pdf

(29) 国税庁「日EU・EPAにおける酒類の地理的表示の相互保護について」(2018年1月)
https://www.nta.go.jp/taxes/sake/yushutsu/pdf/chiritekihyouji.pdf

(30) たとえば、フランスのカマンベール・ド・ノルマンディ、コンテ、ブリー・ド・モー、ジャンボン・ド・バイヨンヌ、プルノー・ダジャン、ギリシアのフェタ、イタリアのパルミジャーノ・レッジャーノ、ゴルゴンゾーラ、グラナ・パダーノ、ペコリーノ・トスカーノなど。

(31) 農林水産省食料産業局「日EU・EPA（GI分野）の概要」(2017年12月)
http://www.maff.go.jp/j/shokusan/gi_act/attach/pdf/index-53.pdf

(32) 登録番号第41号「プロシュット・ディ・パルマ」

(33) 日本の地理的表示法については、数多くの文献が公表されている。たとえば、内藤恵久『地理的表示法の解説』(大成出版社、2015年)、高橋梯二『農林水産物・飲食品の地理的表示』(農山漁村文化協会、2015年)、香坂玲編『農林漁業の産地ブランド戦略』(ぎょうせい、2015年) など。

(34) 2018年7月末現在。

(35) この基準の詳細については、蛯原健介「新しいラベル表示基準と『日本ワイン』の課題——国税庁告示『果実酒等の製法品質表示基準を定める件』をめぐって」明治学院大学法学研究101号上巻参照。

(36) 詳しくは、蛯原健介「ワインの地理的表示に関する新しい基準について——『酒類の地理的表示に関するガイドライン』の紹介を中心として」明治学院大学法学研究102号参照。

議会による公共政策評価制度の再構築

—フランスにおける政府提出法律案の影響評価—

小 川　有希子

はじめに

近年、EUやOECDを中心に、影響評価（Étude d'impact）制度の採用ないし実施における質の評価基軸にかかわる議論が顕著である。OECDでは、影響評価の用語ではなく、規制影響分析（regulatory impact analysis：RIA）の用語を用いており、政府の行動から生じる選択された潜在的な影響を体系的かつ一貫して検討し、意思決定者（decision-makers）に情報を伝達するための手法である[(1)]と定義されている。OECDによれば、RIAは、意思決定ツールであると同時に、意思決定プロセスに組み込まれることを志向している。すなわち、一方で、政策決定者に、公共政策目的達成の観点から、ある規制の要否ないし規制態様にかかわる情報を提供する道具として機能する。とりわけ、費用便益分析の手法を用いることにより、政府の行動の潜在的な影響を体系的に把握することを目的としている。他方で、RIAが政府内における規範形成ないし政策決定過程に制度として組み込まれることで、立法によって生じうる影響が、意思決定者が利用できる形で提供される[(2)]。規範形成ないし政策決定過程への影響評価制度の導入は、いくつかの観点から正当化されるが、とりわけ、政府の活動に対する監視ないし管理、立法過程のさまざまな段階で行われるコミュニケーション戦略、政府の説明責任といった観点から説明されている[(3)]。すなわち、影響評価を制度化することで、影響評価の質を担保するための、影響評価それ自体に対する評価基軸と評価制度を有することになり、このことは、ある行政サービスと規制当局との間の対話、当該規制に対する企業や市民の信頼の回復、政府の対議会責任および対社会責任の促進等に資するとされる。

フランスは、2008年の憲法改正により政府提出法律案の影響評価を義務づけた。その背景には、加速する法律のインフレ、適用法条の予測困難性といったフランスが直面する立法状況における課題の解消や立法の質の向上といった要請があった(4)。影響評価制度は、導入から10年を迎えようとしているが、フランスにおける影響評価では、政策の経済的観点からの効率性を定量的に測る評価手法である費用便益分析があまりなされないなど、アメリカやEU、OECDとは異なった運用がなされていることが指摘されている。例えば、「環境に影響を与える公的決定の策定に参加する権利」に言及する環境憲章７条は、市民社会を規範形成過程に組み込むことで、テクノクラートによる管理支配的価値のみならず参加的価値をも反映するものと分析されている。同様に、フランスの影響評価制度が、経済的観点からの分析のみならず社会的観点からの分析をも要請しているのは、市民社会の関与をも視野に入れたものと理解することができる(5)。本稿では、環境憲章の規定には立ち入らず、影響評価制度についてのみ取り扱うことにするが、この新しい制度は、フランス憲法制度においていかに位置づけられ、どのような評価を得、どのような期待が寄せられているだろうか。まず、議会による公共政策評価制度改革という大きな枠組みにおける影響評価制度の位置づけを確認した後で、影響評価制度の立法機能への影響について若干の検討を加える。

1　議会による公共政策評価制度改革

1．1　2008年憲法改正

フランスの統治機構は、伝統的には議会優位の思想が定着していたが、第五共和制憲法は、大統領が強力な権限を有する「強い行政府」の統治構造をもつものとして特徴づけらた。「合理化された議院内閣制」という表現に象徴されるように、第五共和制憲法は、政府と議会との関係を政府に有利に設計し、議院内閣制の不均衡、すなわち議会に対する政府の過度な支配をもたらしている。1958年以降、合理化された議会制の緩和ないし撤廃は、フランスの政治的言説および法的言説において中心テーマとなっており[(6)]、2008年憲法改正は、こうした文脈において最も着目すべき憲法改正といえる。第五共和制における諸制度の現代化のための2008年7月23日憲法的法律の起草にあたったバラデュール委員会報告書では、「第2章　強化された議会」が改革の支柱の1つとして掲げられた[(7)]。この章内で提示された4項目のうち、「C. 議会の統制の実効性の強化」の枠組みでは、憲法第24条第1項が新設され、議会の任務として「政府活動の統制」と「公共政策の評価」が明記された。これを受け、2009年に、「下院公共政策評価・監督委員会（comité d'évaluation et de contrôle des politiques publiques）」や、「地方公共団体及び地方分権化に関する上院委員会（délégation sénatoriale aux collectivités territoriales et à la décentralisation）」といった常設の機関が設置された。さらに、これを実効化するための手段として、本会議のうち一定の時間を、政府活動の統制及び公共政策の評価に留保する旨の規定を置いている（憲法48条4項）。

また、同じ章内に設けられた「B. 立法作業の向上」という項目においては、影響評価書の添付義務が提示されている。当初、政府によって提出された憲法改正草案には、影響評価への言及はなかったが、国民議会第一読会における修正を経て、これまで行政の諮問委員会による意見書の添付という形でなされていた影響評価的手法が憲法上の基礎を得ることとなった[(8)]。コンセイユ・デタは、1990年代から立法の質に関する議論に、とりわけ法的安定性（sécurité juridique）の観点から関心を抱いており[(9)]、2006年には、他国の立法過程における事前評価制度に言及し、フランスにおいても当該制度の導入を提言していた[(10)]。国民議会における審議過程では、フランスが直面する立法状況における課題解決のための方策として、コンセイユ・デタによるかかる提言が援用されている。

1．2　政府提出法律案の影響評価

政府提出法律案の影響評価の概要に関しては、既に先行研究が存在するた

め、ここでの言及は最低限にとどめる。(11) 2008年の憲法改正により、「政府提出法律案の提出は、組織法律の定める諸条件に従う」（憲法39条3項）ものとされ、2009年4月15日の組織法律（以下、「組織法律」という。(12)）において、その具体的条件が定められた。これにより、政府提出法律案については、概ね、次のような過程を経ることになった。

政府提出法律案は、当該法案を管轄する省の部局（services）が起草準備を行うが、(13) その起草段階において影響調査・評価ないし影響評価報告書の作成がなされる。審署前の組織法律8条は、「政府提出法律案は、その起草の初めから（dès le début de leur élaboration）、影響評価の対象となる。」と規定していたが、憲法院は、憲法39条は、あくまで、政府提出法律案の「提出（présentation）」にかかる条件を定めるものであるから、「起草の初めから」影響評価を行うことを政府に義務づける内容の組織法律は、憲法39条に違反すると判断した。(14) したがって、組織法律の影響評価に関する規定は、影響評価の実施態様についてまで政府を拘束するものではないことに留意する必要がある。政府提出法律案は、閣議による審議決定に先立ち、コンセイユ・デタの意見を聴取しなければならず、法案がコンセイユ・デタに移送される時、法案に影響評価報告書が添付される。コンセイユ・デタは、当該影響評価が組織法律の要請を満たすものであるか否かについて議会に対してより完全かつ誠実な情報を提供する、という影響評価制度の趣旨に鑑み、影響評価全体を「議会の適切な情報（bonne information du Parlement）」の保証という観点から審査する。(15) コンセイユ・デタは、影響評価が不十分であると判断すると、政府に影響評価報告書を補正するよう勧告する。しかし、このコンセイユ・デタの権限について、組織法律の定めはなく、組織法律の文言上は、コンセイユ・デタに提出される影響評価報告書と議会に提出される影響評価報告書が同一であると読む余地があることが指摘されている。(16) コンセイユ・デタによる統制は、あくまで忠誠（loyauté）、誠実（sincérité）、真面目（sérieux）といった信義則上の義務にすぎない。(17) もっとも、コンセイユ・デタは、その実施においては、影響評価制度の趣旨を潜脱することのないよう、その適用対象および全体としての誠実さに注意を払っているようである。コンセイユ・デタによる審査を経たのち、法案とこれに付された影響評価報告書は、先議の議院の理事部に提出される。

政府提出法律案が提出された先議の議院の議事協議会（Conférence des présidents）は、法案が提出された日から10日以内に、影響評価報告書が組織法律の規定を遵守して作成されているかどうかを審査する（法９条）。影響評価報告書では、当該法案が追求する目的を定義し、当該目的を達成するための新法制定以外の選択肢を調査し、その上で、新法制定の手段をとる理由を説明する必要がある（法８条２項）。とりわけ、政府提出法律案と現行又は起草中のEU法との関連性や政府提出法律案の国内法体系への影響、新しい規定が、経済的、財政的、社会的及び環境的にいかなる帰結をもたらすかの評価、予想される財政上の費用や効果についての評価、コンセイユ・デタに送付する前に行われた各種諮問の内容等についての精確な説明が求められる（法８条３～10項）。影響評価報告書が添付されていない場合、あるいは、影響評価報告書に記載された事項が組織法律の要請を満たしていないと議事協議会が判断した場合には、当該法案は議事日程に載せることができない。議事協議会と政府の見解が一致しないときは、当該議院の議長あるいは首相が憲法院に提訴でき、憲法院は８日以内に裁定することになっている（憲法39条４項）。

2　公共政策評価制度の一環としての影響評価制度

2．1　より良き立法に向けられた影響評価制度

影響評価は、1920年、導水工事の領域においてアメリカ陸軍工兵隊が実施したコスト評価分析が進展したものであるといわれている。1969年、アメリカの国家環境政策法において、初めて「影響評価書（environmental impact statement : EIS)」が義務づけられた。フランスでは、自然の保護に関する1976年７月10日の法律において、「規模の大きさ又は自然環境への影響の重大性の観点から、自然環境に被害をもたらす可能性がある整備又は

工事の実施に対する事前の調査は、その帰結を見積もるための影響評価を含まなければならない。」（２条）と規定され、その後、影響評価の対象が、法律や規則に拡大していった。

もっとも、冒頭に述べたとおり、フランスにおける影響評価制度導入には、環境影響評価を起点とするベクトルとは別の力も働いている。すなわち、政策に対する影響評価の実施、関係者・専門家への諮問、法の簡素化・質の向上の観点からの法典化や明確性の要請等をその内容とする、EUやOECDにおけるより良き立法（mieux légilérer）やスマートレギュレーション（réglementation intelligente）の要請である。さらに、フランスにおける法律の飽和状況は、フランス国内における法の合理化（rationalisation du droit）と立法工学（légistique）の進展をもたらしている[18]。コンセイユ・デタによる「立法の手引き（guide de légistique）[19]」の作成は、法体系の整序、法の簡素化、立法の質の向上に向けて主導的な役割を果たそうとするコンセイユ・デタの姿勢の表れといえよう。

２．２　政府の統制に向けられた影響評価制度

立法手続における政府と議会の関係という観点から影響評価制度を捉える見方もある。「合理化された議院内閣制」という表現に象徴されるように、第五共和制憲法は、政府と議会との関係を、政府に有利に設計しているといわれており、とりわけ、立法手続における政府と議会の均衡の回復は、第五共和制憲法下における重要な課題の一つである。

Combradeによれば、影響評価制度は、立法手続の異なる２つの段階において、議会による監視と議会の評価能力を強化する仕組みとして導入されている。第一段階は、政府提出法律案提出の段階である。既述のとおり、先議の議事協議会は、政府による影響評価に対して、とりわけ政府の仕事の質に対する統制権限を与えられている。第二段階は、政府提出法律案が発効した後の段階である。組織法律は、政府提出法律案の提出にかかる条件を定めるものであり、当該政府提出法律案が成立・発効した後の段階についてまで規

定するものではないが、議会による公共政策評価の局面において、その潜在的評価能力を高めるのに役立つというのがCombradeの見立てである[20]。

政府主導の政策に対する事後的統制については、憲法24条1項の規定が2008年憲法改正によって新設されたことは先述のとおりであるが、「政府の活動の統制」は、立法を補うものとして不可欠であると同時に、「政府は国の政治を決定し指揮する」（憲法20条1項）および「政府は、（中略）国会に対し責任を負う」（憲法20条3項）という規定を補うものとして不可欠であると考えられている[21]。そして、影響評価報告書は、政府主導で制定された法律の適用および結果に対する議会の事後的評価の際の重要な評価基軸となりうる。換言すれば、影響評価報告書が政府提出法律案に添付されることにより、政府によって提示されていた法の目的と見通しを、法律が実際に適用された後の段階において、実際の事実と対照させることが可能となる。その意味で、影響評価制度は、議会による「公共政策の評価」機能の強化・向上に資する制度としてのポテンシャルを秘めている[22]。

もっとも、いったん政治的決定がなされると、その後退可能性を考慮することは無益であり、したがって、影響評価には、概念上は、政府を正当化する要素以外の要素を見出せず、せいぜい、個人、団体、あるいはロビイストに対して情報源を提供するための、いわば教育的作業にすぎないと評する見解もある[23]。さらに、政府は、法律案修正権をもつが（憲法44条1項）、修正案の提出の際には影響評価の手続きを踏む必要はなく、影響評価による予測を無視した修正案の提出も可能となっている。そうすると、議会は、修正案の検討の場面においてはもちろんのこと、事後審査の場面においても、影響評価報告書の内容を評価基軸として利用できる場合が制限されることになる。政府の影響評価添付義務と修正権の関係については、影響評価の対象となっていない事項を内容とする修正案に基づいて可決された法律の有効性が、かつて問われたことがある。憲法院は、憲法39条2項の規定は政府提出法律案にのみ適用され、修正案には適用されないため、修正案の内容が影響評価の対象となっていなかったとしても、憲法違反にはならないと判示した[24]。

2．3　影響評価制度に対する憲法院の審査

影響評価制度の機能面についての検討に際しては、憲法院判決への言及が不可欠であろう。政府提出法律案の立法過程全体を見渡したとき、憲法院は、3つの局面でこれに関わりうる。すなわち、憲法39条4項に基づく付託（議事評議会と政府の見解が不一致の場合の審査）、憲法61条1項ないし2項に基づく付託（法律審書前の合憲性審査）、および憲法61の1条1項に基づく付託（法律の事後的違憲審査、いわゆるPQC）のそれぞれの場面である。

憲法39条4項に基づく付託の導入に関しては、「あらかじめ議会に服させること」（議事評議会による審査）と「法律に対する憲法的コントロールの受理可能性」との両立不可能性が、2008年憲法改正審議過程において、国民議会の報告担当者により指摘されていた(25)。さらに、39条4項は、法案提出に関する組織法律の遵守の問題に関して、憲法院が議会と政府との間の「仲裁」としての役割を果たすことを意図していたのであり、新たな違憲性の根拠を作ることを意図していたわけではない、との説明もなされている。結局、39条4項に基づく付託の場合には、憲法院は政府提出法律案提出の組織法律適合性についてのみ審査権限を有する、という法理が確立している(26)。すなわち、39条4項のルートにおいては、政府提出法律案の実質的な憲法適合性審査はなされない。もっとも、「政府提出法律案提出の組織法律適合性審査」には、最小限ではあるが、政府提出法律案に添付された影響評価報告書の内容の組織法律適合性審査を含んでおり(27)、39条4項の枠組みにおける憲法院による審査が全くの形式審査というわけではない。ただし、憲法院が8日以内で裁定を下す必要があること、および「憲法院は、国会と同じ判断ないし決定権限を有しない」という定式に象徴される憲法院の自制的態度に鑑みれば、影響評価の内容については、少なくとも39条4項の枠組みにおける憲法院による統制に期待することはできず、議事協議会において入念な審査がなされることが求められよう。

では、憲法61条に基づく付託の場面においてはどうか。2013年、同性婚を認める法律が憲法院に付託され、提訴者は、法案に添付された影響評価報告

書は、当該法案がもたらす社会的、経済的、法的帰結についての評価およびフランスが批准している国際条約との適合性についての評価を十分に行っていないことを理由に、法律採択手続における憲法違反を訴えた。憲法院は、議事協議会では、当該影響評価の組織法律適合性が問題となっていないこと、および議会の委員会で多数の公聴会が開かれたことに言及したうえで、影響評価の内容（contenu de l'étude d'impact）を考慮すると、影響評価が遵守されていないという異議は退けられる（Cons. 4）と判示した(28)。さらに、同年、退職制度の将来と公正を保証する法律について付託されたときには、議事協議会が組織法律の規定の遵守につき質問を受けたが、これに回答しなかったことに言及したうえで（Cons. 4）、影響評価の内容を考慮すると、影響評価が遵守されていないという異議は退けられる（Cons. 6）と判示した(29)。したがって、議事協議会が影響評価の組織法律適合性を問題としたか否かにかかわらず、およびその判断内容にかかわらず、憲法院は議事協議会とは独立して影響評価の内容が組織法律の規定に適合しているかどうかの審査権限を有しているかのように解釈する余地があった。ところが、2015年、緑の増大のためのエネルギー転換に関する法律について付託されたとき、憲法院は、議事協議会が、当該法案が影響評価を遵守しているかどうかについて問題としていない以上、組織法律８条が遵守されていないという異議は退けられる（Cons. 4）と判断し(29)、これにより、「影響評価の内容について、議事協議会において言及された場合、憲法院は、当該影響評価の内容に関する異議について審査できる」という判例法理が確立したと解されている(31)。したがって、憲法61条の枠組みにおいても、憲法院は、当該影響評価の内容が組織法律の要請を満たしているかの判断権限は第一次的には議事協議会に属するとして、議事協議会の審査に敬譲を払う姿勢を見せている。

最後に、QPCのルートによる統制の可能性について言及する。憲法61-１条は、「憲法の保障する権利及び自由を侵害すると主張されるとき」に、事後的審査に訴えることができる旨を規定している。影響評価に関する規定の不遵守は、一般に、手続違反を構成すると考えられるため、原則として、このような憲法異議は、QPCにおいて援用することができない。もっとも、立法手続に対する事後統制も、権利や自由の擁護と結びつく場合には可能となる見方もあり、その可能性に期待する見解もある。[(32)]

結びにかえて

影響評価は、先進諸国において「事前審査」として制度化されてきたものである。しかしながら、立法過程全体にこれを組み込もうとするとき、法律審署後の評価の観点も無視できない重要な要素となっている。Combradeが指摘するように、フランスにおいては、事後審査への活用可能性に期待が寄せられながらも、事前審査と事後審査の接続が未だ制度化されていない。[(33)]また、修正権に対する統制の問題も残されている。

しかしながら、憲法院は、議事協議会の判断を尊重する傾向、すなわち、政府提出法律案の影響評価については、議会によるコントロールに委ねる傾向にある。憲法院の煮え切らない態度を否定的に捉える見解もあろうが、見方を変えれば、事前においては政府提出法律案の統制、事後においては公共政策評価の統制が、第一次的には、議会の権限として留保されているということである。とりわけ、事後評価の局面における影響評価の活用が、今後期待される。

〔付記〕
本研究は、2018年度「慶應義塾大学博士課程学生研究支援プログラム」の助成の成果の一部である。

（1）OECD, « Regulatory Impact Analysis-Best Practices in OECD Countries », 1997, p. 14. http://www.oecd.org/gov/regulatory-policy/35258828.pdf（2018年9月14日最終閲覧）

（2）OECD, « Regulatory Impact Analysis-A Tool for Policy Coherence », 2008, p. 12.
https://read.oecd-ilibrary.org/governance/regulatory-impact-analysis_9789264067110-en#page1（2018年9月14日最終閲覧）

（3）Claire A. DUNLO, Oliver FRITSCH, Claudio M. RADAELLI, « Étudier l'étude d'impact », *Revue française d'administration publique*, Ecole nationale d'administration（ENA）, 2014, N° 149, p. 164.

（4）国民議会の法律委員会委員長Jean-Luc Warsmannは、「フランスの病を治癒するために法律を簡素化しよう」と題された報告書において、「規範のインフレと闘い、規範の質に参加するために提示された重要な手段が影響評価である」と述べている。Jean-Luc WARSMANN, Rapport au Premier Ministre, *Simplifions nos lois pour guérir un mal français,* 2009, La Documentation française, p. 23.

（5）Susan Rose-Ackerman, Thomas Perroud, « Les etudes d'impact et l'analyse « coût-avantage » : modèles amériains et traditions juridiques françaises », Revue française d'administration publique 2014, N° 149, p. 107.

（6）合理化された議会制とその回復について、セリーヌ・ヴァンゼル；徳永貴志訳「合理化された議会制と立法手続：北大立法過程研究会報告」北大法学論集63巻6号（2013）477-501頁、徳永貴志「フランス議会における審議の合理化：2009年議院規則改正についての覚書」一橋法学9巻3号（2010）112-130頁、同「フランス議会の復権はなされたか：2008年憲法改正以後の法案審議」和光経済（2014）39-46頁等を参照。

（7）Rapport du Comité de réflexion et de proposition sur la modernisation et le rééquilibrage des institutions de la Ve République, JORF n° 252 du 30 octobre 2007, p. 17699, texte n° 1.

（8）糠塚康江「立法手続における「影響調査」手法の可能性――「より良き立法プロジェクト」への寄与のための試論――」岡田信弘＝笹田栄司＝長谷部恭男編『憲法の基底と憲法論　高見勝利先生古稀記念』（信山社、2015）515頁。

（9）Conseil d'État, Rapport public 1991, *De la séculité juridique,* pp. 15 et s. さらに、Rapport Picq, « L'État en France. Servir une nation ouverte sur le monde », mai 1994. においても、立法過程における影響評価制度の導入の必要性が論じられている。

フランスにおける法的安定性の概念について，植野妙実子『フランスにおける憲法裁判』（中央大学出版部、2015年）、同「フランスにおける法的安定性の概念（長尾一紘先生古稀記念論文集）」法學新報120号（1/2）（2013）23-56頁を参照。ここで紹介されているベルトラン・マチューの見解によれば，法的安定性の原則は、「法の質」と「法の予測可能性」という2つの要素から構成され、それぞれの要請から派生する諸原則の憲法規範性はなお重要な議論を提起している。

（10）Conseil d'État, Rapport public 2006, Sécuité juridique et complexité du droit.

（11）糠塚・前掲注（6）499-525頁及び奥村公輔『立法手続と権力分立』（信山社、2016）28-43頁参照。

(12) 憲法第34-1条、第39条及び第44条の適用に関する2009年4月15日の組織法律第2009-403号。

(13) 政府提出法律案の起草過程については、植野妙実子「フランスにおける立法過程：修正権に着目して」比較法雑誌48巻1号（2014）1-31頁を参照。

(14) C.C., Décision n° 2009-579 DC du 9 avril 2009, Rec., p. 84, Cons. 12-13.

(15) Jean-Marc Sauvé, « Le rôle du Conseil d'Etat dans la mise en oeuvre des études d'impact », le 29 novembre 2010 lors de la conférence "L'impact du droit : l'évaluation économique comparée de la norme juridique" http://www.conseil-etat.fr/Actualites/Discours-Interventions/Le-role-du-Conseil-d-Etat-dans-la-mise-en-oeuvre-des-etudes-d-impact#_edn5（2018年9月14日最終閲覧）

(16) 糠塚・前傾注（6）522頁。

(17) Jean-Marc Sauvé, Op. cit.

(18) Bertrand-Léo COMBRADE, *L'obligation d'étude d'impact des projets de loi,* Dalloz, 2017, pp. 5-6.

　ジャック・シュヴァリエによれば、légistiqueとは、「規範（標準）の生成、起草、制定、適用の最善の方法を決定しようと努める立法の応用科学」である。

(19) Conseil d'État, *Guide de légistique,* 3e édition, 2017, la documentation française.

(20) Bertrand-Léo COMBRADE, « L'étude d'impact au Parlement français : un instrument de mutation du rôle des assemblées dans le processus législatif? », *op. cit.,* ENA, 2014, N° 149, pp. 200-201.

(21) Thierry S. RENOUX, Michel de VILLIERS et Xavier MAGNON, Code constitutionnel, LexisNexis, 2017, p. 778.

(22) Bertrand-Léo COMBRADE, *op. cit.,* Dalloz, 2017, p. 200.

(23) Jean-Eric GICQUEL, Les effets de la réforme constitutionnelle de 2008 sur le processus législatif, *Jus Politicum,* hors série-2012, Dalloz, 2012, pp. 69-82.

(24) C.C., Décision n° 2010-618 DC du 9 décembre 2010, Rec., p. 367, Cons. 3. Commentaire, Décision n° 2010-618 DC du 9 décembre 2010, Loi de réforme des collectivités territoriales, Les Nouveaux cahiers du Conseil constitutionnel Cahier n° 30.

(25) J.-L. WARSMANN（Député), Rapport fait au nom de la commission des lois constitutionnelles, de la législation et de l'administration générale de la république sur le projet de loi organique relatif à l'application des articles 34-1, 39 et 44 de la Constitution, Paris, Assemblée nationale, n° 1375, 2009.

(26) 奥村・前掲注（11）36頁。C.C., Décision n° 2014-12 FNR du 1 juillet 2014, JORF du 3 juillet 2014, p. 11023, texte n° 100.

(27) 同上38-39頁。

(28) C.C., Décision n° 2013-669 DC du 17 mai 2013, Rec., p. 721.
(29) C.C., Décision n° 2013-683 DC du 16 janvier 2014, JORF du 21 janvier 2014 page 1066, texte n° 2.
(30) C.C., Décision n° 2015-718 DC du 13 août 2015, JORF n° 0189 du 18 août 2015 page 14376 texte n° 4.
(31) Commentaire, Décision n° 2015-718 DC du 13 août 2015, Loi relative à la transition énergétique pour la croissance verte., p. 6.
(32) 奥村・前掲注(11)42頁。
(33) COMBRADE, op., cit., p. 204.

ナチス憲法としての授権法
—1933年授権法の悪魔的効能—

加　藤　一　彦

はじめに

ナチス期の国民投票に関わる論文を書きあげたとき[(1)]、国民投票法の法的根拠を与えた「民族及び国家の危機を除去するための法律（Das Gesetz zur Behebung der Not von Volk und Reich)」いわゆる授権法（Ermächtigungsgesetz）については、深く論究することができなかった。もちろんこの法律がヴァイマル憲法改正法律として制定されながら、ヴァイマル憲法の憲法制定権力を解凍し、新規の憲法制定権力の発動の源泉となり、ヴァイマル憲法体制に終焉をもたらしたナチス憲法であることは認識していた。ただ、この授権法の法的効能がどこまで及んでいたかは、未解明なままであった。

そこで自分自身に課した宿題を解くことにした。とはいえ調べ始めると、この宿題範囲はかなり広汎であることがわかった。そこで本稿では、当時の授権法のあり方を描き、授権法によって制定された諸法律がどのような意味をもっていたのかについて、論じることとした。ファシズム法制研究としては初歩的課題かもしれないが、ここから始めなければ、後には進まないと考えたからである。

1　授権法の法構造

1. 1　背　景

1932年11月6日の第7回ライヒ議会選挙は、パーペン内閣（大統領内閣／Präsidialregierung）の下で行われた。この選挙において、ナチス党

(NSDP) は従前の議席数 (230議席) を下回ったものの、ライヒ議会議員総数584議席中196議席を獲得し、比較第一党であった。また、後の授権法制定に賛成するカトリック中道派の中央党 (Zentrum) は70議席、同党のバイエルン州で活動するバイエルン人民党 (Bayerische Volkspartei) は20議席、後のヒットラー政権に参加するドイツ国家人民党 (Deutschnationale Volkspartei) は52議席を獲得した。他方、左派勢力の社会民主党 (SPD) は121議席、共産党 (KPD) は100議席を得た。(2) どの政党も多数派を形成できなかったため、ヒンデンブルク大統領は、12月2日、シュライヒャーを首相に任命した。今回もライヒ議会多数派による信任のない大統領内閣が形成された。

シュライヒャー内閣は短命であった。同首相は、首相就任後直ちに政権運営に行き詰まり、ヒンデンブルク大統領の信任を失い、加えてパーペン前首相の策謀も手伝い、内閣は早くも崩壊した。そこで1933年1月30日、第一党党首であるヒットラーがヒンデンブルク大統領により首相に任命された。ただナチス党もライヒ議会において過半数をもっていなかったため、ヒットラー政権のスタート時は、ナチス党とドイツ国家人民党との連立内閣である。同政権はナチス党からはヒットラー首相の外、フリック内相、ゲーリング無任所大臣の2名しか入閣していない。もっともヒットラーにとって、首相に就任することで十分であった。ヒットラーは翌31日の初閣議においてライヒ議会解散を決定し、2月1日ライヒ議会は解散された。ライヒ議会選挙の投票日は3月5日とされた。解散理由は「活動能力のある多数派の形成が困難である」とのことであった。(3)

選挙戦が始まると直ちにヒットラー首相は、ヒンデンブルク大統領による大統領権限に基づく (ヴァイマル憲法48条2項) 緊急命令 (Notverordnung) を布告させた。2月4日の「ドイツ国民保護のためのライヒ大統領の命令(4)」である。この緊急命令は、集会及びデモ行進に対する包括的制限・禁止規定 (同1条以下) のほか、出版物の発行停止 (同7条以下) を含み、社会民主党及び共産党など有力野党によるライヒ議会選挙運動を事実上、弾圧するために制定された。

加えて2月27日のライヒ議会議事堂放火事件を契機として、翌28日に「国民と国家の保護のためのライヒ大統領の命令[5]」が発せられた。この緊急命令により野党弾圧は徹底化されていった。というのも、本緊急命令1条により明示的にヴァイマル憲法が保障する114条（人身の自由)、115条（住居の不可侵)、117条（信書の秘密)、118条（表現の自由と検閲の禁止)、123条（集会の自由)、124条（結社の自由）の各基本権条項は、当分の間、効力を有さないと定められたからである。なお、この緊急命令はその後も維持され、ナチス政権崩壊時までヴァイマル憲法上の基本権を停止させ続けた。

3月5日の第8回ライヒ議会選挙結果は、次の通りである。総議席数647議席中ナチス党288議席、社会民主党120議席、共産党81議席、中央党73議席、バイエルン人民党19議席、国家人民党52議席などであった[6]。今回もナチス党は過半数を獲得できなかったため、前回同様の連立内閣が形成され、ヒットラーは首相の地位にとどまった。

3月21日にポツダムの教会にて開院式が開催され、その後直ちにベルリンのクロール・オペラ劇場を仮議事堂としてライヒ議会は開会された[7]。議長はナチス党からゲーリングが再選され、前日に閣議決定されていた授権法の審議は23日より始めることが定まった。

1．2　授権法制定と延長

3月23日に審議・議決され、翌日24日に施行された「民族及び国家の危機を除去するための法律（Das Gesetz zur Behebung der Not von Volk und Reich)」、別名授権法（Ermächtigungsgesetz）は、次の通りである。

ライヒ議会は、以下の法律を議決した。この法律は、憲法改正法律の要件を満たしたことが確認された後、ライヒ参議院の同意を経てここに公布する。

第1条　ライヒの法律は、ライヒ憲法に定める手続によるのほか、ライヒ政府によってもこれを議決することができる。ライヒ憲法第85条第2項及び第87条に定められた法律についても同様とする。

第２条　ライヒ政府の議決したライヒ法律は、ライヒ議会及びライヒ参議院の制度（Einrichtung）それ自体を対象としない限り、ライヒ憲法に違反することができる。ライヒ大統領の権利は、これにより侵されない。

第３条　ライヒ政府が議決したライヒの法律は、ライヒ首相が認証し、ドイツ国官報をもって公布する。特段の定めがない限り、ライヒ法律は、公布の日の翌日より施行する。ライヒ憲法第68条から77条までの規定は、ライヒ政府の議決する法律には適用しない。

第４条　ライヒが外国と締結する条約であってライヒ立法の対象に関するものは、立法参与機関の同意を必要としない。条約を実施するため必要な法規は、ライヒ政府がこれを発する。

第５条　本法は公布の日よりこれを施行する。本法は、1937年４月１日に失効する。本法は現ライヒ政府が他のライヒ政府に変更があったときにも失効する。(8)

この授権法は、明示的にヴァイマル憲法改正法律として制定されていることから、ヴァイマル憲法76条１項の規定により「議員定数の３分の２が出席し、少なくとも３分の２がこれに賛成する」ことがその成立条件である。第８回ライヒ議会選挙後のライヒ議会議員定数は647名であり、その３分の２は432名である。授権法成立させるには、この要件を満たさなければならない。しかし、議員定数の値を下げることができれば、３分の２の商の値も少なくて済む。共産党を非合法化し、共産党議員数が法定数から除外されれば、議員定数は566名となり、議事定足数（その３分の２）は378名となる。共産党の議席を除外するこの目論見は、閣議決定前の段階でナチスにより練られた計画である。(9)実際の採決でも非合法化された共産党全員分（81議席）が法定数から除外された。(10)その結果、81議席を減じた議員法定数566の３分の２

は378名となり、これが議事成立条件とされた。

憲法改正法律の議決条件は、この378名の3分の2ではなく、現在出席している議員全員の3分の2である。授権法の採決時では、538名が出席したため、定足数は満たしている。また賛成に必要な3分の2の議決成立人数はこの出席した538名を分母とするので、359名に相当する。採決時では535人の投票があり、反対は94票（すべて社会民主党）、賛成票は441票であり[(11)]、授権法は圧倒的多数によって可決され、翌日施行された。

授権法5条によれば、「本法は、1937年4月1日に失効する」と明示し、授権法が時限法であることを定めている。当初、授権法はほぼ4年間の時間的効力を有するだけの一時的憲法改正法律とされていた。ただ結論的にいえば、授権法は、ナチ政権崩壊まで法的拘束力を維持していた。ではどのような手続によって授権法の法的通用力が継続していったのであろうか。

まず、授権法5条によって、この法的効力は1937年4月1日までとする4年間の効力が定められていた。4年間である理由は、ライヒ議会の立法期と対応させるためである（ヴァイマル憲法23条1項）。4年目にあたる1937年にヒットラー首相は授権法延長手続をとった。すなわち、ナチス一党のみが議席を有するに至ったライヒ議会は[(12)]、1937年1月30日に「民族及び国家の危機を除去するための法律の延長をするための法律[(13)]」を議決した。同法1条によれば、授権法は1941年4月1日まで継続的効力を有するとされた。しかし、1941年以前に再度、授権法延長の議決が行われた。1938年4月10日にオーストリアがドイツに併合され、オーストリアはドイツの一ラントとなり、大ドイツが誕生したことにより、改めて授権法の法的継続性の確認が行われる必要性が生じたからである。

そこでライヒ議会は、1939年1月30日に「民族及び国家の危機を除去するための法律の延長をするための法律」を議決した。同法は次のように定めている。「ライヒ議会は1937年1月30日の法律の補充において以下の法律を一致して議決し、ここに公布する。第1条1933年3月24日の民族及び国家の危機を除去するための法律の継続的効力（Geltungsdauer）は、1943年5月10

日までとする[14]」。

以上２つの授権法延長法律がライヒ議会によるReichstaggesetzであるのは、授権法そのものがライヒ議会において議決され、議決機関の同一性を確保する必要があるとされたからである。もっともライヒ議会による法律制定行為は、例外的である。授権法成立後の1933年３月以降、授権法に基づく政府法律（Regierungsgesetz）が主たる法律を占め、ライヒ議会の立法数は1933年３月から1945年５月（ドイツ降伏時）まで僅か７本でしかなかったが、そのうち２本がこの延長法律である[15]。

最後の授権法延長の法的手続は異例の形をとる。授権法議決機関の同一性は、第３回目の延長には適用されていない。すなわち、今回の延長手続は、法律形式ではなく、総統布告（Erlaß des Führers）により行われた。すなわち、1943年５月10日にヒットラー首相は「政府立法に関する総統布告」（Erlaß des Führers über die Regierungsgesetzgebung）を発した。同布告は次のように定めている。

「1933年３月24日の法律が1943年５月10日に形式上満期に達することに鑑み、私は次のことを決定した。ライヒ政府は、1933年３月24日の法律により委託された権限を今後も継続的に行使する。私は、大ドイツライヒ議会によりライヒ政府に移譲された権限について、これを確定させる権能を有する[16]」。この総統布告により、授権法はナチス統治期間を通じて法的効力を有し続けたのである。授権法が公式に廃止されたのは、1945年９月20日の連合国管理理事会指令１号（Kontrollratsgesetz Nr. 1）として制定されたナチ法廃止令によってである。

１．３　授権法改正

1933年に制定された授権法は、その後幾度か改正されている。改正方法は、既存の法文を改正法律によって削除し、新規の法文を入れる手法ではない。先の延長法律と同様、新規法律を制定し、授権法の一部の条文を死文化させ、後法の法的効力を通用させる手法である。

実質的改正箇所は、第2条の2つの部分である。第1に、授権法による規制対象外とされている「ライヒ参議院の制度」は、1934年2月14日に政府法律として制定された「ライヒ参議院の廃止に関する法律(17)」によって授権法上のライヒ参議院の存在根拠が消滅した。同法1条は「ライヒ参議院は、廃止される。ライヒにおける各ラントの代表者はこれを無効とする」と定め、同法2条は「ライヒ参議院による法定立(Rechtssetzung)及び行政への協同は、これを廃止する」と定め、授権法の立法対象外とされたライヒ参議院の権限が、本法により消滅した。

第2に、授権法2条後段が定める「ライヒ大統領の権利は、これにより侵されない」とする部分である。ヒンデンブルク大統領は、1934年夏には職務執行が著しく困難な状況にあり、逝去は時間の問題であった。そこでヒットラー首相は、ヒンデンブルク大統領危篤の報を受け、政府法律として1934年8月1日「ドイツライヒの国家元首に関する法律(18)」を制定した。同法は次のように定めている。

ライヒ政府は次の法律を議決し、ここにこれを公布する。

第1条　ライヒ大統領の職務は、ライヒ首相の職務に統合する。これによりライヒ大統領の従来の権限は総統かつライヒ首相たるアドロフ・ヒットラーに移譲される。ヒットラーは自己の代理人を定める。

第2条　本法は、ライヒ大統領フォン・ヒンデンブルクの逝去の時点よりこれを施行する。

ヒンデンブルク大統領は8月2日に死去したため、政府は「故ヒンデンブルクライヒ大統領元帥のための国葬に関する法律(19)」を政府法律として直ちに公布施行したほか、同日付で先の国家元首法について、「国家元首法の執行のためのライヒ首相の布告(20)」を発し、自らが大統領と首相を合一した地位に就くことが適切か否かを国民投票に委ねることを明らかにした。また同日ヒットラー首相は「国民投票の施行のためのライヒ政府の決定(21)」の中で、8月

19日日曜日に国民投票を行うことを表明した。この国民投票では圧倒的多数でこれを承認したため[22]、「ドイツライヒの国家元首に関する法律」に基づき、授権法2条に定める大統領の地位に関わる立法適用除外規定は、法的に消滅した。

また、授権法5条に定める「本法は現ライヒ政府が他のライヒ政府に変更があったときにも失効する」との規定は、無意味な条項となった。というのも、先の国家元首法制定によってヴァイマル憲法43条1項に定めるライヒ大統領任期7年条項は無効とされ、ヒットラー首相・総統の地位は終身とされたため[23]、本規定が適用される可能性は排除されたからである。

政権変更による授権法の消滅規定は、過去にも見られる。すなわち、ヴァイマル中期の1923年に授権法が制定されたことがあるが[24]、そこでは授権法の法的効力について、政権の同一性が求められていた。1933年授権法5条の場合も、これを導入し、制定当時は少なくとも法律制定授権作用は、政権継続性の維持という意味で時間的範囲を狭める外観性を有していた。確かに政権の同一性要件が、約4年間の時限立法の制約のほかに、授権法それ自体の法的継続要件と定められてはいたが、ナチス政権は敗戦まで継続したため、同5条の政権の同一性要件が問題となることはなかった。したがって授権法の法的効力は、ナチス統治時代一貫して有効であり続けたのである。

2　授権法の影響

2．1　授権法に基づくナチス憲法制定

授権法は、ヴァイマル憲法典の憲法改正法律であると同時に、ナチス政府に憲法法律（Verfassungsgesetz）を制定させる法源を与えた実質的憲法（materrielles Verfassungsrecht）の特性をもっている。この点について、シュミットが、授権法に基づいて制定されたライヒ法律はライヒ憲法法律でありうると指摘し、従来の憲法法律に代わって新たな憲法法律を発する広汎な権限が授権法により生じ、その結果、ライヒ政府が憲法制定権力の一部を委託されたと説明している[25]。憲法制定権力が既存の憲法の中で発動できると

いうシュミットの論理からすれば、この状況こそが憲法制定権力の登場にふさわしい場面であったろう。加えて、シュミットは、授権法は「ドイツ革命の暫定憲法」と指摘し、授権法制定によって「ドイツの国家構造の広汎な新形成が実現されゆく[(26)]」と述べ、憲法制定権力発動によって、既存の法秩序の破壊と新秩序の構築を訴えていく。

これに呼応したシュミットの弟子フーバーは、ナチス政権はヴァイマル憲法体制とは切断された新秩序であることを強調する。「ヴァイマル憲法の根本である形式的民主主義、議会制、多党制、連邦主義、自由主義は、ナチス革命によって否認された。これに代わって新たなる政治原理、すなわち民族思想、指導者総統原理、全体主義原理が革命的にこの新たな政治秩序の根本に高められたのである。政治的基本原理のこの転換は、ヴァイマル憲法がもはや有効ではなく、これに代わり民族的全体主義的総統国家（Führerstaat）が登場したことを表している。新たな国法が引き受けてもよいヴァイマル憲法の一部のみが、今日でも法的存続性を有する。しかし、その法的存続性は旧憲法からその効力を引き出しているのではなく、新たな憲法を通じた『受容により（kraft Rezeption）』効力をもつのである[(27)]」。

授権法制定がヴァイマル憲法との切断を意味し、ナチス国家の憲法とみる見解は、シュミットの悪しきライバル、ケルロイターにもみられる[(28)]。ケルロイターは、授権法をナチス国家の基本法の筆頭にあげ、この授権法に基づく「憲法的生活の基礎」を作る「新しい国家建設の大綱」となる法群を列挙している。具体的にいえば、ケルロイターは、ナチス憲法の例示として、授権法のほか国民投票法（1933年7月14日。政府法律）、党と国家の一体を保障する法律（1933年12月1日。政府法律）、ライヒ改造法律（1934年1月30日。ライヒ議会による憲法改正法律）、国家元首法（1934年8月1日。政府法律）など合計9法を列挙している[(29)]。これら諸法律は確かに、国家構造とその構成体たる国民の定義に関わる国家の根本法である。ナチス期には統一したナチス憲法典は制定されなかったが[(30)]、政府による個別立法を通じて国家の基本構造が構築されていった。特段イギリスを模倣したのではないが、結果的にナチス憲法は不文憲法として、しかも大半は政府法律として憲法が構成されたのである。

ただ、こうした個別立法を積みあげ憲法を形成する手法は、法の段階構造による法的効力の区別ではなく、状況に応じた立法措置がいつ行われたかによって憲法的効力の有無と優越が定まることを意味する。たとえば、当初の授権法は、ライヒ議会、ライヒ参議院、ライヒ大統領を立法対象外としていた。これをシュミットは、「留保された制度」としてこの三つの国家機関自体を「制度的保障の新しい種類（eine neue Art institutioneller Garantie）[(31)]」と捉えていた。本来の制度的保障であれば、その後の立法において各国家機関の本質的部分への法律介入は許されないと解される。しかし、授権法に基づく政府法律たるライヒ参議院廃止法によってライヒ参議院は廃止された[(32)]。ライヒ大統領の職務は、国家元首法によってヒットラー首相兼総統に統合された[(33)]。ライヒ議会は、ナチス崩壊まで存在しつつも、各立法によって「擬似議会」の地位にまで格下げされた。これら三つの国家機関が、当初の授権法により立法対象外とされ、憲法の留保があったにもかかわらず、その留保条項は、後法によって留保の意義すらも掘り崩されていく。そこにある法論理は、授権法に基づく政府法律の法的地位はときには憲法法律であり、それ故に状況に応じて個別的にナチスの憲法が構成・増補・補充されるということであろう。

2．2　授権法の効能

ナチス政権樹立とヒットラーの首相就任は、政治的、法学的、社会的にも革命の始まりを意味した。特に授権法の制定は「国民革命の勝利の表現である[(34)]」。ナチスによる革命が成功したのであれば、当然、ヴァイマル憲法とナチス統治は切断され、ヴァイマル憲法典はもはやナチス統治に対抗する法源の意味を喪失する。ヴァイマル憲法はナチスにとっていつでも削除可能な古文書でしかない。ヒットラー首相は、自身の意のままに政治指導を行い、これを公式に追認するために外見的法的継続を装った「合法革命」を遂行することができる。その手法として、まず授権法を制定させ、政府が立法者となることが不可欠である。ヴァイマル憲法時代では大統領の緊急命令、授権法に基づく命令は、基本的に代替立法手続（Ersatzgesetzgebungsverfahren）であったが、ナチス憲法としての授権法に基づく法律制定権の意味は、政府立法権の確立と同時に憲法制定権力の獲得にある。当然そこでは、市民的法治国家観に基づく法律の意味は転換する。この点について、フーバーは次のように指摘している。

革命によって生まれた「新たなライヒの政治的民族は、一つの有機的・全体主義的生の統一体（eine organische und totale Lebenseinheit）であり、この統一体は歴史的使命の執行者たる総統に備わっている。そこでの法律は、政治的民族の具体的共同意思である。この法律は、繰り返される紛争の主観的利益調整としてあるのではなく、客観的・民族的な存在根拠と生の必然性の表現である[(35)]」。換言すれば、ナチス体制の下における法律とは、「総統の計画に従い総統の決定によってなされる民族の生の秩序を展開すること[(36)]」にほかならない。

法律を「民族の生の秩序の表現」とし、法律の定立権を総統（Führer）に独占させれば、ナチス独裁は遂行できる。そこでフーバーは、総統法律（Führergesetz）なる概念を設定する。すなわち、市民的法治国家における法律概念には、議会の関与の意味合いを内在化させていた。政府が法律に関与しうるのは、原則的に法律よりも下位に位置する命令（法規命令〔Verordnung[(37)]〕）を通じてである。これに反して、ナチス体制の下では、ライヒ議会はナチス支配の下に置かれ、総統の関与なしでは法律の定立は不可能であり、総統の意思によってのみ法律が定立される。そこでは、総統の意思における「完全な外観と無制限の権威をもった真の法律[(38)]」としての総統法律が定立可能である。この総統法律は、三つの法律制定手続、すなわち、政府法律（Regierungsgesetz）、議会制定法律（Reichstagsgesetz）、国民投票付託法律（volksbeschlossene Gesetz）に分類される[(39)]。どの法律制定手続が選択されるかは、総統が決定する。「民族の生の秩序」を体現する総統決定は総統の意思であり、その意思を妨げる法的障害は存在しない。

授権法制定後、ナチス政権崩壊までの間、この三つの法律形式の内、授権法を根拠法とする政府法律が主流である。政府法律は、1933年／218法律、1934年／190法律、1935年／149法律、1936年-1938年／各100法律（合計300法律）、1940年-1945年／64法律、それぞれ制定された[(40)]。これに対し、議会制定法律はこの全期間を通じて7法律、国民投票付託法律はない――もっとも、国民投票は3回行われたが、その何れも政府の措置に関する国民投票であり、国民投票法1条2項にいう「法律」概念に該当する国民投票は行われなかった[(41)]。この状況を見れば、授権法に基づく政府法律制定権の確保が、ナチス統治にとって真に本質的であったかが分かるであろう。

2．3　法律としての命令／法規命令

ナチス支配のための法律が授権法に基づく政府法律として立法化できても、ナチス民族国家の法システムは完遂しない。そこでフーバーは、ナチスによる法支配の実現に向けて、本来、法律より下位に位置する命令（Verordnung）あるいは布告（Erlasse）[(42)]に着眼する。フーバーは、命令／布告を委任総統命令（abhänginge Führerverordnung）と独立総統命令（selbstände Führerverordnung）及び法律委任命令（gesetzabhängige Verordnung）の3種類に大別する。この最後の法律委任命令は、通例の行政機関による命令であり、法律による明示的な授権あるいは根拠に基づいて発せられ、その命令内容は法律の執行、補充、説明、適用に関わり、しかもこの命令は法律よりも下位に属する法規範と捉えられる[(43)]。

これに対し、前二者の委任総統命令及び独立総統命令は、総統のみが発する命令である。委任総統命令は、総統が法律の根拠に基づきその補充あるいは執行のために発せられる。独立総統命令は、法律に代わって発せられる命令である。すなわち、法律の根拠なしに総統の意思だけに基づく新規の法規定立である。この二つの総統命令の法的地位は、法律と同格（gesetzesgleich）である[(44)]。総統命令が法律と異ならないとすれば、ナチス法

体系上、総統の言葉が国民を支配する法規範になりうる。法律と同視される総統命令、特に独立総統命令を通じて、「民族の全法的生活」と「政治的基本秩序」が総統によって構成される。この点、フーバーが独立総統命令の意義は、「その実質的内容に基づくライヒの基本法（Grundgesetz）」であることに認め、独立総統命令を実質的意味における憲法を構築すると結論づけたのは[45]、ナチス法体系の法論理的帰結である。

総統によって定立される政府法律があるにもかかわらず、独立総統命令を形成する実際的理由はどこにあるのだろうか。フーバーは、「総統の高度に人格にかかわる政治的決定」が含まれる場合には、法律ではなく命令／布告の法形式が適切であると指摘する。また、総統が政府法律あるいは命令／布告のいずれかの方法により法定立するかは、総統の裁量に属すると指摘する。統治者が法形式を選び、その法内容も統治者のみが決定するという独裁国家固有の法制作環境が、これによって整備されたといえる。もはや、特定の法規が「法律の形式」においてのみ定立されるべきだとする「法律の留保」は存在しない。その代わりにあるのは、「総統決定の留保（Vorbehalt des Führerentscheids）」である。それは「最上位に位置する法的要請を通じた民族的生の秩序の発展は、総統の決定のみによって許容される[46]」ことを意味する。換言すれば、ヴァイマル憲法典自体は、ナチスの法律によって克服され、しかも総統命令／布告が法律と同格の効力をもつことによって、そのときどきの状況に応じた法定立が、一人の人間によって、しかも何の妨げもなくこれを遂行しうること、これがナチス法学者の究極的憲法解釈の結論だったのである。

フーバーにおいて、法律と独立総統命令は同一な法規範と解釈されたが、この解釈はその後、実際の法令でも採用されることとなる。それは1939年8月30日の「ライヒ防衛のための閣僚会議（Ministerrat）の設置に関する総統布告[47]」である。同布告2条では、「ライヒ防衛のための閣僚会議は、法律の効力を有する命令を発することができる」と定めたからである。この総統布告制定以降、政府法律の数は著しく減少していく。政府法律制定の理由があまりないからである。授権法の最後の延長手続が、先の1943年５月10日の法律と同格の効力を有する総統布告によって行われたのは、この法事情があったからである。

小　結

1933年授権法の制定は、確かにナチス独裁の確立を目指すヒットラー首相の事前計画に起因し、全体国家体制構築のための不可欠な法的手段であった。ただ、何もないところから授権法が突然生まれてきたのではない。概括的にいえば、ヴァイマル憲法48条２項に基づく大統領緊急命令が、ヴァイマル憲法制定直後から多用され、この緊急命令がライヒ議会の政党間の対立によって法律制定不能の間隙を埋める作用をもったことは事実である。また、1923年10月13日の授権法（Ermächtigungsgesetz）制定後、シュトレーゼマン内閣が、本法に基づいて30以上の命令（Verordnung）を発し、内閣崩壊後、次期マルクス内閣が発足する間、改めて大統領緊急命令を10本以上も発して統治を行っていた。加えて1923年12月８日の授権法は、マルクス内閣によって制定されたが、本授権法に基づいて70以上の命令が発せられ、社会経済的混乱に対応する機能を果たした(48)。大統領緊急命令と授権法による政府の命令の「二重の法規」が、法律の代替（Ersatzgesetzgebung）であり、その効能はすでによく知られていた。

一方、大統領の統治スタイルにも留意が必要である。エーベルト大統領の死去を契機に大統領選挙（国民の直接選挙。ヴァイマル憲法41条１項）が行われ、ヒンデンブルクが選挙された。ヒンデンブルク大統領の登場は、ナチス独裁への露払いの役割を果たした。特に1930年以降、大統領内閣を形成し（第１次ブリューニング政権／1930年３月30日）、ライヒ議会多数派の信任のないままの統治が開始された。大統領内閣統治は例外ではなく、ヒットラーが首相に任命される1933年１月30日まで継続した。この間、ライヒ議会の法律制定能力は著しく減退し、法律を制定することはままならず、ライヒ大統領による緊急命令が数多く制定され続けた(49)。本来であれば、ヴァイマル憲法が依拠する市民的法治国家の確立、市民社会における多様な見解を議会で調整し、法律としてまとめ上げるという多元的調和が醸成されなければならなかった。しかし実際は、そうした「ヴァイマルなるもの」への嫌悪と不信が支配していた。

1933年授権法は、この反ヴァイマルの中で制定され、ヴァイマル憲法期における政府による代替立法以上の悪魔的効果を発揮した。政府法律制定権、ナチス党支配下のライヒ議会によるライヒ法律制定権、ナチスが提起した措置に対する国民投票付託法律制定権、さらには命令としての総統命令権、すなわち委任総統命令権と独立総統命令権及び法律委任命令権の創設。さらには法律と同格の効力を有する総統布告権の創設。以上の法規すべてがヒットラー首相兼総統に集中し、その統治支配を妨げる法論理は何もなかった。

この異常な法的風景は、1920年代のヴァイマル憲法期にみられた法的異種を引き継ぎながら、1933年授権法によって作られた漆黒の世界をみせている。その実写映像は、ナチスがヴァイマル体制それ自体を敵視し、だが旧帝政に復古するのではなく[(50)]、新たに民族（Volk）の概念を設定し、止まることを知らない「運動」の過程を描いている。この民族革命としてのナチス運動に相互的に呼応していくドイツ国民は、不自然と感じないほどにヴァイマル憲法の価値から離脱していくナチス革命に共鳴したのであろう。授権法は、見事にその音叉の役割を果たした。その音域は果てしもないところまで進み、その破壊的響きは、今でも聴こうとする者には聴こえるのである。

（1）近刊、加藤一彦「ナチス政権下の国民投票」『現代法学』（東京経済大学現代法学会誌）35号2018年に掲載予定。

（2）当時のライヒ議会議席数については、Hrsg., W. Mommsen, Deutsche Parteiprogramme, 3. Aufl., 1960, S. 830. の表参照。以下、議席数は同書による。

（3）四宮恭二『ヒトラー・1932〜34（上）』（1981年、NHKブックス）186頁参照。なお、同187頁に解散書式文書の写真が掲載されている。歴史的記述について、同書をしばしば参照した。同書は、ヒットラー政権誕生前後の著者による直接体験情報が豊富に言及されている。ヒンデンブルク大統領による「ライヒ議会の解散に関する大統領命令」の原文は、RGBl. 1933 I, S. 45.

（4）RGBl. 1933 I, S. 35.

（5）RGBl. 1933 I, S. 83.

（6）Mommsen, a.a.O.,（Fn. 2), S. 830.

（7）四宮恭二『ヒトラー・1932〜34（下)』(1981年、NHKブックス) 9頁参照。

（8）RGBl. 1933 I, S. 141. 条文の翻訳として、四宮・前掲書・12頁及び高田・初宿編訳『ドイツ憲法集〔第7版〕』(2016年、信山社) 156-158頁を参照した。ここでは後者に準拠した。

（9）H. Schneider, Das Ermächtigungsgesetz vom 24. März 1933, in : Vierteljahrshefte für Zeitgeschichte, 1. Jahrgang 1953, S. 201f.

(10) 1933年3月31日の「ラントとライヒとの強制的画一化（Gleichschaltung）に関する暫定法律」(RGBl. 1933 I, S. 153. 政府法律〔Regierungsgesetz〕) 10条によって、ライヒ及びプロイセン議会のための共産党の議席はすべて無効とされた。典型的な遡及効のある事後法である。本法によって3月5日以後のナチスによる共産党禁止が事後的に合法性をもつこととなった。

(11) H. Schneider, a.a.O.,（Fn. 9), S. 207. なお、シュナイダーは、授権法成立時におけるゲーリング議長の授権法成立要件の値が誤計算だと指摘している。ゲーリングは議員法定数566の3分の2である378を基準にその3分の2の252名を可決要件と誤認した。

(12) 前出した強制的画一化法18条に基づき1933年6月7日にライヒ内務大臣は「国家指導の確保に関する命令」を発し、同1条において社会民主党の議席を無効と宣言した。また1933年7月14日に政党新設禁止法が政府法律として制定された（RGBl. 1933 I, S. 479.)。同法1条は「ドイツにおいて存在する唯一の政党は、民族社会主義ドイツ労働者党である」と定める。また同年12月1日に「党と国家の統一を確保するための法律」が政府法律として制定された（RGBl. 1933 I, S. 1016.)。同法1条によれば、「民族社会主義ドイツ労働者党は、ドイツ国家思想の担い手であり、国家と不可分に結合」しているものとされた。1933年6月頃までに各党は禁止あるいは自己解散し、1933年7月にはナチス一党制支配体制が確立した。

(13) RGBl. 1937 I, S. 105.

(14) RGBl. 1939 I, S. 95.

(15) H. Schneider, a.a.O.,（Fn. 9), S. 213.

(16) RGBl. 1943 I, S. 295.

(17) RGBl. 1934 I, S. 89.

(18) RGBl. 1934 I, S. 747.

(19) RGBl. 1934 I, S. 749.

(20) RGBl. 1934 I, S. 751.

(21) RGBl. 1934 I, S. 752.

(22) O. Jung, Plebiszit und Diktatur, 1995, S. 68. によれば、有効投票の賛成率は89.9%である。なお、この国民投票は本文でふれる国民投票法（Gesetz über

Volksabstimmung, RGBl. 1933 I, S. 479.）に基づいて行われた。本法に基づく国民投票は３回ある。国民投票については、加藤・前掲論文（註１）で分析しておいた。

(23) E.R.Huber, Das Staatsoberhauput des deutschen Reiches, in : Zeitschrift für die Gesamte Staatswissenschaft, Bd. 95/2, 1934, S. 207.

(24) 1923年10月13日の授権法２条（RGBl. 1923 I, S. 943.）によれば、「本法は公布の日に効力を発する。本法は現在のライヒ政府または政党政治的構成が変更した場合もしくは1924年３月31日に効力を失う」と定め、現政権の同一性が法的効力の事物制約として規定された。1923年12月８日にも授権法が制定されたが（RGBl. 1923 I, S. 1179.）、これには同一政権条項はない。この二つの授権法の時期は、ハイパー・インフレーションの経済的危機の時代に相当する。二つの授権法は、財政的・経済的領域について一定の措置（Maßnahme）を法規命令（Verordnung）として発する権限をライヒ政府（シュトレーゼマン内閣／大連立内閣）に付与していた。本授権法１条では、この措置権の効力は、明示的に「ヴァイマル憲法の基本権からの逸脱」も許容していた。共産党によるハンブルクにおける暴動の処理について、政権の中心にあった社会民主党がこれを批判し、連立政権より離脱したため、本授権法自体は1923年11月23日に連立内閣崩壊とともに消滅した。12月８日の授権法は、その授権法の消滅を受けて新規に制定された。なお、憲法に違反する政府の措置権に基づく法規命令は、今回は明示的に禁止されている（授権法１条）。

(25) C. Schmitt, Das Gesetz zur Behebung der Not von Volk und Reich, in : DJZ., H. 7, 1933, S. 455.

(26) C. Schmitt, Das Reichsstatthaltergesetz, 1933, S. 9.

(27) E.R.Huber, a.a.O., (Fn. 23), S. 206.

(28) シュミットとケルロイターなどとの敵対関係については、ベルント・リュータース 古賀敬太訳『カール・シュミットとナチズム』（1997年、風行社）が参考になる。当時の桂冠学者たちがナチスへの忠誠心を競い合い、蹴落としていこうとする姿が滑稽に描かれている。

(29) O. Koellreuter, Deutschesverfassungsrecht, 1. Aufl., 1935, S. 18f. 矢部貞治 田川博三『ナチス・ドイツ憲法論』（1939年、岩波書店）27-28頁参照。なお同邦訳書は、第３版の翻訳である。

(30) ただし、ナチス憲法（Grundgesetz der Verfassung）の制定の計画はあった。1938年-1939年の間である。オーストリア併合後、大ドイツライヒ議会が形成されたが、ナチス政権はこのライヒ議会を新憲法制定団体として機能させようと考えていた。しかし、授権法が延長されることによって、新憲法制定計画は実現しなかった。この点については、P. Hubert, Uniformieter Reichstag, 1992, SS. 157-159. 参照。

(31) C. Schmitt, a.a.O., (Fn. 25), S. 457.

(32) RGBl. 1934 I, S. 89.
(33) RGBl. 1934 I, S. 747.
(34) C. Schmitt, a.a.O., (Fn. 25), S. 456.
(35) E.R.Huber, Verfassungsrecht des Großdeutschen Reiches, 2. Aufl., 1939, S. 239.
(36) Ibid., S. 240.
(37) Verordnungの訳語は命令を基本とし、場合によっては法規命令とする。
(38) Ibid., S. 239.
(39) E.R.Huber, Der Führer als Gesetzgeber, in : DR., H. 10, 1939, S. 276.
(40) H. Schneider, a.a.O., (Fn. 9), S. 214. なお、1939年には政府法律は制定されていないようである。本文で述べるように1939年以降、命令／法規命令が法律の代替機能を果たしたからである。
(41) 加藤・前掲論文（註１）参照。
(42) Erlasseの法形式とVerordnungの法形式は同一である。法規の名称に関する特段の識別根拠は法令上、発見できなかった。
(43) Huber, a.a.O., (Fn. 35), SS. 252-257. また、同趣旨の論文として、Huber, a.a.O., (Fn. 39), SS. 275-278. 特に、S. 277.
(44) Huber, a.a.O., (Fn. 35), S. 252.
(45) Ibid., S. 253.
(46) Ibid., S. 254.
(47) RGBl. 1939 I, S. 1539. なお、総統布告は「Erlaß des Führers」と表記され、署名欄では「Der Führer Aolf Hitler」と記載される。法律の場合の署名では、「Der Führer und Reichskanzler Adolf Hitler」と記載される。この併記は1934年８月９日のRGBl. 1934 I, S. 769. が最初の事例だと思われる。なお、南利明「指導者―国家―憲法体制における立法（一）」『静岡大学法政研究』８巻１号（2003年）104頁参照。
(48) カール・シュミット 田中浩／原田武夫訳『大統領の独裁』（1974年、未来社）に所収された田中浩の解説「大統領の独裁とワイマール共和国の崩壊」254-255頁参照。
(49) 1932年では緊急命令60本、ライヒ議会制定法律は５本である。この点については、H. Schneider, a.a.O., (Fn. 9), S. 199. 参照。
(50) ヴィルヘルムⅡ世とホーエンツォラーン家がナチスに接近したことはよく知られている。反ヴァイマル共和国の点では、両者は一致していたからである。但し、ヒットラーは旧体制への復活を拒絶し、君主制なるものを排除することで、自己の独裁制を強化していった。ヴィルヘルムⅡ世とナチスの関係については、竹中亨『ヴィルヘルム２世』（2018年、中公新書）197-204頁参照。

ラインの右岸と左岸の憲法裁判所
—M. イェシュテット教授の講演を素材に—

畑　尻　　　剛

はじめに

2018年７月、日本比較法研究所主催の共同研究「独仏日の憲法裁判」のためにドイツからは、フライブルク大学のイェシュテット（Matthias Jestaedt）教授が、フランスからは、エクス・マルセイユ大学のマニョン（Xavier Magnon）教授が来日し、24日と25日に講演会が開催された(1)。

イェシュテット教授は、７月24日の講演（「憲法裁判所≠憲法裁判所—フランス憲法院とドイツ連邦憲法裁判所の比較的な観察—(2)」）において、同じ憲法裁判所型に属するドイツの連邦憲法裁判所とフランスの憲法院が—ラインの右岸と左岸で—いかに多くの点において違いがあるのかを明らかにした。

本稿は、この講演を素材に、憲法院との対比においてより一層明確となったドイツの連邦憲法裁判所（「制度とその運用」）の「固有性」について検討する。

1　イェシュテット講演の概観

講演は、考察の基本的枠組みを示す部分（第Ｉ部「一般的な予備的考察」）と、これに基づく具体的な比較法的分析の部分（第Ⅱ部「憲法院と連邦憲法裁判所：対比に富むバリエーション」）の二つに分かれる。

（1）第Ｉ部の予備的考察では、まず、憲法裁判の多様な形を前提として、これを制度的に、いわゆる司法裁判所型（アメリカ合衆国モデル）と憲法裁判所型（オーストリア・ケルゼンモデル）の二つに分類し、そのうえで、ドイツの連邦憲法裁判所とフランスの憲法院の両者は、同じ憲法裁判所型に属するとする。

次に、同じモデルに属する両者は、「制度的–機能的に一定の経路依存性を共有している」が、「この家族的類似から、例えば連邦憲法裁判所がアメリカ合衆国最高裁判所よりも憲法院と共通点が多いというような結論を早計に出してはならない。なぜなら、時として基本モデルのグループ間に生ずる差異よりも、グループ内部で生じる差異の方が大きい可能性があるからである」とする。

イェシュテットは、この「基本モデル内部のバリエーションの多様性」の例として、憲法裁判所とその他の裁判所の関係を挙げる。ドイツでは、たしかに専門裁判権と憲法裁判権は分離され、それぞれ専門裁判所と憲法裁判所に帰属する。しかし、基本権規定の照射効、客観的原則規範などの「基本権ドグマーティク（解釈論）」と判決に対する憲法異議によって専門裁判所の判決を連邦憲法裁判所が審査し、これによって憲法裁判所は、実質的に他の裁判所に対して上位を占めることになる。連邦憲法裁判所の受理件数・処理件数の圧倒的多数が憲法異議であるが、そのほとんどが、この「判決に対する憲法異議」である（畑尻［概観］4頁参照）。

これに対してオーストリアでは、憲法裁判所は通常の裁判所に対し一切統制権限を有さず、対等〔同位〕の独立性を各裁判所は有している。それゆえ、オーストリア最高裁判所と行政裁判所の判断を、憲法裁判所は取り消すことはできず、3つの最上級裁判所は、その点で同一の序列にある。(3)

したがって、同じ基本モデルに属する連邦憲法裁判所と憲法院を比較検討するためには、「より多くのそして異なるパラメーターと観点」が必要である。その際には、機関、権限、手続、拘束力といった、実定法上の基礎に関するドグマーティク上の視点だけでなく、「憲法現実」をとらえる、「機能に関する比較法、制度理論および制度社会学ならびに統計上の結果の蓄積が必要である」。

以上のような認識を前提として、第Ⅱ部では、憲法現実をとらえる9つの視点—すなわち、①制憲者の意思と自己認識の変化、②憲法の重要性、③法律中心主義と憲法中心主義、④基本権の役割、⑤事前審査と事後審査、⑥手続件数、⑦構成、⑧判決のスタイル、⑨憲法学との関係—から、連邦憲法裁判所と憲法院の比較検討が行われている(4)。

（2） 1）両者をみると、制憲者によって当初想定されていたそれぞれの役割（「遺伝コード」）は大きく異なっていながら、その後の展開に応じて、その役割が接近してきている。

ドイツ基本法の制定者は、連邦憲法裁判所をあくまで、さまざまな事後的な規範統制を行う「裁判所」として構想したが、連邦憲法裁判所自身は、自らが「憲法機関」であると主張することによって、連邦大統領、連邦政府、連邦議会そして連邦参議院（連邦参議会）と同列にある国家指導機関という地位を獲得した（光田87頁以下参照）。

これに対して、憲法院という「ドゴールの発明品」は、当初、法律の施行前の憲法適合性統制権限（事前の規範統制権限）のみをもち、立法部の第3院として機能するように構想された。憲法「裁判所」ではなく、憲法「院」と命名されたこともこれを物語る。しかし、その後の展開の中で、憲法院自身は政治的アクターとしてではなく、裁判所として認知されるように努めた。

2）「法治国家」ドイツと「民主主義国家」フランスでは、憲法の重要性に違いがある（林173頁以下参照）。

ドイツでは、憲法（基本法）は当初から、国内の最高法規として、その他の法を厳格に方向づける特別の法（「基本的価値秩序」）として機能し、特に、憲法の基本権規定は広範に国家権力などの行為を規律するように運用された。そしてこのような憲法の実効性を高めるために連邦憲法裁判所が中心的な役割を担った（「ドイツ連邦憲法裁判所共和国」）（畑尻［規範力］737頁以下参照）。

これに対して、フランスでは、第5共和制憲法が、価値秩序というよりも主に政治的に把握されかつ政治的に現実化されるべき制度的合意として理解された。そして、憲法院の役割は、立法部の第三院として理解された。その後、憲法院と憲法・人権の関係は大きく変化し、憲法院の判決によって、審査基準として第5共和制憲法の条文だけではなく、1946年の第4共和制憲法の前文、フランス人権宣言（「人および市民の権利宣言」）なども認められるようになった。そして、後に述べるフランス第5共和制憲法の2008年改正によって導入された「合憲性の優先問題“Question prioritaire de constitutionnalité”［事後的違憲審査制度］」（以下「QPC」）の導入によって、この傾向が加速した。

3）フランスでは「法律中心主義」が、ドイツでは「憲法中心主義」が支配的である（林173頁以下参照）。

ドイツでは、連邦憲法裁判所の主導のもとで法律が憲法に適合することが強く求められた（ヴュルテンベルガー124頁以下参照）。

これに対して、フランスでは、伝統的に法律は民主的に形成された「一般意思」のあらわれであるとみなされ、その法律が裁判官とその他の規範、とりわけ法律の上位にある規範—したがってまた憲法—の間に遮蔽を形成するという「法律の遮蔽理論」によって、裁判官は法律の憲法適合性に疑念を抱くことができなかった（植野52頁以下参照）。

4）両国では、基本権の役割に違いがある（林169頁以下参照）。

ドイツ基本権ドグマーティクは、その広さと深さ、その創造力の豊富さと一貫性において際立っており、ドイツの法曹にとって、基本法の基本権と連邦憲法裁判所の基本権裁判には、圧倒的な存在感がある。

これに対して、フランスでは第5共和制憲法は、基本権を含まず純粋な組織規則である。通常の裁判権にとって、「条約適合性審査」、つまり法行為が欧州人権条約の規準に合致するか否かの審査は、法行為の合憲性に関する審査である「合憲性審査」よりも何倍も信頼され、深化しそして重要視されている。フランスにおいて欧州人権条約という（国際）人権がフランス人権宣言という（国内）基本権を凌いだといわれるのは誇張ではない。

5）両国は、権限や手続方式に大きな違いがあげられる（林170頁以下参照）。

ドイツにとって特徴的なのは、抽象的規範統制、具体的規範統制そして憲法異議という事後的な法律規範統制と判決に対する憲法異議である。判決に対する憲法異議によって、連邦憲法裁判所は他の専門裁判所の全ての判決についてその憲法適合性を統制し、これによって他の専門裁判所の上位に位置する。同時に、これにより、専門裁判所は、どのように基本権を解釈しそして通常法律において実効化するかについて十分な「実務教育」を受けることになる。

これに対してフランスは、2008年の憲法改正により導入されたQPCによって、憲法院に事後的な、つまり法の施行後に憲法適合性の統制をする権限が認められた。それ以前、手続の中心は、公布前に、共和国大統領、首相または両議院のうち一方の議長により原則として１か月以内に憲法院に憲法適合性審査を求めることができる、事前統制（いわゆるDC手続）であった（植野17頁以下参照）。ここでは、時間的にも限定され適用による具体的な問題性を顧慮することなく行われるがゆえに、あまり厳格でなく、そして効果的でないため、結果的には、立法者は―「法律中心主義」の意味において―敬譲を受ける。しかし、新しい事後的審査制度（QPC）の導入によって、「法律中心主義」の修正が図られることになった。

６）連邦憲法裁判所と憲法院は、手続件数にも大きな違いがある。

連邦憲法裁判所では1951年から2017年の間の判決の総数は約229,000件に達し、そして年間（2017年）で5,400件弱にのぼる。この中で、憲法異議の件数の多さが際立ち、憲法異議は約221,000件（1951-2017年）で、すべての手続のうち少なくとも96.6%にあたる。それに加えて抽象的規範統制と具体的規範統制は数は比較的少ないが、質的には重要な役割を果たしている（畑尻［概観］３頁以下参照）。連邦憲法裁判所に持ち込まれた多数の手続の処理は、裁判官としての高度な専門性なくして達成されない。

これに対して、憲法院は、1958年から2017年までに5,800件弱の判決を、年間（2017年）では約200件の判決を下した。DC手続（事前法律統制）がほぼ750件（1958-2017年）、年間12件（2017年）であるのに対して、QPC手続（事後法律統制）は600件弱（2010-2017年）、年間65件（2017年）に達する（マチュー5頁以下参照）。このようなQPCの導入により増加した手続件数は、裁判官の法曹としてのプロフェッショナル化の進展を促すことになる。

7）際立つのが、憲法院と連邦憲法裁判所の構成の違いである。

連邦憲法裁判所の構成の最も大きな特徴は、裁判官の圧倒的多数が教授裁判官であることである。二つの法廷は連邦議会と連邦参議院（連邦参議会）によって選出される各8名の裁判官からなるが、そのうち最低3人の裁判官が連邦の最上級裁判所出身でなければならない。現在、残りの10のうち9つポストを憲法学・公法学の教授が占めている（畑尻［制度］404頁以下参照）。

これに対して憲法院は、1つの判決言渡機関で、その構成員は、共和国大統領、国民議会議長、そして元老院院長により3人ずつ9年任期で任命される。さらにこれに、元共和国大統領が終身構成員として加わる。法律家の資格は、憲法院の構成員になるための要件ではない。憲法院の構成員には、功績のある政治家が任命され、法学の教授、とりわけ憲法学者はこれまでときおり任命されるにすぎなかった（植野14頁以下、115頁以下参照）。

したがって、憲法院が必要とする法律専門家（あるいは裁判官）としての専門知識は、構成員の側からはほとんど確保されず、事務総局（sécrétaire général）によって確保された。事務総局は、その調査官をもって判決草案を起草し、憲法院長と事件担当者で予備的審理を行う。そして、事務総局は最終的な判決文を作り、そして最後には非常に簡潔な判決理由の理解を促すために半公式の判例解説を作成する。このことからもわかるように、憲法院の構成員、とりわけ法実務の経験がない構成員の役割は、事務総局のそれよりも明らかに劣る。

8）以上のような構成の違いは、両者の判決スタイルにも表われている。

連邦憲法裁判所の判決・判決理由の特徴の一つは、長いことである。法廷の判決は30頁を下回ることはまれで、逆に100頁を超えることもさほどまれなことではない。また、その判決は基準部分と包摂部分という2つの部分に分けられるが、基準部分では、憲法上の基準が憲法ドグマーティクによって、広く抽象的に、つまり事案から独立して選別され、そして包摂部分でその基準が判断されるべき事例に適用される。そこでの力点は、具体的な判決の結論よりも憲法ドグマーティクにある（レプシウス141頁以下参照）。

これに対して憲法院の判決の特徴はその短さである。憲法院は、コンセイユ・デタと破毀院によって造形されたフランスの一行判決理由という伝統の中にある。この一行判決理由は、法的根拠と事実認定示す「引用（visas)」と並んで、重要な憲法上の検討の（非常に簡潔な）言及である理由（considérants）を含むが、わずかな頁しかない。このような叙述文化の背景には、裁判官が判決において理由を述べなければならないのではなく、むしろ判決の根拠〔条文〕を挙げながら、確定しなければならないという、とりわけフランス革命に由来する裁判に対するイメージがある。この文脈では、言うまでもなく、法ドグマーティクは問題にならない。

9）最後に、憲法裁判における憲法学の役割の違いがある（林177頁以下参照）。

以上のような、教授裁判官の多さ、あるいは憲法ドグマーティクによる大規模な判決理由スタイルでも明らかなように、連邦憲法裁判所と国法学・憲法学（者）との密な関係（「共生関係」）もまた、連邦憲法裁判所の特徴の一つである（イェシュテット100頁以下、栗島37頁以下、實原151頁以下参照）。

これに対して憲法院では、国法学者でもある構成員は非常に少なく、その判決理由スタイルにおいても審議文化においても、憲法院と学界には隔たりがある。そして、ドイツにおいては、連邦憲法裁判所の判決が、主に憲法ドグマーティクにおいて活動する国法学者の研究対象のまさに中心となるのに対して、フランス憲法学は、教科書市場を離れると、極めて限定的にしか憲法院の判決を扱わない（植野303頁以下参照）。

（3）イェシュテットは、講演の短い「結語」で、次のように述べる。憲法裁判所は今日、あらゆる真の立憲国家の基本装備の一つであり、これによって裁判による憲法保障というケルゼンの理念は地球規模で実現された。しかし、いかなる形の憲法裁判がその国にとってふさわしいかを考察するためには、憲法裁判がいかにさまざまな形をとるか、またいかにさまざまな法文化によって受容されているかの検討は不可欠である。そしてそのためには、憲法裁判所を二つの類型に分類することはたしかに有益ではあるが、しかし、憲法裁判所の現実を把握するためにはより多くの視点、基準が必要となる、と。

2　比較法研究のあり方

2．1　基本モデル

（1）イェシュテットは、憲法裁判の基本モデルとしてオーソドックスに司法裁判所型と憲法裁判所型をあげるが、後者を「オーストリア・ケルゼンモデル」としている点、彼が、オーストリア憲法裁判所に大きな影響を与えたとされる（古野219頁以下参照）ハンス・ケルゼン研究所の所長であるだけに興味深い。そのうえで、フランスの憲法院もドイツの連邦憲法裁判所も同じ憲法裁判所型に属するとする。

たとえば、1968年の『体系憲法事典』では、違憲審査を審査機関の種類によって、裁判所によるものと政治機関によるものに分け、「通常裁判所による違憲立法審査制度＝アメリカ型」、「憲法裁判所による違憲立法審査制度＝ドイツ型」と並んで、「政治機関による違憲立法審査制度＝フランス型」として、第５共和制憲法の憲法評議会（憲法院）もその中で説明されていた（杉原190頁以下参照）。しかし、2008年の、『新版体系憲法事典』では、「通常裁判所による違憲審査制」に続いて、「憲法裁判所による違憲審査制（１）ドイツ」、「（２）フランス」という形で説明されている（山元253頁以下参照）。その背景には、「フランスの政治的統制の変化」がある。すなわち、憲法院が「司法的な合憲性の統制を行う機関として発展し」、「その働きを司法作用だと性格づけるようになっている。」（戸松241頁）と評されている。

（2）このような類型化にとって重要な判断要素となるのが、当該機関の「自己認識・自己理解」である。

イェシュテットによれば、憲法院と連邦憲法裁判所は、それぞれの制憲者により想定された役割、彼の言葉では「遺伝コード」が異なる。連邦憲法裁判所は基本法制定会議により、基本法上独自の章ではなく、連邦・州の他の諸裁判所とともに「裁判」の章で規定されていることでも明らかなように、事後的な規範統制を主たる任務とする「裁判所」として構想された。これに対して、憲法院は、コンセイユ・デタと同様に行政機関の諮問機能と裁判任務を併せ持つと同時に立法部の第3院として機能し、規範統制も法律が執行される前の憲法適合性統制に限定されていた。

しかし、イェシュテットは、それぞれの制度の「自己理解」は、このような制憲者の本来の意図から徐々に遠ざかっているという。すなわち、憲法院はできるだけ政治的アクターとしてではなく裁判所として認知されようとつとめ、最近ではQPCが導入された。憲法院自身によって進められた機能と任務の事後的な変更によって、はじめは正反対であった連邦憲法裁判所と憲法院という互いに対立する制度は多少なりとも接近した。

連邦憲法裁判所は、「地位論争」をはじめとする今日に至るさまざまな議論から、自らが「憲法機関」であると自己規定した。これによって、連邦憲法裁判所はその他の国家指導機関と同等の地位を確保したが、「裁判所であるという主張を放棄したこともあるいは相対化することもかつてなかった」。まさに「他のすべての憲法機関に対して自律かつ独立の連邦の裁判所」（連邦憲法裁判所法１条１項）なのである（高田篤33頁参照）。連邦憲法裁判所が裁判所であると同時に憲法機関であるということについては、連邦憲法裁判所自身が憲法擁護の任務以外での憲法機関としての活動については謙抑的、自制的に努めた結果あまり批判は聞かれない（光田98頁以下参照）。しかし、連邦憲法裁判所の憲法判断に関する積極的な権限行使の根底には、国民の強い支持とともに、憲法機関であるという自己認識があるように思われる（畑尻［司法裁判所型］359頁以下参照）。[(5)]

2．2　類型化への警鐘

イェシュテットは、第Ⅰ部の予備的考察で、フランスとドイツは同じ憲法裁判所型に属するがゆえに同じような問題に直面することもあるが、同じ類型に属するものは、他の類型に属するものよりも共通点が多いと即断することはできないとする。「なぜなら、時として基本モデルの選択それ自体により生ずる差異よりも、ある基本モデルの憲法裁判所グループの内部で生じる差異の方が大きい可能性があるように思われるためである。まさにドイツとフランスの比較はこの点に関して有益かもしれない」。

この点、日本とアメリカ合衆国は同じ司法裁判所型の違憲審査制という基本モデルに属しながら相違点も多いことはつとに指摘されている。逆に、日本とドイツは、司法裁判所型と憲法裁判所型という基本モデルに違いがあるにも関わらず多くの共通点を見出すことができる。そして、これは、二つの基本モデルの「同一化傾向」という言葉では説明できない。

私自身この点に関して、連邦「憲法裁判所」における「司法裁判所」的なるものを指摘したことがある。つまり、ドイツの憲法裁判所、とくにその規範統制の前提には、司法裁判所型憲法裁判と共通する「裁判官の審査権」というものが存在し、この点では、同じ憲法裁判所型ではあるが「裁判官の審査権」を前提としないオーストリアとは際立った対照を見せている。憲法裁判（違憲審査）の主体をすべての司法裁判所（専門裁判所）とするか、憲法裁判所のような特別な裁判所（裁判機関）とするかに応じて分類する基本モデルに基づく考察では、ドイツの連邦憲法裁判所の「固有性」は見えてこない（畑尻［序説］3頁以下参照）。基本モデルの有効性は否定できないとしても、比較憲法的な考察の視点としては、憲法裁判の主体という視点以外のより多彩かつ複合的な検討が必要である。

3　具体的規範統制と「裁判官の審査権」

3．1　具体的規範統制「類似」の手続

2008年の憲法改正によるQPCの導入は、イェシュテットの言葉をもち出

すまでもなく、フランスにとって画期的なことである。

フランス第5共和制憲法61-1条によれば、「裁判所で係属中の訴訟の際に憲法が保障する権利及び自由を法律規定が侵害していると主張された場合、憲法院は、所定の期間内に見解を表明するコンセイユ・デタまたは破毀院からの移送によって、この問題の付託を受けることができる」。

つまり、訴訟当事者は訴訟係属中に法律の違憲性問題を提起することができる。それを受けた第一審・控訴審を担当する裁判所は、移送条件が存在するか否かを審査して、存在すると判断した時には「遅滞なく」、民事事件・刑事事件の場合には、その最上級裁判所である破毀院に、行政事件の場合には、その最上級裁判所であるコンセイユ・デタに移送する。移送を受けた破毀院あるいはコンセイユ・デタは所定の要件について審査したうえ、これを憲法院に移送する（マチュー12頁以下、53頁以下参照）。すなわち、審級裁判所は、判決にとって重要な法律が憲法に適合するか否かという問題を2つの最上級裁判所のうち一方を経由して憲法院に移送し、憲法院はこれに基づき、事後的に、つまり法の施行後に憲法適合性を統制する権限を有することとなった。

イェシュテットも指摘するように、このQPCはドイツにおける具体的規範統制（基本法100条1項）に類似する手続である。しかし、両者には大きな違いがある。第一に、ドイツの具体的規範統制では、憲法適合性判断のイニシアチブはあくまで裁判官にあり、裁判官は訴訟当事者の違憲の主張には拘束されない。これに対してフランスのQPCでは、あくまで違憲の主張のイニシアチブは訴訟当事者にあり、審級裁判所と破毀院とコンセイユ・デタはあくまで、「フィルター」としての役割を果たす。第二に、ドイツでは、裁判所が直接、連邦憲法裁判所に憲法問題を移送するのに対して、QPCでは審級裁判所は、憲法問題を2つの最上級裁判所のいずれかに移送して、憲法院で審査すべきか否かは、これら最上級裁判所が判断する。

ここでは二つの意味で、「裁判官（裁判所）」に対する評価が明らかである。まず、違憲主張のイニシアチブを裁判官に認めなかったことについては、次のように考えられる。具体的規範統制における裁判官のイニシアチブの背景には、「一般の裁判官の審査権」があり、これを前提とすれば、廃棄権（法律を無効とする権限）が連邦憲法裁判所に集中されているとしても、憲法判断については、裁判官に何らかのイニシアチブを与えることはむしろ必要なことである。これに対して、フランスでは、「一般の裁判官の審査権」は承認されておらず、制度設計においては、これを前提とする必要がなかった。さらにまた、最上級審によるフィルターは、憲法院に付託するQPCの件数を減らそうとする意向とともに、次のことを示している。すなわち、「QPCを処理する下級審裁判官の能力に対する信頼の低さと、これに反比例した最上級審に対する過剰ともいえる信頼の高さである」（マニョン）。

3．2　二つの具体的規範統制と裁判官の審査権

（1）オーストリア憲法（1975年）の89条１項によれば、「適法に公布された命令、法律（条約）の再公示に関する公布並びに法律及び条約が有効か否かの審査は、以下の各項において別段の定めがない限り、裁判所は行わない」。すなわち、裁判所は適法に公布された法律については審査権を有しない。しかし、これに続けて、２項では「最高裁判所又は第二審の判決を管轄する裁判所が法律の適用について憲法違反を理由とする疑念を持った場合には、当該裁判所は、憲法裁判所に当該法律の廃止を求める申立てを行わなければならない」。また、これを受けた憲法140条１項１文によれば、「憲法裁判所は、最高裁判所、第二審の判決を管轄する裁判所、独立行政審判院、難民庇護裁判所、行政裁判所又は連邦公共調達庁の申立てにより、連邦法律又は州法律の憲法違反について決定を行うが、憲法裁判所が係属中の法律問題において適用しなければならないであろう場合には、職権でこれを決定する」[6]。

つまり、オーストリア憲法は、憲法で一般の裁判官の法律に対する憲法適合性審査権（「裁判官の審査権」）を否定したうえで、あらためて憲法自身

が特定の裁判所等に、憲法裁判所への移送権限を認めているのである（古野269頁以下参照）。

（２）これに対して、ドイツでは基本法100条１項および連邦憲法裁判所法13条11号、80条以下によれば、一般の裁判所（専門裁判所）は、具体的事件に適用すべき法律が違憲であると確信し、そのことが判決の結果に影響を及ぼす場合には手続を中止して、当該法律が憲法に適合するか否かの問題を連邦憲法裁判所に移送しなければならない。そして、学説・判例が一致して指摘するように、具体的規範統制は、一般の裁判所が適用法律の効力について審査する権限と義務をもつこと、すなわちいわゆる「裁判官の審査権」をもつことを前提としている。

具体的規範統制の目的は、①あらゆる個々の裁判所が、連邦立法者やラント立法者が議決した法律を、それらが基本法あるいは連邦法とラント法の連邦国家的段階秩序を侵害したという見解に基づき適用しないことによって、連邦およびラント立法者の意思を無視することを阻止することと、②連邦憲法裁判所が憲法問題を、一般的に拘束力をもって解明することによって、各裁判所のバラバラな判断、法的不安定および法の分裂を避けることにあるとされる。この、①連邦およびラントの議会立法者の保護と②法的混乱および法的不安定性の回避という具体的規範統制の目的は、それが「裁判官の審査権」を前提としていることを明確に表している。したがって、移送を行うのはすべての裁判機関であり、連邦憲法裁判所法80条１項によれば、「基本法100条１項の要件が存在する場合、裁判所は直接に連邦憲法裁判所の裁判を求めることができる」のである（畑尻［具体的規範統制］377頁以下参照）。

また、具体的規範統制においては、法律の「適用違憲」と「憲法適合的解釈（合憲解釈）」が可能であるにもかかわらず、当該法律が違憲であるとする裁判所の移送決定を、不適法であるとして退ける例がみられる。連邦憲法裁判所が移送裁判所に対して、「適用違憲」と「憲法適合的解釈（合憲解釈）」を要求すること自体、移送主体である専門裁判所が「一般の裁判官の審査権」をもつことを前提としているように思われる（畑尻［複合的性格］364頁以下参照）。

（３）判決の効力―遡及効か将来効か

このように、QPCが、具体的規範統制類似の手続であるとしても、ドイツとフランスとは大きな違いがあることが明らかである。また、ドイツとオーストリアにあってもやはり、両者には大きな違い―「一般の裁判官の審査権」を前提とするか否か―があることが確認される。そして、この「一般の裁判官の審査権」が否定されているということでいえば、フランスとオーストリアは共通するのである。つまり、この点に関しては、ドイツとオーストリア・フランスという形になる。そしてこの類型が妥当するのが、手続のもう一つの大きな問題、「判決の効力」である。

フランス第５共和制憲法62条２項によれば、第61-１条（QPC）に基づいて憲法院によって違憲と宣言された規定は、憲法院判決の公示日以降あるいはこの判決が定める期日以降、廃止される。すなわち、憲法院の判決（違憲宣言の効果）は、原則として将来に対してのみ向けられ、違憲な法律は将来的に廃止されるのである（「将来効判決」）。さらに、同項によれば、憲法院は、当該規定が生み出す効力を再審査しうるための条件と制限を決定する。つまり、憲法院は、さまざまな考慮から、―たとえば、QPCの提起者のために、あるいは係争中の訴訟に関して―違憲宣言に遡及効を生じさせることもできる（マチュー109頁以下、植野47頁以下参照）。

オーストリアの場合もほぼ同様である。オーストリア連邦憲法140条５項によれば、「法律を憲法違反として取り消す憲法裁判所の決定により、連邦首相又は管轄の州知事は、遅滞なくその取消しを公布する義務を負う。……取消しは、憲法裁判所が失効について期限を定めない場合には、公布の日の経過とともに有効となる。当該期限は、18か月を超えてはならない」。当該違憲法律は憲法裁判所の違憲判決によって廃止されるが、この廃止の効力が生ずるのは原則として廃止の判決の公布があってから、すなわち、その廃止の効力は将来効である。それゆえ、この原則に従えば、法律が廃止される以前に生じた事実に対しては、廃止後の法律がなおも適用されることになる。つまり、法律の廃止の判決は遡及効を有さないことになる。しかし、これには、重要な例外があり、憲法裁判所の法律の違憲審査にその契機を与えた具体的訴訟事件に対してだけは、この遡及効が例外的に認められるのである（古野306頁以下参照）。

これに対して、ドイツでは、違憲の法律は「当初から（ipso jure)」、あるいは「遡及的（ex tunc）に」無効であるとされる。この当初無効論は、「裁判官の審査権」の理論的前提の一つである。すなわち法律を適用して紛争を解決すべき裁判官としては、適用法律が合憲・有効なものでなければならない。したがって、適用法律が合憲・有効か違憲・無効かを判断する権限と責務が裁判官に与えられるのである（有澤227頁以下参照）。

このように、ドイツにおいては、「裁判官の審査権」が前提とされ、その意味で司法裁判所型と共通するのに対して、オーストリア、フランスでは、裁判官の審査権の否定（あるいは不存在）が前提とされている。

結　語

第一に、イェシュテットがこの講演でいくども強調するように、比較法研究における類型化の有用性とともにその限界も十分に意識しなければならない。フランス、ドイツそしてオーストリアという憲法裁判所型に属する国々においても多くの違いがあることは、ドイツとフランスの間だけではない。憲法裁判所型をドイツ・オーストリア型と表現することでも明らかなように、より近接していると思われるドイツとオーストリアとの間にも、憲法裁判を支える基本原理に大きな違いがある。であるとすれば、司法裁判所型と憲法裁判所型という違憲審査制の最も基本的な類型は、憲法裁判（違憲審査）を分析するための一つの視点であるとしても、それ以上でもそれ以下でもないことになる。

第二に、ドイツの連邦憲法裁判所に関するイェシュテットの指摘の一つ一つは、特に目新しいものではないが、これらをフランスと対比してまとめて論じることによって、ドイツの制度と運用の「固有性」がきわめて明確となっている。

たとえば、「裁判官の審査権」を前提とする具体的規範統制と判決に対する憲法異議は、現在の連邦憲法裁判所の状況を際立たせている。すなわち、専門裁判所は、具体的訴訟事件において適用法律の合違憲性判断を行い、違憲であると判断した場合には違憲という見解を付して憲法適合性の問題を直接、連邦憲法裁判所に移送する。また、連邦憲法裁判所は、判決に対する憲法異議によって、専門裁判所の法解釈と司法事実の判断の憲法適合性審査を行う。いわば憲法をめぐって下から上への矢印と上から下への矢印が幾重にも重なって作用しているのである。具体的規範統制では、最も下位にある裁判所による移送によって多くの憲法判断が下され（畑尻［概観］6頁参照）、判決に対する憲法異議における勝訴率の低さは、専門裁判所による基本権保護が信頼に足ること、そして専門裁判官が憲法の番人としての「実務教育」をしっかり受けていることを示している（イェシュテット96頁参照）。

また、本講演でイェシュテットは、①制憲者の意思と自己認識の変化、②憲法の重要性、③法律中心主義と憲法中心主義、④基本権の役割、⑤事前審査と事後審査、⑥手続件数、⑦構成、⑧判決のスタイル、⑨憲法学との関係などさまざまな点において、フランスとドイツに大きな違いがあることを示した。と同時に、その背景には、両国の歴史や国民の意識に根差した「憲法」と「裁判」に対する考え方の違いがあることも明らかにされた。本講演を通して、ドイツの連邦憲法裁判所の制度とその運用を根底において支えるのが、「憲法の規範力」であり、「憲法の優位」であり、そして、「裁判官に対する伝統的な信頼の高さ」であることがあらためて確認された。

いずれにせよ、ドイツの連邦憲法裁判所を「手本」として、わが国の違憲審査制度のあり方を検討する際には、この「固有性」から、どのような形での「普遍性・共通性」を導き出せるのかをしっかりと議論することが必要である。

（1）植野妙実子先生の多彩な研究業績の中でも、フランスの憲法裁判の研究が大きなウェイトを占めることは、業績一覧をみるまでもなく、周知のことである。今回の講演会の基礎となった日本比較法研究所研究基金助成の共同研究「独仏日の憲法裁判—課題と展望」も植野先生が企画・立案されたものである。
（2）„Verfassungsgericht ist nicht gleich Verfassungsgericht—Vergleichende Beobachtungen zum französischen Conseil constitutionnel und zum deutschen Bundesverfassungsgericht“ なお、本講演およびマニョン教授の講演原稿の全訳は、比較法雑誌に掲載予定である。なお、本稿1の（　　）内の文献は、講演内容に関連した参考文献を示す。
（3）興味深いことに、ベッケンフェルデは、この点に着目して制度の基本モデルとして、一般的には「司法裁判所型」とよばれる「統一モデル」のほか、「オーストリアモデル」と「ドイツモデル」という三類型を提唱している（ベッケンフェルデ198頁以下参照)。
（4）イェシュテットの以下の分析は、あくまでラインの右岸からみた左岸であって、ドイツとの対比におけるフランスの状況に対する説明、評価については、当然、フランスの側からの反論も予想される。これらを踏まえた独仏憲法裁判の総合的な検討は、刊行予定の比較法研究叢書（『共同研究：独仏日の憲法裁判（仮題)』）に譲る。
（5）日本の最高裁判所は日本国憲法上「憲法機関」であり、それに見合った積極的な活動が求められるのではないか。この点については、最高裁判所の自己認識・自己理解においても明確ではなく、また学説においてもこれを指摘するものは少ない（畑尻［司法裁判所型］359頁以下)。
（6）条文の翻訳は、国立国会図書館調査及び立法考査局『基本情報シリーズ⑨各国憲法集（3）オーストリア憲法』に拠った。

参考文献

有澤知子「判決の手法」畑尻剛＝工藤達朗編『ドイツの憲法裁判（第2版）—連邦憲法裁判所の組織・手続・権限—』（中央大学出版部、2013年）226頁以下
植野妙実子『フランスにおける憲法裁判』（中央大学出版部、2015年）
栗島智明「ドイツ憲法学の新潮流—《理論》としての憲法学の復権？—」法学政治学論究117号（2018年）33頁以下
杉原泰雄「政治機関による違憲立法審査制度＝フランス型」田上穣治編『体系憲法事典』（青林書院新社、1968年）190頁以下
實原隆志「国法学と実務の近さを批判する純粋法学的言説について」工藤達朗＝西原博史＝鈴木秀美＝小山剛＝毛利透＝三宅雄彦＝斎藤一久編著『憲法学の創造的展開（上）　戸波江二先生古稀記念』（信山社、2017年）151頁以下
高田篤「ドイツ連邦憲法裁判所の『自己言及』」法律時報89巻5号（2017年）32頁以下

戸松秀典「違憲審査の展開」杉原泰雄編集代表『新版　体系憲法事典』（青林書院、2008年）241頁以下
畑尻剛『憲法裁判研究序説』（尚学社、1988年）；「具体的規範統制」畑尻＝工藤編前掲書372頁以下；「最高裁の近時の諸判決と違憲審査制の二つの機能―『具体的規範統制』の複合的性格に関連して―」法学新報120巻1・2号（2013年）357頁以下；「司法裁判所型違憲審査制における最高裁判所の役割」ドイツ憲法判例研究会編『講座　憲法の規範力第2巻　憲法の規範力と憲法裁判』（信山社、2013年）335頁以下；「憲法の規範力と憲法裁判」法学新報123巻5・6号（2016年）731頁以下；「憲法裁判における『制度』とその『運用』」工藤ほか編同上（下）391頁以下；「制度とその運用―手続の概観」ドイツ憲法判例研究会編『ドイツの憲法判例Ⅳ』（信山社、2018年）3頁以下
林知更「ドイツから見たフランス憲法―一つの試論」辻村みよ子（編集代表）山元一＝只野雅人＝新井誠（編集）『講座　政治・社会の変動と憲法―フランス憲法からの展望―第Ⅰ巻：政治変動と立憲主義の展開』（信山社、2017年）157頁以下
古野豊秋『違憲の憲法解釈』（尚学社、1990年）
光田督良「連邦憲法裁判所の地位」畑尻・工藤編前掲書87頁以下
山元一「憲法裁判所による違憲審査制（2）フランス」杉原編集代表同上253頁以下
マティアス・イェシュテット、高田篤訳「連邦憲法裁判所という現象」マティアス・イェシュテット/オリヴァー・レプシウス/クリストフ・メラース/クリストフ・シェーンベルガー、鈴木秀美＝高田篤＝棟居快行＝松本和彦監訳『越境する司法―ドイツ連邦憲法裁判所の光と影』（風行社、2014年）65頁以下
トーマス・ヴュルテンベルガー、畑尻剛編訳『トーマス・ヴュルテンベルガー論文集：国家と憲法の正統化について』（中央大学出版部、2016年）
E. -W. ベッケンフェルデ、古野豊秋訳「憲法裁判権の構造問題・組織・正当性」E. -W. ベッケンフェルデ、初宿正典編訳『現代国家と憲法・自由・民主制』（風行社、1999年）186頁以下
ペーター・ヘーベルレ、畑尻剛＝土屋武編訳『多元主義における憲法裁判―P. ヘーベルレの憲法裁判論』（中央大学出版部、2014年）
ベルトラン・マチュー、植野妙実子＝兼頭ゆみ子訳『フランスの事後的違憲審査制』（日本評論社、2015年）
クザヴィエ・マニョン、小川有希子訳「フランスの事後的違憲審査制―その特異な ”先決” 問題解決のあり方」（2018年7月23日中央大学理工学部後楽園キャンパスにおける講演）
オリヴァー・レプシウス、棟居快行訳「基準定立権力」イェシュテット他同上133頁以下

イギリスにおける
ナショナル・カリキュラムの法的展開

松　原　幸　恵

はじめに

日本の教育関係者にとって、学習指導要領（1958年から文部省告示、現在は文部科学省告示）は、無視できない存在である。否、多くの教員にとっては無視できないどころか、その「解説」（文科省作成の冊子）と合わせて、ある種バイブル化しているような印象すらある[1]。最近では、2017年３月の改定以来、教育行政における政治主導との強い関連性が指摘されることもあって、改めて学習指導要領に対する注目度が高まっているが、これが事実上の影響力をもつというだけに留まらず、強い法的拘束力を有しているという前提で捉えられるとするならば[2]、その縛りは計り知れないものとなる。

他方、この日本の学習指導要領と類似のものとして、しばしば引き合いに出されるのが、イギリスのナショナル・カリキュラム（The National Curriculum, 全国共通教育課程）である。確かに、全国規模での統一的カリキュラムという点では両者に共通項はある。しかし、このことから直ちに、ナショナル・カリキュラムと学習指導要領の法的性格が同じであるということには当然ならない。

そこで、本稿では、日本の状況も念頭に置きながら、イギリスのナショナル・カリキュラムに注目して、それがどのような展開をしてきているかを中心に検討してみたい。その際、法的根拠となる法律の制定状況を踏まえて考察する。

なお、「イギリス」と言っても、ここでは、全人口の８割以上を占めるイングランドを中心に考える。連合王国（UK）の中でも、イングランド、スコットランド、北アイルランドでは、共通項も持ちながら、それぞれ独自の教育制度を有していることについては良く指摘されるところである。一方、ウェールズについては、1536年の統合以来、制度上、イングランドと長らく共同歩調をとってきており、ナショナル・カリキュラムが導入される契機となった1988年教育改革法（Education Reform Act 1988. 以後、既出の法律は制定年で略称する）も、イングランドだけでなく、ウェールズにも適用された。しかしその後、1999年の権限委譲（Devolution）の影響もあって、ウェールズは、教育政策においてイングランドとは異なる展開を見せてきている。(3) よって、本稿での検討対象から、ウェールズも除外することとする。

1　サッチャー・メージャー保守党政権下のナショナル・カリキュラム

1．1　1988年教育改革法とナショナル・カリキュラムの導入

すでに述べたように、ナショナル・カリキュラムが初めて導入されたのは、保守党サッチャー政権（1979～1990年）時の1988年法によってであった。この法律は、それまでの、福祉国家政策に基づく公教育制度をもたらした1944年教育法（Education Act 1944. 通称「バトラー法」(4)(5)）を抜本的に見直すものであった。具体的には、当時の全国的な学力水準の低下を背景として、学校間の競争によって全体的な学力水準を向上させるとともに、市場原理の導入による学校運営の効率化も狙っていた。また、1944年法によりカリキュラム作成等について教育全体の責任を担っていた地方教育当局（LEA, Local Education Authority）(6) の権限を大幅に縮小して(7)、教育の中央集権化が図られた。(8)

全238条からなる1988年法の中で、ナショナル・カリキュラムに関する規定は、第１部（第１条から第25条まで）(9) である。と言っても、カリキュラムの内容そのものを規定したものではなく、具体的には、別途担当大臣が命令によって規定するとされた（第４条）。これを受けて、各教科についてナショナル・カリキュラムの到達目標および学習プログラムに関するイングランドの命令（The Education (National Curriculum) (Attainment Targets and Programmes of Study）（England）Order）が定められた。[10]

ナショナル・カリキュラムのキーステージ（KS, Key Stage, キーとなる学習段階）は、初等学校２（KS１：５～７歳、KS２：７～11歳）、中等学校１（KS３：11～14歳）、高等学校１（KS４：14～16歳）の計４段階あり、それぞれのキーステージで学ぶべき教科と教育内容がナショナル・カリキュラムとして定められる。ここで言うナショナル・カリキュラムは、英語・数学・理科３教科の中核教科（Core Subjects）と、歴史・地理・技術・音楽・芸術・体育・外国語（KS３のみ）７教科の周辺的な基礎教科（Foundation Subjects）の計10教科から成るが、これは学校カリキュラムの全てを網羅するものではない。[11]

また、学校の設置形態によって、ナショナル・カリキュラムに従う義務を負う学校（公営初等・中等学校）と、そうでない学校（独立学校、Independent Schools）とに分かれる。この点は、公立・私立の別なく学習指導要領の影響下に置かれる日本の学校とは大きく異なる。その背景には、日本では、教科書検定制度により、学習指導要領の要請に沿った検定教科書が普遍的に使用されることが義務づけられている[12]のに対し、イギリスでは、教科書[13]の自由発行・自由採択制を基本としているため、国定または検定教科書なるものは存在せず[14]、具体的なカリキュラムの決定は、教師や学校に委ねられている。また、その決定過程を細かく監視するシステムもイギリスにはない。[15]なお、こうした学校の種類とナショナル・カリキュラムとの関係については、その後、名称変更や新型の学校が設置されて細分化してゆくので、まとめて後述する（２．１）。

こうしてみると、ナショナル・カリキュラムによる縛りは、日本と比べると、それほどきつくないようにも思える。しかし、1988年法は、ナショナル・カリキュラムとセットで、このカリキュラムへの到達度を評価するナショナル・テストについても規定した。ナショナル・テストは、各KSの修了学年時[16]に実施されるものであるが、導入時は、競争を喚起するとして相当な世論の反発も招き[17]、一般に受け入れられるまでには一定の条件整備[18]と時間とを必要とした。

1．2　ナショナル・カリキュラムの実効化：パフォーマンス・テーブルと教育水準局

サッチャー政権の後を引き継いだのが同じ保守党のメージャー政権（1990～1997年）である。当政権は、前政権の方針を基本的に踏襲しながら、整備を加えていった。同政権期に具体化された制度のうち、現在のイギリスの教育制度においても重要な役割を果たしているものがあるので、それについて述べてみたい。

1992年公表のホワイト・ペーパー『選択と多様性：学校の新しい枠組み（Choice and Diversity : A new framework for schools)』において、学校監査制度の再編強化、学校の説明責任を重視した「パフォーマンス・テーブル（Performance Tables)」の導入が示された(19)。パフォーマンス・テーブルとは、学校に関する様々なデータを学校毎にまとめて公表したもので、イギリスの学校評価制度の一翼を担うものとして現在に至っている(20)。このパフォーマンス・テーブルに、前節（1．1）で紹介したナショナル・テストの結果として、学校毎の到達度を示したリーグ・テーブル（Leagues Table, 学校成績順位一覧表）が公表されたのである。これは、学校を選択する保護者・生徒側にとって重要な指標となるだけに留まらず、学校側にとっても重大関心事であった。学校選択制を採っている以上、この結果次第で、今後の入学者数が左右されてしまうからである。また、優良な成績をおさめた学校に対して、優先的な資源配分が政府によって行われるという可能性もあった。この点については、政府の権限強化の側面がうかがえよう。

また、学校に対する外部評価システムとして、教育水準局（Ofsted, Office for Standards in Education）(21)の設立がある。同局は、1839年以来の伝統を持ち、長らく学校への教育的指導助言機能を果たしてきた勅任視学官（HMI, Her Majesty Inspector）制度(22)に替わり、学校監査制度を再編強化するために、1992年の教育（学校）法（Education（Schools）Act 1992）に

より新規に設立されたものである。もともとは教育省の一部局だった視学部が、政府から独立したものである[(23)]が、政府指定のナショナル・カリキュラムが各学校において十分に実施されているかという視点から、各学校（私立学校も対象）を視察して学校評価を行う組織である[(24)]。その結果は、学校査察報告書（Inspection Report）に記載され、これも前述のリーグ・テーブルと同様、生徒側が学校選択をする際の参考情報とされる[(25)]。また、同局の権限は強力で、低い評価が下された学校や教員に対する指導も行い、改善が見られない学校が閉校となったり、教員が退職に至った例もあった[(26)]。こうして、教育に市場原理を導入し、教育への国家介入を強化した保守党政権の教育政策は、教育水準の向上を目指すという目的に対し、一部効果は上げた[(27)]ものの、その一方で、負の側面も指摘される。すなわち、学校や教員に大きな負担[(28)]となっただけでなく、競争の激化に取り残された子どもたちにも、不登校等の少なからぬ悪影響をもたらしたという点である[(29)]。

教育水準局の視察対象は、学校だけにとどまらず、各LEAにも及んでおり、低評価がなされると、教育サービスの民営化が求められた。その点からも、LEA（１．１参照）の弱体化を招くこととなった[(30)]。

サッチャー政権時に導入されたナショナル・カリキュラム全体については、1994年にデアリング・レビュー（The Dearing Review, The National Curriculum and its Assessment : Final Report）による勧告がなされ、初等・中等カリキュラムが改訂された。その特徴は、ひとことで言うと、カリキュラムのスリム化（量的削減）であった[(31)]。これにより、確かに教員の裁量の余地が拡大したという側面もあるが、教育の中央集権化という基本路線は失われていない点には注意しておきたい。というのも、先述したように、日本と異なり、ナショナル・カリキュラム自体は私立学校まで拘束するものではなく、私立学校の生徒はナショナル・テストを受けなくても良い。しかし、高等教育機関に進学するためには一般中等教育修了資格（GCSE）を取得する必要があり、必然的にこれらに組み込まれざるを得なくなるという実質的な仕組みがあるのである[(32)]。

なお、教育関係の制定法として注目すべきは、1996年教育法（Education Act 1996）である。これによって、前節で紹介した1988年法をはじめとする一連の教育関係諸法が統合されることとなった。1996年法は、翌年の政権交代後の法改正によって失効した条文も多いが、イギリスの今日の教育制度の基本枠組みを作ったという意味で重要である。

2　ニュー・レイバー政権下のナショナル・カリキュラム

2．1　学校の多様化とナショナル・カリキュラム

メージャー保守党政権の後、登場したのが労働党のブレア政権（1997〜2010）である。ブレアは従来の労働党の路線とは一線を画す「第三の道」を提唱した。保守党政権下で採られた政策も、全面的ではないにしろひとまず継承し、それは教育政策についても例外ではなかった。ブレアは、教育を最優先課題としたが、その内容は、基本的には1988年法の枠組みを放棄せず、教育における競争原理や成果主義の導入を推進するというものだった。但し、保守党政権下において競争原理至上主義が招いた格差の拡大に対しては、ブレア政権では、その修正を目指す政策も採られている(33)。

前節（1．1）で、設置形態による学校の類型について言及したが、ブレア政権の頃になると、さらなる多様化が進んできた。ナショナル・カリキュラムとの関わりでみると、学校の種類によって、それに準拠するかしないかが違ってくるのである。

まず、財政支援を受けず、主に徴収した授業料で運営される私立の独立学校は対象とはならないことは前述した。他方、ナショナル・カリキュラムに従う義務を負うのは、地方当局の管理下にある公費維持学校（Maintained Schools）である。この中に、コミュニティ・スクール(34)、地方補助学校(35)、有志団体立管理学校・有志団体立補助学校(36)が含まれる。

ちなみに、公営学校には、上記の公費維持学校のほか、アカデミーを始めとする独立型公営学校（Independent State-funded Schools）というものがある。これは、上記の公費維持学校と違って、地方当局管理外の学校である

が、特にアカデミーは、ブレア政権が2002年教育法（Education Act 2002）によって設立した新しいタイプの公営中等学校で、貧困地域や教育水準の良くない地区を対象に、国から直接運営費を受給し、営利・非営利を問わず民間団体が各学校独自に管理運営する方向を選択できる学校である[(37)]。

上記アカデミーのように新設されたわけではないが、スペシャリスト・スクール（Specialist Schools）もブレア政権によって、その専門領域が多様化し、認定数が激増した公営の中等学校である。スペシャリスト・スクールはナショナル・カリキュラムには従うが、一定の条件をクリアしてそれに認定されれば生徒１人当たり129ポンド換算の補助金が毎年交付された[(38)]。

以上のような学校多様化政策は、2001年以後の第２次ブレア政権が、2001年のホワイト・ペーパー『学校：成功へと導くために（Schools : achieving success)』において打ち出した方針に基づいている。そこでは、従来の画一的な中等学校制度に対する批判的立場を前提とし、個々の生徒の多様なニーズに応えると共に、個々の能力を開花させることによって、学校教育全体の質の向上が期待されていた[(39)]。

２．２　クリック・レポートとシティズンシップ教育

ブレア政権下において、ナショナル・カリキュラムの大改訂が行われた。その発端は、初等教育における基礎学力の強化政策のために、ナショナル・カリキュラムの弾力的な運用を可能とすることにあった[(40)]が、その改訂では、内容面においても特筆すべきものがあった。シティズンシップ教育の導入である。

1998年のクリック・レポート（Crick Report）[(41)]の提案は、近年の、若者の政治的無関心・問題行動を解消するためには、「能動的市民性（active citizenship)」の涵養が必要であるとして、①社会的道徳的責任、②共同体への参加、③政治的リテラシーからなる三つの柱で構成されていた。

この提案を踏まえて、1999年に大改訂されたナショナル・カリキュラムの骨子が「カリキュラム2000」として発表され、2000年、中等教育のナショナ

ル・カリキュラムにおける新科目として、「シティズンシップ教育」の必修化が実現した。(42) シティズンシップ教育は、別名「市民性教育」とも呼ばれ、特に1990年代以降のグローバリズム、ポスト福祉国家を背景に登場し、1）共同体主義の観点から、共同体に参加する市民としての義務や責任を果たすことに力点を置いた教育、2）参加民主主義、熟議民主主義、多文化主義の観点から、政治に参加する主権者になるための教育という二つの側面を持っている。クリックは、2）の側面から、特に③を重視したが、クリックの目指したものと、ブレアの思惑は、必ずしも一致するものではなかったため、クリック・レポートの三つの柱がそのままカリキュラムに反映されているわけではない。しかし、一つの独立した教科としてシティズンシップ教育が設けられたことは、上記2）の意味において、意義あるものと言えるだろう。

なお、ナショナル・カリキュラム改訂の発端となった、その弾力的運用の方向性については、その後も維持された。2001年のホワイト・ペーパー『学校：成功へと導くために』において、個々の生徒（KS-4の14歳以降）の多様なニーズに応じてカリキュラムの設定ができるよう提案され、それは2002年法によって実現された。(43)

2.3 「共同体の結束」とアジェグボ・レポート

2001年以降のテロ事件、特にイギリスにおいては、2005年のロンドン同時爆破事件以来、学校・地域社会・国家・世界レベルでの「共同体の結束（Community Cohesion）(44)」促進を目指す教育の必要性が叫ばれるようになってきた。ブレア政権は、それまで、学校の多様化政策の中で、イスラム教等、キリスト教以外の宗教系の学校の設立にも認可を行ってきたが、それを可能とする、市民の平等な社会参加(45)という前提が、テロの脅威という試練に脅かされることとなった。

こうした状況は、2006年施行の教育及び視察法（Education and Inspection Act 2006）において、共同体結束の推進を公費維持学校に義務づけるという規定（第38条）の中にもかいま見ることができる。

ブラウン政権（2007〜2010年）下の2007年、アジェグボ・レポート（Ajegbo Report）[46]が報告された。これは、前述（2．2）のクリック・レポートの三つの柱を念頭におきながら、それに四つめの柱として、「アイデンティティと多様性：連合王国における共生（Identity and Diversity : Living Together in the UK)」を加えるというものであった。このレポートの具体的教育方針としては、a）エスニシティ、宗教、人種についての批判的思考、b）政治的問題と価値との明確な関連、c）教授法として現代史の利用が挙げられ、さらなる具体的主題として、d）連合王国が「複合的ネイション（multinational)」国家であることの文脈的理解、e）移民問題、f）コモンウェルスと大英帝国の遺産、g）EU、h）参政権の拡大が掲げられた。同レポートは、単一のナショナル・アイデンティティによる国民統合を目指すのではなく、多様なアイデンティティを前提としながら、連合王国で共に暮らす市民像を強調することで、そうした市民間の連帯を強めようとした点に特徴がある。

上記レポートを踏まえて、2008年、中等教育の新ナショナル・カリキュラムが出された。しかし、その移行措置期間中に政権が交代し、新政権によって、これは中止されることとなった。

3　連立政権とナショナル・カリキュラム

2010年の総選挙後、イギリスでは、ハング・パーラメント（Hung Parliament）となって、保守党のキャメロン首相（在任2010〜2016年）を首班とする自民党との連立内閣が組まれた。

この時期、教育政策にも変化が生まれ、2010年、新しい経営形態の学校の設置を推進する法律（Academy Act 2010, アカデミー法）が、2011年には新たな教育法（Education Act 2011）が成立した。これにより、教育に係る特殊法人が廃止され、その権限が教育大臣のものとされるなど、大臣の権限が強化される方向性が見られた。

また、ナショナル・カリキュラムの再改訂（2014年）もこの連立政権下で行われた。[47] ナショナル・カリキュラムの柔軟な運用の一つとして、ブレア政権下で誕生したアカデミーについては、公営学校ではあるもの、公費維持学校のようにナショナル・カリキュラムに従う必要はないという政策が採られた。2010年法で、初等学校や特別支援学校を含むすべての公営学校が、こうしたアカデミーに転換できるようになった。当初政府は、教育水準局に「優秀」と評価された学校を優先的にアカデミーにしようとしたが、この法律によってその条件はなくなった。その結果、5,000を超える学校がアカデミーとなっている。[48]

このことは、イギリスではナショナル・カリキュラムによらない教育を行える学校が増えていることを意味している。ただ、このように、学校の自由を強調するかのような動きが見られる一方で、別なところでは規制を強める動きもある。また、先述したように、ナショナル・カリキュラム自体の縛りが小さくても、ナショナル・テスト[49]の存在がナショナル・カリキュラムを意識せざるを得ない状況を作り出すということもある。したがって、単純化はできないが、少なくとも現在の日本とはタイプの異なる間接的統制の余地があるということは言えるだろう。

むすびにかえて

本稿において、ナショナル・カリキュラムを基軸として、イギリスの教育政策を概観してきたが、教育の問題は、教育というだけに留まらず、政権の都合も反映したものになりがちである。2016年に保守党のメイ首相が就任して以来、近年のイギリスと言えば、Brexitの話題が中心になっているようだが、社会における多様性の後退との関連はないか気になるところである。そうした中で、教育政策については、2016年のホワイト・ペーパー『教育の優秀性をあらゆる場所に（Education excellence everywhere)』によって、すべての学校がアカデミーになれる方向性が示されている（第4章)。イギリスの教育政策が今後どのように進むのか、政治動向に左右されることはないか、日本の状況との比較も含めて注目してみてゆきたい。

（1）学習指導要領が教育現場に強い影響力を及ぼす構造について、梅原利夫は次の二点を指摘する。一つは、文科省から教育委員会におよぶ行政組織を通じた指導行政の流れ、もう一点は、教科書検定制度による検定を経た教科書によって伝えられる流れの存在である。梅原利夫『新学習指導要領を主体的につかむ―その構造とのりこえる道』（新日本出版社、2018）１頁。

（2）学習指導要領に法的拘束性があるかどうかについては、1958年の告示化以後、行政はこれを是とする立場を採ってきているが、それについては必ずしも自明のものではなく、法学においては、長らく大きな論点となってきた。この論点に関するこれまでの議論の概略については、新教育基本法法制研究特別委員会ワーキング・グループ「新学習指導要領の教育法的論点」日本教育法学会年報46号（2017）169-188頁参照。また、最近の論稿としては、齋藤健一郎「学習指導要領の法的性質の再検討」日本教育法学会年報47号（2018）133-142頁参照。

（3）近年におけるウェールズの教育改革の動向については、渡邊志織「イギリス教育改革の現状と課題―ウェールズにおけるティーチャー・アセスメントを素材として―」現代社会文化研究57号（2013）を参照。

（4）当時の教育大臣R.A.バトラー（R.A.Butler. 在職1941-1945）の名前からその名がついた。

（5）義務教育年限は、1944年法によって５歳から15歳までとされた。この年限は1970年に16歳まで延長され、現在に至っている。但し、2013年から、義務教育年限終了後の16～18歳も、教育または訓練に従事することが義務づけられたため、実際の離学年齢は18歳となっている。植田みどり「イギリスにおける『離学年齢』引上げに関する政策の特徴」国立教育政策研究所紀要145集（2016）２頁参照。

（6）ナショナル・カリキュラム設定前は、単一のLEAまたは複数のLEAの協同によって作成されたガイドラインに基づいて、各学校がカリキュラムを決定するシステムになっていた。佐貫浩『イギリスの教育改革と日本』（高文研、2002）22頁参照。

（7）LEAの権限縮小（弱体化）には、自立的学校運営（LMS, Local Management of School）や学校選択制度の導入によって、学校側の権限が増したという側面もある。また、市場原理導入による学校経営の効率化に伴い、学校運営者も多層化してゆくと、かつてのような地方自治体と学校との強いパートナーシップは失われてゆくことになる。日英教育学会編『英国の教育』（東信堂、2017）86頁。

（8）ここ一連の経緯については、以下を参照。拙稿「第10章　イギリス『憲法改革』と教育改革」松井幸夫編著『変化するイギリス憲法―ニュー・レイバーとイギリス「憲法改革」』（敬文堂、2005）214-217頁。木村浩『イギリスの教育課程改革―その軌跡と課題―』（東信堂、2006）10-15頁。

（9）1988年法第１部は、1996年教育法により、現在は失効している。

（10）この命令自体は短いもので、各教科の「ナショナル・カリキュラム」として出版されている政府刊行物を指定することで、ナショナル・カリキュラムの細部を特定した。吉田多美子「イギリス教育改革の変遷―ナショナルカリキュラムを中心に―」レファ平成17年11月号103頁。

(11) 例えば、1944年法で既に規定されていた宗教教育は、1988年法で、ナショナル・カリキュラムとは別に、法定の基本カリキュラムとして規定されている（第2、8条)。こうした基本カリキュラムには、ナショナル・カリキュラムとは違って、政府による教科の到達目標と学習プログラムの指定はない。さらに、学校は、法定のカリキュラム以外でも、必要に応じて教科を設定することができる。

(12) 学校教育法第34条第1項等により法定されている。

(13) イギリスでは、そもそも「教科書」に相当する“textbook”という言葉自体、日本語の「教科書」よりもはるかに曖昧で広い概念であることが指摘される。木村・前掲注（8）94頁。

(14) 大田直子「検定教科書のないイギリス」季教130号（2001）70頁参照。

(15) その他、日本とイギリスの違いとして、佐貫は、教科に対する法的な時間数指定について、イギリスは、日本ほど厳しくないことを挙げる（日本では、学校教育法施行規則によって各教科等の年間授業時数が定められているのに対し、イギリスでは、基礎教科については厳格な時間数指定がない)。佐貫・前掲注（3）21-22頁参照。

(16) KS1～3修了学年時に、中核教科について行われるものを“SATs (Standard Assessment Tests)”と言い、KS4修了学年時に行われるものが一般中等教育修了資格（GCSE, General Certificate of Secondary Education）試験である。

(17) 新村洋志「サッチャリズムと教育改革における市場原理の問題」中京女子大学研究紀要34号（2000）48頁。

(18) 1993年教育法第244条で、学校カリキュラムと評価委員会（SCAA, The School Curriculum and Assessment Authority）の設置が定められ、その委員会において、ナショナル・カリキュラムのスリム化や改訂がなされ、教師の裁量の余地が拡大された。吉田・前掲注（10）103頁。

(19) DfEE (Department for Education and Employment), Choice and Diversity : A New Framework for Schools (TSO (The Stationary Office), 1992).

(20) イギリスの学校評価制度に関する文献として、以下を参照。小原一晃「英国における学校評価制度について（2013年度海外事務所インターンシップ研修報告書)」財団法人自治体国際化協会（2014）7-8頁、http://www.clair.or.jp/j/forum/pub/docs/2013_london_intern_education.pdf, (2018. 11. 13).

(21) この名称は2007年までのもので、現在の名称は、“Office for Standards in Education Children's Seivices and Skills”である。設立当初は学校監察を主にしていたが、名称変更に伴い、子どもサービスの要素も加わった。日英教育学会・前掲注（７）126頁。

(22) HMIについて詳しくは、高妻紳二郎『イギリス視学制度に関する研究—第三者による学校評価の伝統と革新—』（多賀出版、2007）参照。

(23) 吉田・前掲注（10）104頁。

(24) 坂本真由美「イギリスにおける学校視察と教師の自己評価—授業における実践と評価の連携—」比較教育学研究29号、2003年、82-83頁。なお、近年の監査の実情については、小原・前掲注（20）９-10頁参照。

(25) 同報告書は、Ofstedのホームページで公開されるが、学校側もホームページでその結果を公表しなければならない。小原・前掲注（20）10頁。

(26) 閉校を示唆する改善勧告に対して裁判に訴えて勧告をはねのけた、自由学校サマーヒル・スクール（Summerhill School）のような事例もあった。佐貫・前掲注（６）97-101頁。

(27) 佐貫・前掲注（６）96-97頁。Glennerster, H., "Education; Reaping the Harvest?" in Glennerster and Hills, *The State of Welfare*（Oxford University Press, 1997), p. 52.

(28) 特に教員へのストレスと過重労働の実態調査結果については、以下の文献参照。Scanlon, M., *The Impact of OFSTED Inspections*, The National Foundation for Educational Research for the National Union of Teachers, 1999, pp. 26-36.

(29) Seale, C., "Demagoguery in Process : authoritarian populism, the press and school exclusions", *Forum* vol. 39, no. 1, 1997, p. 18.

(30) 佐貫・前掲注（６）98-99頁。

(31) 学習プログラムの内容を厳選し、到達目標のレベル数を減らしたが、基礎教科として情報科を追加した。

(32) 佐貫・前掲注（６）22-23頁。

(33) 拙稿・前掲注（８）218-220頁。

(34) 1998年学校水準および枠組みに関する法（School Standards and Framework Act 1998）によって、カウンティ・スクールから名称変更した。公費で設立され、維持されている学校で、日本の公立学校に一番近い形の学校。日英教育学会・前掲注（７）84頁。

(35) 1998年学校水準および枠組みに関する法によって、国庫補助学校（1988年法での名称）から名称変更した。日英教育学会・前掲注（７）84頁。

(36) 宗教系の有志団体によって設置された学校。日英教育学会・前掲注（７）84頁。

(37) 日英教育学会・前掲注（７）86、96-97頁。

(38) 日英教育学会・前掲注（７）95-96頁。

(39) 日英教育学会・前掲注（７）95頁。

(40) 吉田・前掲注（10）106-107頁。

(41) 正式名称は、『学校におけるシティズンシップ教育と民主主義の教授(Education for citizenship and the teaching of democracy in schools)』。諮問委員会委員長バーナード・クリック(Bernard Crick)の名をとって、クリック・レポートと通称される。なお、クリックの思想については、以下の文献参照。Crick, B., *Essays on Citizenship* (Continuum, London, 2000).

(42) 教科としてのシティズンシップ科は、2002年からKS 3 - 4 でのみの実施となった。

(43) 吉田・前掲注(10)109頁。

(44) 宗教教育の観点から、「共同体の結束」政策を論じた文献として、藤原聖子『ポスト多文化主義教育が描く宗教—イギリス〈共同体の結束〉政策の功罪』(岩波書店、2017年)参照。

(45) 平塚眞樹「市民性(シティズンシップ)教育をめぐる政治」教育695号(2003. 12)24頁。

(46) 正式名称は、『カリキュラム・レビュー:多様性とシティズンシップ(Curriculum Review : Diversity and Citizenship)』。検討委員会委員長のキース・アジェグボ(Keith Ajegbo)の名前から、アジェグボ・レポートと通称される。アジェグボ・レポートとその後の経緯について詳しくは、菊池かおり『イングランドのシティズンシップ教育政策の展開—カリキュラム改革にみる国民意識の形成に着目して』(東信堂、2018)144-171頁参照。

(47) 連立政権は、中核教科を重視する政策を採り、「シティズンシップ科」をはじめとする基礎教科のいくつかが必修ではなくなった。カリキュラム改訂に至る議論の経緯については、藤井泰「イギリスにおける連立政権によるナショナルカリキュラムの見直しの動き—『ナショナルカリキュラムの枠組み』(2011年)を中心に—」松山24巻6号(2013. 2)68-78頁参照。

(48) 日英教育学会・前掲注(7)98-99頁。

(49) KS 3 修了時のテストについては、2008年、廃止が決定された。一方、GCSEについては、改善するようにとの政府の指示に応える形で、2017年、新評価方式が導入された。文部科学省『諸外国の教育動向2017年度版』(明石書店、2018)56-59頁。

裁判所によるインターネット情報の世界的規制の可能性

—*Google Inc.* v. *Equustek Solutions Inc.* カナダ最高裁判所判決を契機として—

佐藤信行

はじめに

カナダ最高裁判所は、2017年6月28日、*Google Inc.* v. *Equustek Solutions Inc.*[(1)] において、同国下級裁判所がGoogle社に対して発していた、あるコンピュータ関連製品海賊版に関する検索結果を削除するよう命じる暫定命令（interlocutory injunction）[(2)] を認めた。問題は、その命令が明示的に全世界（worldwide）を対象としていたことである。

そもそも伝統的な法システムは、国家・法域とそれに対応する法の存在を前提としており、国境を越える法的紛争に対しても、各国家・法域での対処を原則としている。たとえば、A国企業の製品が欠陥を有しており、同国内でも輸出先であるB国でも被害を生じさせている場合、A国の被害者とB国の被害者は、各国法に基づき、各国裁判所での救済を求めることになる。

これに対し、インターネットは、国境を越えるネットワークであるから、そこでの権利・法益侵害は、まさしく「全世界」で生じるのであって、相当に異なる構造を有している。たとえば、インターネット上で知的財産権を侵害されたA国の企業の被害は、「自動的に」A国以外の国家・法域でも生じるが、その国家・法域全てにおいて訴訟を提起することは現実的ではない。また、権利侵害者のウェブサイトは、一般に検索エンジン経由でアクセスされることから、権利救済のためには、第三者である検索サービス事業者に対する差止命令を必要とすることも、重要な相違である。

そこで考えられる解決の一つが、いずれかの国の裁判所が「全世界」を対象とする救済を提供することであるが、そこには別の問題が生じる。まず想起されるものとして主権侵害があるが、さらに重要なのは、文化的相違や価値観の相違に基づく法のギャップの問題である。ある国・法域において違法であることが、他の国・法域では合法であり、あるいは逆に推奨されるといったことは、決して特殊な事象ではないのである。

従来この問題は、2014年5月13日にヨーロッパ司法裁判所（以下「ECJ」という。）が下した、いわゆる「忘れられる権利判決」(3)を中心に議論されてきた。同事件でECJは、検索エンジン事業者たるGoogle社は、個人が忘れられることを望む過去の情報に関し、EUデータ保護指令12条（b）及び14条1項（a）に基づいて、一定の削除義務を負うとの先決裁定（preliminary ruling）を行ったのである。Google社は、同裁定がEU法を根拠としていることから、原則としてEU域内を対象とする情報削除対応を行ってきている(4)が、2017年にフランスの個人情報保護機関CNIL(5)は、こうした削除命令の効力を全世界に拡大する先決裁定を求めてECJに出訴している(6)。2018年10月現在、審理手続はなお進行中であるが、既にいくつかの人権NGO等が表現の自由保護を根拠に、この拡大に反対する意見書(7)を提出するなど、賛否が入り乱れる状況となっている。

ところが、上記カナダ最高裁判決は、知的財産権という別の文脈において、「全世界」での削除を命じ、まさに世界に少なからざるインパクトを与えている。そこで、本稿では、この事件を事例として、国境を越える法律問題の一断面を検討することとしたい。

1　Google Inc. v. Equustek Solutions事件の概要

1.1　発端　Equustek社 対 Datalink社事件

この事件の発端は、カナダのブリティッシュ・コロンビア州（以下「BC州」という。）に所在するコンピュータ機器製造販売業者Equustek Solutions Inc.（以下「ET社」という。）が、その元販売代理店Datalink Technologies Gateway LLC（以下「DL社」という。）を提訴したことである。DL社は、ET社製品を「自社製品」として販売すると共に、ET社から得た営業秘密等を利用して、競合製品を開発したのであった。

そこで、ET社は、DL社と代表者Morgan Jackを相手として、BC州上位裁判所（Supreme Court of British Columbia）[(8)]から、資産移動禁止のマレヴァ型差止命令（Mareva injunction）を得たほか、秘密情報の保護や、DL社のウェブサイト改定（ET社への顧客誘導）、ET社製品を販売した顧客名簿提供等複数の裁判所命令を求めたところ、その全てが認められた[(9)]。しかしDL社はこれらの命令に従わず、BC州外（所在不明であるが、国外と考えられている。）へ移転し、ウェブサイトを通じて、製品を全世界に販売し続けたのである。これに対して、BC州上位裁判所は、Morgan Jackに対して裁判所侮辱罪の疑いで身柄拘束令状を発したが[(10)]、製品販売を止めることはできなかった。

1．2　展開　Equustek社対Google社事件

そこでET社は、DL社がもっぱらウェブサイトに依存して事業を行っていることに着目し、世界最大のインターネット情報検索サービス事業者であるGoogle社に対して、その検索用インデックスからDL社のサイトを削除するように要請した。Google社は、BC州上位裁判所が2012年12月にDL社に対して発したウェブサイト上での営業継続禁止命令に対応する形で、同月から翌年1月にかけて、任意に、その運営するカナダ向けサイト（google.ca）のインデックスから345のURLを削除したが、これはDL社に係るURLの全てではなく、他URLの削除には応じなかった。

このため、ET社はBC州上位裁判所において、Google社がDL社のウェブサイト全体について全世界のGoogleインデックスから削除するよう求めるよう主張したところ、同裁判所は2014年6月13日に、これを認める決定を下した[(11)]。同裁判所のFenlon裁判官は、「Google社は、この命令から14日以内に、そのインターネット上の検索エンジンの検索結果にDL社のウェブサイトをインデックスし、又は、参照することを、本件に係る本案事実審の結論又は当裁判所の別の命令あるまで停止すること。このウェブサイトには、別掲の

ウェブサイトの全てのサブページ及びサブディレクトリを含む。」との暫定命令を発したのである。

Google社はBC州上訴裁判所（British Colombia Court of Appeal）に上訴したが、2015年６月11日に棄却された[12]。上訴審でGoogle社が主張したのは、原審暫定命令は、訴訟当事者ではない善意の者に対して不当な責任を負わせていること、カナダ域外への効力拡張は不当であると同時に国際礼譲原則の侵害であること、また表現の自由も侵害するということであったが、BC州上訴裁判所はそのいずれも認めなかった。

ところで、連邦制国家であるカナダにおいて、カナダ最高裁判所（Supreme Court of Canada）は、連邦裁判所制度の最上位にあるが、その性質はアメリカ合衆国連邦最高裁判所（Supreme Court of the United States）と異なり、カナダ全体の最高裁判所とされており[13]、州裁判所からの上訴も受理することができる。そこで、Google社は、カナダ最高裁判所へ再上訴し、その判断を求めることとなった。

2　Google Inc. v. Equustek Solutions事件カナダ最高裁判所判決

2．1　法廷意見

2017年６月28日の判決は、７対２でBC州上訴裁判所の判決を支持し、上告を棄却した。法廷（多数）意見には、McLachlin首席裁判官の他、Abella, Moldaver, Karakatsanis, Wagner, Gascon 及びBrownの各裁判官が加わり、Abella裁判官が執筆している。

法廷意見は、本件における問題を「いくつもの裁判所命令に違反しつつ、違法に他社の知的財産を販売するために用いられているDL社のウェブサイトを全世界のインデックスから削除することを、本案判決前にGoogle社に命じうるか[14]」と整理する。すなわち、本件で争われているのは、BC州上位裁判所が発した暫定命令の有効性であるが、カナダ最高裁は、暫定命令がエクイティ上の救済であって、本案訴訟において有効な救済が図られるようにするために、訴訟で争われる対象物の状態を保持しておくことを本質とするとして、これを発するか否かは、究極的には、当該事案に照らしてみた正義及び衡平に適うかという問題であることを指摘する。そして、その上で、伝統的に用いられてきた3段階テスト、すなわち、（1）事案の重大性、（2）回復不能な被害の存在、（3）便益比較衡量上、暫定命令を発すべきかというテストで、本件を処理するとしたのである。(15)

ところで、Google社は、上記（1）及び（2）は争っておらず、主として（3）に関して、次のような主張を行っている。すなわち、(a) 本件暫定命令は、回復不能な被害を抑止するために不可欠ではなく、また効果的でもないこと、(b) 本来の当事者でないGoogle社は本件暫定命令の適用除外を受けるべきこと、(c) 本件暫定命令がカナダ域外にも及ぶことの妥当性と必要性の欠如、(d) それが引き起こす表現の自由問題、である。もとより、これらの議論は、BC州上位裁判所が本件暫定命令を発する権限を有していたのか、また、これを発することが本件において正義と衡平に適うのかという問題に帰結する。(16)

法廷意見は、(a) (b) を一体として議論している。まず、先例からみて、裁判所は本来の当事者以外の者に対しても、差止命令（injunction）を発することができることを指摘する。(17) すなわち、本来の当事者ではない者が、他者の違法な行為に関与し、その他者の行為が被害を生じさせるならば、当事者ではない者自身は違法行為につき責任を負わないとしても、暫定命令の対象となりうるのである。DL社は、google検索の結果に表示されない限り営業を行うことはできない。よって、本件暫定命令は、DL社が裁判所命令を無視してET社に回復不能な損害を与える能力を拡大することを防ぐには、Google社の協力が必要であるということを根拠とし、かつ、暫定命令による救済がなされない場合、Google社が損害発生の継続に手を貸し続けることになるのは明らかといえる。(18)

(c) については、法廷意見は次のように述べる。「Google社の次の議論は、域外効力をもつ暫定命令を発することの不当性である。しかし、これは、あまりに先例に反する。」「BC州裁判所は、その手続において、Google社が同州内で広告と検索操作をすることで営業をしていたことを認めたが、これは、対人及び地域管轄権の存在を認めるに十分である。Google社もこの認定を争っていない。同社が争うのは、命令が世界的な範囲に及ぶということである。同社は、いかなる差止命令がなされても、それはカナダ（又はgoogle.ca）のみに限定されるべきと指摘しているのである。(19)」「裁判所が対人管轄権を有し、差止命令の効力を確かなものとする必要がある場合、対象者の行為を世界のどこにおいても禁止する差止命令を発することができる。(20)」「本件における問題は、オンライン上で世界的に発生している。インターネットには、国境がない。その本質はグローバルである。本件暫定命令がその目的を達成することを確実とする唯一の方法は、Googleが用いられる場所、すなわち世界、でこれを適用することである。Fenlon裁判官は、DL社の製品のほとんどがカナダ国外で販売されていることを顕出した。Google社が主張するように、本件暫定命令をカナダ又はgoogle.caだけに制限した場合、回復不能な損害を予防するという意図された効力を奪うことになる。カナダ外の購入者は、容易にDL社のウェブサイトから購入を継続できるだろうし、カナダ国内の購入者は、仮にgoogle.caからは除外されていても容易にDL社のウェブサイトを発見することができよう。Google社は、DL社に対する裁判所のインターネット上での営業禁止命令にDL社が違反することに、引き続き手を貸すことになろう。このように回復不能な損害を抑止するという現実的な見込みのない暫定命令を発することには、衡平は認められない。(21)」

また、Google社は、この（c）との関係で、他国の主権侵害を主張するが、法廷意見はこれを一蹴する。「Google社は、全世界的差止命令は、国際礼譲を侵害すると主張する。これは、当該命令が他法域においては得られないものであるという可能性や、Google社が当該命令に従うことで当該他法域の法律に違反する結果となるという可能性に基づく。これは、机上のものである。(22)」

そして、（d）については、法廷意見は表現の自由への関心が重要な課題であること、とりわけ他国における価値の核心部に関わる場合には重要であることを認めつつ、本件では、問題とならないとする。すなわち「もし、Google社が差止命令に従うことで、表現の自由に対する干渉を含む、他法域法侵害を引き起こすという証拠を有するのであれば、いつでもBC州裁判所に暫定命令の変更を求めることが可能である。これまで、Google社はそうしたことを行っていない。」「証拠上の基礎がないこと、また、Google社が命令変更を求める権利を有していることを前提とすれば、ET社に対して救済を効果あらしめる域外射程を認めないことは、衡平とは言い難い……。我々は、結局のところインターネットを問題としているのであって、差止命令による救済がGoogle社のような主体に向けられている場合、便益比較衡量テストでは、インターネットが域外に及ぶという回避不能な性質を十分考慮しなければならない。」「本件は、一見して理解されるように、表現の自由の価値に結びつく表現を排除する命令ではない。いくつもの裁判所命令に違反しているウェブサイトをインデックスから除外する命令である。これまで我々は、表現の自由が物品の違法販売促進を求めている、などと認めたことはない。」「さらに私は、本件が如何に、Google社がその内容中立的性格として述べるものを害するかについて、疑問を覚える。本件差止命令は、Google社に対してインターネット上の内容を監視することを求めておらず、また、問題のウェブサイトへのアクセスを容易にしたことをもってGoogle社に何らの責任を課すものでもない。便益比較衡量上、本件暫定命令がGoogle社に唯一課しているのは、DL社のウェブサイトをインデックスから除外する義務である。[(23)]」

2．2　反対意見

法廷意見に対して、Côté及びRowe両裁判官の反対意見がある。これは、「ET社は、物語に出てくるような衡平法上の救済を求めている。すなわち、裁判所の監督を必要とし、善意の第三者に向けられた効果的で永続的な差止命令というものは、効果的であることが示されていないし、それに代わる救済手段も存在する。我々の対応は、司法の自己抑制を想起することである。

裁判所は、2014年６月13日のGoogle社に対する命令……を発する権限を有しているが、我々の見解では、それを行使することは避けるべきである。衡平法上の救済を与える権限は、常に原理と実務から制約されてきた。我々は、Google社への命令は、こうした制約を余りに安易に踏み外している。[24]」とするところから出発し、具体的には５点を指摘している。[25]これらは、いずれもGoogle社が指摘する国際礼譲違反等を論拠とするのではないが、第５点として、伝統的な救済方法に言及していることには注意を要する。すなわち、反対意見によれば、ET社は、DL社のフランスにおける資産を凍結するためにマレヴァ型差止命令を求めたのに対して、BC州上訴裁判所は、フランスの裁判所による救済を求めるよう判示したところであり、同社は、この判示に従って訴訟を提起することも可能であるほか、同社は、インターネット接続業者（ISP）に対して、差止命令を求めること、さらにフランスあるいは違法なウェブサイトにリンクがある他法域において、裁判所侮辱の申立てを行うこともできるのである。

3　Equustek判決のインパクト

3．1　法廷意見の背景

Equustek事件カナダ最高裁判決は、Google社に対して、google.caの範囲に限定することなく、知的財産権を侵害する業者のウェブサイトを全世界の検索結果から除外するよう命じたものであるが、ここでは、若干その背景を検討しておきたい。

Google社は、インターネット検索サービスを提供しているが、それは全世界単一のものではなく、原則として、検索要求を発行したコンピュータに係るIPアドレスの割当地域ごとに異なるドメインと、それに紐付けられた検索インデックスを利用しており、それらにより検索結果が異なる。たとえば、日本とカナダから検索を行う場合の標準的なアクセス先は、それぞれwww.google.co.jpとwwww.google.caであり、同じ検索ワードを入力した場合でも、検索結果が異なっている。Googleは、これを利用して、各国家・

法域（本件でいえばカナダ）で生じた紛争について対応してきた。すなわち、ある法域での紛争には、それぞれの法域に対応するドメイン（本件ではwww.google.ca）に標準的に紐付けられた検索インデックスの操作をもって対応してきたのである。

この対応は、そもそも、検索結果に応じた広告によって収益をあげる企業としては当然のものともいえるが、他方で、全世界的な検索サービスを提供する企業としては、異なる法域における文化摩擦や法価値衝突を軽減するための工夫でもある。しかしこのことが、Equustek事件では問題となった。DL社は、多くのウェブサイトを構築し、www.google.ca以外のgoogle検索エンジンからこれらサイトに誘導することで、製品を全世界に販売し続けることが可能となったのである。また、さらにいえば、カナダから検索を行う場合であっても、クライアント側の設定で、検索インデックスをwww.google.ca以外に紐付けられたもの（たとえば、www.google.co.jpに紐づけられたもの）に変更することが可能であり[26]、実はカナダ国内からであっても、DL社のウェブサイトをgoogle検索によって発見しアクセスすることも可能となっているのである。

3．2　法廷意見の意味するところは何か

以上を前提として、カナダ最高裁は、Google社の主張を退け、全世界を対象とする削除命令が確定した。そこで、カナダ最高裁が、インターネット上の権利保護について、強力な域外適用あるいは世界主義的救済に乗り出した、という評価をすることがみられる[27]。とりわけ、法廷意見が「本件における問題は、オンライン上で世界的に生じている。インターネットには、国境はない。その本質はグローバルである。本件暫定命令がその目的を達成することを確実とする唯一の方法は、Googleが用いられる場所、すなわち世界、でこれを適用することである[28]……」という形で、一見すると本件判決に相当広範な射程を与えているかのように読める言説を含むことも、そうした評価に繋がっている[29]。

しかし、法廷意見を詳細に検討するならば、その結論に至る論理は、相当程度に本事件固有の事情に依拠しており、Google社の一般化された主張とは、すれ違いがみられる。

まず、法廷意見は、Google社の全世界的差止命令は、国際礼譲を侵害するという主張に対して、本件の事実関係の下で、その侵害可能性を「机上のもの」としている[30]。もちろん、性的表現や宗教的表現の事例を考えるならば、こうした可能性は決して机上のものとはいえないであろう。しかしながら、法廷意見は侵害可能性を「机上のもの」とした直後、BC州上位裁判所のFenlon裁判官の指摘を引用し、「Google社は、ほとんどの国が知的財産権を認め、海賊版製品の販売を違法とみる可能性が高いことを認識している[31]」と述べているのである。法廷意見は、本件で争われているのが、文化摩擦や法価値衝突を引き起こす可能性が極めて低い知的財産権ビジネス紛争であることに着目して判断しているのであって、インターネット上の表現一般について、世界的に規制することのリスクが「机上のもの」であると述べているのではないと解すべきである。

また、このことは表現の自由との関係においても、同様である。本件でGoogle社が命じられているのは、本案判決上の救済や恒久的差止命令ではなく、暫定命令であるが、多数意見はこの点に着目して、この暫定命令自体を変更できるから、表現の自由の侵害とはいえないと結論づけている[32]。私見によれば、これによって他法域法との文化摩擦や法価値衝突の発生が回避可能となる。換言すれば、ここにおける法廷意見の立論は、カナダ最高裁の判決によるインターネット上の表現規制が、カナダ国外でなされあるいは閲覧される表現一般にも及びうるのかという問題についての回答ではない。

このようにしてみると、この判決は、さほど射程が広いものではなく、インターネットを利用した知的財産「侵害」ビジネスについて、暫定命令（interlocutory injunction）という救済方法を用いる場合に限った先例とみるべきであろう。

しかしながら、Google社は、こうした見方とは異なる選択を行った。すなわち、この判決を同社の重大リスクと考え、アメリカ合衆国の裁判所で再度問題を争うという「奇策」[33]を選択したのである。

4　アメリカでの訴訟　Google LLC v. Equustek Solutions Inc.[34]

4．1　判決に至る経緯と判決の概要

Google社は、上記カナダ最高裁判決を受け、アメリカ合衆国カリフォルニア州北部連邦地方裁判所において、ET社を被告として、本件暫定命令はアメリカ合衆国内では執行できないとする宣言的判決と同宣言的判決の執行命令を求める訴訟を提起（７月24日）し、その後、予備的差止命令（preliminary injunction）を求める申し立てを行った。

本件でGoogle社が主張したのは、カナダの裁判所命令が合衆国憲法第１修正に直接に抵触しており、連邦議会法である通信品位法（Communication Decency Act）が定める双方向通信サービス提供者に係る免責を無視しており、また、国際礼譲の原則を侵害するというものであったが、ET社は答弁書提出はじめ何らの対応もせず、同年11月２日に同地裁は、専ら通信品位法違反の問題を中心に検討した上で、予備的差止命令を発するに至った。

通信品位法230条は、「双方向通信コンピュータ・サービスの提供者又は利用者は、他の情報コンテンツ提供者によって提供される情報に関して、その出版社又は発言者として扱われることはない」[35]と規定する。これは、第三者によって作成されたコンテンツに係る責任から、双方向通信コンピュータ・サービスの提供者を免責することを目的とする規定であり、その立法趣旨は「不法行為訴訟が、急成長しているインターネットという新媒体における表現の自由に与える脅威」[36]に対応することとされている。

同条の免責を受けるにはまず、（１）双方向通信コンピュータ・サービスの提供者又は利用者であること、（２）問題の情報が他の情報コンテンツ提供者によって提供されたものであること、（３）カナダの裁判所命令が、当該情報の「出版社又は発言者」としての責任を問うていること、の３点を満たす必要がある。本件では（３）が問題となりうるが、同地裁は、合衆国の

先例を引用しつつ[37]、カナダの裁判所が同社に対して課した責任は、通常出版者に課される編集責任と同様のものであるとして、これを肯定した。

そこで問題は、実際に本件において、同条の免責が認められるかであるが、この判断には、回復不能な被害、衡平さの考量、公益性の検討が必要である。そこで、同地裁は、カナダ裁判所の命令によって、Google社は同条が保護する活動を制限されているという被害を受けていることを認め、また、合衆国連邦法が保護する利益を害されるGoogle社に利を認めるのが衡平に適うとした。さらに、公益性については、連邦議会が、ウェブサイトがそのホスティング・サービスのユーザが作成したコンテンツ故に不法行為責任を問われることになるならば、インターネット上の表現の自由は深刻な制限を受けると認め、そこから通信品位法230条を制定したことを強調する。そして、インターネット上の表現の自由の高い価値を認め、双方向通信コンピュータ・サービス提供者への免責に公益性を認めるのである。

結果「カナダ裁判所の命令は、第三者のウェブサイトにリンクを行うサービス提供者に、同法230条が認める免責を排除するものである。情報伝達者に第三者の資料へのリンクを削除することを強制することによって、カナダ裁判所の命令は、同法230条の政策目標を傷つけ、世界的なインターネット上の表現の自由を危機に陥れるものである」として、Google社が求めた予備的差止命令が発せられることとなった。

4.2　この判決の意味

この判決によって、Google社は、手続的にはアメリカ合衆国内においては、外国判決たるEquustek事件判決の執行を強制されることはなくなったが[38]、その実体的意味はどのようなものであろうか。

そもそも、カナダ最高裁判所で審理が行われていた段階で、アメリカのマスメディア団体を中心として、カナダの裁判所の判決をもって全世界的な情報削除が行われることには批判があった。これは、国境を越えるインターネットに係る各国・各法域の裁判所の判断が、その法域を越えて有効であるとすると「世界共通のインターネット」という仕組みが破壊される懸念に基づく。たとえば、「あらゆる国家がデジタル・プラットフォーム（Google、ニュースサイトなどを含む）について管轄権を行使しうるならば、その遵守に係る規制上の負担は、とくに小規模のコンテンツ提供者にとっては管理不能なものとなる。その結果、表現の自由に深刻な影響を及ぼし、インターネットの『バルカン化』につながる可能性もある」というのは、その典型的なものである。(39)

この意見に代表されるように、インターネット発祥の国でもあるアメリカ合衆国では、そこにおける表現の自由保護に強く傾いているが、この判決はこうした流れに沿ったものであったということができる。

しかしながら、ここにおいて、同一検索インデックスの内容について、2つの主権国家の裁判所の一方が削除を命じ、他方はこれを命じないとする分裂状況が生じてしまったことになる。そこで、Google社は、この連邦地裁判決を基礎として、今度はカナダ裁判所の発した暫定命令自体の変更（又は取消し）を求めることを選択した。それに対する回答が、2018年4月のBC州上位裁判所（Smith裁判官）判決である。

5　2018年BC州上位裁判所判決

2018年4月16日、BC州上位裁判所のSmith裁判官は、*Equustek Solutions Inc.* v *Jack*(40)に判断を下した。これは、ET社とDL社の代表者Jackの間の訴訟であるが、Google社は、2014年6月13日に同裁判所のFenlon裁判官が発出し、同州上訴裁判所とカナダ最高裁判所で支持された暫定命令について、上記合衆国連邦地裁判決を根拠として、これを取り消し、又は、変更がなされるべきことを主張したのである。Smith裁判官は、このいずれも認められないと判示した。

同裁判官は、カナダ最高裁判決が、この暫定命令が表現の自由に対する干渉を含む、他法域の法侵害を引き起こすことになるという証拠に基づいて、暫定命令の変更を求めることができるとしており、自らの判断はこの枠組みに従う必要がある[41]とした上で、Google社が、この点に関して、本件命令が表現の自由を侵害することによって、アメリカの核心的価値（core American values）を侵害すると主張している点について判断を加えている。まず同裁判官は、いかなる合衆国法もDL社のウェブサイトをGoogle社がインデックスすることも削除することも命じておらず、本件暫定命令は、Google社にアメリカ法に違反することを求めている訳でないと指摘する[42]。さらに、合衆国憲法第1修正が保障する権利は、確かにアメリカの核心的価値を構成するが、カリフォルニア州北部地区連邦地裁のDavila裁判官は、Google社が本件暫定命令によって第1修正の権利が侵害されたとの判断を求めたのに対し、これを明示的に拒絶したと述べるのである[43]。そして、同地裁の命令の効果は、合衆国の裁判所によって本件暫定命令の執行を命じるためのいかなる訴訟も認められないということであるとし、これによって、BC州上位裁判所が人的管轄権を有する当事者に対し命令を発し、その手続の完全性を保護する権能が制限されることはない、との判断に至るのである[44]。また、Google社は他の論点も指摘するが、Smith裁判官はそのいずれも認めなかった。

6　国境を越えるインターネットをどう規制するか

6．1　インターネットとGoogle

以上、googleの検索結果を巡る近時のカナダとアメリカ判決を検討したが、そこで問われているのは、国境を越えるインターネット上の表現について、伝統的な主権国家の裁判所がどのように介入できるかという問題であり、同時に、インターネット上で活動する人や企業をどのように規制するかという問題である。

そもそもインターネットは、Internet Protocol Suiteと呼ばれる通信プロトコルで接続される電子機器とシステムの総称であって、これを管理する主体は存在しない。この接続には、IPアドレスと呼ばれる識別符号が必要であり、その全世界的割当等を維持するためにICANN（Internet

Corporation for Assigned Names and Numbers）という組織が存在していることから、しばしばICANNがインターネットの管理機関であると誤認されるが、それは上記の限定的な役割を担うのであって、インターネットの管理、とりわけ情報内容規制を行うものではない。またインターネットは、国境を越えて結合されているが、それを規制する単一の「世界法」や「世界的契約」も存在しない。結局インターネットは、いわば「環境として存在している」ものであって、それをどのように利用するかは、第一次的には、電子機器をインターネットに接続する組織や個人の内部規範や倫理によって規律されることになる。そして、第二次的には、これらの主体に対する規制権限を有する国・法域が、行為（主体）規制の方法によって、間接的にインターネットをも規制しているということになる。

他方Google社は、インターネット上の各種サービスを中心に活動する企業であり、法的にはアメリカ合衆国カリフォルニア州に本拠を置く公開株式会社Alphabet Inc.(45)の子会社であり、自身もカリフォルニア州に本拠を置く有限責任会社（LLC）である。その活動は、全世界的な規模のものであるが、アメリカの企業であることから、活動場所の法と同時にアメリカ法にも準拠することなる。

一連のEquustek事件では、この２つの事柄が複雑な問題を生み出した。

上で述べたように、インターネットには、その全体を貫く世界法も管理組織も存在しないから、インターネット上の表現を争うためには、結局、各国や法域の裁判所に頼らざるをえないことになる。問題は、その判決の法域的射程である。伝統的な国際法の論理に従えば、各法域の裁判所が下した判決は、当法域においてのみ強制可能であって、他法域でこれを強制するためには、当該国において外国判決の執行判決を得ることが必要である。日本法では、このことは、民事訴訟法118条において規定されている。

ところで、この伝統的な仕組みと考え方をインターネット上の表現規制に適用する場合、いくつかの困難な問題が生じる。

たとえば、検索用インデックス（サーバ）の所在についてみると、それは

Google社以外にとっては全く不明であると同時に、いつでも国外移転可能であり、さらにいえば、国境を越えた分散処理が行われている可能性もあるから、その物理的所在に着目して「国境を越える」という議論をすることは不毛である。「インターネットは国境を越える」というのは、ただ単に、ネットワーク回線が繋がっているということを意味するのではなく、このような形で、「対象」（この場合はデータ）の所在場所というものを基準として、国内・国外を議論すること自体が困難であることを意味する。この意味で、BC州上位裁判所判決が「全世界」でのインデックス削除を命じたことは、そもそも伝統的な意味における、外国判決の執行強制とは性質を異にしているのである。この全世界の意味は、世界中どの場所からgoogle検索を行っても、DL社がリストされない検索結果を返すということであって、それがカナダ国外にあるインデックス（サーバ）への操作を意味するかどうかは、Google社の技術的設定にのみ依存している。このときGoogle社が判決に従おうとすると、外国にあるサーバ上のインデックス操作が必要となるとしても、それを当該外国の主権や裁判権を侵害するものと理解すべきではない。この意味でGoogle社が、合衆国連邦地裁で行った主張や、そこでの勝訴判決を下にBC州上位裁判所で行った主張のうち、国際礼譲や主権侵害に係る部分は、私見によれば、適切なものではない。

しかしそれとは別に、カナダという１国の裁判所が行った判断で、カナダ外で行われる検索結果の表示内容がコントロールされることの妥当性は、独立した問題となる。たとえば、性表現やプライバシー保護の許容性は、文化的あるいは宗教的差異が大きく、しばしば国境を越えた問題を引き起こす。忘れられる権利のように、ある法域では制定法上の根拠があるが、他法域ではないという場合も同様な問題を引き起こす。

6．2　被侵害利益による区分論の可能性

この点、Equustek事件におけるカナダ各裁判所の判断は、その射程を狭くする点において「よくできた」ものであったと評価することができよう。

すなわち、同事件では、ほぼ世界的に共通の理解が得られやすく、また内容面において表現の自由と衝突する可能性が小さい知的財産権侵害という問題に限定し、かつ、Google検索の結果が権利侵害者の活動を結果として助長するという点に着目して、全世界的なインデックス削除を命じているのである。私見では、このような形での、限定的な全世界化は、衡平の観点から見ても妥当であると考える。

これに対して、性的表現やプライバシー情報そのものについて、特定の価値を前提とする削除を命じることには、問題が大きい。法域ごとの価値観の差違を無視した特定の国・法域の裁判所（その中には、残念ながら、法の支配や民主主義が未発達な法域の裁判所も含まれる。）の判決が、全世界的な情報閉塞を引き起こすことは、極めて危険な事態である。こうした問題については、なお引き続き、その法域内に限定した判決によって問題を処理せざるをえない。

すると、この問題の当面の解としては、被侵害利益に着目し、これを類型化して、全世界でのインデックス削除を命じることが許されるべきものを抽出し、国際条約への組み込みを行うことや、「国境を越えた」判例法の形成に寄与することが考えられよう。この際、国家間の交渉を必須の要件とする前者には一定の時間を要するから、実務的には、後者のアプローチが極めて重要となろう。もとより主権国家を越えた判例法の形成には、大きな困難があることはいうまでもないが、まさしく「インターネットには、国境がない。その本質はグローバルである」のであって、国境を越える法律問題は、今後増えることはあっても減ることはない。この分野では、各国のマスメディア、NGOあるいは学識者等が、intervenerとして訴訟に参加し、意見書を提出することが多いが、こうした努力は極めて重要である。世界の法律家には、立法のみならず、判例法形成を含む法運用によって、問題へ立ち向かうことが求められているといえよう。

おわりに

本稿で扱う問題は、まさに現在進行中のものであり、また紙幅の点からも、被侵害利益による区分論の内実については、十分な検討を行うことができなかった。他日を期することとしたい[(46)]。

（1）2017 SCC 34（CanLII），［2017］1 S.C.R. 824. 当事者名がGoogle Inc. となっているが、これは、当時の社名である。現在、Google社は組織変更によって、Alphabet Inc. の子会社であるGoogle LLCとなっている。

この判決を紹介する邦語文献としては、ダニエル・アンソニー及び鈴木晃治「『インターネットに国境はない』オンライン知的財産権侵害事件でGoogleに対する下級審の世界的差止命令をカナダ最高裁判所が支持」AIPPI63巻2号（2018）150頁がある。また、本稿全体に関連する最新の英語論文として、Barry Sookman, “U.S. Court Thumbs Its Nose at Supreme Court of Canada : Google v. Equustek”, 30 I.P.J. 375（2018）参照。

（2）interlocutory injunctionは、一般に「暫定的差止命令」と訳されるが、本件もそうであるように、作為を明示することもある。そこで本稿では、可能な限りこれを「暫定命令」と訳し、injunction一般を論じる場合「差止命令」と訳した。

（3）*Google Spain SL and Google Inc.* v *Agencia Española de Protección de Datos*（*AEPD*）*and Mario Costeja González,* Case C131/12, ECLI:EU: C:2014:317.

（4）この点については、今岡直子「『忘れられる権利』をめぐるEUの裁定とGoogleの対応」（カレントアウェアネスE1585、2014. 07. 24）http://current.ndl.go.jp/e1585参照。なお、本稿におけるウェブ上の資源は、全て2018年9月30日に最終確認を行った。

（5）Commission nationale de l'informatique et des libertés

（6）Request for a preliminary ruling from the Conseil d'État（France）lodged on 21 August 2017-*Google Inc.* v *Commission nationale de l'informatique et des libertés*（*CNIL*）*,* Case C-507/17（2017/C 347/30）.

（7）たとえば、“Written Observations of Article 19 and others” submitted on 29 November 2017参照。https://cippic.ca/uploads/C507_17-A19-CJEU_EN.pdf

（8）BC州の裁判所は、Provincial CourtとSupreme Courtの2系列の事実審裁判所と、上訴審裁判所であるCourt of Appealからなる。このうち、Supreme Courtは、民事刑事の一般管轄を有するが、少額訴訟、家事事件、多くの刑事事件等5つの類型の訴訟は、Provincial Courtの管轄に移されている。Supreme Courtは、Provincial Courtの判決に対する中間上訴裁判所として機能する場合とそれ時自身が第一審裁判所として機能する場合がある。See, *Provincial Court Act,* R.S.B.C. 1996 c. 379, and *Supreme Court Act,* R.S.B.C. 1996 C. 443.

（9）この経緯と概要については、Oral Reason for Judgment by Madam Justice Fenlon on August 3, 2012 for *Equustek Solutions Inc.* v. *Jack,* BCSC Docket S. 112421, para. 10-14を参照。

（10）Order for Arrest from Mr. Justice Groves on September 26, 2012. Warrant for Arrest from Mr. Justice Groves on September 26, 2012.

（11）*Equustek Solutions Inc.* v. *Jack,* 2014 BCSC 1063（CanLII）; 374 DLR（4th）537.

（12）*Equustek Solutions Inc.* v. *Google Inc.,* 2015 BCCA 265（CanLII）; 386 DLR（4th）224.

（13）Section 101, *The Constitution Act, 1867.* 同条は、カナダ連邦議会に対して、「カナダに係る一般的上訴裁判所（a General Court of Appeal for Canada)」を設置する権限を付与している。この権限に基づき設置された裁判所が、カナダ最高裁判所である。*The Supreme Court Act,* R.S.C. 1985, c. S-26.

（14）Para 1, 2017 SCC 34（CanLII).

（15）*Ibid.* at para. 25. この3段階テストは、*RJR-MacDonald Inc.* v. *Canada (Attorney General),* 1994 SCC 117（CanLII),［1994］1 S.C.R. 311において確立したものである。

（16）*Ibid.* at para. 27.

（17）*Ibid.* at para. 28 et seq. ここでは、*MacMillan Bloedel Ltd.* v. *Simpson,* 1996 SCC 165（CanLII),［1996］2 S.C.R. 1048等が引用されている。

（18）*Ibid.* at para. 35.

（19）*Ibid.* at paras. 36-37.

（20）*Ibid.* at para 38. 法廷意見は先例として、*Impulsora Turistica de Occidente, S.A. de C.V.* v. *Transat Tours Canada Inc.,* 2007 SCC 20（CanLII),［2007］1 S.C.R. 867等を引用する。

（21）*Ibid.* at para. 41.

（22）*Ibid.* at para. 44.

（23）*Ibid.* at paras. 45-49.

（24）*Ibid.* at para. 55.

（25）*Ibid.* at paras. 61-81.

（26）現在のGoogleの検索エンジンの仕様では、日本からwww.google.caにアクセスしただけでは、検索インデックスはwww.google.co.jpに紐付けられたものが利用される。検索インデックスも変更したい場合には、端末側の設定で「検索対象の地域」をカナダに変更する必要がある。

（27）たとえば、"ECJ to rule on whether 'right to be forgotten' can stretch beyond EU", The Guardian July 20, 2017はその典型である。https://www.

theguardian.com/technology/2017/jul/20/ecj-ruling-google-right-to-be-forgotten-beyond-eu-france-data-removed

(28) See *supra* note 21.

(29) See example, John McKeown, "McKeown's Brand Management in Canadian Law Newsletter", March 2018 on WestlawNext Canada.

(30) See *supra* note 22.

(31) 原文は、*Equustek Solutions Inc.* v. *Jack,* 2014 BCSC 1063 (CanLII), para 144.

(32) See *supra* note 23.

(33) 本文では「奇策」と記したが、これは、国境を越えることを本質とするというインターネット上のビジネスを専らとするGoogle社が、極めて伝統的な主権国家による紛争解決制度の隙間を利用したという意味であって、カナダ裁判所の判決域外適用を危機ととらえるGoogle社の視点に立てば、極めてオーソドックスというべきである。

(34) Case No. 5 : 17-cv-04207-EJD, 2017 WL 5000834 (N.D. Cal., Nov. 2, 2017).

(35) 47 U.S.C. § 230 (c) (1).

(36) Zeran v. Am. Online, Inc., 129 F. 3d 327, 328, 330 (4th Cir. 1997).

(37) Barnes v. Yahoo!, Inc., 570 F. 3d 1096, 1103 (9th Cir. 2009).

(38) 同連邦地方裁判所は、後にこの予備的差止命令 (preliminary injunction) を恒久的差止命令 (permanent injunction) に変更するとの命令を発している。Google LLC v. Equustek Solutions Inc., Case No. 5 : 17-cv-04207-EJD (N.D. Cal., Dec. 14, 2017).

(39) アメリカのジャーナリスト団体である「報道の自由のための記者委員会 (Reporters Committee for Freedom of the Press)」がAP通信社を含む他14団体と共にカナダ最高裁判所に提出した、訴訟参加人による意見の一部である。http://www.rcfp.org/sites/default/files/Factum%20of%20the%20Media%20Coalition.pdf. See at para. 17.

(40) 2018 BCSC 610 (CanLII).

(41) *Ibid.* at para. 19.

(42) *Ibid.* at para. 20.

(43) *Ibid.* at para. 21.

(44) *Ibid.* at para. 22.

(45) http://abc.xyz

(46) この問題を考えるための最新の資料として、以下を参照。Fiona Brimblecombe and Gavin Phillipson, "Regaining Digital Privacy? The New "Right to be Forgotten" and Online Expression in the Jurisprudence of the International Court of Justice", 2018 4-1 Canadian Journal of Comparative and Contemporary Law 1, 2018 CanLII Docs 113, <http://www.canlii.org/t/29z8>, retrieved on 2018-09-30.

グローバル化時代における『市民社会』志向の憲法学の構築に向けての一考察[1]

山元　一

はじめに

現在この国の直面するグローバル化時代において、日本憲法学は、「市民社会」を志向する憲法学を構築するためには、一体何を考えればよいのだろうか、というのが、本稿の主題である。ここにおいて、「『市民社会』志向の憲法学」は、現在の日本社会の様々な場面で「市民法の不全」現象[2]が見られると指摘される状況の下において、どのような憲法理論上の処方箋、憲法構想を描くことができるか、を主題とするグランドセオリーの次元に位置する「大きな憲法論」〔棟居快行[3]〕を念頭に置いている。そして、このような課題に関して本稿が検討の切り口とするのは、水林彪・比較法制史論[4]である。

ここにおいて積極的な意味を含意する「市民社会」というイメージは、かつてマルクス主義隆盛の下で「非政治的経済社会」として消極的に捉えられていた「市民社会」というイメージを打破・再構築しようとする1980年代以降の世界的潮流、「市民社会のルネッサンス」〔広渡清吾[5]〕で共有されている市民社会像を意味する。そしてその代表例が、Jürgen Harbermasの主著『公共性の構造転換』の「1990年新版への助言」で提示された「市民社会の再発見」＝「自由な意思にもとづく非国家的・非経済的な結合関係[6]」であることはよく知られているところである。山口定の整理によれば、ここで提出されている新たな「市民社会」像（＝「目標概念としての市民社会」）の内実は、大要、①「国家」（あるいは官僚支配）から「社会」が自立するという意味での「社会の」自立、②「封建制」や前近代的な「共同体」との関係において個々人が自立するという意味での「個人の自立」、③「大衆社会」

ならびに「管理社会」との関係において個々人が「自立」を回復し、公共社会を「下から」再構成するという意味での「個々人の自立と公共社会の回復」をその中心的内容とするものである[7]。基本的にこのような課題を追求した戦後日本の市民法学は、川島武宜・戒能通孝・渡辺洋三・高柳信一等の論者によって担われたのであった[8]。そしてこのような課題は、最近では憲法民法関係論議として、市民像と人間像の連関[9]や憲法と民法の役割分担ないし協働化をめぐる問題[10]として議論されてきた。

1　水林彪における「国制史」論的視角と比較法制史論

1．1　憲法解釈方法論議と水林・比較法制史論

まず注目に値することは、水林・比較法制史論の提示する「国制史」的視角に依拠する比較法制史論は、解釈論的提言に結びつく高度に実践的意義を有していることである。この点、水林自身の認識では、「『科学としての法学』の一分野としての法史学を業とする私自身は、ひたすら、事象の客観的認識に(ママ)志向する」のに対して、「憲法解釈学者は、状況に対応すべく、『賢慮としての憲法学』すなわち実践知に(ママ)志向しなければならない」、と述べ、「法史学」者と「憲法解釈学者」を完全に二項対立的に位置づけている[11]。戒能通厚は、水林・比較法制史論は、「法史論であるのか、『解釈論的法学理論』であるのか、もとよりこれは、法の歴史の研究方法論とその目的にかかわり、水林の方法の独自性と評価されるべきであろう。いずれにせよ、法と歴史の関係についての、かなり基本的な問題が、ここにはある」との評を寄せている[12]。戒能は、「水林の方法の独自性」を指摘するが、おそらく水林が前提としているアプローチ、すなわちひとまず＜法の科学的認識＞（客観的認識行為）と＜法に関する実践的提言＞（主観的実践行為）を区別した上で、前者と後者を無関係な営為とせずに、後者が適切なものであるためには、当然前者についての正しい認識に立脚しなければならない、とする憲法解釈方法論は、フランス憲法史から抽出した人民主権論に立つ憲法学を構築した杉原泰雄[13]と同型的である。すなわち、杉原は、憲法解釈は、「歴史的社会的実践

性」を帯びた行為であるとしつつ、「歴史的社会的実践は、実践対象等についての科学的認識をふまえないことには、実践者の主観的な意図と矛盾する結果さえも導きかねない」、とする。そして、具体的に、「国家、憲法、立憲主義、国民、主権、国民主権、国民代表、権力分立、立法、行政、司法、予算、地方自治の本旨、自衛権、戦力、基本的人権、自由権、受益権、参政権、社会権、平等、公共の福祉等々」の「基本原理や基本概念」について、「近現代の市民憲法史の中で、どのような法的構造（概念規定)、どのような歴史的担い手、課題、機能および対抗的な原理等をもって登場してきているかを解明すること」が先行的課題として提示される。杉原によれば、「憲法科学」に属する「この作業は、自己の憲法解釈を反歴史的なものとしないためにも、また権力担当者による憲法の恣意的な解釈・運用を阻止するためにも不可欠」だ、とされるのである。フランス革命史論を所論の出発点に据えるこのようなアプローチは、「準拠国のトポス」に基づく「比較国制」論的アプローチとして位置づけうるものであり(14)、両論者の具体的主張内容はともかくとして、水林・比較法制史論とのアプローチの次元における共通性を窺うことができる。

水林・比較法制史論が解釈論としての機能を持つのは、日本憲法学における憲法解釈論が法・憲法の発展についての一定の歴史的理解を前提とし、そのような歴史的理解を援用することが憲法解釈論の説得性を強める役割を果たしてきたからである。すなわち、水林の議論は、実定法学がその思考や立論の基盤とする法と社会についての基礎的認識を強く揺り動かす性質を性質を帯びており、この意味で即時的に高度の実践性を有するものであるように思われる(15)。具体的な論点として、水林・比較法制史論におけるフランス革命期の市民社会観がある。これについて、次に検討しよう。

1．2 「国制史」論的視角とフランス革命期の「市民社会」観

戦後の比較憲法史論においては、フランスの典型性や特殊性について、英米における国家・社会のあり方との対比・距離をどのように位置づけるか、

が重要な論点の一つとなってきた。大摑みにいえば、フランスを積極的な準拠国の一つとして位置づけて、＜真っ当な市民革命を行った先進国の一つとしてのフランス＞というイメージのもとにフランス憲法史を語る見方が一般的であった、といえよう。ここでは、外見的立憲主義国としてのドイツそして日本に対する批判の基準としてフランスが位置づけられ、フランスは、アメリカとともに近代立憲主義のプロトタイプを提供するものとされたのであった。

この点、戦後日本憲法学の金字塔といえる樋口陽一『近代立憲主義と現代国家』[16]およびそこでの叙述に基本的に対応した叙述が展開されている『比較憲法』初版[17]では、歴史叙述として、マルクス主義的発展段階論を基礎とする欧米経済史理解に依拠していた。そして同書は、「比較憲法」というタイトルにもかかわらず、その当時大きなプレゼンスのあった社会主義陣営やアジア・アフリカ諸国は論述の対象外におかれ、＜比較西洋・憲法史及び憲法思想史・論＞の内実を持つものであるが、そのような考察対象の限定自体が、なによりも西洋的近代化の中に日本憲法の発展を方向づけさせようとする高度に実践的意義に基礎づけられていた[18]。同書では、「フランス近代憲政史は、『下からの革命』を実現して、『近代立憲主義』の理念が最も忠実に映し出されたがゆえに、その限度においてフランスは範型たりうる[19]」、と把握されていた。そしてフランスにおいては、近代立憲主義が根づいている証左として、ドイツ基本法において採用された憲法構想[20]（「憲法忠誠」「たたかう民主制」「実定法上の抵抗権」）が退けられたのであり、そこにおいて、＜個人にとっての国家権力の原理的他者性[21]＞の定着が引き合いに出されたのである。

これに対して、村上淳一の研究成果[22]を継承する水林によれば、「ドイツの二元制は、絶対主義時代における身分制社会と絶対主義王権との二元制の延長線上に、近代的な社会と国家の新しい二元制を包括しつつ成立した。」のに対して、イギリス・フランスでは、「絶対主義時代の二元制が近代になって解消されたために、社会と国家を同一物とみなす中世的観念が近代的に再編されたうえで復活することになった」のであった[23]。このような視角から、水林がフランス革命の経済史的特質を見直してみると、「フランスにおける『封建制（領主制的オイコス経済）から市民的オイコス経済への移行』が最終的には革命権力の発動の結果として行われたこと」にあるのである[24]。

水林のこのような基本認識から、＜ナラティヴとしての近代フランス市民社会像＞＜ナラティヴとしての近代立憲主義＞に対する否定的議論が導き出されてくる。＜ナラティヴとしての近代フランス市民社会像＞＜ナラティヴとしての近代立憲主義＞は、日本の憲法学にとっての前理解をなしてきたものであった[25]。まさにそうであるがゆえに、高橋和之が、戦後憲法学において通説的地位を占めてきた人権の私人間効力についての間接適用説に抗して行った無適用説という問題提起において、このような市民社会像・憲法像は、その立論に決定的な役割を演じることになった。高橋によれば、「憲法とは、国家権力の組織と行使のルールを定めた最高規範であり、権力の担い手を名宛人としている。これが、無適用説の依拠する近代以来の憲法の観念である。」「これに対し、直接適用説は、近代立憲主義の憲法観をラディカルに修正し、国民をも憲法の名宛人とすることを提唱する。そこでは、政治が実現すべき社会的価値は憲法の中に書かれていると観念される。憲法は、全法秩序に妥当すべき価値を内包した最高規範なのである。政治が行うのは、それを具体化し現実化していくことにすぎない。それは、価値的には憲法により閉ざされた世界である。」、と[26]。

これに対して、水林によれば、フランスの立憲主義の基本的性質に関して、イギリスでは、自由観として、「君主制国家からの自由」が唱えられたのに対して、フランスでは「国家による自由」が基軸をなし、「市民共同的自己統治権力（市民的公権力）による自由」が観念され、だからこそ1789年人権宣言16条において「権利の保障が確保されず、権力の分立が定められていないいかなる社会も、憲法を持たない」、として定式化された、とされる[27]。憲法は、市民革命期から国家のみならず社会をもその射程においていたのである。ここにおいて、水林・比較法制史論は、人権規定の直接適用説的理解を排斥した三菱樹脂事件最高裁判決[28]も含めて、重要な一つの憲法解釈論的機能、具体的にいえば、＜ナラティヴとしての近代フランス市民社会像＞＜ナラティヴとしての近代立憲主義＞に立脚する従来の憲法解釈論の論拠を無効化させるという意味で、消極的機能を営んだのであった。[29]

この論点に関して、現代フランス公法学の代表的論者の一人Michel Troperが、「革命期フランス思想には、あの1789年人権宣言16条が『社会(société)』という言葉を使っているところから知られるように、社会とは区別され法人格を有し、市民を抑圧し彼らの自由を制限したがる公共体としての国家」という観念はまさに克服の対象とされており、絶対王政期に発達してきた「市民と国家ないし国家と社会の分離」を揚棄することそのものがフランス革命の目的であった、と指摘する[30]のは、水林と同様の見地に基づくであろう。[31]

このように＜国家的なるもの＞と＜社会的なるもの＞の対抗の上に一定の「市民社会」観が形成される、という視座は、近現代のフランス国家思想史理解に大きな意味を有する。革命後のフランスにおいても、引き続き国家に対する＜社会的なるもの＞の対抗が繰り返され、＜社会的なるもの＞が国家に対する自律性を確保する、という、対抗伝統の存在（フランス流「原型（古層）の生命力」[32]）があり、そこにおいては、官僚制国家と団体自律的傾向との対抗関係が大きな意味をもってきた。[33]そうであるからこそ、第三共和制期に体制イデオロギーの一角を占めるにいたった社会連帯主義[34]を比較政治社会思想史的に「フランス自由主義」の一つの流れとしてつかまえることができる、と考えられる。[35]

1．3　「国制論」的視角の比較憲法史論的意義

「国制史」論的視角が比較憲法史に導入されたことのなによりも大きな意義は、それまで一枚岩的に捉えられる傾向にあった＜西洋近代＞が多元的に捉えられるための契機を与え、特に＜英米的近代＞と＜フランス的近代＞の種差を明確化させたところにある。＜西洋近代＞から生み出された立憲主義をこの国に導入・定着させようとしてきた立憲主義憲法学の古典的な議論の

あり方[36]に与える理論的インパクトは極めて大きい。

この点、1992年刊行の樋口陽一『比較憲法』全訂第3版[37]における論述の変化が興味深い。同書は、丁度社会主義陣営が崩壊する状況を横目に見つつ、「国制論」的視角を受容して、<「ルソー＝ジャコバン型国家像」としてのフランス>（⇔「トクヴィル＝アメリカ型国家像」としてのアメリカ）という定式のもとで[38]、フランス革命の典型性／特殊性、フランスの英米における国家のあり方との対比・距離を自覚的に論じる叙述が加えられた。そのことを通じて、英仏先進国論（「下からの革命」論）に立脚する比較欧州経済史論的規定論の地平からtake offすることになった。その知的背景としては、マルクス主義およびその発展段階論の理論的壊滅、そして市民革命不存在論などの活性化[39]などを指摘することができよう。この点について水林は、「『比較憲法』全訂第3版（1992年）」で行った「『自由主義』と『共和国』の対立という論点にかかわる重要な補正」は、「初版の論述の基礎をなした欧米経済史理解（特に高橋幸八郎のフランス経済史理解）とこれを基礎にする憲法史叙述の全体を見直すことを要請する性質のものとおもわれるが、しかし、全訂版の補正は、そこまでには及んでいない」、と指摘する。「社会経済史を基礎とする欧米憲法史論の全体を再構成することが必要となる[40]」、という。戦後日本社会の展開の中で、樋口憲法学における、(a) その時代その時代における最も高度の社会科学の水準に支えられた社会構造についての基礎認識に支えられた憲法現象についての探求（憲法科学）と、(b) 特定の歴史的時点における高度な実践性の追求（憲法実践・思想・構想）、という、容易には両立し得ない志向性の裂け目を鋭く剔り出す指摘である、といえよう。

この論点は、「世界史の基本法則」的「段階」論との対比における「型」思考のインプリケーションと深く関連している。すなわち、いわば純粋な「段階」論的理解においては、世界の国々は同じように眼の前に用意された階段をしっかりと登って行きさえすれば、発展段階の最終地点に到達しうるのであり、それぞれの国のありようは、もっぱら相対的に「段階」的に進んでいるのか遅れているのかのスケールで位置計測がなされることになろう。これと対照的に、「型」は、そのように分類されれば、本来、その「型」のためにあらかじめ用意された目的地が別々のレールの上を進んでいくよりほかはないことになる。

「国制論」的視角は、「型」の議論としての性質を有するために、ひとまず、＜他者＞たる他国の類型化作業においては、A型（例えば、アメリカ・イギリス型）とB型（例えば、フランス・ドイツ型）という風に分類し、明確にそれぞれの型を特徴づけることに関心が注がれる。この点、樋口憲法学は、なるほど経済発展的段階論的関心に導かれて市民革命にアプローチした高橋幸八郎史学に基礎を求めた[41]が、この議論においては、経済の一定の発展段階で到達する市民革命のあり方の違いから「型」（「下からの革命」vs「上からの改革」）という類型論が析出されてくるので、やはり「型」の理論に帰着する。一般論としていえば、自国の歴史的現実を「日本型」あるいは自己を含む「アジア型」という類型化図式を作ってしまうと、運命論的トーン、文脈次第では現状肯定的なニュアンスを帯びてしまうであろう。しかし、経済発展段階論的関心からは、その議論の性質上、「日本型」というような一国特殊的な類型化に向かわない。段階論がこのような次元のものとして捉えられれば、樋口自身の言葉によるなら、「『段階』志向は、……それぞれの社会の歴史の自己認識を可能にし、そのことを通して、……『型』に対して働きかける手がかりを、示唆してくれるはず[42]」のものとなる。このように、樋口憲法学においては、もともとから「型」の議論に軸足がおかれていたために、「国制論」的視角を受容した際には、経済発展段階論的関心は後景に退く一方で「型」思考そのものは維持され、ただ同類型に属するものとしての英仏が切り離され、いまや**もっぱらフランス一国だけが**特殊的に照射され、フランス「型」すなわち＜「ルソー＝ジャコバン型国家像」としてのフランス＞こそが,ほかならぬ日本にとって「追体験」すべきものとされることになる[43]。このような認識が、樋口の憲法論的提言の根底に置かれる。

この点、日本法制史を主要な研究領域とする水林・比較法制史論にとっては、当然のことながら、日本「型」の法と社会のありようを浮き彫りにすることこそが、最も重要な関心対象となる。水林は、「現代法的状況の日本史的文脈[44]」という問題設定を行うことを通じて、日本近代法の特質把握を行なう。具体的には、なによりもまず、「日本近現代法史の起点としての」「幕藩制時代の国制と法」の規定的意義が強調される。それを踏まえて、「日本近代法の特質」として、①「常民的生活世界における固有法の持続」、②「官僚制的および資本主義的な法体系の導入と常民的生活世界の従属的編成」、が析出される。その上で、「わが国現代法現象の普遍性と特殊性」として、「法秩序の資本主義化の一層の発展という西欧社会と共通する現象」と「法秩序の再日本化ないし日本的なるものの持続という特殊的現象」が対比的に描き出される。極めて印象深いのは、「現代刑事手続法の特質は、直接的には近世武家法に、究極的には古代律令法継受という事件に因果帰属される[45]」という指摘である。ここでは、日本法文化の持続的性格が鮮やかに強調されている。そしてこのような認識は、国家と法に対する日本人の向き合い方を根本的に転換させるエートスの変革が求められることに帰着する。

樋口・比較憲法学や水林・比較法制史論とは別様の思考がありうるとしたら、それは、英仏独米と日本社会の間の比較のみを行い、もっぱら西洋社会を導きの星として仰ぐ姿勢から一歩踏み出した地点から、比較憲法学的議論を再構築すること、すなわちグローバル比較憲法研究にふみだすことであろう[46]。

2 「市民社会」志向の憲法構想―その課題

2．1 方法論としてのナショナリズム批判

上で見たような、市民法学の課題意識を相続し、グローバル化世界を「市民社会」志向の憲法構想に取り組もうとする時、どのような課題に向き合うことが必要であろうか。この文脈で最も本質的な問題提起は、Ulrich Beckによる方法（論）的ナショナリズム批判[47]を受容する広渡清吾の所説[48]である。広渡によれば、「方法的ナショナリズムへのコスモポリタン的な批判の核心

は、端的に『国民国家が独自の出発点とみなされる』ことに向けられる」。「ナショナルな視角は国民国家を分析するけれども、その固有の諸制度の根本を問うことをしない。コスモポリタン的視角は、『内か外か』、『ナショナルか、インターナショナルか』という『あれか、これか』の二者選択のあり方（Entweder-Oder）を『内も、外も』という並列に取り替える。それは、領域的に、時間的に、そして事物的に『あれも、これも』（Sowohl-als-Auch）である多様な現実のために必要なものである」。／コスモポリタン的視角は、「グローバルな相互依存関係への理解を、また、それが、国民国家に及ぼす作用への知覚を研ぎ澄ますものにとどまり、実際に国民国家の危険と危機がどのような方向に向けて打開されるのかは今後に開かれた経験的な実証の問題である」、と。

2．2　樋口・憲法学「共和国」志向の憲法論

樋口陽一は広渡とは全く反対の道を選択する。「共和国」志向の憲法学を標榜しつつ、ここで批判の対象となる方法論的ナショナリズムをあえて自覚的に選択した上で、「共和国」志向の憲法学を標榜しつつ、現在の日本憲法のありように対して自らの憲法構想を対峙させる。その最も中心的命題は、以下のものであろう。

「近代立憲主義の『国家からの自由』は、人民の意思による国家権力の掌握があったうえで、国家権力＝自分たちの意思をもあえて他者として見る緊張関係のうえに成立してきたはずである。『国家からの自由』への私の執着は、そのような立憲主義の王道の文脈での選択ではなく、国家権力が他者でありつづけているからそう余儀なくされているのである。」[(49)]「『国家からの自由』の享有主体として『個人』を特定的につかみ出すという点で『共和国』思考の核心をひき継ぎ、そのことによって『自由主義』を『新自由主義』から防衛する枠組を構想している」[(50)]

この命題は、おそらくは、近代立憲主義を生み出したフランスやアメリカにおいては、まともな市民革命を経ることによって「人民の意思による国家権力の掌握」という歴史的現実が現実に生起した[51]のに対して、日本では、歴史的現実認識レベルの問題として、「人民の意思による国家権力の掌握」が存在しなかったということを意味する。このことは、樋口が、高橋幸八郎史学の視角に今なお忠実に、「下からの革命」を遂行することができず、「上からの改革」によって市民革命の課題を果たした日本では、21世紀の今日に至るまで「人民の意思による国家権力の掌握」が未だ実現していない、と主張していることを意味する。ここに樋口・比較憲法学の思考の＜原点＞を見出すことができるとともに、先進的西洋社会とは全く異なり、日本では「国家権力が他者でありつづけている」と断定することの根拠が問われることになろう。西洋でも日本でも基本的に表現の自由が保障されており、民主主義的な選挙が行われているのもかかわらず、彼の地では、「人民の意思による国家権力の掌握」が行われおり、日本ではなお将来的に実現すべき課題である、とするのは、戦後初期であれば賛成する者が多かった可能性があるが、今日から見れば、端的にいって西洋社会の過度の理想化言説であり、それではこの日本においていかなる条件を満たせば、「人民の意思による国家権力の掌握」が到来したのか明らかにし得ない点のおいて説得力をもつことは困難な命題であると考えられる。そうだとすれば、＜現在の日本社会では、「人民の意思による国家権力の掌握」が生じていない＞という社会認識をアプリオリに共有する論者たちの間でのみ対話可能な、閉ざされた言説となってしまっているのではないか、と評することが可能であろう。

そして、樋口の憲法構想に対する全く外在的な批判としては、国家権力の自己性／他者性というモノサシでは、多様な形態のもとで展開する国家現象を捉えることは難しく、先住民族問題や民族統一問題がから生じる問題についての射程をもたない理論であると指摘することが可能であろう[52]。

まとめにかえて

これからの公法学[53]が方法論的ナショナリズム批判に立脚したものであるべきとすれば、これからの時代において「市民社会」志向の憲法学（公法学）を構築するためには、グローバルな視角から主権国家（国民国家）そして世界社会（国際社会）について従来とは、全く異なった光をあてるものとなろう（「グローバル公法学」へのパラダイム・シフト)。そして、比較憲法の方法論もグローバル比較憲法研究へと視野を拡大する必要がある。このような視野の拡大は、日本の憲法状況の分析についても一定の示唆を与えることになろう。これらの論点については、別稿に委ねることとしたい[54]。

（1）本稿は、最近筆者が公表した論稿「覚書：グローバル化時代における『市民社会』志向の憲法学の構築に向けて」(『法律時報』90巻10号〔2018年〕74頁以下）の元になった口頭報告用のレジュメをベースに、同覚書において紙幅の制約によって取り上げることのできなかった論点を組み入れたものである。古稀を祝賀すべき機会に、このような論稿しか寄せることができなかったことについて、日本におけるフランス憲法研究の指導者として長年にわたって活躍されてきた植野妙実子先生のご寛容を乞う次第である。

（2）水林彪『国制と法の歴史理論』(創文社、2010年）6頁、同「『市民法の不全』―わが国における『旧体制』の残存と克服の課題」広渡清吾他編『清水誠追悼・日本社会と市民法学』(日本評論社、2013年）121頁以下。

（3）棟居快行発言（浦部法穂他編『いま、憲法学を問う』(日本評論社、2001年）29頁)。この時点での棟居の日本憲法学に対する診断によれば、一方で、「テーマが分化して、ある意味で矮小化された、単なる権利主張の道具として」の「人権論」を内実とする「小さな憲法論」と、「国家とは何か、国家の役割は何かという『大きな憲法論』との二極化が進み、後者はどんどん空洞化」している、とする。現在の日本憲法学における人権論のありようが棟居の指摘するような現状にあるかどうかを判断する適格性を筆者は持たないが、ともかくも後者に連なる問題関心を共有するのが本稿である。

（4）この論点をめぐる水林の主要な著作は、水林・前掲注（2）『国制と法の歴史理論』に収録されている。

（5）広渡清吾「現代ドイツの市民社会論と市民法についての覚書―概念的考察」水林彪＝吉田克己編『市民社会と市民法』(日本評論社、2018年）217頁。

（6）ユルゲン・ハーバーマス〔細谷貞雄＝山田正行訳〕『公共性の構造転換〔第2

版〕』(未来社、1994年) xxxxviii頁。

(7) 山口定『市民社会論―歴史的遺産と新展開』(有斐閣、2004年) 12-13頁。

(8) 参照、広渡清吾『比較法社会論研究』(日本評論社、2009年) 235頁以下、人見剛「市民法的公法学」水林=吉田編・前掲注(5) 517頁以下。

(9) 例えば、大村敦志「フランスの市民社会と民法・覚書」水林=吉田編・前掲注(5) 149頁以下、吉田克己「『人の法』の構築」同書177頁以下。

(10) 参照、例えば、星野英一=樋口陽一「社会の基本法と国家の基本法」『ジュリスト』1192号〔2001年〕2頁以下、法律時報76巻2号50頁以下に掲載された小特集「シンポジウム・憲法と民法」所収の吉田克己・山本敬三・大村敦志・長谷川晃・戒能通厚・広渡清吾・樋口陽一の諸論稿。筆者による整理として、参照、山元一「<法構造イメージ>における憲法と民法」『法学セミナー』646号〔2008年〕12頁以下、同「日本国憲法と日本の法、日本の社会」辻村みよ子編『基本憲法』(悠々社、2009年) 1頁以下、がある。

(11) 水林彪「比較憲法史論の視座転換と視野拡大」レジス・ドゥブレ他『思想としての<共和国>:日本のデモクラシーのために〔増補新版〕』(みすず書房、2016年) 332頁。

ちなみに、水林は、「憲法学界における日本国憲法の自由主義的解釈は、日本国憲法制定直後から蠢きはじめる日本国憲法『改正』の動きを睨んでの、『科学としての憲法学』とは思考方法を異にする、『賢慮としての憲法学』(憲法解釈学) の、多少とも苦渋に満ちた選択であったのかもしれない。」、と分析する(333頁)。日本憲法学における主流派的解釈論が、「自由主義的解釈」であったかについては、分節化が必要であろう。すなわち、①美濃部のフレームワーク=「自由主義的解釈」とするなら、戦後世代の憲法学は、70年代までは、社会主義を展望しつつ「科学的憲法解釈」を行うのが有力であった可能性がある(一種の共和主義的解釈?)。②自己決定・人格自律=「自由主義的解釈」とするなら、80年代以降の憲法学にとっての大きな関心となった。③分野ごとに観察すると、(i) 表現の自由については自由主義的解釈、(ii) 社会権については共和主義的解釈、が一般的であり続けてきた可能性がある。(iii) 平和主義について自由主義的解釈(=権力非武装) が主流であった(但し、自由主義的解釈の定義による)。

(12) 戒能通厚『イギリス憲法〔第2版〕』(信山社、2018年) 498-499頁。

(13) 杉原泰雄『憲法Ⅰ 憲法総論』(有斐閣、1987年) 2-3頁。さらに参照、同書88頁以下。

(14) 参照、山元一「憲法解釈と比較法」『公法研究』66号〔2004年〕109-110頁。後に検討する樋口陽一・比較憲法史論も本稿でいうところの「準拠国のトポス」に基づく「比較国制」論的アプローチに分類することができる。というのも、両者は「プープル主権」概念をめぐって決定的に対立したが、立憲主義に関する立論を行なう際には、真正の歴史学的社会科学的方法に基づいたフランス革命史・経済史(「欧米経済史理解」) に基礎づけられた主張を行うことが決定的に重要だ、とする点では完全に一致していたからである。杉原憲法学は、この国における階級闘争の激しさを究極的な根拠としてフランスに強い関心が向けられるが、現実に制度として定着したフランスが参照の対象になるわけではなく、「民衆」を担い手として「人民主権」論というかたちをとる、サン・キュロット運動からパリ・コミューンまでの比較「国制構想」論のレベルでのフランスへの依拠が行われた。山元・前掲論文109頁。

(15) 評価については筆者の能力を超えるが、解釈論に利用しうるポテンシャルを有するその立論の高度のシェーマ的性質ゆえに、フランス法制史家からの辛辣な批判（石井三記「書評　近代憲法の本源的性格」『法制史研究』60巻〔2010年〕300頁以下）を招いたに思われる。

(16) 樋口陽一『近代立憲主義と現代国家』（勁草書房、1973年）。

(17) 樋口陽一『比較憲法』（青林書院新社、1977年）。

(18) 同書が、「exposer（叙述）」の次元に位置するものであり、「何ごとかを直接にproposer（提唱）しようと」したり「imposer（強制）しよう」とするものではないとしながら、そのすぐその後で、「発展社会＝資本主義型の憲法現象を対象として分析しようとする際に、ファシズム独裁からどのようにして近代立憲主義の原理を防衛するのか、また、筆者にとっては人類的価値をもつと考えられる精神的＝政治的自由と多元主義を継承しながら社会的公正の要請にこたえるような憲法への展望がどのようにして可能なのか、という問題意識をもって理論的にアプローチしていることを、かくす必要はないであろう」（樋口前掲・注（17）43-44頁）、という。したがって、ここでは、樋口の実践的意識は明白であり、樋口が日本憲法の種々様々な論点における具体的な解釈論や提言が同書における比較憲法的叙述から「直接に」導出しない、ということを意味するにとどまる。

この点に関連して、樋口は、「われわれはフランス社会に責任を負ってるわけじゃなくて、日本社会に責任を負ってる。日本社会を良くしていくためには日本社会を悪しざまに言う義務があるわけです。フランス社会の欠点を述べる義務はない。そこが決定的に違う。だから、日本もこうだがフランスもこうだという、逆に日本もこうだがフランスも悪いところだけじゃないという、それは評論家がやることであって研究者がやることではない」（樋口陽一〔発言〕「樋口陽一＝三浦信孝＝水林章「共和国の精神について〔鼎談〕」レジス・ドゥブレ他『思想としての＜共和国＞：日本のデモクラシーのために〔増補新版〕』（みすず書房、2016年）」260-261頁）という。だが、特定の選好を有する読者や視聴者やスポンサーのニーズに応える言説を展開することによって生計を立てている「評論家」と、その職責において知的廉直性を手がかりに公正な観察の結果を提示する社会的責務のある「研究者」は、その位置づけが全く逆なのではないのか、との疑問が生ずる。

それでは、このように知的廉直性をいわば踏み外してしまうディスクールがこのような仕方で現出してしまうのは、なぜか。この点について、憲法学外から寄せられた戦後憲法学のありようについての分析（藤谷武史「『憲法論』の磁場を超えて」『法律時報』90巻9号〔2018年〕93-94頁）によれば、「憲法（他の法分野以上に）『法の背後にあるもの』に深く規定される性質を帯びる。このため、憲法学は、『法が直接には扱えないもの』への理論的開放性と、法システム内在的な批判に堪えうる『法（学）』としての洗練性の両立を巡る苦闘を引き受けざるを得ない。憲法学にとっては「何を憲法の問題として扱うか」は切実な問いであり、この境界画定を巡るディスコースは＜憲法論＞と呼ぶより他ない独特の『熱』を帯びた営為である」、とされる。まさしく、かかる「熱」こそが、この「＜憲法論＞」の担い手をして知的廉直性を踏み越えさせる「熱」源であるといえよう。そして、「法の背後にあるもの」は、この論者の考える＜立憲主義的エートスと実践＞を根底のところで拒絶するところの、歴史的形成物としての＜日本的Constitution＞の岩盤性についての絶望的な確信ということになろう。そして、おそらく、この確信を共有する論者たちが、日本における＜正統派立憲主義学派＞の系譜に属する、と自らをidetifyしているのだ、と考えられる。

（19）山元・前掲注（14）109頁。

（20）樋口・前掲注（17）261頁以下。

（21）この点については、後述「Ⅱ「市民社会」志向の憲法構想—その課題2　樋口・憲法学「共和国」志向の憲法論」参照。

（22）参照、村上淳一『近代法の形成』（岩波書店、1979年）、同「ヨーロッパ近代法の諸類型—英・仏・独における『国家と社会』」平井宜雄編『社会科学への招待：法律学』（有斐閣）41頁以下。

（23）水林彪『国制と法の歴史理論』（創文社、2010年）123-124頁。

（24）水林彪「比較憲法史論の視座転換と視野拡大」ドゥブレ他・前掲注（18）293頁以下、305頁以下。

（25）参照、山元一「憲法理論における自由の構造転換の可能性（1）」長谷部恭男他編『憲法の理論を求めて—奥平憲法学の継承と展開』（日本評論社、2009年）27頁以下、同「フランス憲法学と『立憲主義』」辻村みよ子編集代表『政治・社会の変動と憲法　第Ⅰ巻　政治変動と立憲主義の展開』（信山社、2017年）47頁以下。

（26）参照、高橋和之2012「人権規定の『私人間適用』と『第三者効力』」『法律時報』84巻5号98頁。さらに、参照、高橋和之「『憲法上の人権』の効力は私人間に及ばない—人権の第三者効力論における『無効力説』の再評価」『ジュリスト』1245号（2003年）137頁以下、同「私人間効力論再訪」『ジュリスト』1372号〔2009年〕。高橋の問題提起をめぐる議論について参照、糠塚康江「『憲法と民法』関係におけるフランスモデル」『関東学院法学』19巻1号（2009年）1頁以下。

（27）現在のフランス憲法学を担う一人であるDominique Rousseauもこの点を強調する。Dominique Rousseau, *Radicaliser la démocratie : proposition pour une refondation,* Seuil, 2015, p. 103 et s. 参照、山元・前掲注（25）「フランス憲

法学と『立憲主義』」70頁以下。

(28) 周知の通り、三菱樹脂事件・最高裁判決（最大判1973年12月12日民集27巻11号1536頁）は、以下のように判示した。「憲法の右各規定は、同法第三章のその他の自由権的基本権の保障規定と同じく、国または公共団体の統治行動に対して個人の基本的な自由と平等を保障する目的に出たもので、もつぱら国または公共団体と個人との関係を規律するものであり、私人相互の関係を直接規律することを予定するものではない。このことは、基本的人権なる観念の成立および発展の歴史的沿革に徴し、かつ、憲法における基本権規定の形式、内容にかんがみても明らかである。のみならず、これらの規定の定める個人の自由や平等は、国や公共団体の統治行動に対する関係においてこそ、侵されることのない権利として保障されるべき性質のものであるけれども、私人間の関係においては、各人の有する自由と平等の権利自体が具体的場合に相互に矛盾、対立する可能性があり、このような場合におけるその対立の調整は、近代自由社会においては、原則として私的自治に委ねられ、ただ、一方の他方に対する侵害の態様、程度が社会的に許容しうる一定の限界を超える場合にのみ、法がこれに介入しその間の調整をはかるという建前がとられているのであつて、この点において国または公共団体と個人との関係の場合とはおのずから別個の観点からの考慮を必要とし、後者についての憲法上の基本権保障規定をそのまま私人相互間の関係についても適用ないしは類推適用すべきものとすることは、決して当をえた解釈ということはできないのである。」

本判決が、日本の憲法判例史上、具体的な人権問題の解決に取って決定的な指針を与えたことに意味があるわけではなく、なかんずく「憲法学説が『近代』や『立憲主義』を語り続ける際の不可欠の対話の相手」（林知更『現代憲法学の位相』（岩波書店、2016年）394頁）としての役割を演じてきただけに、この論点に関する水林の所論のインパクトは極めて大きいといわなくてはならない。なお参照、林知更「論拠としての『近代』—三菱樹脂事件」駒村圭吾編『テクストとしての判決—「近代」と「憲法」を読み解く』（有斐閣、2016年）109頁以下。

(29) 参照、水林彪「『憲法と経済秩序』の近代的原型とその変容—日本国憲法の歴史的位置」『季刊企業と法創造』9巻3号〔2013年〕143頁以下。

(30) Michel Troper, “Who needs a third party effect doctrine? —The case of France”, in András Sajó and Renáta Uitz (edited by), *The Constitution in private relations : Expanding constitutionalism,* Eleven International Publishing, 2005, p. 115ff.

(31) 但し、Troperは、「18世紀の立憲主義は、憲法を一つの機械装置（mécanisme）として捉え、その装置の部品は、装置を動かす人間の意思とは関係なく、必然的に、一定の効果を作り出すように配列されていると考えられていた。」／「憲法は何よりもまず一つの機械装置として構想され、憲法に求められる品質は何よりもまず効率的な機械装置としての品質であった。」と指摘しており、フランス革命期憲法像の再構築という課題が生じる。cf. Michel Troper, Pour une théorie juridique de l'État, PUF, 1994, p. 210（訳文は、ミシェル・トロペール〔南野森訳〕「立憲主義の概念と現代法理論」ミシェル・トロペール（南野森編訳）『リアリズムの法解釈理論―ミシェル・トロペール論文撰』（勁草書房、2013年）に拠る）, Apostolos Papatolias, *Conception mecaniste et conception normativiste de la Constitution,* Sakkourals/Bruyant Apostolos Papatolias 2000.

18世紀から19世紀初頭まで支配的な憲法がTroper の認識するようなものであったとすれば、近代フランス立憲主義は、その既成観念に反して、①「機械論的憲法観（conception mecanique de la Constitution)」＋②「法律中心主義(legicentrisme)」による法段階説的憲法観（憲法→法律→判決＆執行）の否定、をその内実とすることになる。

(32) 水林彪「原型（古層）論と古代政治思想論」大隅和雄他編『思想史家　丸山眞男論』（ぺりかん社、2002年）79頁。

(33) 山元一「《法》《社会像》《民主主義》―フランス憲法思想史研究への一視角（５・完)」『国家学会雑誌』107巻９・10号〔1994年〕190頁以下。このような観点から重要なのは、中村睦男の「下からの社会権」論の視角（同『社会権法理の形成』（有斐閣、1973年））である。。最近のものとして、中村睦男「社会権再考」『企業と法創造』６巻４号〔2010年〕64頁以下、がある。

(34) 参照、重田園江『連帯の哲学Ｉ　フランス社会連帯主義』（勁草書房、2010年)。

(35) ウィリアム・ローグ（南充彦他訳、1998年）『フランス自由主義の展開1870-1914―哲学から社会学へ―』（ミネルヴァ書房）〔原著書1983年〕第三共和制期の社会連帯主義を度外視して、フランス共和主義を理解することはできない。ドゥブレは、フランス共和主義を戯画化している、という批判がなされる。参照、北川忠明「レオン・ブルジョワにおける連帯・共和国・国際連盟構想（１)」『山形大学法政論叢』60・61号（2014年）219頁。

(36) 比較憲法的考察において西洋を一枚岩的にひきよせて捉えることは、美濃部達吉『日本憲法の基本主義』（日本評論社、1935年）・芦部信喜『憲法と議会政』（東京大学出版会、1971年）ら、嫡流的立憲主義学派に共通する古典的な思考様式であった。この点について参照、山元・前掲注（14）107頁以下。

(37) 樋口陽一『比較憲法〔全訂第３版〕』（青林書院、1992年)。

(38) 参照、樋口陽一『近代国民国家の憲法構造』（東京大学出版会、1994年）35頁以下。

(39) 参照、小野塚知二『経済史』（有斐閣、2018）232-233頁。

(40) 水林・前掲注（11）295、329頁。これに対する樋口のリプライとして、樋口陽一「水林彪論稿に寄せて」レジス・ドゥブレ他・前掲注（18）334頁以下（後に、同『抑止力としての憲法――再び立憲主義について』（岩波書店、2017年）79頁以下、177頁以下に所収)、がある。少なくともこのことは、マルクス主義的世界観が大きな影響力を有する中で、憲法学は＜社会科学としての憲法学＞であるべきである、という学問的要請が消失したことに対応している。さしあたりの筆者の作業として、山元一「＜「自由」＞の共和国の憲法思想―『70年代主権論争』、そしてその後―」石川健治編『学問／政治／憲法―連環と緊張』（岩波書店、2014年）89頁以下、がある。なお、愛敬浩二はこの主題を、「フランス基軸論の変容」として取り扱っている。愛敬浩二『立憲主義の復権と憲法理論』（日本評論社、2012年）104頁以下。

(41) 経済史的観点から、＜市民革命期＞→＜産業資本確立期＞→＜現代的変容期＞の三段階が構図として描かれる。参照、樋口・前掲注（37）47頁以下。

(42) 樋口陽一『加藤周一と丸山眞男―日本近代の＜知＞と＜個人＞』（平凡社、2014年）22頁。したがって、「型」といっても、「人為によって動かす『余地』のない所与だけが『型』をつくっているわけではなかろう」、とされるのである。

(43) 樋口が、フランス近代憲法から排斥される「コオルとしての司法」や大学自治などを積極的に自らの立憲主義論に組み入れたところに「雑種的コンスティテューショナリズム」の企図を読み取る論稿として、高橋雅人「雑種的コンスティテューショナリズム」戒能通厚他編『法創造の比較法学―先端的課題への挑戦』（日本評論社、2010年）59頁以下、がある。筆者による樋口「コオルとしての司法」論についての検討として、山元一『現代フランス憲法理論』391頁以下、を参照されたい。

(44) 水林・前掲注（２）『国制と法の歴史理論』558頁以下。

(45) 水林・前掲注（２）『国制と法の歴史理論』585頁以下。

(46) 参照、辻村みよ子『比較憲法〔第３版〕』（岩波書店、2018年）15頁以下、山元一「日本の立憲主義の権威主義化？」『憲法研究』３号〔2018年〕掲載予定。辻村の提出する類型論は、タテ軸に「西欧型（先進国型）憲法」⇔「非西欧型（途上国型・AA諸国型）憲法」を置き、ヨコ軸に「社会主義型憲法」⇔「資本主義型憲法類型論」をおいた上で、「立体的（三次元）」の軸を設定し、「憲法の存在形式」「改正手続」「制定主体」「「人権保障状況」「統治構造（デモクラシー・行政システム・違憲審査制の「型」）」「平和主義」などを盛り込んだ「複合的な（多元的）類型図」を構想する。ここにおいては、類型論の名の下で、現在の世界で展開される様々な憲法現象のマッピングが志向されており、樋口の類型論とは、質的に全く異なるものとなっている。このような方向性に対して、君塚正臣は、「法学が実用的な学問である」以上、憲法学にとってのあるべき比較憲法は「実践としての比較憲法」であり、「日本国憲法の理解・解釈・運用のヒントとし、説得力の強化を図る」任務を持ったものに限定されるべきだ、と主張する。君塚は、日本の改憲論を積極的に根拠づけるために「第三世界の開発独裁」の諸国が「憲法を変えた例」を援用する態度は、単に「実践的に下手だ」と批判すればよい、というのであるが、何を基準に上手下手を論ずればよいのか明らかでなく、疑問が残る。以上、君塚正臣「比較憲法とは何か」同編著『比較憲法』

（ミネルヴァ書房、2012年）９頁以下。村田尚紀は、実践的関心から距離を起きつつ、「個別憲法現象の諸側面」を解明するために、「近接比較」「遠隔比較」を含めた様々な比較作業の重要性を説く。村田尚紀『比較の目で見る憲法』（北大路書房、2018年）i-iii、30-31頁。

(47) 参照、ウルリッヒ・ベック〔島村賢一訳〕『ナショナリズムの超克』（NTT出版、2008年）64頁以下。

(48) 広渡清吾「国際化の中の日本社会」棚瀬孝雄編『市民社会と法―変容する日本と韓国の社会』（ミネルヴァ書房、2007年）68頁以下、山元一「現代日本憲法理論にとっての『ヨーロッパ憲法』の意義」『比較法研究』71号〔2010年〕82頁以下。

(49) 樋口陽一『憲法という作為―「人」と「市民」の連関と緊張』（岩波書店、2009年）９頁。

(50) 樋口・前掲注（40）『抑止力としての憲法』181頁。

(51) 但し、この命題においては、米仏では「人民の意思による国家権力の掌握」という法的建前が成立しただけであり、実体的な権力の所在は問題とされていない、と考える余地もある。この点について参照、山元一「コメント―樋口憲法学におけるcitoyenをめぐって」『新世代法政策学研究』７号〔2010年〕37頁以下。

(52) 水林の憲法構想においても、樋口と共通して、日本国憲法を「共和国型憲法」として読解した上で、「『市民的公共権力による、天皇制権力を支えてきた私的諸権力からの自由』を基調とす」べきことが強調される。水林・前掲注（11）319頁。

(53) なお、ここで、「公」法学といっても、近代国民国家を所与の前提としなければ、従来自明的とされてきた各法（学）領域は、次第に境界融合的なものとなっていく定めにあろう。

(54) 参照、山元・前掲注（１）77頁以下、山元・前掲注（46）。

憲法の自殺？
—主権委譲の可能性をめぐって—

工　藤　達　朗

1　「主権の委譲」と「憲法の自殺」

思想家であり武道家でもある内田樹さんは、憲法についての講演の中で、日本国憲法が軽んじられている現実を慨嘆し、もしも「日本国憲法前文のさらに前文〔上諭のことか？——工藤〕に『天皇は主権を国民に委譲する』という一条が書き添えられていれば」「憲法はもっと『重い』ものになりえたのではないか」と想像している[(1)]。

日本国憲法を権威（重み）づけるために天皇を持ち出してくることが、国民主権の憲法を護るという目的にとって適合的な手段なのか、疑問の余地があろう[(2)]。それはともかく、従来の憲法学（通説）から見れば、手段の適合性を問題とする以前に、天皇が自己の有する主権を国民に委譲することはできない。なぜなら、主権を委譲することは、憲法改正の限界を超えており、法論理的に不可能だからである。天皇から国民への主権の移動は、日本国憲法制定時に天皇が国民に主権を委譲したからではなく、ポツダム宣言の受諾によって、憲法制定以前にすでに生じていたのだ（八月革命説）。したがって、この一文がかりに憲法の中にあったとしても、その規定ないし文言は、学問的に誤った無意味な文章であるか、せいぜい既存の事実を事後的に正当化するための作り話であるにすぎないことになる。人によっては、主権を失った天皇に対する政治的配慮だと説明されるかもしれない。

いずれにしても、通説によれば、憲法制定権力の所在を示す規定（主権規定）をその憲法の定める改正手続に従って変更することは不可能である。憲法制定権力の主体（主権者）がその権力（主権）を他の主体に委譲することもできない。なぜなら、これらの行為は憲法の「自殺」または「自殺行為」であって、法論理的に不可能だからである。

宮沢俊義は、八月革命説を提唱した論文においてこう述べている[(3)]。

「明治憲法の定める改正手続で、その根本建前を変更するというのは、論理的な自殺を意味し、法律的不能だとされなくてはならない」。明治憲法の定める憲法改正手続で、明治憲法の根本建前を変えることはできない。それを認めることは「法論理的には、自殺を意味するからである」。

憲法改正権には内容的な限界があり、その限界を超えた憲法改正は、「憲法の自殺」ないし「自殺行為」であるという言い方は、他の論者においても用いられている。例えば、古いところでは、『註解日本国憲法』が「憲法の自殺」という表現を用いている[(4)]。

「憲法の根本をなしている基本原理を変更し、その憲法の同一性を失わせるような改正をすることは、その憲法の自殺であり、それは法論理的に不可能であるといわざるをえない」。

清宮四郎も同じく「憲法の自殺」について語っている[(5)]。

「根本規範の定める原理に触れるような憲法の変改は、実は憲法の改正ではなくて、憲法の破壊であり、憲法を超えた革命行為である。それは憲法の自殺にほかならない」。

同様な傾向は現在も続いており、樋口陽一は——自分自身の主張というより憲法改正限界論の説明の文脈においてであるが——「憲法の自殺」について述べている[(6)]。

「限界論によれば、憲法の基礎をなしその根本原理……を定める規定を憲法上の改正権によって変更することは、いわば憲法の自殺を意味するものであり、法論理上の不能をおかすことにほかならない」。

同じ意味だと思われるが、芦部信喜は「自殺行為」と表現する[(7)]。

「改正権の生みの親は制憲権であるから、改正権が自己の存立の基盤とも言うべき制憲権の所在、すなわち制憲権が憲法内化された国民主権の原理を、憲法の定める手続によって変更することは、いわば自殺行為であって理論的には不可能なことである、と言わなければならない」。

最近でも高見勝利は「憲法の自殺行為」について述べている[8]。

「立憲主義の基本価値を損なう」改正とは、「端的に言えば、立憲主義の憲法がそうでなくなること、すなわちかかる憲法の自殺行為であり、憲法が憲法でなくなってしまうことである」。

2　主権者（憲法制定権力の主体）の交替

どうして「自殺」または「自殺行為」という言葉が愛好されるのかについては最後に考察することにしよう。ともかく、憲法の「自殺」または「自殺行為」という言葉によって、法論理的に不可能である（存在しえない）ことが意味されている。法的に不可能であるとは、そのような事態がかりに事実として存在していたとしても、それは法的には許されない違法・無効なものだということであろう。そして、論理的に不可能とは、違法・無効であるとの帰結が、政治的・思想的・イデオロギー的にいかなる立場をとろうとも必ず認めなければならない客観的真理だ、ということを意味するに違いない。したがって、「自殺」という言葉は法的には絶対に許されない（絶対にあってはならない）禁止行為の表現として選ばれているわけである。

それはともかく、ここでは次の2つの場合を分けて考えることにしたい。ひとつは、憲法改正手続で主権者（憲法制定権力の主体）を変更することであり（これをAの場合とする）、もうひとつは、主権者がその主権を自ら他の主体に委譲することである（これをBの場合とする）。

まず、Aの場合、憲法制定権力と憲法改正権を峻別し、両権力の担い手は別の主体であるととらえると、前者は後者よりも上位の権力なので、憲法改正手続を踏んでも憲法制定権力の所在を変更できないのは当然のようにも思われる。例えば、樋口陽一は次のように述べている[9]。

「憲法改正権が憲法制定権の下位にあってその拘束に服することをもって改正限界論の根拠とするかぎり、憲法制定権の所在そのものにかかわる事項が改正権の限界を画すということ、それゆえ、主権の所在の変更が憲法改正の限界を越えるということは、論理的に説明可能である」。

憲法改正権が憲法制定権力の下位にあるという前提から出発するかぎり、「論理的に」このような結論になるだろう[(10)]。ただし、そうであれば、憲法制定権力の主体と憲法改正権の主体は別の主体なのであるから、「自殺」というより「他殺」または「殺人」のほうがより適切な表現である気もするが（いずれにしても、「殺人」も、「自殺」や「他殺」も、憲法を擬人化しすぎているように感じられるが、その点は措く）。むしろ、「自殺」の語にふさわしいのは、Bの場合、憲法制定権力の主体（主権者）が自己の権力を他の主体に委譲することである。通説はBも不可能とするが、しかし、主権者は憲法を制定した主体なのであるから、憲法に優位した存在である。そうすると、主権者がその主権（憲法制定権力）を他の主体に委譲することを、憲法によって阻止することは「論理的に」できないはずである。にもかかわらず、どうして法論理的に不可能なのだろうか。

この点、宮沢俊義は、国民主権主義の採用は「天皇の意志をもってしても、合法的にはなしえないはずであった[(11)]」とするので、Bの場合も認めていないようである。ただし、そこでは、天皇主権から国民主権への移行ではなく、神権主義から国民主権主義への移行が論じられているので、そもそも天皇自身を主権の主体と考えているのかどうか疑わしいところがある。天皇に主権がなければ、天皇が主権を国民に委譲できないのは当然である。天皇が主権を皇祖皇宗から預かっている（管理している）だけの場合も、主権を自分で処分することはできないので同様である。

他の論者を見ると、小林直樹はこう述べる[(12)]。「憲法改正は、第1に、制憲権の所在を示した規定（これを「主権規定」と略称する）には及ばない。制憲権を有する主権者が、たとえ法的に無制約な潜在的機能をもっているとしても、その主権を自ら否認することは、自己矛盾だからである」。

ここで自己矛盾とは、自己否定、したがって自殺というのと同じことだろう。法的に無制約な主権者でも、その主権を否認することはできない。したがって、Bの場合も法論理的に不可能だというのである。ただし、小林はこれに続けて、「だから、自らの主権を放棄して他の者に、たとえば君主主権の下で君主が国民に、国民主権の下で国民が君主に、それを全面的に譲りわたすことは、事実として生じえたとしても、それは憲法改正の域を超えた変革とみるほかない」として、A・Bの２つの場合を明確に区別してはいないようにも思われる。

憲法制定権力の主体を変更することができないことは、憲法改正限界論に批判的な論者にも広く認められている。例えば、大石眞はこう述べる。(13)

「憲法改正に限界があるとする議論は……国民主権の考え方と矛盾することになる。したがって、憲法改正権限については、国民主権の原理それ自体以外には、法的な限界はないと考えるべきであろう」。

主権者である国民は憲法の上に立ってあらゆる条項を変更することができるが、主権を他に委譲することは自分自身を否定することになるから、国民主権の原理が唯一の「法的な限界」になるということであろう。

Aの場合だけでなくBの場合も「法論理的に不可能」だとされている。しかし、その理由が十分説明されているようには思われない。また、「事実上は可能」だが「法論理的に不可能」とは、具体的には何を意味しているのだろうか。これも必ずしも明らかではないようである。

3　民主主義のパラドックス？

ドイツの憲法学者ディートリッヒ・ムルスヴィークは、フライブルク大学におけるその最終講義（Abschiedsvorlesung）において、「民主主義のパラドックス」と呼ばれるいくつかの問題を検討した。彼は「国民主権原理への国民の拘束」について次のように問題を提起する。(14)

民主主義とは国民が（少なくとも間接的に）決定することを意味するのだから、国民が、国民ではなく別の誰か——君主であるとか、共産党の政治局であるとか——が決定を下すべきだと決定した場合にはどうなるのか。もちろん、ドイツの憲法であるドイツ連邦共和国基本法は、憲法改正によっても民主主義原理を変更することはできないと明文で規定している（基本法79条

3項)。したがって、国民が望んでも、民主主義を独裁に合法的に取り替えることは憲法上は不可能である。しかし、これを民主的といえるのか？これは国民主権を制限するもので、憲法理論的には批判されるべきなのではないのか？

この問にムルスヴィークは、「国民はその憲法制定権力を放棄することはできない」と答える。したがって、ムルスヴィークが、Aの場合だけではなく、Bの場合も不可能だと考えていることがわかる。ムルスヴィークはこう続ける。

民主的正当性原理は、普遍的な通用力を要求する理念である。そして、この原理がそのような理念でありうるのは、その時代が民主主義に同意の署名をしている限りにおいてである。したがって、民主主義が考慮に値する唯一の正当性原理である間は、国民は他の正当性原理をとることはしない。しかし、すべての人が、国家権力は国民からで発するのではなく、例えばアラーから発すると確信したとたんに、国民は民主主義を放棄すると決定することはできないという意見が以前は存在したことなど、もはや問題ではなくなってしまう。困難な問題をはらむのは、過渡期である。そこでは、国民の相当数が国民の意思を決定的とみなし、別の相当数がアラーの意思を決定的とみなす。この問題を国家哲学的に解決することはできない。内乱において解決されるだろう。あるいは、ウエルベックがその小説『服従』[15]で描いたように解決される――しかしこのような選択肢はここでのテーマではない、と。

これは「事実上は可能である（ありうる)」ことの説明であって、「法的に不可能である（ありえない)」ことの説明にはなっていないのではないか。あるいは、こういうことであろうか。民主主義の下にいる限り、民主主義原理が国家支配を正当化する唯一の原理である。他の原理はあり得ない。だから、民主主義から他の原理へ移行することは民主主義原理に反する。

確かに、民主主義の中にいる限り、それ以外の原理は目に入らないかもしれない。しかし、民主主義原理から一歩外へ出てみれば、国家支配について様々な正当性原理が過去にあったし、現在もあることがわかる[16]。にもかかわらず、どうして民主主義の中に閉じこもってこれが唯一の原理だといえるのか、またいわなければならないのか。

この考え方に従うと、天皇主権または神権主義原理の下では、それが国家支配の唯一の正当性原理である。他の正当性原理はあり得ない。だから、天皇主権＝神権主義の否定、国民主権＝民主主義の成立は、説明のつかない「革命」であるというしかない。八月革命説はこう考えるのだろう。しかし、天皇主権の日本から一歩外へ出てみれば様々な正当性原理が存在することは明らかである。明治憲法下の宮沢には自明のことだったはずである。にもかかわらず、どうして天皇主権を唯一絶対の原理と考えなければならないのか。これはもっぱら一国の憲法をその内側から考察しているから、現に自分がその下にいる正当性原理以外が見えないのである[17]。まさに「葦の随から天井を覗く」議論である。しかし、今自分がその下にいる正当性原理を相対化してみれば、様々な原理があるのだから、どれを選択すべきかを考えてよいはずである。これでは、国民による体制選択の可能性を否定する現状維持の理論になってしまうだろう。

ムルスヴィークはさらに続ける。

国民は主権的であるが、国民主権をとらないと決定してはならない、というパラドックスは、見せかけにすぎず、国民の決定権限を時間的な次元で考察すれば解消する。国民主権が意味するのは、国民の意思こそが重要だということ、あるいはまた、諸決定が国民によって正当化されることが重要だということであるから、このことは、これまで具体的に懸案となった過去の決定に妥当しうるだけではない。そうではなくて、すべての決定が将来においても民主的に正当化されるように支配権力は行使されなければならないのである。これを裏からいえば、将来の決定は国民の正当化を必要とするということ、これを否定する決定は民主主義原理と一致しないということである。ムルスヴィークはこのように述べて、最後に、「民主主義原理は、民主的に正当化された決定の方法で民主主義原理を廃止することを正当化しない」と結論づけている。

これも最初の問題提起に対する答えになっているのかどうか、疑わしいように思う。国家支配の正当性原理は、どのような原理も、その原理が永遠に続くことを要求するということだろうか。民主主義原理は民主主義が永遠に続くことを要請するので、将来の国民が民主主義（国民主権）を廃止する決定を正当化できない。同じように、君主制原理は君主主権が永遠に続くことを要求し、将来の君主が君主主権を廃止するという決定を正当化できないということになろう。これも、それぞれの原理の内側からの考察で、他の（すぐ隣にある）原理にあえて目をつぶった結果である。

清宮四郎は、憲法の永続性を論じた戦前の論文(18)において、帝国憲法（明治憲法）第１条は一国の法秩序の根本規範であり、憲法改正規定もここから派生するものであるから、「その性質上当初から改正規定にもとづく改正の対象になり得ないものなのである。これこそ憲法において絶対不磨性を与えられるべき部分であって、これについてはもはや法的変革を考える余地なく、もし、非合法の革命によってそれに変異が生ずるときは、憲法全体の通用がそこに断絶し、それにかわって新たな憲法が通用を開始すると看做されるべき窮極の中心点である」と述べた。そして、革命後のフランスの諸憲法が短命憲法であるのに対して、帝国憲法が長命憲法である根拠を列挙し、「その通用の始期を遡れば年紀を超越する悠遠の太古に連結し、その通用の根拠を究めれば深遠な精神にもとづく神聖のみわざに淵源し、しかも、固有の国情と隆々たる国運とを基盤としてその実現が確保せられるわが憲法は、その通用の将来を望めば帝国とともに無窮の長寿が祝福せられる。真に万邦無比の憲法である」と結んでいる。しかし、清宮が明治憲法の永続性についてその信条を吐露した２年後に、日本はポツダム宣言を受諾し、その翌年には明治憲法の全面改正の形式で日本国憲法が制定されたのである。戦後、清宮は、この論文を含む著書を刊行するにあたって、この信条の部分を削除して収録した。日本国憲法下の清宮は、明治憲法とはまったく異なる根本規範について語るようになる。一国の根本規範が変わりうるものであるのかについては何も説明していない。

では、国民が民主主義を欲しないときに、民主主義は国民に対しても守られるべきか。主権者が主権を委譲しようとするときにそれを止めることのできる誰かがいたら、その誰かが主権者であろう。国民が主権を委譲しようとするときに、それを禁止して国民を統治することができる人が登場してきたら、その人は主権をもった独裁者である。民主主義を国民から防衛するために独裁を求めることは、民主主義の否定である[19]。国民が主権を誰かに委譲することを禁止することはできない。同じことは君主にもいえる。君主がその主権を国民に委譲しようとするときに、それを止めることができる誰かがいたら、その人が主権者であろう。逆にいえば、君主が主権者であるからこそ、その主権を委譲することができるのである。つまり、主権を委譲できることこそ主権者の証である[20]。

4　ヨーロッパ統合と主権の委譲

ムルスヴィークは別のニュアンスのことも述べている。

ドイツ連邦共和国基本法は、制定当初からヨーロッパに開かれていた。このことは、「合一されたヨーロッパにおける同権を有する一員」（前文）となるため、「高権的諸権利を国際機関に委譲することができる」（24条１項）としていたことからも明らかである[21]。その後、ヨーロッパの統合が進展し、マーストリヒト条約でヨーロッパ連合（EU）を創設する際、ドイツは同条約の発効（1993年11月１日）にあわせて憲法改正を行った。基本法の旧23条は、東西ドイツの統一（東ドイツのラントの加入）により不要となり削除されていたので、全く違う内容の新23条を設けた。新23条は「ヨーロッパ条項」と呼ばれ、ヨーロッパ連合との関係を詳細に規律するものであるが、その冒頭で「統一された欧州を実現させるために、ドイツ連邦共和国は、欧州連合の発展に協力」し、「法律により高権的諸権利を委譲することができる」ことがうたわれている（新23条１項）。それでも、マーストリヒト条約に同意する法律の合憲性が連邦憲法裁判所で争われた[22]。

ヨーロッパ統合はその後——アムステルダム条約（1999年発効）、ニース条約（2003年発効）と——さらに深化し、リスボン条約（2009年12月１日発効）に至る。

リスボン条約の同意法律も連邦憲法裁判所でその合憲性が争われた。[(23)] ムルスヴィークはこの訴訟で訴訟代理人を務めた。彼は判決後の論文で次のように述べている。[(24)]

ドイツの基本法79条３項は、基本法の自由で民主的な基本秩序を保障するため、憲法の基本原則について憲法改正手続を踏んでも改正することができないと定めている。主権国家性の原則は同条項に挙げられてはいないが、ムルスヴィークはこれも憲法改正によっても変更することのできない基本原則であるという。したがって、ヨーロッパ統合が進んで、ヨーロッパ合衆国のような連邦国家が生成し、ドイツがその連邦国家に編入され、その支分国になることは、憲法改正手続をもってしても不可能である。それをなし得るのは、憲法改正権者（ドイツの場合には議会の特別多数）ではなく、国民の憲法制定権力による決定だけである。

ドイツでは議会の特別多数で憲法改正が行われるのだから、その権限に限界があって当然だろう。しかし、主権者たる国民はどうか。ムルスヴィークの見解で注目されるのは、国民の決定によれば、主権の委譲も可能としているように思われることである。確かに、本論文の主眼は憲法改正権（議会の特別多数）で主権を委譲することは不可能だという点にあり、憲法制定権力（国民の決定）ならば可能だと明言しているわけではない。しかし、ヨーロッパ連邦国家が創設される場合には、国家の民主的正当性の基礎はヨーロッパ国民（ヨーロッパ諸国の諸国民ではなく、単一のヨーロッパ国民）である。したがって、ドイツという国家が主権を失いヨーロッパ連邦国家の支分国になるということは、ドイツの憲法制定権力は、ドイツ国民からヨーロッパ国民に委譲されることを意味する。つまり、憲法制定権力の主体である国民が、その決定によって、自らの憲法制定権力を他の主体に委譲することは可能だとされているのである。もちろん、これは憲法改正手続では不可能な、新しい憲法を制定する行為である。しかし、日本の憲法学説のように、主権の委譲は自殺または自殺行為であるから論理的に不可能だとされるわけではない。主権の委譲が憲法改正の範疇を超え、憲法制定と評価されるからといって、憲法の自殺でもなければ、法論理的に不可能だというわけではないのである。完全に適法かつ有効な行為といえよう。

EUへの主権の委譲を肯定するのは、ムルスヴィークに限られない。というよりも、むしろムルスヴィークは主権委譲に消極的・否定的だとして批判されているのである。連邦憲法裁判所のリスボン判決は、このムルスヴィークの見解にしたがって、ヨーロッパ統合に条件をつけたために、統合推進論者達から激しく非難された。逆にいえば、統合推進論者はドイツ国民が主権をEUに委譲することに、より積極的・肯定的であって、憲法改正権の決定で可能とするのである[25]。

それゆえ、日本国憲法についても、遠い将来、世界国家が形成されることになったとき、日本国民が主権を世界国民に委譲することも可能であろうし、あるいは、昔であれば、ソ連国民に主権を委譲してソ連を構成する共和国の１つになることも、アメリカ国民に主権を委譲してアメリカの一州になることも、法的には可能だったのである。

5　日本国憲法制定の法理

このように、主権主体がその主権を他の主体に委譲できる（法論理的に可能だ）とすると、冒頭で見た内田発言は無意味ではないことになる。天皇は国民に主権を委譲することができる。ポツダム宣言の受諾によって、主権の転換が「物権的」に発生したのではなく、「債権的」に日本国家に義務が発生したにとどまる[26]。主権の所在を定める明治憲法の規定はなお効力を有する。日本国憲法の制定とともに、国家の国際的な義務の履行として、天皇は主権を国民に委譲し、政治の領域から引退ないし隠居した。替わって国民が主権を引き受けた。これによって国民主権が成立したのである。

これを「主権委譲説」と呼ぶことにしよう。一種の改正憲法説（日本国憲法は新憲法ではなく、明治憲法の改正憲法であるという学説）であるが[27]、明治憲法の改正手続で改正されたから改正憲法だというのではなくて（この点を否定するものではないが）、主権が天皇から国民に委譲された点がポイントなのである。

通説の立場からすれば、日本国憲法が改正憲法であるとすることは、明治憲法が自殺したことになり、改正は法的には無効だということになるが、主権委譲説では法的連続性が認められるので有効な憲法改正だということになる。自殺と否定的に評価すべき理由はない。

日本国憲法成立の法理として八月革命説が長い間通説として君臨してきた。近時多くの批判にさらされている[(28)]が、にもかかわらずなお多くの論者が八月革命説に賛成しているのは、主権者の交替は憲法改正の限界を超えているので、日本国憲法を明治憲法の改正憲法だとするわけにはいかない、という前提に立っているからではないか、と思われる。この前提が崩れてしまえば、八月革命説をとり続ける必要はないのである。

主権委譲説には次のようなメリットがある。

第1に、「上諭」と「前文」の矛盾・齟齬を整合的に説明できる。日本国憲法の上諭では、天皇が「帝国憲法の改正を裁可」したことによって成立した欽定憲法であるようにみえるが、前文では、「日本国民は……主権が国民に存することを宣言し、この憲法を確定する」となっており、民定憲法に早変わりしている。ここには矛盾がある、と古くから指摘されてきた[(29)]。

しかし、「上諭」のなかに天皇から国民への主権委譲を読み取ることができる[(30)]。「日本国民の総意に基いて、新日本建設の礎が、定まるに至った」とは、国民の意思による国家の在り方の決定だから、国民主権の成立である。天皇は、このことを「深くよろこび」（つまり、主権者の交替に賛成して）帝国憲法の改正を裁可したのであるから、日本国憲法の制定によって、天皇から国民への主権の委譲が実現したのである。

第2に、日本国憲法に天皇制が存続した理由がわかりやすい。建前でも「革命」が生じたのであれば、天皇から力ずくで主権を奪い取るわけだから、天皇制が廃止されるのが普通だろう。しかし、主権委譲説では、天皇は主権を国民に委譲して政治の領域から引退し、国民はその主権を受け取ったのである。政治的に隠居している天皇制をどうしても廃止しなければならない理由はない。だから、象徴天皇制として存続したのである。

第３に、明治憲法から日本国憲法に変わっても、国家の同一性を前提とすることができる。確かに、八月革命説も、主権の所在の変更を革命であるとしつつ、革命の前と後の日本国家の同一性・継続性を主張する。しかし、「明治憲法下における宮沢の考え方からすれば、主権の所在に変動が生じた以上国家の変動も生じたと主張すべきはずであった[(31)]」のである。これに対して、主権委譲説では、主権の所在の（少なくとも平和的）変更は、国家内部の出来事であり、国家の同一性は当然の前提となる。この問題は、明治憲法下の法令の効力をどう説明するのかなど、解釈論上も少なからぬ論点に影響を与えるはずである。

けれども、主権委譲説に対して次のような疑問が提起されるかもしれない。

第１に、日本国憲法が改正憲法であるなら、日本国憲法は欽定憲法であることになるという疑問があるかもしれない。しかし、欽定憲法と考える必要はない。旧憲法と新憲法の間に断絶がない（法的連続性がある）ということと、欽定から民定への転換は矛盾しない。日本国民の総意に基いて新日本建設の礎が定まったことを天皇が認めているのであるから、民定憲法でかまわないのである。主権主体の交替は新旧憲法の連続性を妨げるものではない。

第２に、主権者がその主権を自分の意思で他の主体に委譲するとの理論構成では、旧主権者が、錯誤無効（民法95条）を主張することもできるし、強迫による意思表示であれば取り消しうる（民法96条）ことになるのではないか、という問題もある。そうなれば、新旧主権主体よりも上位の審級は存在しないのであるから、新主権者がすすんで主権を返還しない限り、力ずくの勝負となるだろう。「革命」の語はこのときまでとっておけばよい。平和的な主権者の交替を「革命」と呼ぶ必要はない。

ただし、主権委譲説は八月革命説と共通の問題点を抱えていることも認めなければならない。被占領中、日本は主権国家ではなかった。日本に主権は存在しない。これらの議論は、存在しない主権が誰に帰属するかを問題にしているのである。これに対して、国家の主権と国家における主権を区別し、国家に主権はなくとも、国家における主権の所在を問題にすることができるという学説もある[(32)]。しかし、国家における主権の主体は、国家の主権の担い手の問題であり、両者を切り離すことができるわけではない。その意味で、主権委譲説も八月革命説も虚構（擬制）の議論なのである。解釈論とは虚構の整合性を問うものと割り切るべきであろう。

6　魔術からの解放？

通説は、絶対に許されない（法論理的に不可能な）行為の表現として「自殺」の語を用いてきた。しかし、自殺は法的に不可能なのか。少なくとも、刑法上禁止された違法行為ではない。自殺が違法であれば自殺未遂者に刑罰を科すのが一貫しているが、日本ではそのような取扱いはされていない。むしろ、自殺は法的には可能（適法であるか、少なくとも違法ではない）であるが、事実上困難（心理的・生物的にブレーキがかかる）であるにとどまるのではないか。つまり、自殺は、論理的な不可能（禁止）というよりも、情緒的な不可能（禁止）なのである。

「憲法の自殺」はどうか。主権の委譲が「法論理的[(33)]」に不可能ではないということはすでに見た。では、いかなる意味で不可能なのか。これも心理的・情緒的な禁止であろう。日本の戦後憲法学が「自殺」という感覚的にショッキングな言葉を用いて憲法改正の限界を説明しようとしたのは、主権が国民からどこかに移るのを阻止するために、実際には法論理的に不可能ではないにもかかわらず、それを読んだ人に情緒的な拒否反応を引き起こそうとしたのであろう。意図的か無意識的かはわからない。ただ、これによって主権委譲による主権者の交替の問題は「タブー」になった。したがって、主権委譲が可能かどうかを問題にすること自体が阻止されてしまった。なぜなら、「タブー化された行為を主題化することがすでにタブー破りとみなされる[(34)]」からである。したがって、このタブーが通用している限り、主権委譲が自殺であり、絶対に不可能であることに疑問を差し挟むことができない。その結果、学問の側でも、自殺であると決まれば、それ以上の説明が不要であるとの錯覚に陥ってしまった。しかし、いったんタブーから解放されれば、タブーには根拠がなかったことが明らかになる(35)。ウェーバー流に、魔術からの解放（Entzauberung）といってもよい。学問が魔術から解放されていなければならないのは当然である。本稿は私自身が魔術から解放されるための一歩である。

（1）内田樹『憲法の「空語」を充たすために』（かもがわ出版、2014年）35頁。
（2）内田樹『街場の天皇論』（東洋経済新報社、2017年）14頁では、自ら「天皇主義者」と名乗るに至っているので、内田自身の中では首尾一貫しているのだろう。
（3）宮沢俊義「日本国憲法生誕の法理」同『憲法の原理』（岩波書店、1967年）382頁、388頁。本稿では戦後（日本国憲法下）の学説しか参照することができなかった。戦前（明治憲法下）の学説については、小嶋和司「憲法改正の限界」同『憲法学講話』（有斐閣、1982年）288頁、長尾龍一「憲法改正限界問題私記」日本法学65巻２号（1990年）18頁参照。それらを見る限りでは、憲法の自殺を理由に憲法改正の限界を説く学説は戦前には存在しなかったようである。
（4）『註解日本国憲法　下巻』（有斐閣、1954年）1425頁。
（5）清宮四郎『憲法Ⅰ（第３版）』（有斐閣、1979年）411頁。
（6）樋口陽一『憲法（第３版）』（創文社、2007年）80～81頁。同『憲法Ⅰ』（青林書院、1998年）380頁は、「憲法の自己否定、いわば自殺」とする。
（7）芦部信喜『憲法学Ⅰ憲法総論』（有斐閣、1992年）76頁。同（高橋和之補訂）『憲法（第６版）』（岩波書店、2015年）397頁もほぼ同文であるが、「理論的には許されない」とする。
（8）高見勝利『憲法改正とは何だろうか』（岩波新書、2017年）35頁。
（9）樋口・注（6）『憲法Ⅰ』381頁。
（10）日本国憲法のように憲法改正に国民投票を必須とするところでは、憲法制定権力と憲法改正権は同質なものであるから、前提が違う。参照、工藤達朗「憲法改正手続規定に違反して行われた憲法改正の効力」同ほか編・戸波江二先生古稀記念『憲法学の創造的展開　下巻』（信山社、2017年）671頁。
（11）宮沢・注（3）384頁。
（12）小林直樹『［新版］憲法講義（下）』（東京大学出版会、1981年）543～４頁。
（13）大石眞『憲法講義Ⅰ（第３版）』（有斐閣、2014年）89頁。大石説は、赤坂正浩「憲法改正の限界と日本国憲法の基本原理」同『世紀転換期の憲法論』（信山社、2015年）414頁にいう「制憲権説」である。

(14) Dietrich Murswiek, Paradoxa der Demokratie, Juristische Zeitung 2017, S. 55.

(15) 邦訳がある。ミシェル・ウエルベック（大塚桃訳）『服従』（河出文庫、2017年）。

(16) Thomas Würtenberuger, Legitimationsmuster von Herrschaft im Laufe der Geschichte, Juristische Schulung 1986, S. 344-349. トーマス・ヴュルテンベルガー（工藤達朗訳）「歴史上の支配の正統化モデル」同（畑尻剛編訳）『国家と憲法の正統性について』（中央大学出版部、2016年）3～25頁。

(17) 工藤達朗「憲法改正限界論」同『憲法学研究』（尚学社、2009年）236頁参照。

(18) 清宮四郎「憲法の時間的通用範域」国家学会雑誌57巻4号（1943年）1頁以下。同『憲法の理論』（有斐閣、1969年）95頁以下に収録。前半の引用は著書の123頁、後半の引用は雑誌の39頁（ただし、漢字は現在の表記を用いた）。

(19) ハンス・ケルゼン（長尾龍一＝植田俊太郎訳）「民主主義の擁護」同『民主主義の本質と価値』（岩波文庫、2015年）171頁参照。

(20) 田中英夫『英米法総論 上』（東京大学出版会、1980年）40頁は、イギリスの国会主権の原理について、「イギリスの国会は万能である」から、「イギリスをファシズムの国にすることも、法律上可能」であり、「そうしても法律上は革命ではない」と説明している。

(21) 基本法の条文の翻訳は、初宿正典編訳『ドイツ連邦共和国基本法』（信山社、2018年）に従う。

(22) BVerfGE 89, 155. マーストリヒト判決について、川添利幸「欧州連合の創設に関する条約の合憲性」ドイツ憲法判例研究会編『ドイツの憲法判例（第2版）』（信山社、2003年）432頁、西原博史「ヨーロッパ連合の創設に関する条約の合憲性」ドイツ憲法判例研究会編『ドイツの憲法判例Ⅱ（第2版）』（信山社、2006年）395頁。

(23) BVerfGE 123, 267. リスボン判決について、門田孝「欧州統合に対する憲法的統制」自治研究91巻1号（2015年）142頁、中西優美子「ドイツ連邦憲法裁判所によるEUリスボン条約判決」同『EU権限の判例研究』（信山社、2015年）11頁。

(24) Dietrich Murswiek, Der Grundsatz der souveränen Staatlichkeit als unabänderliches Verfassungsprinzip, in : Hans-Christof Kraus/Heinrich Amadeus Wolff (Hrsg.), Souveränitätsprobleme der Neuzeit, 2010, S. 95-147. ディートリッヒ・ムルスヴィーク（工藤達朗訳）「改正できない憲法原理としての主権国家性の原則」同（畑尻剛編訳）『基本権・環境法・国際法』（中央大学出版部、2017年）371～421頁。あわせて、同（中西優美子訳）「訴訟代理人の見地からのドイツ連邦憲法裁判所のリスボン判決」同書423～454頁参照。

(25) 本稿ではEU統合を憲法論としてどのようにとらえるかを論じることはできない。これについては、高橋和之「国家主権とフェデラシオン」中村睦男ほか編『欧州統合とフランス憲法の変容』（有斐閣、2003年）２頁、林知更「EUと憲法理論」同『現代憲法学の位相』（岩波書店、2016年）275頁、井上典之「欧州連合という『国家ではない未来の形』」戸波古稀・注（10）５頁、大森貴弘「Staatenverbund：国家複合の概念」同書29頁などを参照。

(26) 当然、八月革命説とは異なる。宮沢・注（３）395頁参照。

(27) 改正憲法説の代表者は、いうまでもなく佐々木惣一博士である。佐々木惣一「日本国憲法の成立の過程に関する二三の事実と理論」、同「日本国憲法の制定」同『憲法学論文選一』（有斐閣、1956年）53頁、206頁。

(28) さしあたり、学説状況の概観も含め、日比野勤「現行憲法成立の法理」大石眞＝石川健治編『憲法の争点』（有斐閣、2008年）10～13頁。八月革命説の最近の擁護論として、野中俊彦「上諭」芦部信喜監修『注釈憲法（１）』（有斐閣、2000年）50頁以下があるが、これに対しても、菅野喜八郎「『注釈憲法（１）』「上諭」を読んで」日本法学67巻４号（2002年）49頁以下が痛烈に批判している。

(29) 例えば、鵜飼信成「佐々木惣一博士の『日本国憲法論』について」同『司法審査と人権の法理』（有斐閣、1984年）334頁以下。

(30)「上諭」について様々なコンメンタールが解説を加えている。それらの解説は、上諭の個々の言葉の意味を説明することはするが、記述のほとんどは実際の憲法制定過程と憲法成立の法理に費やされ、上諭の文章に積極的な意義があるとは考えていないように思われる。

(31) 岩間昭道「憲法の生成と変遷」同『憲法破毀の概念』（尚学社、2002年）475頁。あわせて、山崎友也「革命と国家の継続性」長谷部恭男編『岩波講座憲法1 憲法と時間』（岩波書店、2007年）３頁参照。

(32) 芦部（高橋補訂）・注（７）『憲法』32頁。樋口陽一『近代憲法学にとっての論理と価値』（日本評論社、1994年）11頁も、八月革命説は占領による主権喪失の問題を単純に見すごしていたのではないとする。野中・注（27）52頁以下も参照。

(33) 菅野喜八郎は、「『法論理的』という言葉は、はったりだと思う」という。菅野喜八郎＝小針司『憲法思想研究回想』（信山社、2003年）278頁。

(34) ラルフ・ポッシャー（松原光宏＝土屋武訳）「タブーとしての人間の尊厳」比較法雑誌46巻４号（2013年）125頁。

(35) 日本国憲法がタブーになっている、あるいは憲法学が憲法をタブー化しているのではないかという議論は以前からあった。例えば、山下威士「タブーとしての憲法？」同『憲法学と憲法』（南窓社、1987年）84頁以下。また、憲法改正限界論自体がイデオロギー的な議論であるとの見解もある。大塚滋『憲法改正限界論のイデオロギー性』（成文堂、2017年）。

憲法改正と熟議
—憲法改正国民投票における広告規制の諸問題—

橋　本　基　弘

はじめに—本稿の課題

政治的な表現の自由は民主社会の生命線である。政治的言論への規制は、違憲の推定を受けると考えるべきである。他方、多額の資金を有する者が新聞やテレビの広告スペースを買い取り、無制限に政治的な主張を広めようとする活動はどうか。わが国においては、政治広告の文化が必ずしも定着していないため、政治広告の総額規制や総量規制に関する関心は薄かった。

「日本国憲法の改正手続に関する法律（以下「国民投票法」と言う。）」は、これまであまり関心が寄せられてこなかった政治広告規制の問題に一石を投じようとしている。国民投票法は、投票期日前２週間内における広告規制を定めると同時に、それ以前における広告について、総量規制も総額規制も置かないことにしたからである。また、期日前２週間内における規制についても「国民投票運動のための広告」が規制されるだけであって、憲法改正の是非に直接触れさえしなければ、憲法に対する意見表明が制約されているわけではない。したがって、憲法改正のための広告は、実質的に制約されていないことになる(1)。したがって、資金力に勝る立場が、とりわけテレビの広告枠を買い取り、特定の見解を多量に送り続けることも可能となるから、憲法改正権者である国民の意思決定を誘導する結果を招くことが危惧されている(2)。

広告が投票行動に及ぼす影響は、広告効果をめぐる実証研究に委ねざるを得ない(3)。だが、そのような研究と同時に、あるいはそれに先行して、憲法学としての応答も求められているように思う(4)。この小論では、憲法学、とくに表現の自由理論の観点から、憲法改正国民投票に際して行われる広告の自由の問題について問題提起をすることとしたい。

1　国民投票法と広告

国民投票法は、憲法改正の賛否に関する意見表明のしくみを次のように定めている。

まず、国民投票法104条は、放送法4条1項の規定の趣旨に留意することを放送局に求めている。すなわち、放送局は、憲法改正に関する議論に対して、政治的に公平であること、意見が対立する問題については、できるだけ多くの角度から論点を明らかにすることが求められるのである。次いで、同105条は「何人も、国民投票の期日前14日に当たる日から国民投票の期日までの間においては、次条の規定による場合を除くほか、放送事業者の放送設備を使用して、国民投票運動のための広告放送をし、又はさせることができない。」と定めている。次条の規定による場合とは、国民投票広報協議会が行う「憲法改正案の広報のための放送」を指すが、これは、憲法改正をめぐり賛成、反対の双方の立場に立つ政党や政治団体の意見広告から構成される(106条2項)。国民投票広報協議会は、双方の意見に対して中立であることが要求され（同3項)、賛否にそれぞれの意見に対して同一の時間数及び同等の時間帯を与える等同等の利便を提供しなければならない（同6項)。

これら規定によると、憲法改正国民投票における広告活動は、国民投票広報協議会が行う情報提供活動及び同協議会が賛否についての意見表明に対して平等に配分した時間や量によって行うものと各政党や団体が広告枠を購入し、自由に行うものに二分される。前者は、国家自らが一種のフォーラムを設定するものである。これは、従来公職選挙法で定められた選挙公報に類似した性格を持っている。しかし、国民投票法は、期限を定めたとは言え、これまでの公選法のような規制を基本的に撤廃し、憲法改正の賛否について、制約を受けない広告活動を認めたのである。

2　有料広告と表現の自由

国民投票法105条が定める広告は、広告主である私人が広告代理店を通じて購入した広告枠を用いて行われる有料広告である。広告の長さや時間帯による価格帯の違いはあるにせよ、国民が自分の費用において自発的に行う表現活動であることには違いはない。それゆえ、広告費を支払えば、誰もが自由にマスメディアを通じて意見を表明できる自由が保障されている。

営利広告については、それが営利活動であるのか表現活動であるのかについての議論はあるにしても、すでに日常生活に欠かすことができない情報提供手段となっている。非営利広告についても（公共広告を含めて）、その意義は広く共有されていると言ってもよいであろう。しかし、有料の政治広告についてはどうであろうか。衆参両院の選挙においては、一定の広告規制が課されていることも反映し、政党の広告を目にすることはあっても、国論を二分するような論点について、その賛否に関する意見を自由に表明するような場面も、またそれを許容ないし必要とするような文化もわが国にはなかったのではなかろうか。政治広告とは、ある団体や個人が、民間放送の広告枠を買い取り（広告代理店を介して）、自分たちの主張を広めるための手段である。これはマスメディアの報道にも論説にも当たらない。私人が放送時間を買い取り、意見表明をする意味では、一種のアクセス権と類似した構造を持っている(5)。

最高裁判例においても、また憲法学説においても、政治的意見表明の自由が表現の自由の中核的な価値を持ち、それゆえ強く保護されるべきであることに異論はない(6)。したがって、それが有償という形態をとるにしても、政治的な意見表明の自由が制約されてはならないこともまた共有されていると考えてよいであろう。憲法改正という、主権者最大の選択事項についてはなおさらこのことが要求される。しかし、主権的な意思決定と情報流通の関係について、楽観的な姿勢を取ることがはたして適切なのかどうか。少し立ち止まって考える必要はないのであろうか。表現の自由理論として、いかなる姿勢をとるべきなのであろうか。

3　自由な表現活動と意思決定への影響

3．1　表現の説得力は表現規制を正当化しない

3．1．1　リベラルな表現の自由理論からのアプローチ

自由な広告活動が主権者の意思決定に影響を及ぼすことを理由に、広告活動には一定の制約が求められるとする立場は支持できるであろうか。言い換えると、表現効果が表現を規制する根拠となり得るのであろうか。

この点について、リベラルな表現の自由理論は否定的である。表現活動がもたらすであろう効果を危惧して行われる規制は、原則として許されないと考えるのである。たとえば、John Hart Elyは、表現規制を「コミュニケーションがもたらす効果」に向けられた規制（communicative impact）と「コミュニケーションがもたらす効果ではない側面」に向けられた規制（non-commucative impact）に分け、前者には厳格審査を適用すべき旨主張する。[(7)] また、Melville Nimmerの「反言論的規制」と「非言論的規制」の区別にも、[(8)] さらには、L. H. Tribeの「トラック１規制」と「トラック２規制」[(9)] にも同様な発想が見て取れる。これらは、表現の内容による政府規制を排除する「表現内容規制・表現内容中立規制」二元論の普及と維持を通じて、アメリカの憲法理論は言うまでもなく、わが国の憲法理論においても広く支持されていると言ってよい。[(10)]

表現の内容やそれが受け手に対してもたらすであろう効果を理由に表現規制が正当化されるとするならば、それは、人々の意思決定に対するパターナリスティックな規制を許すことを意味している。リベラルな表現の自由理論は、このようなパターナリズムを許容しない。誰が（表現主体）何を（表現内容）をどのように伝達しようと、その評価は、受け手の判断に委ねられる。表現行為がもたらす効果を危惧して行われる規制は、表現の判断権を受け手から奪うに等しい。

3．1．2　反パターナリズム

David A. Straussは、「表現は、それが説得力を持つというだけで規制することはできない」(「説得理論」persuation theory）と主張する[11]。自由な社会における意思決定は、自由な表現をめぐる創意工夫によって行われる以上、表現の説得力を理由にした制約は、自由な社会の前提を覆すからである。その表現の持つ説得力を理由にして表現が規制されるとなれば、表現の自由を保障する意義を否定するのに等しい。政治権力の担い手を平和的な手段で変更することこそが表現の自由の役割であるから、「聞き手の判断を左右するから」という理由では、表現規制を正当化できないのである。この「説得理論」から考えると、憲法改正国民投票における広告規制は許されない制約になると考えられる。

3．1．3　保守的な表現の自由理論

一方、保守的な表現の自由理論は、リベラルな表現の自由理論以上に、パターナリスティックな規制を排除する傾向があると言われている[12]。ここで「保守的」とは、可能な限り政府規制を少なくしようとする考え方を指す。表現の自由の領域で言えば、内容規制を排除し、表現主体の差別を否定する立場であると考えてよい。特に、政治資金規制をめぐる合衆国最高裁判所の判例傾向がこの傾向を顕著に表している。たとえば、McCutcheon 判決Roberts首席裁判官法廷意見は、「競技場を平準化することや候補者の経済的な資源を平等化することを政府目的とすることは受け入れられない[13]」と述べている。

つまり、リベラルな表現の自由理論にせよ保守的な立場にせよ、表現が受け手の意思決定に働きかける機会に対して国家が介入することを嫌悪するのである。このような理論に立つならば、憲法改正の国民投票に際して、自由な広告活動を規制することは（投票期日２週間前の規制を含めて）正当化されないであろう。

3．1．4　参加のかたちとしての表現の自由

また、表現の自由を政治的意思決定への参加の方法と捉える立場も同様な結論に到達すると考えられる[(14)]。リベラルな表現の自由理論や保守的な表現の自由理論がどちらかといえば受け手の自由（自律的意思決定）を重視するのに対して、参加を強調する立場は、送り手の態様を重視するという違いはある。しかし、その結論において、両者の間には差が見いだされない。

たとえば、自己統治にかかわる事項を議論すること（public discourse）は、表現の自由の中核的な価値を占め、それゆえに制限されてはならないとするRobert C. Post[(15)]の見解や集団的な自己決定（collective self-detremination）への参加を中核的な価値とするJames Weinsttein の見解[(16)]に立っても同様な結論を導き出すことが可能である。これらの立場に立ってもまた公的事項の中心部に位置する憲法改正については、いかなる制約も許容されないとの結論が導き出されるのではなかろうか。政党や政治団体が個人や団体から募った寄付を集約し、それを効果的な意見広告に用いるとき、個人団体の寄附は、政党や政治団体の影響力を増加させるための後押しとなる。したがって、意見広告に対する制約には厳格審査が適用されることになると思われる。

3．2　民主主義のかたちと表現の自由

表現の自由が奉仕する民主主義のかたちから表現の自由を捉える立場ではどうか。たとえば、Martin H. Redishは、民主主義とは、公権力の掌握を目指して行われる敵対的な活動や表現行為の間で行われる自由な活動の成果を指すと考えている。この「敵対的民主主義（Adversary Democracy）」の考え方に立てば、自由な競争への参入を阻害するような規制や各人が持つ資源の投入を制限するような制約は、憲法上正当化されないことになる[(17)]。

Redishは、国家が内容によって表現を区別したり、主題によって保障の程度を変えることを厳しく批判する。この理論は、自由な表現活動がもたらす善を措定するのではなく、とにかく自由な表現活動自体に価値があると考えるところに特徴がある。とりわけ、投票の獲得を目指して行われる活動は、

制約してはならない。したがって、Redishにとっては、政治資金の制約も広告の規制も許される余地はない。広告内容の規制はおろか、広告に対する総量規制も憲法違反と判断されることになる。個人が自らの資金で広告枠を買い取り、広告を製作した上で、主張を展開することもまた「民主的意思決定への参加」そのものであり、これへの介入は参加を妨害するものと見なされるからである。

この立場に立つと、憲法改正国民投票における広告規制は、その必要性を論ずるまでもなく、許されないということになるであろう。憲法改正をめぐって行われる投票の獲得活動は、まさしく敵対的な当事者が勝敗をめぐって自由に争うべき活動に他ならないからである。

このように考えると、有力な表現の自由理論は、概ね政治広告規制に懐疑的であると考えられる。受け手である憲法改正権者に向けて行われる広告活動は、規制することが難しい。規制されるとしても厳格審査に服することになると思われるから、規制が正当化されるには、相当高いハードルを越える必要がある。

4　ルールなき競争と思想の自由市場

4．1　制約なき情報流通は何をもたらすか

Redishの「敵対的民主主義理論」は、言論間で行われる競争に制約を課してはならないというものであった。その結果、潤沢な資金を集められた側がより高い頻度で、説得力のある広告をより広く伝えられるポジションを獲得する。個々人もまたその資金を自由な言論活動に費やすことが可能となるから、結果として政治資金（広告の原資）に勝るものが言論市場を支配することになる。

Redishが主張するように、情報流通に関する一切の制約を排除すれば、市場に流通する情報の量は増大するように思われる。しかし、広告の流通は、マスメディアや広告を取り扱うビジネスの状況に左右される。マスメディアの自由には、番組編成権も含まれるであろうから、広告選択の自由もまた保

障される。放送局などが自分たちの（それはおそらく編成や編集に決定権を有する者であるが）意に沿わない立場の広告を拒絶する自由は否定できない。マスメディアの法人としての自由には、特定広告を拒絶する消極的な表現の自由が含まれるからである。このように考えたとき、無制約な情報や情報のために投入される資金量がただちに流通する情報の量と一致するわけではないことが明らかとなる。

また、意見広告を掲載するため寄付を行う行為が政治過程に関するもっとも簡便な参加活動であるとしても、それは一人ひとりが実際の政治過程に関与する行為とは性格を異にしている。Redishは、金銭こそが万人に与えられた平等な参加手段であると述べる[(18)]。しかし、富の偏在を前提としたとき、持たざる者の政治過程に対する影響力は相対的に小さくなる。Redishの敵対的民主主義観は、綿密かつ理性的な討議を経て調整へと至るpublic discourseとは反対に、決断すること、決めることを重視した考え方であると言えよう。Redishの敵対的民主主義には妥協や調整、歩み寄りや譲歩という解決方法は想定されていない。

4．2　ルールなき政治広告の末路

政治的な表現の内、憲法に関わる言説は、いかなる理由があろうとも制約されてはならない。これはまず広く共有されるべき前提であるといえる[(19)]。この前提に立つ限り、広告内容が対立する見解を誹謗中傷する、ネガティブ表現であったとしても、これを規制する理由も見当たらない。ネガティブな政治広告が投票行動に及ぼす影響を重視し、そこに一定の存在理由を見いだす「プロスペクト理論」に基づけば、リスク回避的な行動を取る有権者にとっては、ポジティブな情報より、ネガティブな情報を高く評価し、現状を悪くしないような投票行動を取ることがあると言われている。このような者にとっては、むしろネガティブ情報の方が意思決定においては重要な意味を持つから、ネガティブ広告を無制約に規制してよいということにはならない[(20)]。

しかし、政治的な嘘（political fraud）が憲法上保障されるのかどうか

は、名誉毀損法理との関係でも議論されるが、特定の誰かを傷つけることなく、特定の立場を貶める表現は、ほとんど規制することができないと思われる。憲法をめぐるネガティブな言説は、誰にも止めることができなくなるのである。先に引いた国民投票法には、このような表現の規制は盛り込まれていない。憲法をめぐり行われる節度を欠く中傷合戦は誰かを幸せにするのであろうか。同法には、このような危険性に対する配慮がまったく見られない。

4．3　public discourse

かつてPostは、政治的意思決定の事項である公的領域（public demain）においては、表現を規制してはならないと述べたことがある。しかし、政治資金規制立法がことごとく憲法違反と判断され、投入される政治資金の量が政治的意思決定を左右する状況を踏まえ[(21)]、何人に対しても同じように政治過程が開放されているためには、むしろ、政府が放送枠を買い取り、自由な討論の空間を提供する方法もあると提言する[(22)]。

もちろん、政治資金以外で万人に与えられた参加手段があるのかどうかが問われなければならない。公的領域における参入障壁（著名人であるとか、有名なブロガーであるというような発言力の格差）を容易に乗り越えられる表現手段はあるのかどうかが現実の問題として問われることになるであろう。それはまた、public discourse理論が民主主義を構築し直せるかどうかの試金石になると考えられる。

4．4　アイスランドの試み

この点で注目すべきは、かつてアイスランドにおいて、SNSを用いた憲法制定の試みがなされた点である[(23)]。この試みは最終的に実を結ばなかったとはいえ、あたらしいコミュニケーションの道具を用いて、参加者が自由に参加できるフォーラムを設定しようとした点は、憲法の歴史においても特筆されるべき挑戦であったといえないだろうか。

政治資金という形以外で、一般の市民が憲法の議論に参加できる空間を用意すること、その中で、自由な討論と理性的な応答がなされること、おそらくpublic discourseの未来は、ソーシャルメディアと結びつくことによって（のみ）切り開かれていくのではあるまいか。そこでは、一定のルール（誰が主催者となって、どのような手順で憲法草案を取りまとめるのか。それをどのように憲法制定権者に諮るのか等）が定められなければならない。これは、政治資金のような片面的で、自己完結的な参加とは異なり、まさしくdiscourseの手続を市民に提示するものである点で、public discourse理論が積極的に取り入れるべき要素であると考えられる。

4．5　英国の実例

英国は、政治広告に厳しい規制を置いている。政治広告は、どうしても偏った内容とならざるを得ず、冷静な判断を曇らせるというのがその規制理由である。(24) 2008年に判示されたAnimal Defenders International v. Secretary of State for Culture and Sports判決(25)では、全員一致で、テレビ・ラジオにおける政治広告の全面規制が維持されている。(26) そこでは、「議会による民主主義（democracy as Parliament）」という伝統的概念が未だ力を持っていることを差し引いても、資金力で政治過程を支配することへの抵抗が表されている(27)のである。政治的意思決定は、資金や情報量ではなく、討論の質、討議の内容によるべきであるとの、いわば古典的民主主義概念は、きれい事のように見える。(28) しかし、大衆迎合政治に陥ることなく、民意との対話を通じて、何が適切なのかを提示する姿勢の重要性を示しているといえるのではなかろうか。

先だって行われた、英国のEU離脱に関する国民投票においても、政治広告には一定の制約が課されたという。国民投票に関する活動を行う者には60万ポンドの資金が渡され、その中でリーフレット造りやウェッブサイトの設営を行わなければならないとされていた。賛成反対両派には無料で同じ時間の広告枠が提供され、その範囲内で活動ができることとされていた。(29) 国論を二分し、国家の命運を左右する問題に関しては、国家自らがフォーラムを設定し、その土俵の上で決断がなされるべきだという姿勢を見て取ることができる。

5　憲法をめぐる政治と国民の参加

敵対的民主主義のモデルにおいては、国家の役割は、何もしないことに限定される。意見表明の内容ばかりでなく、投入する資金や表現の量についても介入することは許されない。世論を先導し、集約し、市民の動員を図る政治エリートの試みを挫くことは、憲法により禁止されているというのである。市民は、資金提供という形でこの試みに参加する。提供された資金を広告に費やすことは、市民の意見表明の自由と結びつく。この観点からすると、意見広告の機会を縮減することは市民の政治参加の自由への制約となる。

しかし、McCutcheon判決Roberts首席裁判官法廷意見が述べるように、「競技場を平準化することや候補者の財政的な資源を平準化することを政府目的にすることは受け入れられない[(30)]」とまで断言できるのかどうか。競技場そのものに構造的な歪みがあり、実質的にアクセス制限が課せられているとしたならば、一方の見解のみが大量に伝達される事態は避けられない。マスメディアにおける広告代理店の支配力やマスメディアの編集の自由（テレビ局に課せられる公平原則は、有料広告を販売する自由には及ばないため、特定の広告を拒絶する自由が特定の見解を拒絶する自由につながる）も考慮する必要がある。Cass R. Sunsteinが言うように、「ある条件においては、言論に対する政府規制と見えるものが表現の自由を促進する[(31)]」点を見過ごすわけにはいかない。いずれの考え方に対しても等しく開かれたフィールドで、資金量ではなく、説得力で市民に訴えかける機会を主体的に作り出していくことこそ、憲法改正における国家の役割なのではななろうか。

おわりに

NHKが実施した「憲法に関する意識調査2018」によると、憲法を改正する必要があると思う者と思わない者の割合は拮抗する一方で、国民の大半は「どちらともいえない」と答えている[(32)]。広告による説得は、この大半の国民に向けて行われることになる。言い換えると、憲法改正に関する熟議を行えるのは、この層である。この層による熟議を可能とする制度設計が行われなければならない。そのためには、憲法改正国民投票における広告活動には、総量規制もしくは総額規制が課されるべきである。憲法改正における意見表明は、国民投票広報協議会が主催するものを中心として、これを充実し、有料広告による意見表明には一定の制限を課すべきものと考える。これこそが、憲法改正議論における国民の参加を保障しつつ、プレイグラウンドの公正さを保つ唯一の方策なのではなかろうか。有料広告による意見表明は、政治参加の一手段ではあるが、手段の一つに過ぎない。「普通の市民の熟慮[(33)]」を可能にする制度設計こそが問われるべきである。

Buckley判決を受け、J. Skelly Wright判事は、「富の集中が政治過程に及ぼすインパクトを強め、政治資金のリソースにおける不平等をきしませ、それによって政治的平等の中核部分を侵害している[(34)]」と述べたことがある。この問題に気づいているからこそ、わが国でも公職選挙法が選挙に関する広告に厳しい規制を置いたのではなかったか。国民投票法は、公職選挙法の前提と完全に矛盾対立している。

（1）日本経済新聞2018年3月4日朝刊。

（2）本間龍・南部義典『広告が憲法を殺す日　国民投票とプロパガンダCM』集英社新書（2018年）。本間龍『メディアに操作される憲法改正国民投票』岩波ブックレット（2017年）。これらは、現在の広告業界が特定の会社による圧倒的な支配力の下にある以上、その会社と政党もしくは政治団体が結びつくことにより、憲法改正についての特定の見解だけがメディア上にあふれ、結果として、国民の投票行動を誘導することを指摘する。

（3）アメリカにおいては、政治広告が投票行動にどのような効果をもたらすのかについての研究は歴史も長く、多くの蓄積がある。若干古いものであるが、Michael M. Franz, Paul B. Freedman, Kenneth M. Goldstein & Travis N. Ridout, Campaign Advertising and American Democracy, (2008). [hereinafter cited as Franz, Freedman, Goldstein & Ridout, 2008].

（4）Franz, Freedman, Goldstein & Ridout, 2008は、「政治広告は、ニュースでは伝わらない情報を有権者に伝えるマルチビタミンサプリメントである」と述べている。通常の情報伝達手段では伝わらない、いわば意思決定に不足している要素を、広告という伝達手段が伝えるという。

（5）上記Franzらによると、政治広告とは、一種のヒューリスティックであり、一般市民が政治判断を行うとき、思考経済を節約し、意思決定の手助けを行うよう構成されたものである。Franz, Freedman, Goldstein & Ridout, 14（2008）.

（6）政治的意見表明の自由「そのものが直接」規制されるようなケースはなかったとも言えようが、猿払事件のように「間接的・付随的に」規制されるケースは多い。また、政治的主張そのものに対する規制を回避し、表現の方法手段を規制することによって、間接的に主張への規制が波及するようなケースも少なくなかった。しかし、それでも最高裁は、政治的意見表明の自由が容易に規制されてはならないことを認めてきたのである。

（7）John Hart Ely, Flag Descreation : A Case Study in the Role of Categorization and Balancing in First Amendment Analysis, 88 Harv. L. Rev. 1482, 1484（1975）.

（8）Melville Nimmer Nimmer on Freedom of Speech 2-25（1984）.

（9）Lawrence H. Tribe, American Constitutional Law. 993（1988）.

（10）これら学説の整理については、拙稿『表現の自由　理論と解釈』（2014年）169頁以下を参照願いたい。

（11）David Strauss, Persuation, Autonomy, and Freedom of Expression, 91Colum. L. Rev. 334, 335（1991）.

（12）James Weinstein, Participatory Democracy as the Central Value of American Free Speech Doctrine, 97 Va. L. Rev. 491, 508（2011）.

（13）McCutcheon vs FCC, 134 US 1434, 1450（2014）.

（14）Franz, Freedman, Goldstein & Ridout, 2008 at 105によると、アメリカにおける2004年の選挙を例にとると、成人の3.4％が特定の候補や政党のためボランティア活動に参加し、7.6％が選挙演説会に参加し、9.6％が候補者に政治献金を寄附している。また、20.6％の人が政党のワッペンやステッカーを貼り、48.5％が他人に対して（特定候補者、政党への）投票の働きかけを行った。また、合衆国国勢調査局の調査によると、58.3％の有権者が実際に投票しているといわれている。

（15）Robert C. Post, Public Domains, 140（1995）.

（16）Weinstein, supra note（12）491.

（17）Martin H. Redish, The Adversary First Amendment, 17（2013）.

（18）Martin H. Redish, Money Talks, 102-3（2001）. 声なき民が声を上げる方法として、自らの資金を自らの代弁者に寄附することがもっとも簡便な参加手段であることは否定できない。それが、広告の量に反映し、世論の形成に力を持つならば、政治資金を全面的に禁止することは、たしかに表現の自由を侵害する。それゆえ、問題は、Only money talksかどうかにある。

(19) もちろん、このことが政治権力にある者による憲法学説の排撃を許してよいことにはつながらない。天皇機関説事件を挙げるまでもなく、学問的な姿勢や見解に対する政治家や政府の攻撃は表現の自由あるいは学問の自由の埒外にあると言わざるを得ない。

(20) Franz, Freedman, Goldstein & Ridout, 2008 at 19-21.

(21) たとえば、Citizens United vs FEC, 558 US 310 (2010).

(22) Richard Post, Citizens Divided, at 93 (2014).

(23) Mark Tushnet, Advanced Introduction to Comparateive Constitutional Law, 19 (2014).

(24) Sarah Sackman, Debating Domocracy and the Ban on Political Advertising, 72 Mod. L. Rev. 475 (2009).

(25) [2008] UKHL15 2WLR781.

(26) 同判決は、政治広告の全面規制が比例原則に反するという意見を一蹴していることも興味深い。

(27) Sackman, supra (24) at 485は、政治広告の自由が声高に叫ばれるようになた背景には、政党の影響力低下という原因が控えていると述べている。政党や政党から構成される議会がトップダウンで政治的意思決定を行える時代は去り、広告によって国民を先導する政治手法が取って代わろうとしているというのである。

(28) ただしSackmanは、テレビやラジオでの政治広告全面禁止を支持しているわけではない。Sackman, supra note (24) 485.

(29) ref.info.com/6-23uksref1/ (2018年6月23日閲覧)。

(30) 134 US 1450.

(31) Cass R. Sunstein, Democracy and the Problem of Free Speech, 35 (1995).

(32) 世論調査「憲法に関する意識調査2018」NHK News Web.www3.nhk.or.jpによると、憲法改正に賛成の割合は29%、必要ないとする割合が27%、どちらともいえないが39%となっている。

(33) Robert C. Postは、選挙資金規制は、民主主義と政治過程の公正さ (integrity) を調和させる試みであると述べる。Robert C. Post, Citizens Devided, 6 (2014).

(34) J, Skelly Wright, Politics and the Constitution : Is Money Speech. 85 Yale. L. RevJ. 1001, 1006 (1976).

日本国憲法における国会の地位と国政監督機能

横尾　日出雄

はじめに

本稿では、日本国憲法における国会の地位について、とくに「国権の最高機関」の位置づけをあらためて検討し、国会による政府・行政統制に関する国政監督機能が、重要な役割を果たすべきものであることを示したうえで、国会ならびに議院の国政監督に関する権限を確認しつつ、国政監督の実質的な担い手となる野党少数派の役割・権限等について考察を行い、現状においては十分な国政監督機能が果たせていない問題を提示するものである。

1　国会の地位と国政監督機能

1．1　国会の地位

日本国憲法において、国会は、①「国民の代表機関」、②「国権の最高機関」、③「唯一の立法機関」、という3つの地位を有するものとされている(1)。主権者たる「日本国民は、正当に選挙された国会における代表者を通じて行動」（前文第1段）し、国会の両議院は「全国民を代表する選挙された議員」（第43条第1項）により組織されるものであることから、国会は、「国民の代表機関」としての地位を有する。また、国会は、「国権の最高機関であって、国の唯一の立法機関である」（第41条）と規定され、「国権の最高機関」、「唯一の立法機関」として位置づけられている。

そもそも憲法の定める統治の仕組みは、代表民主制のシステムを基本としている。主権者たる国民が選挙で選出した代表者により国政を運用するという間接民主制が採用されているのであり、国民自らが直接統治を担う制度は、直接民主主義的な諸制度として部分的に導入されているものもあるが[(2)]、統治の仕組みとしては例外的なものであり、直接民主制が統治の原理として採用されているわけではない。このような代表民主制のシステムおいて、国会は、全国民を代表する選挙された議員から構成され、全国民の意思を反映すべき「国民の代表機関」として位置づけられることとなる。

また、「国権の最高機関」については、通説的理解によれば、国会が最高の決定権ないし国政全般を統括する権能を有する機関であるというような法的な意味はもたず、国会が国政の中心的地位を占める機関であることを政治的に宣言したものにすぎないとされている[(3)]。この「最高機関」の意味をめぐっては、学説の対立があったところである[(4)]。すなわち、国会は最高機関として他の諸機関に対して統括する権限を有するとする「統括機関説」に対して、国民代表機関としての国会が国政の中心に位置する重要な機関であることを政治的に強調したもので法的な意味はもたないとする「政治的美称説」が主張され、後者が通説的立場となった。さらに、「最高機関」性に「法的な意味」を認める観点から、国会は立法を含めて広範な総合調整的機能を遂行する機関であることや、国政全般について最高の責任を負う地位にあることで法的な意味があるとする「総合調整機能説」や「最高責任地位説」が提唱されてきたところである。しかし、一般的には、いわゆる政治的美称説が通説的見解とされ、国会が主権者である国民の代表機関であること、行政も司法も国会の制定する法律に従って執行されること、議院内閣制の採用によって内閣が国会とくに衆議院の信任の下に存立すること、国会が他の機関に比べて広範で強力な権限を有していることなどから、国会が国家権力の組織や運用において中心的な機関とされていることにより、「国権の最高機関」と位置づけられるにすぎないとされる。この見解では、国会が主権的権限を有するものではなく統治権を総攬するものでもないし、三権分立制や違憲審査制等の憲法上の統治の原理・制度により国会に対する抑制も存在することから、国会の「最高機関」性は政治的な性格にとどまるものと捉えられるのである。

そして、国会は「唯一の立法機関」とされ、「立法権」を行使する「立法機関」と位置づけられる。この点からは、通常は、国会が「立法権」を担当する「立法府」とされ、さらに、内閣が「行政権」を担当する機関（第65条)、裁判所が「司法権」を担当する機関（第76条第１項）と位置づけられることで、三権分立の原理・制度が採用されているものと理解されることになる。国会が「唯一の立法機関」であることは、一般的・抽象的法規範の定立という実質的意味の立法を国会のみが定立できることであると解される。すなわち、一般的・抽象的法規範はすべて国民の選挙で選出された議員から構成される国会によって制定されなければならないとされ、具体的には、国会が立法権を独占し、他の機関による立法は排除されること（国会中心立法の原則)、また、立法手続において国会以外の機関の関与は認められないこと（国会単独立法の原則）が、憲法上要請されることになる。

１．２　国会の「最高機関」性

このように、国会は、憲法上３つの地位を有するとされるが、憲法の統治の仕組みとしては、一般的に、権力分立の原理を前提とする視点から、行政権や司法権との関係で三権分立の統治構造を重視することとなり、立法権を行使する「立法機関としての国会」という側面がクローズアップされることとなる。このような三権分立に依拠する権力均衡的な理解によれば、日本国憲法における国会・内閣・裁判所は、それぞれ立法権・行政権・司法権を担当する国家機関とされ、国会は立法機関として、内閣・裁判所と対等であり、相互に抑制・均衡の関係にあるものとして位置づけられることになる。「国権の最高機関」としての国会については、「最高機関」としての特別な権限等が憲法上定められているわけではないことから[5]、いわば三権分立の原理と調和的に理解することによって、「最高機関」としての実質的な意味が失われることになる。かくして、「国権の最高機関」という憲法規定を解釈する場合にはつねに権力分立制による留保が伴うことになる[6]。

この「最高機関」性については、これに法的な意味を認める立場から、「国会が国政全般について最高の責任を負う地位にある」とする最高責任地位説が提唱され、今日の学説において「最高機関」性に一定の法的な意味を認める法規範説の中で最も有力な考え方となっている[7]。すなわち、国会が「国権の最高機関」であることの基礎には国民主権の原理があることをふまえて、「『国権の最高機関』であるとは、国会が階層的な統治組織上の上位にあって他の機関に『指揮•命令』するというようなことを意味するのではない」のであり、「国会は並列関係にある三権の中で一番高い地位にあり、国政全般の動きに絶えず注意しつつ、その円滑な運営を図るべき立場にあるということである」とされる[8]。そして、最高責任地位説の立場から、法規範として法的な意味を認めることには、①「最高機関」性が国家諸機関の権能および相互関係を解釈する際の解釈準則となること、②総合調整機能も１つの重要な法的地位•権能であること、③憲法上どの機関に属するかは明記されていないが、重要な決定事項については国会に属すると推定すべき根拠となること、という意義があるものとされている[9]。

しかしながら、「国権の最高機関」という第41条の規定から具体的な国会の独自の権限が導かれるものではないことから、「最高機関」性に認められる「法的な意味」について具体的に何を意味するのか必ずしも明らかではなく、実際上解釈準則ということにとどまるのであれば、政治的美称説の立場と実質的にはかわらないものとなる。この点については、政治的美称説と法規範説の対立は、「最高機関」の捉え方の相違にあるとの指摘がなされている[10]。すなわち、政治的美称説が最高機関性の法的な意味を問題とする場合には、第41条の規定から国会の最高機関としての独自の権限が認められるかどうかを重視するが、法規範説においては、最高機関性の法的な意味について、国会の独自の権限のみならず国会の果たす機能の面も含めて理解するものとなっている点で、両者には重点の置き方に違いが見られるということである。また、法的な意味を認める法規範説においては、最高機関性の具体的な法的効果として、憲法上どの機関に属するか不明の権限について国会に帰属するという権限推定が挙げられているが、政治的美称説においても解釈上このような権限推定をまったく否定するものではない。

したがって、国会の最高機関性を定める第41条の規定から国会の独自の権限を認めることは困難であるが、憲法の定める統治の原理・原則や国会の組織・運営に関する規定など憲法全体から国会の最高機関性に関する権限や機能を位置づけることが重要となる。三権分立制の視点から国会を立法機関としてのみ重視することになるような権力均衡的な理解ではなく、「最高機関」性に法的な意味を認める立場から、国会の位置づけや権限・機能を理解することが必要である。

1．3　国会の国政監督機能

国会は、憲法上３つの地位を有するものであるが、三権分立の視点から、立法・行政・司法について、内閣・裁判所との並列的な関係では、立法機関と位置づけられる。しかし、憲法上国会に与えられているものは、立法権だけではなく、単に立法機関にとどまるものではない。国会は、主権者国民を代表する国民代表機関であり、この点では、国民に対して政治的な責任を負い、国民による統制の下に置かれるものとなる。すなわち、国会は、自らの活動に対する責任を負うのみならず、国会のコントロール下に置かれた内閣をはじめとする行政機関の活動に対しても、国会がその監視・監督をすることによって、国民に対する責任を果たすことになる。また、国会は、国権の最高機関として、憲法上の種々の権限や帰属不明の権限をも担い、こうした権限を行使することによって、総合調整機能を含めて、国政における監視・監督の機能を果たすことになる。かくして、国会は、国民代表機関ならびに国権最高機関としての地位に基づいて、国政の監督機関としての機能を果たすことが求められていることになる。

孝忠延夫教授(11)は、国会を最高機関としての政府・行政統制機関と位置づけている。まず、前文において日本国民が正当に選挙された国会における代表者を通じて行動することとは、代表者の行動が国民の主権的統制を受けなければならず、たえず主権者国民に対して責任を負わなければならないことを意味し、このことから、国会の存立と活動そのものが主権者による支配・統制に服すべきであり、主権的統制を受けた国会が政府（内閣）・行政に対する統制を実効的に行使しうるシステムを構築することが、憲法の規範内容として求められており、国会による政府・行政統制は、国民の主権的統制を背景としているがゆえに正当化されるものとする。そして、代表議会は、国政に対する批判・監視を行う機関、政府統制機関として成立・発展してきたものであり、立法権それ自体も政府・行政統制の手段として議会が獲得してきたもので、今日の議会は、国政の重要事項を決定しかつ国政全般についての統制をおこなう機関として憲法上位置づけられているとする。さらに、第41条は、国会が国権の最高機関であるということによって、国会を通して統治のあり方、政府の行為、さらには行政権の行使、運営にまで主権者の統制が及ぶという規範構造を示しているとする。かくして、国会は、国民の主権的統制を受けつつ政府・行政統制機関として最高機関たる位置づけを有するものとされる。

また、松井幸夫教授[(12)]は、最高機関規定の内容として国会の国政監督の権限・機能を把握する視点を重視する。すなわち、第41条の「最高機関」規定を国会の憲法上の地位規定と理解し、立法権を含む国会の国政監督権限や国会が憲法上果たすべき国政監督機能を「最高機関」規定の内容としてより積極的・包括的に把握する視点を強調する。そして、このような視点を強調する理由として、①立法権を含む国会の国政監督の権限と機能を総体的に把握し、憲法上明確に位置づけることが日本国憲法の規範構造上も重要であること、②国会の国政監督機関としての憲法上の地位を強調することが、権力分立の形式的な理解を脱却し、国会を憲法上正当に位置づけるためには不可欠であること、③議院内閣制における内閣・行政府の国会に対する優位というような現代日本の憲法状況についての認識から、「最高機関」規定の中に国会の国政監督に関する権限と地位を明確に位置づけることが必要であること、が挙げられている。かくして、国政監督機関としての国会の「最高機関」性は、「最高機関」規定が国会の直接的な権限についてだけでなく、その機能を導く憲法解釈においても、法効果をもつべきであるとされる。

このような見解によれば、国会は、主権者国民を代表する国権の最高機関として、国民の主権的統制下にあって国民に政治的な責任を負う機関であるとともに、国政監視・国政監督の機能とその権能を行使する機関と位置づけられるものである。

2　国会および議院の国政監督権限

2．1　国会の国政監督権限

もともと近代の国民代表議会は、立法権や財政統制権を行使することで、国民代表機関としての国政監督機能を果たしてきた歴史があり、政府の行財政権に対する統制機能を中心として、議会権限を行使し拡大してきたものである。また、議院内閣制における議会と政府（内閣）との関係では、両者の協調・協力関係を基礎に、政府が議会に対して責任を負いつつ議会が政府に対する統制機能を果たすことが要請されていた。日本国憲法における国会も、国民代表機関・国権最高機関として、また、議院内閣制のシステムとしても、政府・行政に対する監視・監督の機能を果たすべく憲法上の権限を行使することが求められている。国会による政府・行政に対する監視・監督は、憲法上の明文規定があるわけではないが、憲法が国会に与えている任務であり[(13)]、憲法上の種々の権限によって国政監督機能を果たすことが、国会の国政監督の権能として実体化するものである。

国会は、国の一般的な政策を決定する権限として「法律の議決」権（第59条）を有し、また、その政策の実施に際して財政上の裏づけを確認する権限として「予算の議決」権（第60条・第86条）を有し、さらに、他国との関係で対外的な政策を承認する権限として「条約の承認」権（第61条・第73条第３号）を有する。これらの権限は、国会が国の基本政策の決定に直接関与する権限であるが、このうち「法律の議決」権は、内閣をはじめとする行政機関等がその活動の根拠となる「法律」を制定するという「立法」権であり、他の国家機関の活動に対する行動規範を決定することにより、国会が事前的な統制を及ぼすという側面がある。予算の作成は内閣の職務（第73条第

5号）であるが、これを国会が議決することは、その他の財政処理に対する国会の議決権（第83条等）や租税法律主義（第84条）に関する権限を含めて、国会が財政統制権を有するものであることを意味する。条約の締結も内閣の職務（第73条第3号）であるが、国会の承認が必要とされていることは、対外的な政策の決定に国会が統制権を及ぼすことを意味する。かくして、国会は、国家の基本的政策の決定・遂行について事前的な統制を一般的に行い得る機能と権限を有していることになる。

議院内閣制のシステムに関連して、国会は、内閣総理大臣の指名（第67条）を行うことにより、行政権を担当する内閣を創設する行為に直接着手し、内閣の成立後は、内閣の対国会連帯責任（第66条第3項）を梃子にして、常に内閣に対する統制を機能させながら、両者の信任関係を保ち、場合によっては、衆議院が内閣に対する不信任の決議を行うことによって内閣の総辞職（第69条）を求め、内閣自体を更迭して、新たな内閣の創設をすることで、内閣に対する統制を強固なものとしている。このような国会の統制は、議院内閣制のシステムを前提としているとはいえ、内閣に対する統制としては、きわめて重大な機能と権限である。

国会の議決は、原則として衆議院および参議院それぞれの議決が一致して成立するものであるから、国会ないし両議院における多数の意思により決定されることになる。したがって、国会の議決により行われる政府・行政に対する国政監督に関する権限は、国会ないし議院における多数派の意思により行使されるものであり、実質的には与党の意思に基づく国政監督権の行使として機能するものとなる。

2．2　議院の国政監督権限

議院の権能として国政監督機能を果たす重要な権限として国政調査権（第62条）があり、また、閣僚の答弁・説明を求める権限（第63条）も、国会議員の質問権・質疑権として行使されるものの、議院による国政監督機能の一環としての意味があり、議院の国政監督権限と位置づけることのできるものである。これら議院の国政監督権限は、本会議等において決定・決議することに意味があるのではなく、その権限を行使して政府・行政に対する監視・統制機能を果たすことに実質的な意義が認められるものである。すなわち、国政調査権や質問権は、その権限自体を行使することにより、政府・行政に対する監視や情報提供の要求を行い、国民に広く公開することによって、実質的な政府・行政統制の意味をもつものである。たしかに、国政調査権や質問権の行使にあたって、本会議や委員会等の議決が必要とされる場合があり、その際には、多数派の意思により権限の行使が認められることになるが、これらの権限の行使については、多数派以外の少数派にも一定程度認められる場合がある。すなわち、国政調査権や質問権など議院の国政監督権限は、本会議としての議決や委員会における議決が必要とされるものについては、多数派の意思により決定・行使されるものとなるが、少数派についてもその権限行使が可能となる側面が生ずるものである。

国政調査権は、議会が国政に関する事項の種々の情報を収集して事実を確認し、国政全般に関する活動の評価をふまえて、政策的な判断を行うための権能であり、国政監督機能の点からは、政府・行政に対する批判・監視を行う権能である。議会の国政調査権そのものは、憲法の明文規定によらずとも、議会に当然に認められる権能といえるが、具体的にどのような国政調査権の行使が可能となるかは、憲法や法律の定めによるところとなる。したがって、国政調査権の範囲や行使の方法が制限されているならば、実質的な調査権の行使は限定的なものにならざるを得ない。たとえば、明治憲法下では、憲法上の規定はないものの、各議院はその権能を行使するため調査権を有するものと解されていたが、当時の議院法は、人民を召喚しまたは議員を派出することを禁じ（第73条）、官庁や地方議会に対して照会往復することを認めておらず（第75条）、政府が秘密にすることを必要とする場合には記録の提出を拒否することができた（第74条）ため、具体的な調査手段が事実上否認されていたものである(14)。それに対して、日本国憲法においては、第62条で、国会各議院の権能として国政調査権について明文で定められており、とくに証人の出頭および証言ならびに記録の提出の要求を強制的な権限行使の手段として憲法上位置づけたことに大きな意味がある。これにより、各議院は、国政調査の手段として、証人喚問権や書類提出要求権を憲法上の権限として行使することが可能となり、国政監督機能を果たすために重要な権限を認められたことになる。

国政調査権の法的性質については、浦和事件をめぐって、参議院法務委員会と最高裁判所との間で活発に議論が展開され、学説においても、独立権能説と補助的権能説との対立として論争がなされたところである[(15)]。すなわち、独立権能説は、第41条の国会の「最高機関」性を統括機関と捉え、これに基づいて、国政調査権を国権統括のための独立の権能と解し、参議院法務委員会はこの立場から司法への介入を正当化したのに対して、補助的権能説は、「最高機関」性については政治的美称説の考え方に立って、国政調査権を国会に憲法上与えられた権能を有効に行使するために認められた補助的な権能と解し、最高裁判所はこの立場から司法権の独立を擁護する論調を示したのである。この論争は、いわば司法権の独立という憲法上の原理に対して、国政調査権の行使がどこまで認められるかという点が焦点となり、結局のところ、司法権の独立を確保する観点から、補助的権能説が優勢となり、独立権能説が統括機関説とも関連していたことから次第に低迷し、前者が通説として定着した経緯がある。そして、両説の対立は、もともとは、国会の最高機関性に関する統括機関説と政治的美称説との対立に対応するもので、国政調査権の範囲・限界にかかわる解釈にも相違をもたらすものとされていたが、浦和事件以降の議論の深化により、独立権能説によっても司法権の独立を侵害するような調査権の行使は認められず、また補助的権能説によっても国政調査権の範囲は行政権をはじめとして広く国政全般に及ぶとされることから、実質的には大きな相違はないものとされている。

しかし、通説とされる補助的権能説に対しては、国政調査権の目的・対象が立法などの補助的なものであるとすることでは本質的な性格を説明したことにはならないとの批判があり[(16)]、また、「補助的」という意味を過度に強調することによって調査権が議院の立法その他の権能に付随して行使されるものとすることは妥当でないとの指摘がなされている。[17] そして、議院がその職権を有効かつ適切に行使するためには正確な情報に根拠することが必要であり、最高機関たる国会が国政の中心的機能を果たしていくためには、各議院が世論を反映しつつ国民に情報を提供し世論を形成する作用を遂行することが前提となり、国政調査権はそのために必要とされる議院の基礎的権能であるとの位置づけがなされている。[18] さらに、議院内閣制の下では、政府に対する統制は議会の本来的機能というべきであり、情報の収集はその統制を行うための不可欠の前提であることから、国政調査権は、それ自体として議院の独立した権能とみるべきであるとする「新独立権能説」が提唱されている。[19] このように、補助的権能説において国政調査権が議院の「補助」的な権能と位置づけられることに対しては、議院ないし国会の国政監督機能を強調する点では消極的なものとならざるを得ないのであり、政府・行政に対する統制をより重視するならば、国政調査権を議院の本来的な権能として位置づけることには意味があるものと考えられる。

議院の国政調査権は、国会や議院の諸権限が及ぶ領域に広範囲にわたって行使することができるが、司法権の独立など憲法上の諸原則や基本的人権の保障によって限界づけられることになり、実際に国政調査権が発動される場合には、当該国政調査の目的に限定されることになる。国政調査権は各議院の権限であり、委員会中心主義を採用する国会では、議院の委員会も国政調査権を行使することができるが、当該委員会の所管事項や設置目的に限定されることになる。すなわち、各議院の常任委員会ではそれぞれの所管事項について国政調査を行い、特別委員会では設置目的の範囲内に限定され、さらに、ある特定事項を調査するために臨時に設置される調査特別委員会においては、その特定事項についてのみ国政調査を行うものとなる。委員会における国政調査は、委員会が調査案件を議題として、内閣総理大臣や国務大臣等政府関係者から説明を聞き、これに対して委員が質疑を行うという説明聴取の方法が通常であり（憲法第63条、国会法第71条・第72条）、会期終了後も継続して調査を行うことができるように手続をとることによって、国会閉会中の調査も可能となる。

憲法の定める「証人の出頭及び証言並びに記録の提出を要求することができる」（第62条）ことについて、具体的な強制力を伴わせるため、議院証言法（「議院における証人の宣誓及び証言等に関する法律」）は、「各議院から、議案その他の審査又は国政に関する調査のため、証人として出頭及び証言又は書類の提出（提示を含むものとする。以下同じ。）を求められたときは、この法律に別段の定めのある場合を除いて、何人でも、これに応じなければならない」（第１条）とし、証人による虚偽の陳述の場合や、証人の不出頭もしくは記録の不提出、証人の宣誓・証言拒絶の場合には、罰則が科されることになっている（第６条・第７条）。かくして、国政調査に際して、国務大臣等の政府関係者以外の者も、国会に直接招致して証人として喚問することが可能とされたが、宣誓および偽証の制裁等手続の厳格さのため、このような証人喚問の方法以外に、参考人として国会に招致する制度が導入された。証人喚問と参考人招致とでは、制度的には、証人が出頭を強制され、その証言も刑罰をもって担保されるのに対して、参考人はその出頭も任意に委ねられており、また機能面では、証人が自己の経験した事実の陳述を求められるのに対して、参考人はその意見を聴くことが目的とされる、というような点で相違があるとされている[(20)]。そして、証人か参考人かは、実際には、政府与党が参考人招致を主張し、野党が証人喚問を主張して、両者が対立することが通常となり、結局は与党の多数意見によって、参考人による招致の方法を採用することが多くなった。こうして、参考人制度ができてからは、証人喚問による調査活動という憲法の予想した本来の方法が例外的なものとなり、参考人招致による方法が一般的なものとして定着したために、国会は、証人喚問をむしろ国政調査の例外的なものとして特別に重大な場合に限って行う、という姿勢をとってきたものとされている[(21)]。

証人喚問に対する対応にも見られるように、国政調査の実際上のあり方は、与党多数派と野党少数派の取組む姿勢によるところが大きく、与党側は政府批判に発展する可能性のある国政調査には消極的になり、野党側はむしろ積極的になることから、国政調査の実質的な機能は、野党側に負うところとなる。したがって、多数を占める与党側が国政調査権の行使について常に消極的に対応することになれば、国政調査による国政監督機能には大きな障害となり、場合によっては全く封じ込められることにもなりかねない。このような与野党対立の構図において、国政調査の衰退あるいは形骸化が指摘されているところである。すなわち、調査主体である議院ひいては各政党の調査能力の不足、証人喚問などをめぐる政党間の取引、証人喚問自体のセレモニー化などが挙げられ(22)、また、政党間の駆け引きの結果として上演される政治ショーと化しているとの批判もなされている(23)。そして、本来、国政調査権が国政監督権限として重要な機能を果たすべきことから、入手した情報を十分に分析し、報告書にまとめて国政調査の結果を広く国民に提示することが必要であり、かつては国政調査報告書が提出されていたにもかかわらず、現在ではこのような報告書がまとめられて提出されるということが全くないことから、国政調査権のもつ情報提供機能や争点明示機能の発揮を妨げるものと指摘されている(24)。この点については、議院が責任をもって最終的な事実認定を行い、原則として調査結果報告書の作成・公表義務を伴う制度として再構成すべきであるとの指摘もなされている(25)。

かくして、国政調査における証人喚問は、与野党間の政争の具とされ、喚問される証人は実際上被疑者や被告人と同様であるかのように扱われる状況にあり、情報収集という本来の目的からは乖離してしまった運用がなされているのが現状である。国政調査が、議院および国会の情報収集・提供機能さらに国政監督機能を十分に果たせるように、改革を行うことが必要となっている。証人喚問については、参考人招致の制度を含めて、情報収集・提供機能の点から、証人による事実の告知ならびに参考人による意見の陳述を基本とした制度改革が求められるであろうし、国政調査権の行使についても、議院としての組織的な権限行使と結果の分析・評価が必要であると考えられる。

2.3　少数派による国政監督

国民代表議会は、立法機関であるとともに、政府・行政統制のための国政監督機関であるが、今日の政党政治の下においては、議会と政府との対抗関係ではなく、政府・与党と野党との間の対抗関係として対立構図があらわれ、とりわけ議会と内閣との信任関係を基底とする議院内閣制のシステムにおいては、内閣・与党と野党との対抗関係が政治的対立の中軸となっている。日本国憲法の下でも、国会ないし議院による内閣・行政機関に対する国政監督に関して、与党多数派は、内閣を支える立場から、内閣や行政に対する統制にはむしろ消極的となるので、野党側による統制がどれだけ機能するかによって、国政監督の効果が生ずるものとなる。そうすると、国会ないし議院による政府・行政統制は、与党多数派によって機能するものとはならず、野党少数派により実効的なものとなる[(26)]。したがって、国政監督機能をより実質化するためには、与党による多数決によって統制を行うシステムではなく、野党側による統制の実行を保障するシステムが必要とされることになる。日本国憲法には、野党もしくは反対派または少数派に対して、政府・行政統制の機能を保障するような地位・権限に関する規定は、第53条の臨時会召集要求の規定を除けば、存在しないが[(27)]、国権の最高機関としての国会において、国政監督機能を実質的に充実させるために、法律ないし議院規則のレベルで、反対派や少数派による統制機能を確保する制度を設けることは許容されているものと考えられる。

この点で、衆議院において1998年（平成10年）から実施された「予備的調査制度」[(28)]は、少数派による調査を可能にするものとして[(29)]、少数派による政府・行政統制を実効化させる制度として期待されたものであった。この予備的調査を創設した背景には、少数派の情報入手を容易にするシステムを設ける必要性が挙げられている[(30)]。すなわち、国会の行政監督機能が有効に機能するためには少数派の果たす役割が重要であるが、実際には、政党政治の下での議院内閣制においては、多数決で運営される委員会等で、少数派が国政調査権の発動を促して調査を行わせ、情報を入手することは、相当に困難な場合が多い。そこで、国会活動に必要な整理された情報を適時に入手できる手段が確保されていることが必要であるとされ、少数派等の情報入手を容易にするシステムを創設する必要が提起されたことにより、議院あるいは委員会が国政調査権の主体であるという基本的枠組みを前提として、かつ少数派等からの調査要請の意向が制度の運用において実際上反映されるシステムとして、予備的調査の制度が創設されたものである。

この「予備的調査」は、衆議院の委員会が行う審査または調査のために、委員会がいわゆる下調査として衆議院調査局長または衆議院法制局長に調査を命じて行わせるものである。(31) 予備的調査の仕組みおよび手続として、衆議院の委員会が予備的調査を命ずるのは、①委員会が議決をした場合（衆議院規則第56条の２）、②40人以上の議員からの要請に基づく場合（同56条の３）の２通りがある。そして、調査命令を受けた調査局長等は、予備的調査に関して、官公署に対し資料の提出、意見の開陳、説明その他の必要な協力を求めることができるとされ（議院事務局法第19条、議院法制局法第10条）、官公署が当該協力要請を拒否した場合、命令を発した委員会は、官公署に対して、拒否の理由を述べさせることができるとされている。調査局長等は、調査を行って、調査の結果を記載した報告書を取りまとめて委員会に提出し、報告書の提出を受けた委員長は、議長に当該報告書の写しを提出し、議長がこれを議院に報告することとなる（衆議院規則第86条の２）。このように、予備的調査は、40人以上の議員の要請があれば、委員会により調査局長等に対して調査命令がなされるので、この点では、少数派による調査として、国政監督機能にも資するものである。

しかしながら、この予備的調査は、調査局長等の名において行われるものであり、国政調査権に基づく委員会による調査そのものではなく、その下調査すなわち委員会の本来の国政調査を補完するものであることから、委員会による調査という性格をもつものではなく、ましてや予備的調査を要請した少数派の議員によって調査が行われるものでもない。また、調査局長は、予備的調査を行うにあたり官公署に対して調査協力要請を行うことができるが、この調査局長の権限は、委員会の有する国政調査権と密接な関係を有しこれを補完するものとして、議院事務局法および議院法制局法により付与されるものであり、本来の国政調査権に比べて、その行使要件が相当に緩和されており、その行使の対象が官公署に限定され、強制力を伴わないものとされている。[(32)]

予備的調査は、その導入以来、委員会の議決によるものとして2件、40人以上の議員からの要請に基づくものとして44件、合わせて46件が実施されている。[(33)]このように、議員の要請によるものがほとんどであり、少数派議員の要請に基づいて予備的調査が実施されるという点では、制度創設の趣旨に応えるものとなっている。しかし、当初は各年で数件の予備的調査が行われていたが、最近では全く実施されることなく、制度そのものの存在が有名無実化している。1998年（平成10年）に導入され、2008年（平成20年）までの約10年間には、委員会の議決によるもの2件を含めて、全体として44件の予備的調査が実施されたが、その後は、2009年（平成21年）に1件、2010年（平成22年）に1件、いずれも議員の要請によるものとして実施されただけで、それ以降は全く行われていない状況にある。[(34)]予備的調査が実施されなくなっている状況について、具体的な検証が必要であるが、制度創設の趣旨に鑑みて、少数派による国政監督の一環となりうるものであるから、あらためて予備的調査の実施を促すことが重要である。

おわりに

日本国憲法における国会は、国民の代表機関ならびに国権の最高機関としての地位に基づいて、議院内閣制のシステムの下で、政府・行政統制の機能を担う国政監督機関として位置づけられ、憲法上の種々の権限や帰属不明の権限をも担い、こうした権限を行使することによって、国政における監視・監督の機能を果たすことになる。そして、国会の両議院は、議院の本来的な権能として国政調査権を有し、その具体的な手段として、証人喚問権や書類提出要求権を憲法上の権限として行使することが可能となり、国政監督機能を果たすために重要な権限を認められている。しかし、国政調査の実際上のあり方は、与野党の取組む姿勢によるところが大きく、与党側が常に消極的に対応することになれば国政調査による国政監督機能には大きな障害となり、その実質的な機能は、野党側に負うところとなる。国政調査権が、議院および国会の国政監督機能を十分に果たせるような改革が必要となっており、とくに議院としての組織的な権限行使と結果の分析・評価が必要であると考えられる。

日本国憲法の下で、国会ないし議院の国政監督機能を実質的に充実させるために、法律ないし議院規則のレベルで、少数派に政府・行政統制の機能を保障するような権限を設けることは許容されているものと考えられる。少数派による政府・行政統制を実効化させる制度として、衆議院に「予備的調査」制度が導入され、当初は、少数派議員の要請に基づいて予備的調査が実施され、実施件数も多かったが、最近では、全く実施されることがなくなっている。あらためて、国会ないし議院による国政監督機能の重要性を省みつつ、実効的な制度の創設や導入とともに、現行のシステムの運用上の問題の検討が必要である。

（１）芦部信喜・高橋和之補訂『憲法（第６版）』岩波書店（2015年）292頁、野中俊彦・中村睦男・高橋和之・高見勝利『憲法Ⅱ（第５版）』有非閣（2012年）59頁参照。
（２）憲法上の直接民主制的な諸制度としては、憲法改正における国民投票（第96条）、地方自治特別法における住民投票（第95条）、最高裁判所裁判官の国民審査（第79条）が挙げられる。
（３）芦部・前掲注（１）295頁参照。
（４）「最高機関」の意味をめぐる学説の対立については、勝山教子「国権の最高機関」（大石眞・石川健治編『憲法の争点』有非閣2008年）194-195頁参照。
（５）日本国憲法の制定過程において、当初の総司令部案では、一院制の国会が内閣不信任の決議をした場合のみに内閣の国会解散権が行使できるものとされ、また、基本的人権および財産権に関する法律が問題となる場合を除いては、裁判所の違憲判決に対して国会が議員の３分の２の賛成で破棄できる定めが設けられていた。勝山教子「国権の最高機関」（高橋和之・大石眞編『憲法の争点（第３版）』有非閣1999年）168頁参照。

（６）川人貞史「国会運営の比較政治的特徴」『法律時報』90巻５号（2018年）10頁参照。
（７）佐藤幸治『日本国憲法論』成文堂（2011年）430-432頁参照。
（８）同上・431頁。
（９）同上・431頁参照。
（10）勝山・前掲注（４）195頁参照。
（11）孝忠延夫「国会による政府・行政統制」（大石眞・石川健治編『憲法の争点』有非閣2008年）204頁参照。
（12）松井幸夫「国会の国政監督」（樋口陽一編『講座憲法学５権力分立（１）』日本評論社1994年）187-192頁参照。
（13）日本国憲法において、国会による政府・行政に対する監視・監督の機能・権限について、明文規定はないものの、憲法全体の統治構造の仕組みとして、国会に与えられている任務と解すべきものである。諸国の憲法規定では、議会の政府統制について定めているものもある。たとえば、フランス第五共和制憲法（1958年）は、議会の構成等を規定する第24条で、「議会は、法律を議決する。議会は、政府の行為を監視し、公共政策について評価を行う。」（第１項）と、議会の任務について定めている。この第１項の規定は、2008年７月23日憲法改正において、新設されたものであるが、議会の任務に関して、議会の立法・統制・評価に関する機能と権限を、あらためて確認したものである。
（14）佐藤・前掲注（７）465頁、大石眞『憲法講義Ⅰ（第２版）』有非閣（2011年）151頁、前田英昭「国政調査と証人尋問」（藤本一美編『国会機能論』法学書院1990年）154頁参照。
（15）国政調査権の法的性質をめぐる学説の対立については、木下和朗「国政調査権の意義と限界」（大石眞・石川健治編『憲法の争点』有非閣2008年）202-203頁参照。
（16）孝忠・前掲注（11）205頁参照。
（17）木下・前掲注（15）202頁参照。
（18）佐藤・前掲注（７）465頁参照。
（19）大石・前掲注（14）151-152頁参照。
（20）前田・前掲注（14）169頁参照。
（21）前田・同上168頁、161頁参照。
（22）大石泰彦「第62条・議院の国政調査権」（芹沢斉・市川正人・阪口正二郎編『新基本法コンメンタール・憲法』日本評論社2011年）354頁参照。
（23）大山礼子『国会学入門（第２版）』三省堂（2003年）208頁参照。
（24）大山・同上。
（25）大石眞『議会法』有非閣（2001年）120頁参照。
（26）野党少数派による政府・行政統制については、新井誠「政府の統制―与党（多数党）と野党（少数党）」『法学セミナー』755号（2017年）33-34頁、村西良太「少数派・反対派・野党会派—政府統制の主体に関する覚書」『法律時報』90巻５号（2018年）26頁参照。

(27) ドイツにおいては、実質的な憲法により、少数派についても調査委員会の設置要求権が認められている。ドイツ連邦共和国基本法第44条は、連邦議会の調査委員会について定めており、その設置に関する第１項において、連邦議会の４分の１以上の議員から要求がある場合には、連邦議会が調査委員会の設置を義務づけられている。また、フランスにおいては、2008年７月23日憲法改正によって、「反対会派」および「少数会派」の存在が明記され（フランス第五共和制憲法第48条第５項、第51-１条）、反対会派および少数会派としての地位と権利が保障されるものとなった。曽我部真裕「議会内における野党会派の位置づけについて—フランスの2008年憲法改正を素材として—」『法学論叢』164巻１-６号（2009年）552頁以下、勝山教子「主要国の議会制度・フランス」（大石眞・大山礼子編著『国会を考える』三省堂2017年）107頁-108頁参照。

(28) 衆議院における予備的調査制度は、1996年８月に衆議院議長と副議長の連名で示された「議員立法の活性化についての指針」において、少数派調査権の導入が提言され、1997年12月に衆議院規則の改正により予備的調査制度が創設され（第56条の２・第56条の３・第86条の２）、1998年１月12日召集の第142回通常国会から、実施されたものである。

(29) 佐藤・前掲注（７）468頁、大石・前掲注（14）154-155頁、木下・前掲注（15）203頁、新井・前掲注（26）34頁、上田章「国会と行政」（上田章編『国会と行政』信山社1998年）40頁、大山礼子「国会の機能と手続をめぐる問題」（大石眞・大山礼子編著『国会を考える』三省堂2017年）290頁参照。

(30) 予備的調査制度創設の背景については、衆議院ホームページ「平成15年衆議院の動き第11号 」（http://www.shugiin.go.jp/internet/itdb_annai.nsf/html/statics/ugoki/h15ugoki/yobit/h15yobit.htm）参照。

(31) 予備的調査の仕組みと手続については、衆議院ホームページ「平成29年衆議院の動き第25号」（http://www.shugiin.go.jp/internet/itdb_annai.nsf/html/statics/ugoki/h29ugoki.pdf/$File/h29ugoki.pdf）参照。

(32) 予備的調査の性格については、衆議院ホームページ「平成11年衆議院の動き第７号」（http://www.shugiin.go.jp/internet/itdb_annai.nsf/html/statics/ugoki/h11ugoki/h11/h11yobit.htm）参照。

(33) 予備的調査制度の実施件数については、衆議院ホームページ・前掲注（31）参照。

(34) 予備的調査の実施状況について、平成10年に４件（内１件は委員会の議決に基づくもの）、平成11年に５件、平成12年に３件、平成14年に４件（内１件は委員会の議決に基づくもの）、平成16年に４件、平成17年に５件、平成18年に４件、平成19年に６件、平成20年に９件、平成21年に１件、平成22年に１件、となっている。衆議院ホームページ「平成20年衆議院の動き第16号」（http://www.

shugiin.go.jp/internet/itdb_annai.nsf/html/statics/ugoki/h20ugoki/06yobityo/yobityo.htm#06-02-01）参照。

普通選挙と選挙供託金

只　野　雅　人

はじめに

公職選挙法92条１項１号は、衆議院（小選挙区選出）議員選挙の候補者の届出にあたり、300万円（又は相当額の国債証書）の供託を義務づけている。得票が有効投票総数の10分の１に達しないときは、供託金は没収される（公職93条１項１号)。衆議院小選挙区選挙以外にも、国政選挙では、参議院選挙区選挙については300万円、衆参の比例代表選挙については600万円の供託が、立候補にあたり義務づけられている。さらに、町村議会議員選挙を除く地方議会議員選挙、地方公共団体の長の選挙についても、立候補にあたり一定額の供託が必要である。いずれでも、法定得票に達しない場合は、供託金が没収される。国会議員選挙の供託金額はとくに高額であり、主要民主主義国では供託金制度がないか、あっても極めて低額であることが多い中、際立っている[(1)]。こうした選挙供託金制度をめぐる憲法上の問題を論じることが本稿の主題である。各種選挙における供託金制度をめぐっては、共通した憲法上の問題があると思われるが、他方で、それぞれに異なった選挙の性格や仕組みをも考慮する必要がある。本稿では、制度全体を意識しつつも、主としては衆議院小選挙区選挙における供託金制度を題材に、検討を進めることとしたい。

本稿の元となっているのは、衆議院小選挙区選挙における供託金制度の憲法適合性を争う国家賠償請求事件（東京地裁平成28年（ワ）第17007号）で筆者が提出した意見書である（2017年３月)。紙幅の制約から内容を大幅に圧縮し必要な加筆・修正も行っているが、基本的な主張は変わっていない。

意見書の執筆にあたっては、弁護団より、資料の提供などの便宜を図っていただいた。公刊を御快諾いただいたことと併せ、記して感謝申し上げたい。

憲法上の問題を検討するに先立って、まずは選挙供託金制度について概観しておきたい。

1　男子普通選挙と選挙供託金

1．1　男子普通選挙と選挙供託金の導入

日本における選挙供託金制度は1925年、イギリスをモデルとして、男子普通選挙とともに導入された[(2)]。候補者の増加が見込まれることから、立候補の届出が制度化され、それに合わせて選挙供託金制度も導入された。改正衆議院議員選挙法（大正14年5月5日法律第47号）68条は、立候補の届出に際して2000円（又は相当額の国債証書）の供託を義務づけるとともに、得票数が議員定数で当該選挙区の有効投票総数を除した数の10分の1に達しないときには、供託物が没収されることを規定した。

内務省作成の立法理由書はこの制度につき、立候補の届出を「慎重ナラシムル」ためのもので、「真摯ヲ缺キ単ニ選挙ノ妨害ヲ為スニ過キサルノ虞アル議員候補者ノ輩出ヲ防止シ選挙界ノ革正ヲ図ラムトスル」措置であると述べている[(3)]。立法理由書は続けて、「我国ノ現状」に鑑みると、上記のような立法目的を達成する一方で、「財力ニ乏シキ正当ナル議員候補者ノ立候補ヲ阻害スルカ如キコトナカラシムコトヲ顧慮」するならば、2000円という金額設定が適当であると述べる。2000円程度なら、「立候補ノ自由ヲ妨ケ所謂普通選挙実施ノ効果ヲ阻害スルカ如キ虞ナシ」というのである[(4)]。

とはいえ、当時の奏任官の初任給が年俸900円であったことからすれば、2000円の供託金は極めて高額であり、「無産政党にとっていちじるしく不利[(5)]」であったことは否めない。さらに供託額は、当初の原案では1000円であったが、当時の主要政党（いわゆる三派）が2000円に引き上げたものであるとされる。無産政党の候補者の排除というだけでなく、「現職候補に有利[(6)]」な仕組みでもあった。

1．2　普選の精神との不整合

こうした選挙供託金制度に対し、当時の有力学説からは厳しい批判がなされている。よく知られているのが、選挙制度研究の第一人者であった森口繁治による批判である。森口は導入された選挙供託金制度につき、「普選の精神を蹂躙したものとして、我国法に於ける一大汚点とせざるを得ない」(7)と厳しく批判する。この制度は、イギリスの1918年人民代表法に倣ったものとされるが(8)、多額の供託金を課するという仕組みは、「財産標準を積極要件の一としたのと同様」で、被選挙権における「制限選挙制度の復活」にほかならない(9)。「売名候補」「泡沫候補」の排除という立法目的についても、森口は、「現在の程度に選挙人の自覚した場合に於て、所謂売名候補者が立候補することは少ないであらうし、立候補したとしても当選の機会は少ない」(10)とし、疑問だとする。

宮沢俊義も、「不真面目な立候補を防止する」という立法趣旨について、「その当否はきはめて疑わしい」とする。そして、「これが為に無産階級からの立候補がいかに妨げられたかは、実際の経験によっても十分に明らか」であるとし、「早晩撤廃せらるべきものと信ずる」と述べる(11)。宮沢は、「不真面目な立候補を防止する」ためには、立候補の届出に相当数の選挙人の連署を求めるのがよいとも指摘している(12)。

さらに河村又介も、イギリスに倣い「真摯を缺き選挙の妨害を為す候補者の輩出を防止」するためにもうけられたこの制度について、同趣旨の批判を行っている。河村は、「結果から見て得票少なき者必ずしも不真面目な候補者に非ず。且つこの制度は、善良なる無産者に対する重圧であると共に、悪意の有産者に対しては防止の効果をもたない」として、制度の必要性・合理性に疑問を投げかける。そして宮沢と同じく、「泡沫候補防止」のためには、別に代わるべき方法を模索すべきであるとしている(13)。

制限選挙が許容された大日本帝国憲法下にあっても、普通選挙と高額の選挙供託金制度との整合性について当時の主要学説から根本的な批判が提起されていたことは注目に値する。しかし制度は、日本国憲法下にも引き継がれてゆく。

2　日本国憲法の下での選挙供託金

2．1　日本国憲法の制定と選挙供託金制度

大日本帝国憲法改正をめぐる帝国議会の審議では、選挙供託金制度の合憲性をめぐり、立ち入った議論は行われていない。たとえば、貴族院の審議において、地方公共団体の長の直接選挙と関連して適切な候補者を得る手段が論じられた際、内務大臣・大村清一は衆議院議員選挙の選挙供託金に言及しているが、「只今と致しましてはそれ以上の名案がございませぬ」などと述べるにとどまっている[(14)]。戦前の選挙供託金制度は、「現行憲法下でも整合するもの[(15)]」という前提のもと、十分な検討を経ることなく存続してゆく。

とはいえ、注目すべき議論もみられる。1946年7月、衆議院では、衆議院議員選挙法改正の審議に際し、供託金を含め適正な立候補を確保する手段が不十分ではないかという趣旨の質問がなされた。これに対して答弁に立った内務官僚の郡祐一は、供託金の引き上げのみで「泡沫候補」は抑制できず、「寧ろ政黨の發達に依りまして、自主的な抑制が望ましいのではないか」と答弁している[(16)]。知事選挙をめぐる審議におけるものであるが、郡は翌8月にも、同趣旨の答弁を行っている[(17)]。郡は、「供託金を非常に高めますことは、比較的資金の豊富な候補者に有利に相成る」とし、「政黨の發達に依る政黨の人間の保護、即ち政黨政治が確立致しまして、何等かの政黨でなければ立候補が殆ど不可能であると云ふ保證、或は物的擔保と人的擔保を組合せました適當な方法、是等のものが考へられるべきであ」ると述べる。供託金制度は否定していないが、「金銭的な保証」「物的擔保」のみによることの限界を指摘し、政党の発達の重要性を説く主張は正論といえよう。

いまひとつ、憲法改正案の審議過程で、衆議院・貴族院の修正により、供託金制度の憲法適合性と関わる条項・文言が付加されたことも注目される。1946年6月20日に帝国議会に提出された帝国憲法改正案では、普通選挙の保障についての現15条3項にあたる条項はなく（改正案14条）、また、「両議院

の議員及びその選挙人の資格」について差別を禁じた現44条の条文（改正案40条）には、「教育、財産又は収入」という文言はなかった。前者は貴族院の修正によって、また後者は衆議院の修正によって、それぞれ加えられたものである。普通選挙は選挙権を中心に考えられることが多いが、44条が、「特に選挙権だけでなく、被選挙権についても、財産または収入を要件とすることを許さないという趣旨を明確に定めている[18]」ことの意味は重要である。

2．2　選挙供託金制度の変遷[19]

供託金の額は、1947年３月の衆議院議員選挙法改正に際し5000円とされた。その後３万円に引き上げられ、それが1950年制定の公職選挙法にも引き継がれた。当該選挙区の議員定数をもって有効投票総数を除した数の５分の１に達しなければ、供託金は没収される[20]。

衆議院議員選挙における選挙供託金は、その後、他の選挙の供託金と共に累次引き上げられ、1952年には10万円、1962年には15万円、1969年には30万円、1975年には３・３倍増の100万円とされた。さらに参議院議員選挙に拘束名簿式比例代表制が導入された1982年には、倍増の200万円にまで引き上げられた。そして、1994年、小選挙区制度の導入に伴い、300万円とされ、また没収点は有効投票総数の10分の１とされた。

返還の可能性があるとはいえ、こうした高額の供託金は立候補しようとする者の多くにとって相当な経済的負担となろう。もとより、負担の度合いを客観化する指標は存在しない。国会審議では平均物価への言及もなされているが、選挙供託金が立候補をする側に過剰な金銭的負担を課していないかという点からすると、平均的な収入も重要な指標であるように思われる。あくまで参考値としてではあるが、国税庁が公表している１年勤続者の平均給与をみると、大幅な引き上げがあった1975年は203万円、1982年は319万7000円であった。供託金額が300万円となった1994年は457万2000円、直近の2016年は421万6000円である[21]。1982年以降は、平均給与の３分の２あるいはそれ以上の水準となっている。高額な供託金額が、立候補を躊躇させるような効果をもつことは十分に想定されよう。

フランスを代表する選挙法研究者マスクレはかつて、「本質的なのは、供託金額が立候補を思いとどまらせるような効果をもってはならないということであり、そのような効果が生じれば、自由選挙の基本的な側面である立候補者の自由が損なわれることになろう[22]」と指摘している。ちなみにフランスでは、各種選挙の供託金が、1990年以降段階的に廃止されている[23]。供託金制度は立候補自体を直接制約するわけではないが、「立候補の自由」が憲法で保障されたものであるとするならば、立候補を強く抑止する効果をもつおそれが大きい措置がなぜ必要であるかが、厳しく問われねばならない。そこで次に、供託金制度の目的と効果について検討してみたい。

2．3　供託金制度の意味

2．3．1　供託金制度の目的—「泡沫候補」の排除と選挙公営

1925年の導入以来、選挙供託金制度の目的としてほぼ一貫して主張されてきたのが、「泡沫候補」「売名目的の候補」など、「真摯を欠く」候補の排除である。「真摯」な候補者による競争こそが選挙の公正に資する、有権者の選択を容易にする、といった説明は、一見説得的にも思える。しかし高額の供託金が、「悪意の有産者」（河村）の排除に有効でなく、かえって「善意の無産者」（同）を排除する効果をもちうることは否定できない。真摯な動機をもつ「泡沫候補」は当然に観念しうる。そうした立候補者が排除される可能性があるにもかかわらず高額の選挙供託金がなぜ必要なのか。立法府は、この制度の目的をどのように説明してきたのであろうか。

供託金は累次引き上げられており、その都度国会でも議論が行われているが、「泡沫候補」の排除といった戦前以来の立法趣旨とともに次第に強調されるようになるのが、選挙公営との関連である。1975年の公職選挙法改正では、衆議院議員選挙の供託金額が、30万円から100万円にまで一気に3倍以上に引き上げられた。内閣総理大臣・三木武夫はその趣旨につき、「選挙というものは、これはだれでも自由には出られますけれども、ある程度の責任

を持ってもらわないと…」、「政府がいろいろな公共的な施設を提供するわけですからね、テレビにしても新聞にしても、あるいは公営が拡大されるわけですから、やはり責任を持って立候補してもらわないと…」、などと答弁している[(24)]。「泡沫候補」の排除という目的が、選挙公営と結びつけ論じられている[(25)]。

選挙公営と供託金との連関は、現在の供託金額・没収点を定めた1994年の公職選挙法改正に際しては、より明瞭に窺われる。1994年2月の審議において、自治大臣・佐藤観樹は、供託金が諸外国に比べ高額であることを認めつつも、「ポスターの印刷代から、あるいは新聞の広告代から自動車の使用料から、あるいは看板代からビラの作成費まで」「日本ほど選挙の公営ということが進んでいるところはない」とし、「公営費が大変かかる」ことを強調している[(26)]。3月2日の審議では、小選挙区制をとる諸国との比較で、「日本はイギリスに比べて売名行為をするような人たちを抑えるためには三十倍金がかかる、フランス、カナダに比べれば百五十倍金がかかる、ニュージーランドに比べれば三百倍金が必要だ、これは説明のつく合理的根拠ではない」との批判が野党議員（聴濤弘）よりなされている。佐藤はこれに対し、これらの国では「政党そのものがいわば選挙も含めて政治活動ということをやってきている」という「歴史的な違い」をあげ、日本で「これからさらに政党本位という選挙運動に進んでまいりますときに、おのおの政党の良識において候補者を乱立させるということがないという状況の中でどういうふうにこれを新たに考えていくか」という問題であると応答している[(27)]。

1994年の公選法改正は、「政策本位•政党本位」の選挙の実現を掲げた「政治改革」の成果であった。佐藤の発言にもあるように、政党の発展は本来、「物的擔保」（郡）の必要性を減じるはずである。没収点の引き下げはあったにせよ、政党本位の法制度の導入と供託金の大幅な引き上げとの不整合は否めない。

2．3．2　供託金制度の効果

供託金額は1994年以降変更されることなく維持されてきたが、2009年には、供託金額・没収点の引き下げが議論になり、衆議院での法案可決にまで至っている。供託金額を、参議院選挙区選挙と共に200万円（衆参の比例代表選挙については名簿登載者１人あたり400万円）に引き下げ、没収点も有効投票総数の20分の１とするというものである（参議院で審議未了、廃案）。ただし改正の目的は、供託金制度の不合理性の解消にあったわけではない。供託金額・没収点の引き下げにより、特定政党（共産党）の立候補を促し、自党（自民党）の選挙を優位に運ぼうとしたことが主要な理由であったと指摘される(28)。供託金制度のあり方は、政治的動機とも無縁ではない。

一般論としては、高額の供託金・没収の可能性という財政上の高いハードルが、財政基盤を備え、または一定以上の得票を見込みやすい既成政党や現職政治家よりも、少数政党や新人候補にとって不利に働きやすことは、みやすい道理である。実際、政治学の領域では、選挙供託金制度の分析から、この仕組みが、「泡沫候補」「売名目的の候補」の抑制というよりはむしろ、「既存政治家の権益を保護する」効果をもってきたと指摘する研究もある(29)。

いずれにせよ問われねばならないのは、「立候補の自由」に強い抑止効果を及ぼす可能性の高い仕組みがなぜ必要とされるのか、という点である。次にその合憲性がどの様に説明されうるのか、判例を素材に考えてみたい。

3　選挙供託金制度の憲法適合性

3．1　合憲の論理

最高裁判所は1999年11月10日、一連の大法廷を通じ、政治改革に伴う改正公職選挙法の合憲性をめぐり、幅広い論点について初めての判断を示した。このうち、衆議院小選挙区選挙の選挙供託金の引き上げについては、ごく簡単に「国会の裁量の範囲に属することは明らかである」と述べるにとどまっている（平成10年（行ツ）第84号・最判1999（平11）11・10、判例集未登載。以下「1999年大法廷判決」という）。判決は、「被選挙権又は立候補の自由」

は「選挙権の自由な行使と表裏の関係にある重要な基本的人権」であるとしつつも、選挙制度の形成をめぐる広い立法裁量を認めている。

一方下級審では、踏み込んだ検討を行っているものもある。[(30)] たとえば神戸地裁（神戸地判（平８）８・７判時1600号82頁）は、県議会議員選挙の供託金制度（供託金額60万円）をめぐり、選挙制度についての立法裁量を認めつつも、没収の可能性を伴った供託金の義務づけは、「立候補の自由という重要な基本的人権」の制約にあたるとし、「合憲性を肯定するためには、重要な公共の利益のために必要最小限度かつ合理的な措置であることを要する」との判断基準を提示している。そのうえで制度の目的は、「選挙人の自由かつ公正な意思の形成、ひいては選挙の自由かつ公正という重要な公共の利益にある」とし、「選挙の妨害や売名等を目的にする者」の立候補を許すと、他の立候補者が十分な選挙活動を行えなくなったり、選挙の争点が混乱するなどの弊害が生じるおそれがあると指摘する。そして、供託金制度という手段には、「一定の経済的負担を覚悟させることにより、不正な目的を持つ者が立候補することを抑制する効果」があり、他に「より制約の少ない方法でこのような者の立候補を抑制する方法」は認められないので、「不正な目的を持つ者が公職選挙に立候補するのを抑制するために必要最小限度の方法」だと結論づける。また都道府県議会選挙の供託金をめぐっては、60万円という供託金額は一般的にみて「立候補の際に供託することが著しく困難な額とまではいえ」ないとする。

控訴審（大阪高判1997（平９）３・18訟月44巻６号910頁）も、「供託すべき金額は県議会議員選挙については六〇万円（なお、衆議院、参議院の議員の選挙については三〇〇万円）と決して少なくない額である」と指摘しつつも、制度は合理的な立法裁量の範囲内であるとしている。またこの制度は、「大方の有権者から支持が得られなかったことからみて、結果的に立候補が不適切であったとして供託金の没収をするものであって、参政権の行使を確保しつつ、自由かつ公正な選挙を実現する方策として必要性がある」とも指摘する。

このように裁判所は供託金制度の合憲性を肯定しているが、次にみるように、近時の学説においては、合憲性に疑問を呈する見解が有力と思われる。

3．2　供託金制度の違憲性

3．2．1　憲法問題としての供託金制度

選挙供託金制度は当初、必ずしも学説の強い関心を引くテーマではなかったように思われる。しかし、供託金額を3倍以上に引き上げた1975年の公選法改正に際しては、その合憲性が問題となった。杉原泰雄は、供託金が争点化されていないことは問題であるとし、主要民主主義国に類をみない高額の供託金制度は普通選挙＝被選挙権（憲法44条）の要求に反すると論じている[(31)]。国会審議でも、参考に人に立った長谷川正安[(32)]、杣正夫[(33)]が、普通選挙や被選挙権との関係からこの制度を問題としている。

1980年代以降は本格的に、高額の供託金制度の憲法適合性を疑問視する議論が展開されてゆく。たとえば青柳幸一は、1983年の論考で、アメリカとの対比から、立候補の自由と平等原則（14条1項、44条）をめぐる問題には原則として「厳格なテスト」が適用されるとし、そのうえで、国会議員選挙における当時の選挙供託金制度について、「高額な供託金を支払えない立候補志願者が立候補しうるための他の選択的手段」がない点は問題であり、返還の可能性はあっても「立候補への経済的障害であることは明らかである」とする。また「泡沫候補」の排除という目的にも、憲法上の合理性はないとする。そのうえで、高額の供託金は「途方もなく不適合」な手段であり、経済的理由で被選挙権の帰属・行使を制限するもので違憲であると断じている[(34)]。

縣幸雄も、1993年の論考で、公金支出（選挙公営）を理由に新人候補のアクセスを制約すればかえって国民の選択の幅を狭めることになる、供託金の没収をおそれない売名候補もあり得るといった点を指摘し、「現行の供託金制度は、非合理な内容を含む方法において制度化されている」として、目的において正当であっても手段（特に高額な供託金額）が相当ではなく違憲部分があるとする。縣はまた、「選挙に関係する事項については絶対的平等が

要請される」ので、「財産を理由に立候補を萎縮せしめることは平等原則の上からも問題がある」とする[35]。

近時ではさらに、とくに国会議員選挙の高額の選挙供託金制度を問題とする学説が増加していると思われる[36]。以下では、必ずしも網羅的ではないが、現在の制度が導入された1994年以降の体系書のいくつかを取り上げ、問題の所在を確認したい。

3．2．2　被選挙権・立候補の自由と供託金制度

かねてよりとくに選挙供託金制度の合憲性に疑問を呈してきたのが、被選挙権あるいは立候補の自由を憲法上の権利と見る学説である。従来の有力説では、被選挙権は、「選挙人団によって選定されたとき、これを承諾し、公務員となりうる資格[37]」というように、憲法上の権利というよりは権利能力として捉えられていた。これに対して辻村みよ子は、被選挙権の本質を15条1項に基づく「主権的権利」と捉え、「立候補は、主権者にとって議員の選出と同様に重要な主権行使の一態様であり、被選挙権も立候補による主権行使の権利として捉えられる」とする。そのうえで、選挙供託金制度について、「主権者の権利の制約を最小限にとどめるという観点からは、その合理性を問題とする余地が生じる[38]」と述べる。同様の立場は、かなり早くから、杉原泰雄によっても主張されてきた[39]。

市川正人もまた、被選挙権を「国民主権の原理から導かれる、国民の政治参加の一形態」「参政権の一部である憲法上の権利」とし、立候補制がとられる場合には「立候補の自由」という形をとるとする。そのうえで供託金制度につき、選挙妨害・売名目的の立候補の防止、選挙公営の拡大に伴う当選意欲のない候補者の抑止といった説明がなされるものの、「供託金の額や法定得票数が真剣な立候補を実質的に抑止するものになっていないか検討が必要である」と指摘する[40]。

立候補の自由から違憲性を主張するのが松井茂記である。松井によれば、立候補制度がないとしても「国民には、選挙で選出される権利」が認められ

なければならず、立候補しなければ選挙されないという制度がとられる場合には、「立候補し、あるいは投票用紙に氏名が記載されることを基本的人権と考える必要があ」る。かかる権利は憲法15条で保障されており、立候補に一定金額の供託を義務づけ法定得票数に達しない場合没収する制度は、「貧困な人の立候補を不可能にする」もので、15条に違反し違憲無効であるとする。(41)

憲法13条から立候補の自由を基礎づける見解もある。佐藤幸治は、「自ら公職者として国政に参与すること」を、「基本的には『幸福追求権』の内実をなす『権利』」として把握する。佐藤は、立候補制度が採用される場合には、立候補の自由が問題になるとし、選挙供託金制度について、とくに国会議員選挙における高額の供託金額をあげつつ、「立候補がどういう人物かは有権者団が判断すべきことであって、諸外国に比べても高いハードルを設けることの是非は議論の余地がある」と述べる。(42)

以上のような立候補の自由あるいは被選挙権の保障は、平等選挙の原則（44条）とも密接に結びついている。(43) 被選挙人資格の具体的あり方は「立法府の判断に委ねられざるをえない」としつつも、特に44条を意識し、性別、財産、教育等を理由に「被選挙資格を制限されないことをもって、「被選挙権」といいうると指摘する学説もある。(44) 代表的憲法注釈書のひとつも、比例代表選挙における高額の供託金（600万円）や没収点の高さに論及し、こうした仕組みが「被選挙権につき『財産又は収入』によって差別していることにならないか、疑問がある」と述べている。(45)

被選挙権の権利性の射程を限定的に捉える立場からも、選挙供託金に疑問が投げかけられている。大石眞は、憲法15条１項から「立候補の自由」を導き出した最高裁大法廷判決（最大判1969（昭43）12・４刑集22巻13号1425頁、以下「1969年大法廷判決」という）について、個人の立候補だけでなく「政党立候補制」（比例代表名簿の届出）があることを指摘し、その射程は「個人本位の選挙制度」を前提にしたものとして限定的に捉えられるべきであるとする。しかし、国会議員選挙、知事選挙における300万円あるいは600万円

（比例代表選挙）という供託金については、「選挙の自由公正」の確保という根拠づけが「十分な説得力を持つかは、かなり疑わしい」と指摘している。[(46)]

憲法が明文で定めていない被選挙権を権利として認める必要はないとする論者も供託金制度を問題としている。高橋和之は、被選挙権を憲法上の権利と位置づけなくとも、14条や44条から少数者の排除に対する歯止めがあり、加えて、選挙権は「『誰に投票するのも自由』な権利であるから、被選挙権の制限は選挙権の制限ともなる」とし、憲法が規定しない権利をあえて憲法上の権利として構成する意義は乏しいとする。しかし他方、「歯止め」としての44条の意義はかえって重みを増すことになる。高橋は、44条の列挙事由による差別には「厳格な審査」が求められるとする。こうした観点から高額の供託金が問題とされ、「資金を欠くものに対し一定数有権者の署名により代替することを認めるなどの措置がとられなければ、違憲の疑いが強い」と述べている。[(47)]

ここまでの検討から、学説上、少なくとも国会議員選挙における高額な供託金については、立場の違いを超えて、その憲法適合性あるいは合理性を疑問視する見解が相当に有力であることが確認できたと思われる。以上の学説の紹介から結論は自明であるともいえるが、最後にあらためて、制度の憲法適合性について考えてみたい。

4　選挙供託金制度の憲法適合性

4．1　被選挙権と立候補の自由

被選挙権の正確な定義について、学説上、必ずしも一致があるわけではないが、上でみた諸学説もふまえつつ、ここでは、「当選を条件とし議員となることができる権利」[(48)]というように捉えておきたい。このような被選挙権は、理論上は、必ずしも立候補制度を前提とするわけではない。選挙人の側から見れば、誰を選任するかは本来自由であり、立候補の届出を制度化せずに、選挙人が被選挙権をもつ誰に対しても自由に投票できるという制度を考えることもできる。とくに被選挙人の数が限られていた制限選挙のもとでは立候補制度をとらないことも可能であった。しかし、被選挙人の数が飛躍的に拡大する普通選挙のもとでは、「それでは選挙の目的を達成しがたい」ことから、立候補制が採用される[(49)]。立候補制を前提にすると、被選挙権は「立候補の自由」として具体化されることになる。

被選挙権の憲法上の基礎についても、学説上一致があるわけではない。この点では辻村が述べるように、それらの権利の前提には「国民主権」の原理があり、これらは「主権的権利」として把握されるのが適切であるように思われるが、この点は紙幅の制約もあり立ち入らない[(50)]。このような前提をとらない場合でも、15条1項以外の条文を根拠とする見解をも含めて、「被選挙権又は立候補の自由」を憲法上の権利と捉える立場は、今日の学説ではかなり広く認められていると思われる[(51)]。

「権利」という把握は、被選挙権・立候補の自由に憲法上強い位置づけを与えよう。しかしその場合でも、選挙権と被選挙権が、まったく同程度の強度をもって保障されるのかどうか、とくに後者は立候補制度を前提として具体化されるだけに、検討の余地がないではない[(52)]。しかし次に見るように、少なくとも「財産又は収入」に関しては、憲法は選挙権・被選挙権双方について立法裁量を厳しく限定していると思われる。

4．2　被選挙・立候補の自由と「財産及び収入」による差別の禁止

おそらく、選挙権の行使や立候補制度の具体化には様々な技術的考慮が必要となることに配慮して、選挙人・両院議員の資格について憲法44条は「法律でこれを定める」と規定している。しかし、44条が「人種」「信条」「性別」「社会的身分」「門地」「教育」「財産又は収入」を列挙し、差別を禁じていることからすれば、これらの事由をめぐっては平等の要請が厳格に貫かれるべきことが求められているといえよう。14条にはない「教育」「財産又は収入」という列挙事由には、格別の重要性がある。とくに「財産又は収入」という要件は、制限選挙のもとでの選挙権・被選挙権の制約の一番の核心であった。「憲法制定権者は、両議院の議員の選挙権および被選挙権の有する

重大な意味にかんがみ[53]」、14条1項・15条3項に重ね、あえて本条のような規定を設けたのである。44条の規定は、15条1項が保障する被選挙権・立候補の自由の核心部分を保護するために、特に一定の事由を列挙し差別を禁じることで、選挙制度をめぐる立法者の裁量を厳しく制限する。15条1項と44条は、一体として把握される必要がある。

44条は、被選挙権について、「教育」「財産又は収入」による差別を禁止する。一定の「教育」「財産又は収入」を被選挙権の享有あるいは行使の要件とすることが許されないことはいうまでもないが、ここで禁じられる差別（制約）は、そうした直截的なものには限られないと見るべきであろう。本条の徹底した規定ぶりからすれば、「教育」「財産又は収入」を直接の要件としなくとも、「立候補を思いとどまらせるような効果」（マスクレ）をもつ措置もまた、本条の禁じる差別（制約）にあたる場合があるというべきであろう。かかる効果が強く作用する場合には、それを「制約」と捉えてもさし支えないと思われる。

以上からすると、選挙供託金制度の憲法適合性の判断は、厳格になされねばならない。憲法上の重要な権利である被選挙権・立候補の自由をめぐり、しかも憲法が明文で厳しく差別を禁じている「財産又は収入」という事由について、平均的な経済力をもつ被選挙人に対しても立候補を抑止する効果が生じていることが、強く疑われるからである。供託金額が極めて低廉であったり、没収点が十分に低かったりする場合には、そうした抑止的効果は必ずしも強くないとみる余地もある。しかし、選挙供託金制度をとる諸国と比較しても、また日本の平均所得水準からみても、とくに国会議員選挙における供託金額は極めて高額であり、立候補を強く抑止する効果（制約）が生じている可能性が高い。

4．3　選挙供託金制度の憲法適合

選挙供託金制度の目的は、「泡沫候補」「売名目的の候補」、あるいは「真摯を欠く候補」「不正な目的を持つ候補」の濫立を抑止することにある、と

いわれることが多い。しかし、国会審議の検討でも明らかにしたように、そうした濫立の抑止それ自体が目的ではなく、別の目的（弊害の抑止）のためにそうした候補者の濫立の抑止が図られている、とみるのが正確であろう。

先に引いた神戸地裁判決は、選挙供託制度の立法目的についてより広く、「選挙人の自由かつ公正な意思の形成、ひいては選挙の自由かつ公正という重要な公共の利益にある」とする。こうした抽象度の高い目的を否定することは容易ではない。しかし立候補を抑止させる効果をもつ措置をとることで、選挙人の選択の余地が狭まり、「選挙人の自由かつ公正な意思の形成」がかえって阻害されるおそれがあるという点にも留意する必要があろう。かかる目的は、立候補の制約を正当化するだけでなく、過剰な制約の歯止めともなりうる。

立法過程からも明らかなように、公営選挙の適正な運営という点もまた、候補者濫立が抑止されるべき理由として、あげられてきた。選挙公営の制度設計をめぐっては、様々な選択肢があり得るが、公営選挙の適正な運営という立法目的はあくまで、立候補の自由・被選挙権の保障と両立する限度で許容されるものというべきである。たとえば政見・経歴放送の放送枠に限りがあるのでそれに合わせて立候補者数を抑制するといった発想は、正当化しえない。公営選挙の適正な運営という目的は、それだけでは十分な説得力を持ち得ないと思われる。

選挙供託金制度（供託金額と没収点）、とりわけ供託金額が高額な国会議員選挙における仕組みは、上記のような立法目的と、どの程度の強い関連性が認められるであろうか。高額の「金銭的保証」という手段をめぐってはまず、十分な資産又は収入がある「真摯を欠く候補者」（「悪意の有産者」）の立候補を阻止できないという問題を指摘しうる。候補者濫立を抑止する手段として、高額の「金銭的保証」を求めることの合理性は極めて疑わしい。真摯な立候補を抑止することで、かえって「選挙人の自由かつ公正な意思の形成」を抑止していることも懸念されよう。このような仕組みが、既存政治家に有利に働く効果をもつことも否定し得ない。

また何より、繰り返しになるが、供託金額があまりにも過大であり、決して低いとはいえない没収点と相俟って、立候補に強い抑止的効果を及ぼしていることが強く疑われる。たしかに、高額の供託金と比較的高い没収点によって、どの程度立候補が抑止されているかを正確に測定することは難しい。しかし、供託金額があまりに高額であることは、主要な民主主義国との比較からも顕著である。そうした高額の供託金によらなければ「選挙人の自由かつ公正な意思の形成」が害されることを説得的に説明する立法事実は、提示されていない。「選挙の公正」に配慮して「真摯を欠く」立候補を抑止する必要性がかりに肯定されるとしても、高額の供託金以外の手段——たとえば立候補に当たり一定数の署名を求めるなど——でそれを抑止することができないのか、十分な検討がなされているとは思われない。高額の供託金が、当然に「必要最小限度の方法」（神戸地裁判決）といいうるかは疑問である。

おわりに

本稿では、日本における選挙供託金制度の歴史をたどり、さらにはとくに近時の学説をもふまえ、その憲法適合性について検討を行ってきた。少なくとも国会議員選挙における高額の選挙供託金制度が憲法と適合していないことは否定し得ないと思われる。さらに、地方選挙における供託金制度についても、そのような仕組みによらなければ「選挙人の自由かつ公正な意思の形成」が阻害されることになるのか、あるいは他の手段によってそうした弊害を抑止できないか、本来は、より立ち入った検証が必要であろう。

とはいえ、制度の改正に向けたハードルが決して低くないこともまた事実である。高額の供託金制度は、選挙公営の仕組みとも不可分だからである。選挙公営は、供託金制度のみならず、選挙運動の規制一般とも深く結びついている。「選挙公営の成果を上げるために公営以外の運動を抑制しなければならない」（杣正夫[(54)]）という構図は共通している。高額な選挙供託金だけではなく、厳格な選挙運動規制もまた、主要民主主義国の中では例外的である。日本に特有の供託金制度の見直しは、選挙の公営や選挙運動規制の見直しにも波及しうる。これまでの日本に特有の選挙運動法制を所与とすると、全廃ではなく減額といった措置であっても、見直しへの抵抗感は小さくないであろう。

しかしそうした思考自体が、本来は再検討されるべきではないか。先にも指摘したように、選挙の公正の確保を名目とした制度が選挙人の選択肢を限定し、かえって、「選挙人の自由かつ公正な意思の形成」を阻害する効果をもっている可能性も否定できない。杣正夫は、1975年の公選法改正をめぐる国会審議の中で、次のように述べている[(55)]。供託金制度にもあてはまる指摘である。

「画一化された手段によりかかって選挙運動をやっている、そういうような政党というのは、支持する国民との間の結びつきが緩んできて、そして離れてきて、国民との結びつきという政党の活力にとって、生命にとって一番重要なものがそれによって通わなくなってくる。そこで政党が活力を失う。」

従来不可視であった要素を可視化する――「無関係なものを関係づけ、場所なきものに場を与える[(56)]」――ことは政治の重要な機能であり、それが政治に活力をもたらす。既存の政党の内部から、またとりわけ外部から、新たな活力が生まれなければ、政治が失うところは大きい。既存の政治勢力の優位が固定化し、そうした機能が損なわれているとすれば、重大な問題である。もとより問題は選挙運動の仕組み全体の設計とも関わるが、こうした状況を変える一歩として、少なからぬ学説が憲法適合性に疑問を呈する選挙供託金の見直しを考えてみる意味は決して小さくないはずである。

（1）供託金違憲訴訟弁護団の調査を参照（https://kyoutakukin.jimdo.com/ 2018年11月3日最終閲覧）。

（2）導入の経緯につき、杣正夫『日本選挙制度史』（九州大学出版会、1986年）90-91頁、縣幸雄「公職選挙法における供託金制度の合憲性について」大妻女子大学紀要・文系25号（1993年）140頁以下を参照。

（３）内務省編『衆議院議員選挙法改正理由書』（内務省、1925年）111頁。
（４）同・111頁。
（５）松尾尊兊『普通選挙制度成立史の研究』（岩波書店、1989年）329-330頁。
（６）杣・前掲２・90頁。
（７）森口繁治『選挙制度論』（日本評論社、1931年）183頁。
（８）候補者の濫立を抑えるため、「不真正」な候補者の排除を目的に導入された。新たに導入された無料郵便制度との関係（「特権」の濫用についての懸念）や、資金の乏しい候補者の排除といった問題も、議論となっている。伊藤唯史「選挙運動に対する公的補助と費用規制：イギリス一九一八年国民代表法における公的補助制度導入とその論議」一橋論叢120巻１号（1998年）108頁以下を参照。
（９）森口・前掲注７・183頁。
（10）同書・434頁。
（11）宮沢俊義『選挙法要理』（一元社、1930年）110頁。
（12）同書・109頁。
（13）河村又介『選挙法』（日本評論社、1937年）111頁。
（14）第90回帝国議会貴族院帝国憲法改正特別委員会議事速記録第21号23頁（1946年９月25日）。
（15）縣・前掲注２・７頁。
（16）第90回帝国議会衆議院昭和20年法律第34（衆議院議員選挙法の一部を改正する法律）中まだ施行してゐない部分の廃止に関する法律案委員会議録第２回７頁（1946年７月３日）。
（17）第90回帝国議会衆議院東京都制の一部を改正する法律案外三件委員会議録第10回166頁（1946年８月５日）。
（18）宮沢俊義／芦部信喜補訂『全訂日本国憲法』（日本評論社、1978年）361頁。
（19）縣・前掲注２・151頁以下。
（20）なお、戦後初期の財政状況の逼迫の中、選挙公営費用の一部に充てるべく、衆議院議員候補者１名につき２万円の納付を義務づける公営分担金制度がとられている（1952年の公職選挙法改正により廃止）。縣・前掲注２・150-151頁。
（21）https://www.nta.go.jp/publication/statistics/kokuzeicho/jikeiretsu/01_02.htm　最終閲覧2018年11月３日。
（22）J.-C. Masclet, *Droit électoral*, P.U.F., 1986, p. 210.
（23）大統領選挙（10万フラン）については1990年に、国民議会選挙（1000フラン、没収点は有効得票の５％）・州議会選挙（比例代表制、１議席あたり500フラン）・県会選挙（５フラン）・市町村会選挙（人口2500人以上の市町村、候補者１人につき５フラン）については1995年に、欧州議会選挙（比例代表名簿ごとに１万5000ユーロ）については2003年に、それぞれ廃止された（L. Touvet et Y.-M. Doublet, *Droit des élections,* Economica, 2014, p. 194）.
（24）第75回国会衆議院予算委員会議録第23号35頁（1975年６月12日）。

(25) 選挙公営との関連につき政治学の視点から論証を試みた論攷として、安野修右「選挙供託金制度の歴史的変容」日本大学大学院法学研究年報44号（2014年）489頁を参照。縣・前掲注2・155頁も、選挙公営拡大との関連を指摘している。
(26) 第129回国会衆議院予算委員会議録第2号40頁（1994年2月21日）。
(27) 第129回国会衆議院選挙制度に関する特別委員会会議録2号21-22頁（1994年3月2日）。
(28) 山田孝男「自民党の『供託金』引き下げ案 反・民主党の政略か、政治改革か」エコノミスト2008年12月31日号74頁。
(29) 安野・前掲注25・515頁。
(30) 以下の判決につき、小倉一志「選挙供託金制度に関する憲法上の問題点」札幌法学21巻2号（2010年）137頁以下も参照。
(31) 杉原泰雄「供託金増額と被選挙権の制限　公選法改正論争の“欠落部分”」朝日新聞1975年6月6日夕刊（同『'80年代憲法政治への序章・上』（勁草書房1980年）193頁以下所収）。
(32) 第75回国会衆議院公職選挙法改正に関する調査特別委員会議録第8号5-6頁（1975年6月3日）。
(33) 同・7-9頁。
(34) 青柳幸一「選挙における供託金制度の違憲性」横浜経営研究Ⅳ巻2号（1983年）70頁。青柳はその後の体系書でも、立候補の自由を平等選挙と不可分のものと捉え、違憲論を展開している（青柳幸一『憲法』（尚学社、2015年）260頁）。
(35) 縣・前掲注2・146頁、154頁。
(36) 以下であげるもののほか、小倉・前掲注30・136頁、本秀紀編『憲法講義〔第2版〕』（日本評論社、2018年）184頁〔本秀紀執筆〕、毛利透他『憲法Ⅱ人権〔第2版〕』（有斐閣、2017年）404-405頁〔毛利透執筆〕、加藤一彦『憲法〔第3判〕』（法律文化社、2017年）163頁、永田秀樹他『講義・憲法学』（法律文化社、2018年）209・224頁〔倉田原志・永田秀樹執筆〕などがある。
(37) 清宮四郎『憲法Ⅰ統治の機構〔第3版〕』（有斐閣、1979年）142頁。
(38) 辻村みよ子『憲法〔第6版〕』（有斐閣、2018年）313-316頁。
(39) 杉原泰雄『憲法Ⅱ統治の機構』（有斐閣、1989年）172頁以下。
(40) 市川正人『憲法』（新世社、2014年）244-245頁。
(41) 松井茂記『日本国憲法〔第3版〕』（有斐閣、2007年）408-409頁。
(42) 佐藤幸治『日本国憲法論』（成文堂、2011年）402-403頁。
(43) 両者の結びつきという視点をめぐっては、駒村圭吾『憲法訴訟の現代的展開』（日本評論社、2013年）227頁以下も参照。
(44) 阪本昌成『憲法理論I〔第2版〕』（成文堂、1997年）154-155頁。
(45) 樋口陽一＝佐藤幸治＝中村睦男＝浦部法穂『注釈法律学全集3・憲法Ⅲ』（青林書院、1998年）60頁〔樋口陽一執筆〕。
(46) 大石眞『憲法講義Ⅰ〔第3版〕』（有斐閣、2014年）106-107頁。

(47) 高橋和之『立憲主義と日本国憲法〔第4版〕』(有斐閣、2017年) 309-311頁。
(48) 杉原・前掲注39・176頁。
(49) 佐藤・前掲注42・403頁。
(50)「国民主権」の理解については、木下智史＝只野雅人編『新・コンメンタール』(日本評論社、2015年) 412頁以下をも参照〔只野雅人執筆〕。
(51) 13条を根拠とする見解のほか、「治者(代表)と被治者の自同性という国民主権原理」から導かれ、43条1項・93条2項を根拠とするとの見解もある(渋谷秀樹『憲法〔第3版〕』(有斐閣、2017年) 477頁)。
(52) 縣・前掲注2・145頁。
(53) 宮沢・前掲注18・362頁。
(54) 第75回国会衆議院公職選挙法改正に関する調査特別委員会議録第8号8頁 (1975年6月3日)。選挙公営と運動規制の関係をめぐっては、三枝昌幸「選挙公営の起源と展開」法律論叢90巻6号 (2018年) 231頁をも参照。
(55) 同・7頁。
(56) ジャック・ランシエール／松葉祥一＝大森秀臣＝藤江成夫訳『不和あるいは了解なき了解』(インスクリプト、2005年) 153頁。

文民統制と武力攻撃事態法の「対処基本方針」

萩 原 貴 司

はじめに

日本国憲法は、9条を中心に平和主義を採用している。大日本帝国憲法下での反省のみならず、戦後日本が進むべき方針として「力によらない平和[1]」を達成しようとする趣旨である。9条は、基本的には武力によらない平和の確立を求めるものであり、平和主義の根拠規定である。一方、日本国憲法制定過程からも9条の文言からも自衛権を完全には否定できないと考えられる。最高裁は「わが国が主権国として持つ固有の自衛権は何ら否定されたものではなく、わが憲法の平和主義は決して無防備、無抵抗を定めたものではない」と判示した[2]のはそのあらわれである。そこで、9条は平和主義の「要請」と自衛権の「許容」という形で両者が併存する規定であると考えられる。

この平和主義の「要請」と自衛権の「許容」の関係は、防衛作用[3]の観点からみると、実力の行使・保持については必要最小限でなければならず、その具体的内容は憲法の次の下位規範である法律に委ねられていると解される。かかる趣旨から自衛隊法が制定され実力組織たる自衛隊が設置された、と考えられる。

もちろん平和主義の観点から自衛隊のあり方は大きな論点である。有事法制問題、特に先般のいわゆる平和安全法制問題では、集団的自衛権をはじめ、多角的に問題点が指摘された[4]。日本国憲法の根本原則である平和主義の観点から多くの研究がなされてきたこと考えれば、当然の展開でもある。

一方、自衛権に関してその内容、行使方法など考察すべき点がまだまだ多い[5]。例えば、陸上自衛隊の日報問題[6]は、自衛隊に対する統制が問題となっている。必要な情報が、責任を負うべき文民たる内閣総理大臣や防衛大臣にまで正確な情報が届いているのか、彼らからの指示が正確に自衛隊の各担当まで達しているのか、という問題は、平和主義というよりも文民統制の問題である。また、自衛隊が防衛作用を担う実力組織である点に鑑みれば、通常の行政に対する統制と同一に論じるにはその統制として不十分であり、特別の統制が必要であると考える。それは、最高法規である日本国憲法によらなければならない。いかなる統制を日本国憲法が予定しているのか、特に文民統制の法理論の構築は急務を要する。そこで、文民統制の観点から日本国憲法を再検討する。

本稿では武力攻撃事態法における対処基本方針について考察する。武力攻撃事態法によれば、対処基本方針が定められてから廃止されるまでの間に対処措置がなされる（武力攻撃事態法２条１項８号)。対処措置の中には自衛隊が実施する武力の行使、部隊等の展開その他の行動が含まれ、これらは、防衛出動命令等によってなされる（自衛隊法76条、88条等)。防衛出動についての国会承認は対処基本方針に必要的記載事項とされ、対処基本方針自体も国会承認が必要となる。では、対処基本方針とは何か。本稿は、武力攻撃事態法における防衛作用を対象とし、対処基本方針について文民統制の観点からその法的性格を考察する。

1　文民統制について

1．1　文民統制における法構造

1．1．1　文民統制の構成要素

本稿は対処基本方針について文民統制の観点から考察するものである。まず、文民統制とは何か、から検討しなければならない。文民統制とは、「軍人に対して文民が指揮権をもち、統制するという建前（civilian control)」とされ、「この原則は、軍人が政治に介入すれば軍事が政治に優越する結果を招き、民主政治に危機をもたらすという認識の下に、軍事に対して民主的統制を加えて、それを未然に防ぐという配慮から生まれた」とする[(7)]。警察と

は異なる実力組織が国家機関として存在する場合、民主国家において必須の原則とされる[8]。さらに、現代においては、政治による「軍」[9]に対する統制がなされることはもちろんその統制自体が適切かどうかも問われる。政治の誤った判断による軍に対する統制が、国政の失策となってしまうことは多々ある。

そこで、軍の政治介入を防ぎ政治の優越を確保し、政治の判断を適切なものにする必要がある。そのためには、まず政治的権力関係と軍事的権力関係を分離し（政軍分離）、分離した軍を政治に責任をもたせて統制し（政治統制）、その統制は民主的でなければならない（民主的統制）。したがって、政軍分離・政治統制・民主的統制が、文民統制の構成要素として考えられる[10]。文民統制とは、権力分立、民主主義の観点から要請される原則である。すなわち、政治的権力と軍事的権力を分離するという意味で権力分立に、その統制が民主的であるという意味で民主主義に、基づくものである。

1．1．2　文民統制の本質

一口に「統制」といってもその内容如何によっては、文民統制は形式的になりその趣旨が没却される。その趣旨を全うするため実質的な統制が求められる。そこで、前記３つの構成要素を結ぶのは、責任と検証である。

政治と分離した軍を統制しうるには、その統制について政治機関が責任を負う必要がある。ここでいう責任とは、軍の最高指揮監督権が誰にあるのか、ということである。軍事機関が責任を負うのならば軍人がその統制権限を主張し、政軍の分離と政治統制は不可能となる。そこで、政治機関が軍事機関の統制について責任を負わなければならない。軍の統制について責任を負うために政治機関が軍を統制する地位にあり、その権限を有することが求められる。民主的に選出された、大統領が軍の最高司令官であったり、内閣が軍に対する指揮命令権等を有したりする場合をいう[11]。

また、およそ政治的なるもの（政治的合理性や政治的権力関係）と軍事的なるもの（軍事的合理性や軍事的権力関係）の２つがある場合に、政治的なるものが軍事的なるものより優先できるためには、軍事機関についての検証が政治機関によってなされる必要がある。ここでいう検証とは、軍の組織や活動について適切か否かを検討し評価することである。仮に軍事によって政治が検証されるならば、それは戦前の日本であり、または軍事独裁や軍国主義といわれる国家体制である。そこで、文民統制を実質的にするためには、軍事機関に対する検証ができてはじめて政治機関は軍事機関に指揮命令することができるといえる。したがって、軍の組織や活動について検証する権限や制度が政治機関に求められる。これらは民主的機関によって検証されなければならない。諸外国の例では、検証機関として議会の防衛委員会や検証権限として議会による宣戦決議や派兵決議等がある[(12)]。

したがって、各構成要素相互は、責任と検証により連結される。責任と検証があって各構成要素は、文民統制たりうるのである。よって、文民統制の本質は、統制についての責任と検証にあるといえる。

文民統制の本質は責任と検証にあるが、この両者の関係は密接不可分の関係にある。形式的に政治が軍を統制する責任、つまり最高指揮官が文民であるだけでは文民統制とはいえない。統制に責任を負うといえるには、その統制につき検証という過程が不可欠である。統制について検証を経た場合に責任ある統制といえる。検証を伴わない責任は、文民統制ではないといわざるを得ない。また、検証を可能とするにはその対象が当然に必要であり、政治により軍事が統制される以上、文民統制においては統制の責任も、検証の対象となる。よって、文民統制の本質としての検証には責任の存在が前提となる。

したがって、責任と検証は、文民統制に両者が必要不可欠であり実質的に密接不可分の関係にある。この責任と検証の関係から、次のことがいえる。まず、実質的な検証を受けてはじめてその統制の責任は正当性を主張できる。検証を経ていない責任や形式的な検証は、文民統制の本質を欠くものである。よって、その責任の地位にある者が統制権限を行使する場合は、検証という過程がなければならない。次に、責任はその所在と内容が明確である必要がある。検証は責任の存在を前提にするものであるから、対象となる責任の所在と内容があいまいだったり形式的だったりすると検証が十分になされない。よって、責任は検証の対象として実質的に明確でなければならない。

1．2　法制度としての文民統制

政軍分離・政治統制・民主的統制を文民統制の構成要素として、責任・検証を文民統制の本質として理解したとしても、その具体的制度は一義的に明らかにするのはなかなか困難であり、諸国家の歴史的経験を踏まえ、さまざまに発展してきた。

文民統制の3つの構成要素をみたす法制度として、統制主体は特定単一の機関なのか、複数の機関なのか、という統制主体の問題がある。また、防衛組織を統制する権限を集権的にとらえるか、分権的にとらえるかという統制権限の問題もある。これは責任と検証についていかなる機関がどのように担当するのか、という問題である。

軍に対する統制を全うするためには、特定の機関に統制権限を集中させる考えがある。統制権限を分散させることは軍の政治介入を招く危険があるという[(13)]。これによれば、文民統制の制度論として、統制の本質の責任を重視する一元的集権的統制という法制度が考えられる。これは、責任機関と検証機関ができる限り同一の機関である法制度を理想とする。一方、検証を重視するならば、他の機関による統制を認める必要がある。これは、機関を、責任機関と検証機関に分離して、十分な検証の機会を確保する法制度を理想とする。そこで、行政府による統制を認めながらも議会による統制を重視する多元的分権的統制という法制度が考えられる[(14)]。

一元的集権的統制の場合は、責任が明確となるが、その検証については責任機関が担当することで足りるとする点で、検証が不十分で独善的になってしまうおそれがある。多元的分権的統制の場合は、検証する機会が確保できるが、統制主体が複数の機関にわたるため、責任があいまいになるおそれがある。これら2つの法制度はあくまで理念上のものであり、実際は単純に分類できるのものではなくその形態はさまざまである。

1．3　日本国憲法上のあらわれ

既述のように、日本国憲法においては平和主義の要請と自衛権の許容という関係を基本とし、防衛のために必要最小限度の実力の保持・行使は許されると解される。その内容は法律で規定されることになる。さらに大日本帝国憲法下での軍部が政治に介入した経験から、日本国憲法66条2項は内閣の構成から武官を排除している。これは武官の存在を前提にしているといえよう。国家作用の観点からみると、防衛作用の中心は対外的実力行使であり、通常の一般行政とは異なる特別な統制が必要となる。したがって、本条項は文民統制の根拠と解される[(15)]。そこで、防衛のための実力組織を統制する法理論が日本国憲法上予定されていると考えられる。

この点、日本国憲法上の文民統制について、自衛隊違憲論を前提にして、戦争放棄は文民統制を極限化したものであること、日本国憲法下の文民統制は自衛隊の違憲性を確認し自衛隊を解散させるためのものであること、その上で日本国憲法における文民統制の構造を明確化する、との見解がある[(16)]。

かかる見解に対しては、防衛作用の担当する組織自体を違憲とするのであれば、組織は違憲であるがそれを統制することを憲法上予定している、という論理的困難が生じるという批判が可能であろう。そもそも、「文民統制は軍事力（軍隊）という統制客体の存在を前提にして、はじめて語り得る」との指摘は[(17)]、防衛上の実力組織の否定は、文民統制の否定を意味することになる[(18)]。また、かかる見解は、66条2項以外に文民統制に関する基本的な規定をもたないとの理解を前提としている。66条2項の存在が文民統制の根拠規定であればこそ、日本国憲法はその法理論を予定していると解すべきであり、66条2項以外に文民統制の規定はないと解するのは早計にすぎる。

では、日本国憲法は文民統制としての法制度はいかなるものを予定しているのだろうか。

私見によれば[(19)(20)]、日本国憲法でも、必要最小限の実力の保持・行使を維持しながら、防衛の責任を全うし、これを検証する仕組みが必要である。そこで、防衛作用の帰属という点について、文民条項（日本国憲法66条２項）は、内閣の構成は文民のみとされ、武官を排除している（政軍分離）。この規定は内閣の章に規定されている点から、防衛作用は、内閣に帰属することを基本とする（政治統制）。また、65条の「行政権」の解釈にもよるが、防衛作用について内閣に排他的に帰属するとは考えられず、立法対象として除外されていないことから（同41条）、立法化できる限度で国会にも帰属しうる（民主的統制）。さらには、司法権についても裁判所にすべて帰属する（同76条）。したがって、文民統制として、複数の国家機関によりその権限において統制する徹底した多元的分権的統制を予定していると解される。

防衛作用が国会にも帰属する結果、自衛隊法をはじめ立法により自衛隊の行動は各行動として類型化している点、それについて国会承認を可能としている点、各行動の命令権は内閣総理大臣や防衛大臣にあるとしている点、は内閣と国会に分割的に帰属するあらわれとしてみてとれる。文民統制の法制度として多元的分権的統制を採用したことにより、防衛作用において、その責任の所在を明らかにする一方、統制として内閣のみならず国会や裁判所にも検証する権限を認めるものである。

これは、日本国憲法が平和主義の要請と自衛権の許容という関係を基本とし、必要最小限の実力の保持・行使の原則が文民統制の法制度の前提にあると考えられる。防衛作用として何が許容されるのかを検証する必要があり、したがって、文民統制として検証を重視する多元的分権的統制を予定していると解される。

2　武力攻撃事態法における対処基本方針

2．1　武力攻撃事態法とは何か

武力攻撃事態法は、その１条で本法律の目的を規定している。それは、武力攻撃事態等（武力攻撃事態及び武力攻撃予測事態をいう。以下同じ。）及び存立危機事態への対処について、基本理念、国、地方公共団体等の責務、国民の協力その他の基本となる事項を定めることにより、武力攻撃事態等及び存立危機事態への対処のための態勢を整備し、もって我が国の平和と独立並びに国及び国民の安全の確保に資することを目的とする、と規定している。

この点、武力攻撃事態法等について、有事法制が確立されれば「日本は『戦争ができる国』となり憲法9条が完全に空洞化されてしまう」という見解がある[(21)]。一方、有事法制は、「国家緊急権とのかかわりの中で発想されたものであり、国民の人権保障を究極の目的とする」という見解もある[(22)]。

日本国憲法では平和主義を根本原則としている。したがって、平和主義と武力攻撃事態法など安全保障法制とは緊張関係にある。もっとも、それでもなお必要最小限の実力の保持行使の原則が許容される以上、有事の場合、自衛隊の行動を規定する法をどうするか、という問題がある。ここに文民統制の観点から武力攻撃事態法を検討する意義があると考える。

2．2　対処基本方針をめぐる責任と検証

対処基本方針とは、武力攻撃事態等または存立危機事態に至ったときに、武力攻撃事態等または存立危機事態への対処に関する基本的な方針を政府が定めたものとされる（武力攻撃事態法9条1項）。

2．2．1　文民統制としての責任

対処基本方針は、内閣総理大臣がその案を作成し、閣議決定を求めなければならない（9条6項）。閣議決定があったときは直ちに対処基本方針につき国会の承認を求めなければならないし（9条7項）、閣議決定後、直ちに公示してその周知を図らなければならない（9条8項）。

対処基本方針の変更についても、内閣総理大臣が変更すべき対処基本方針案を作成し、閣議決定や国会承認を求める必要がある、とされる（9条13項）。また、対処措置の終結について、内閣総理大臣は、対処措置を実施する必要がなくなったと認めるとき又は国会が対処措置を終了すべきことを議決したときは、対処基本方針に廃止について閣議決定を求めなければならな

いし（９条14項）。対処基本方針の廃止及び対処措置の結果を国会へ報告しなければならず、これを公示しなければならない（９条15項）。

責任の視点からみると内閣総理大臣が対処基本方針案を作成すると規定し、その作成の責任は内閣総理大臣にある。事態の推移によって、対処基本方針の変更の必要がある場合、その判断権者は内閣総理大臣であり、対処基本方針の廃止についても、その判断は内閣総理大臣による（国会も対処措置終了の議決はできる）。

また、内閣総理大臣は、対処措置を実施するに当たり、対処基本方針に基づいて、内閣を代表して行政各部を指揮監督する（９条12項）。この点、内閣法６条の「指揮監督権」と同じものとするならば、武力攻撃事態法での本条項は内閣法と重複する規定とも思える。しかし、あえて規定する意味は、文民統制の観点からその責任を明確にする趣旨と解される。なぜならば、防衛作用を担う自衛隊という組織に対して一般行政とは異なる統制が必要とされ、文民統制としてその責任を明らかにしたものと考えられるからである。

したがって、本条項は、対処措置を実施するに当たり、内閣総理大臣が責任ある地位にあることを明らかにした規定と解すべきと考える。

以上から、対処基本方針の作成からはじまり、その廃止まで、内閣総理大臣が統制について責任ある地位としての機関とされる。

責任ある地位に内閣総理大臣があるとしても、その内容はどのようなものであろうか。

内閣総理大臣は対処基本方針案の作成権限を有するが、その内容は法定されている。その内容は、対処すべき事態に関する事項として、①事態の経緯、武力攻撃事態、武力攻撃事態予測事態、存立危機事態であることの認定及び当該認定の前提となった事実、②武力攻撃事態または存立危機事態であると認定する場合、わが国の存立を全うし、国民を守るために他に適当な手段がなく、事態に対処するために武力の行使が必要であると認められる理由、がある（９条２項１号）。

また、当該武力攻撃事態等又は存立危機事態への対処に関する全般的な方針（2号)、対処措置に関する重要事項（3号）を記載する必要がある。重要事項として、防衛大臣の、予備自衛官の防衛招集命令、即応予備自衛官の防衛招集命令、防衛出動待機命令、防御施設構築措置、アメリカ軍等への役務提供の実施命令、停船検査等の措置の実施命令、における内閣総理大臣の承認を行う場合にはその旨を記載する必要がある（3項1号〜6号)。

さらに、内閣総理大臣の防衛出動命令における国会承認の求め、特に緊急の必要があり事前に国会承認を得るいとまのない場合は内閣総理大臣の防衛出動命令、を記載する必要がある（同条4項)。また、5項では、武力攻撃予測事態の場合についての必要的記載事項を規定する。

対処基本方針に基づき実行される対処措置とは、大別すれば①自衛隊が実施する武力行使、部隊等の展開その他の行動、②米軍その他外国軍への物品・施設・役務の提供その他の措置、③外交上の措置その他の措置、④国民の生命身体及び財産を保護するための措置、をいう（2条8号)。

対処基本方針に基づく対処措置は、必要的記載事項以外にも及んでいることから、際限なく拡大するおそれがある。そこで、政府が実施しようとする対処措置は、明確にされなければならない。これは武力攻撃事態法3条において基本理念としてあらわれている。すなわち、特に武力行使については、武力攻撃予測事態においては、武力攻撃の発生が回避されるようにしなければならない（3条2項)。武力攻撃事態や存立危機事態の場合、武力攻撃を排除しつつ、その速やかな終結を図らなければならない。武力の行使は、事態に応じ合理的に必要と判断される限度においてなされなければならない、とされる（3条3項、4項)。これを武力行使比例の原則を定めたと解するものがある。これによれば武力攻撃事態の無用の拡大を防止するため武力行使の抑制を求めたものとされる[(23)]。したがって、対処基本方針もこの理念に沿うよう作成されなければならない。

防衛作用に関して、内閣総理大臣は対処基本方針に基づいて指揮監督することになり、対処基本方針は内閣総理大臣の責任の内容を定めたものと解される。

2．2．2　文民統制としての検証

対処基本方針の内容を検証の視点からみると、責任は検証を受けてはじめて正当性を有するので、内閣総理大臣の責任は検証を受ける必要がある。

まずは、対処基本方針は閣議決定を必要とするが、武力攻撃事態法９条６項で、「閣議の決定を求めなければならない」としていることから、この閣議決定は検証としての性格を有するのか、防衛作用は内閣にも帰属することから責任の性格を有するのか、問題となる。

この点、内閣法４条１項は、内閣がその職権を行うのは閣議によるものとすると規定する。この規定を踏まえれば、対処基本方針についての閣議決定により内閣の責任を明らかに規定とも思える。

しかし、閣議決定により、内閣総理大臣は、対処措置を実施するにあたり、内閣を代表して行政各部を指揮監督するとした内閣総理大臣の指揮監督権を認め、内閣総理大臣の責任を定めたにもかかわらず、内閣としても責任を認めることになり、その所在があいまいになってしまうおそれがある。また、日本国憲法は検証を重視する多元的分権的統制を予定している。行政府内部での検証の機会がないとするのはかかる趣旨に沿わない。これは、対処基本方針を廃止する場合も閣議決定を求めている点からもみてとれる。

そこで、内閣総理大臣が作成した対処基本方針案を検証する機会を閣議に求めたと解すべきである。したがって、６項の閣議決定は、文民統制として検証の性格を有すると解する。

そして、閣議決定を経た対処基本方針は直ちに国会の承認を求めなければならない。そこで、国会承認の法的性格も検討する必要がある。この点、防衛出動についての国会承認と、対処基本方針についての国会承認は法制度上別とされる（９条４項・10号参照）。ここで問題となるのは対処基本方針についての国会承認である[(24)]。

まず、内閣がその職権を行うのは閣議によるものとする（内閣法４条）が、およそ議事に関して法律に規定されておらず、慣例によって運用されている。その慣例も内閣の自主的判断に委ねられていると解されている[(25)]。内閣がその

権限を行使する際の手続について、憲法は何ら規定していない。これは内閣の自主的判断に委ねるのが適当とする趣旨であり、したがって、法律で内閣の自主的判断を制約するような方式を定めることは許されない、とされる[(26)]。

対処基本方針は、内閣法6条の「閣議にかけて決定した方針」に該当するものとする見解がある[(27)]。このように理解すると、閣議決定手続き自体に対して国会が介入するものではないが、「閣議にかけて決定した方針」により実施される対処措置が、国会の承認・不承認により左右される。これは内閣の判断につき国会による介入となり、立法権による行政権への不法な介入として憲法上許されないのではないか、という疑問がでてくる。

しかし、対処基本方針は自衛隊の行動を含むものである。既述のようにその特殊性に鑑みれば、一般行政作用同様に扱うことは妥当ではなく、一般行政作用と異なる特別な統制、すなわち文民統制の観点からの考察が求められよう。

この点、武力攻撃事態法9条6項が対処基本方針「案」の作成を内閣総理大臣とし、閣議決定を必要とする趣旨は、文民統制として、責任の所在を明らかにする一方、内閣による検証を必要とするもの、と解する。また、日本国憲法が、文民統制として多元的分権的統制を予定している以上、閣議をもって検証が完結するものではない。国民から直接選出された議員から構成される国会も検証機関としての権限を行使しうる。

したがって、対処基本方針についての国会承認は、文民統制の検証として憲法上許されると解する。

2.3　対処基本方針の法的性格

対処基本方針に関して、文民統制の観点から責任と検証について考察してきた。では、対処基本方針はいかなる法的性格が認められるのだろうか。

対処基本方針が決定されてから廃止される間に対処措置が実施される点から、対処基本方針と対処措置は密接不可分の関係にある。対処基本方針を基に対処措置が実施され、対処基本方針を超えた行動はできない。

文民統制の本質である責任と検証は密接な関係にある。対処基本方針は内閣総理大臣の責任の根拠となることから、閣議、国会で検証を受けなければならない。また、検証を適切になしうるためには責任は明確でなければならないとする点から、対処基本方針の内容は明確である必要がある。

そこで、対処基本方針は自衛隊の対処措置における法的根拠を与えるともにその限界を明らかにしたものと考えるべきである。このように解することにより、その責任と検証の内容を明確にすることができる。

したがって、対処基本方針は、自衛隊の対処措置における当該防衛作用の法的根拠となるとともに限界を確定する性格を有する、と解される(28)。よって、ただ単に上記のような内閣法６条の「閣議にかけて決定した方針」と全く同じものと解することはできない、と考える。

２．４　問題点

以上、対処基本方針の法的性格を上記のように解したとしても、文民統制として本質的な問題を抱えている(29)。

まず、内閣総理大臣の権限とする規定でありながらも、解釈によって責任があいまいになる危険がある。すなわち、統制の責任権限が内閣総理大臣と規定されながら、「内閣を代表して(30)」との文言の存在や、対処基本方針を定めるのは「政府」とある点であり、解釈によっては本来内閣総理大臣が責任を負うべき権限があいまいになる可能性がある。この点は、責任のあいまいさゆえに検証の対象が明確にならずに十分な検証ができず、文民統制が有名無実化してしまう。

次に、対処基本方針の必要的記載事項の問題がある。この点、対処基本方針は、「武力攻撃事態等を認知してから可能な限り速やかに策定しなければならないものであり、簡単な文書とすることが求められている。また、軍事的には機密にすべきこともある。したがって、対処基本方針は正に基本的な事項を簡略に記載するものとなる」、とする考えがある(31)。

確かに、緊急性を理由に基本的な事項を簡略に記載する、という点は、一見適切な説明に思える。しかし、緊急時に簡略な記載というのは、記載内容があいまいな表現になり、十分な統制が取れない危険がある。あいまいな方針に基づく対処措置においてはその責任もあいまいになりかねない。あいまいな方針であれば、その検証は不可能となる。緊急時こそ方針は明確でなければならない。簡略な内容ではなく明確な内容が必要なのである。明確な方針こそが統制としての責任を負い検証が可能となる。

さらに文民統制上これが最も問題と考えるが、検証方法が閣議決定、国会承認とのみ規定されている点である。内閣総理大臣に権限が集中しているのに比べて、これを検証する手段としてその他の検証権限が規定されていない。形式的な検証にとどまる危険がある。検証の不十分さは責任のあいまいさにつながる。結果、文民統制が機能しなくなる。

これに関して、国会承認について事前・事後という時期を強調する考えがあり、これによれば事前承認が必須であり、事後承認は国会軽視とする[(32)]。一方、そもそも緊急時に検証が可能か、十分な検証などできないのではないか、との指摘がある[(33)]。

承認の事前・事後といった検証の時期を重視するよりも、時期を問わず検証の仕組みを構築することが重要とする考えもある。国家緊急権についての考察であるが、措置の適正さを図る機関や手続を明示することや、責任追及の仕組みが明らかにすることが必要とされ、立憲体制の下で措置の適正さを検証する必要があるとする[(34)]。

英国の場合、緊急事態における政府の行動は、授権立法を経て、事後に、免責法をもって議会で検証される。事後の検証により、「必要性の原則」をみたす場合にのみ、その行動の適法性が認められる法制度である。これは、「緊急行為は、一応全部違法とされ、のちに真にやむを得ない措置であったと認定されて初めてその責任が免除される[(35)]」のである。内閣における軍の統制について検証する制度としては、事後に違法性が問われる以上責任を明確にできる点で統制として有益な方法ではないだろうか。

また、イラク戦争について検証したいわゆる「チルコット報告（Chilcot

Report)」は、当時の内閣についてその後の内閣が独立委員会を設けて行ったという点で、内閣による事後の検証ととらえることができる[36]。事後の検証もありようによっては、統制に実効を期すことが可能となる。

思うに、現行法では、事態の経過や結果を検証する場合、通常一般行政と同様の検証しかできない。そこで、文民統制として、一般行政における統制と異なる、別途検証する手段を設けるべきであろう。対処措置の実施中、事後の検証制度を充実させる必要がある。

おわりに

本稿において文民統制の観点から対処基本方針を考察した。文民統制とは責任と検証を本質とする統制権限であること、日本国憲法は文民統制として多元的分権的統制を予定し検証権限を重視していること、対処基本方針は、実際に実施される自衛隊の当該行動の法的基礎となるとともに防衛作用の限界を確定する性格を有すること、が確認できた。したがって、武力攻撃事態等の場合、自衛隊の行動について文民統制として対処基本方針を基として責任と検証が問題となる。

対処基本方針を内閣総理大臣が作成、閣議で決定し、国会が承認するという、3つの段階を踏むことで、より多角的に検証し、異なる国家機関による判断がなされることで自衛隊の活動がより適切になるように仕組まれていると考えられる。日本国憲法が文民統制の法制度として多元的分権的統制を予定していることからすると、武力攻撃事態法上、検証主体を多元化しているものの、検証手段が閣議決定、国会承認のみとされ、他の検証手段がない点は、大きな問題である。

国際環境が複雑になるほど、自衛隊をいかに統制するか、という課題は、より複雑に、より困難になる。文民統制は、内閣のみで解決できる問題ではない。内閣のみならず国会や裁判所の場で絶えず検証し統制していく必要がある。その点、英国での議論は非常に有益といえる。英国での検証のあり方は、議院内閣制を備えている日本の文民統制の法理論にも参考になると考える。

立憲主義の発展を望むのであれば、自衛隊の活動について誰が責任を負うのか、その判断は適切か、検証する関係を構築する必要がある。それは憲法によって構築される必要がある。憲法は、諸機関を分断する法ではなく、関係を構築する法でもある。また、文民統制は権力分立、民主主義のその基礎を持つと既述したが、文民統制の本質の１つが検証にある以上、司法による検証も検討する必要があることは論を待たない。それは今後の研究対象としたい。

ここに指摘した点以外にも日本の安全保障法制には問題点が多いことは否定できない。法の質を高めるためにも、文民統制の法制度がいかにあるべきか、具体化すべきか、を考察し続けることが必要であろう。責任のみを主張しその検証を怠るような法制度、責任が明確でない法制度、文民統制の本質を十分に備えない法制度を「平和安全法制」と主張するのは、むしろ危険を伴う。さらに言えば「戦争は現実に一般市民の人権を踏みにじる不正であり、人間の文化や精神の豊饒とは対立するものである[(37)]」との指摘を眼前にして、文民統制の法理論は、およそ防衛を含めた「戦争」に対する制度的内省として位置づけられるのではないか、とも思える。平和とは何か、どのように達成維持されるのか、検証の対象は戦争のみならず平和への方途をも含まれるのである。

（１）植野妙実子「永久平和主義と国際協調主義」法学セミナー 561号日本評論社2001年95頁。さらには９条に沿った現実を構築することが日本のなすべきことする。『新版　憲法の基本』編集工房球2015年15頁。
（２）最高裁大法廷判決昭和34年12月16日、昭和34年（あ）第710号、刑集13巻13号3225頁。
（３）ここでいう防衛作用とは、実質的に国家機関を問わず国の防衛を目的として行われるすべての作用と、形式的に自衛隊の行うすべての作用とに分けられる。この点につき杉村敏正『法律学全集12防衛法』有斐閣昭和33年81頁。
（４）全国憲法研究会編『法律時報増刊・憲法と有事法制』日本評論社2002年、森英樹編『別冊法学セミナー・安保関連法総批判』日本評論社2015年。
（５）代表的なものとして、小針司『文民統制の憲法学的研究』信山社1990年、浦田一郎『自衛力論の論理と歴史』日本評論社2012年。

(6) この問題について、布施祐仁・三浦英之『日報隠蔽—南スーダンで自衛隊は何を見たのか』集英社2018年。

(7)『法律学小辞典［第5版］』有斐閣2016年1170頁。

(8) 三宅正樹によれば、警察と区別された意味での「軍」を、いかなる形においてであれ保有する場合には、必ず政府と軍との関係が生じ、それをコントロールする必要がある、とする。『政軍関係』芦書房2001年14頁。

(9) 自衛隊は軍隊か否かという問題がある。本稿では防衛を担当する実力組織は文民統制の対象となると考える。

(10) 拙稿「日本の文民統制」中央大学大学院公共政策研究科篇第10号2016年。

(11) アメリカ合衆国憲法2条2節、フランス第5共和国憲法15条、ドイツ連邦共和国基本法65a条1項・115b条。英国の場合、憲法慣習により国王大権に属し内閣が実質的に行使する。

(12) アメリカ1条8節11項・18項・戦争権限法、フランス34条2項・35条・36条、ドイツ45a条2項・45b条・73条1項・115a条、英国は、軍隊法を更新することで軍の存立を検証する。議会の派兵決議は憲法慣習とされつつある。また、英米での国家安全保障会議は、大統領や内閣の統制責任に対して検証機関としての役割を果たしているとされる。日本の場合は、官邸機能の強化とされる。

(13) サミュエル＝ハンチントン著・市川良一訳『軍人と国家・上』原書房1978年160-161頁。

(14) 前掲拙稿「日本の文民統制」。

(15) 同様の見解として、橋本公亘『日本国憲法』有斐閣昭和56年565-566頁。この点、問題がないわけではないがとした上で、シビリアンコントロールの趣旨を徹底しようとした、とするのは芦部信喜著高橋和之補訂『憲法』第6版岩波書店2015年326頁。

(16) 大石眞・石川健治編『憲法の争点』有斐閣2008年浦田一郎「文民統制」60-61頁。

(17) 小針司『防衛法概観』信山社2002年258頁。

(18) 9条は、軍隊を消滅させることで軍事力統制の課題そのものの解消を企図し、平和主義の根拠規定、議会の立法権行使に際し制約を課す法的権限規定の制約、政府の財政権の限界規定と解する見解として、石川健治「軍隊と憲法」水島朝穂編『立憲的ダイナミズム』岩波書店2014年126頁。

(19) 前掲拙稿「日本の文民統制」。

(20) 拙稿「行政権と防衛作用の帰属」中央大学大学院研究年報法学研究科篇第46号2016年。

(21) 憲法再生フォーラム編『有事法制批判』岩波新書2003年冒頭部ii。

(22) 森本敏・浜谷英博『有事法制』PHP新書2003年31頁。

(23) 礒崎陽輔『武力攻撃対処法の読み方』ぎょうせい平成16年24-25頁。

(24) 筆者は防衛出動についての国会承認の法的性格は防衛作用と解する。前掲拙稿「行政権と防衛作用の帰属」

(25) 野中俊彦・中村睦男・高橋和之・高見勝利『憲法Ⅱ第5版』有斐閣平成24年219頁。

(26) 同書218-219頁。

(27) 礒崎陽輔『武力攻撃対処法の読み方』ぎょうせい平成16年44頁。

(28) この点、本秀紀は対処基本方針の法的性格は、包括的な規定ゆえ、あいまいで不明確とする。前掲・憲法と有事法制「『武力攻撃事態法案』における『対処基本方針』の決定・実施と民主的統制」125-126頁。これは指定行政機関や関係地方公共団体等への対策本部長の総合調整権や内閣総理大臣の指示権を理由とする。

(29) 平和主義の観点からの指摘は、前掲・憲法と有事法制、前掲・安保関連法総批判、前掲・有事法制を問う、山内敏弘編『有事法制を検証する』法律文化社2002年。

(30) この点、日本国憲法72条の内閣総理大臣が有する「指揮監督」の意義についての論点とも関係する。

(31) 礒崎陽輔『武力攻撃対処法の読み方』ぎょうせい平成16年44頁。

(32) 前掲・安保関連法総批判・植松健一「安保関連法案における国会承認制度の欠陥」。

(33) 富井幸雄『議会と海外派兵』成文堂2013年132頁。武力攻撃を受けた場合、反撃のための防衛出動以外の選択肢はなく、そこに議会の審議はどれだけ意味があるのか、と指摘する。

(34) 植野妙実子「立憲主義と国家緊急権」日本の科学者会議編日本の科学者51号本の泉社2016年17頁。

(35) 小針司『防衛法概観』信山社2002年212頁。

(36) ブラウン政権が検証委員会を設置した（2009年）。公聴会終了は2011年、発表は2016年。
当該サイト
http://webarchive.nationalarchives.gov.uk/20171123123237/http://www.iraqinquiry.org.uk/（2018年6月30日確認）

(37) 清水睦編『憲法入門』第4章植野妙実子担当、信山社1998年182頁。

憲法の人権規定は私人間で参照される
—私人間効力論の基本問題—

福　岡　英　明

1　前史あるいは原点

この小論では、学説間の論争から少し離れ、判例の分析を通じて、標記の問題について考察したい。

1．1　大正10年９月29日の大審院判決

いわゆる私人間効力論の原点にある判決は、芸妓契約の効力に関する大正10年９月29日の大審院第二民事部判決であろう(1)。事案は以下の通りである。

甲（父・上告人）と乙（娘・上告人）は連帯して丙（被上告人）と前借金20円と引き換えに10年間芸妓稼業に従事する契約を結んだ。この契約では、①乙を10年間芸妓稼業に従事させるために、その一身を丙に任せ、丙の指図に随い何時でも営業すること、②丙は乙を他府県に転業させ、衣食料諸芸教育料として転業先より金銭を受領したとしても、乙は金銭を得ないこと、③乙が契約期間中に丙の家より失踪した場合、すべての損害を甲乙連帯して賠償することが約されていた。

大審院は以下のように判示し、原判決を破毀し差し戻した。

①について、「人ノ自由ヲ甚シク束縛スルモノナルヲ以テ民法第九十條ニ所謂公序良俗ニ反スル事項ヲ目的トスル契約ナルコト明白ナリ」。

②について、「人ノ居住移轉ノ自由ヲ制限シタル不法アルコト疑ナシ」。それにとどまらず、「一種ノ人身売買ヲ約シタルモノニシテ」、「正義人道ノ擁護ヲ以テ目的トスル我國法ノ断シテ許容スヘカラサル事項ナリ」。

③について、「人身ノ自由ヲ束縛スル手段ヲ其内容トシタルモノニシテ公

序良俗ニ反スル無效ノ契約ナルコト疑ナシ」。「最愛ノ實子ヲ二十圓ノ身ノ代金ニテ十年間自由ナキ境地ニ置クコトヲ忍ハサルヲ得サルカ如キ境遇ニ在ル上告人豊治トシテ斯ル場合ニ如何ニ無理ナル約款ニモ捺印セサルヘカラサリシコトハ之ヲ察スルニ難カラサル所ニシテ」、「本項ヲ含ム不法ノ契約ヲ自ラ締結シタルカ爲メニ其拘束ヲ受クヘキ理由存在セス」。

かくして、原判決は、「正義人道ノ根本ヲ破ルノ危険ヲ含ム契約ヲ普通ノ契約ト同視シ等シク契約自由ノ原則ヲ以テ律セントシタルハ到底違法ノ判決タルヲ免レス」。

ここで、以下の3点が注目される。

第1に、正義人道の擁護が国法の目的とされていることである。すなわち、公法秩序も私法秩序もともに含む国法秩序全体の目的が正義人道の擁護だということである。

第2に、①では、ただ「人ノ自由」と述べるにとどまるが、②では、「居住移轉ノ自由」とし、③では、「人身ノ自由」として、憲法上の権利が持ち出されていることである。ただし、憲法上の権利といっても、違憲審査制を持たない法律による権利保障のしくみを採用した憲法が規定する権利である。また、旧憲法の第2章「臣民權利義務」には、学問の自由や職業の自由など多くの重要なものが規定されていないが、これについては、次のように説明できる。「臣民の總ての權利總ての義務を憲法中に規定することは、不可能でもあり又不必要でもあるので、それは之を法律に譲り、憲法には唯その特に著しいものを掲げて居るに止まるのである。その規定に漏れて居るのは、規定が無くとも當然の事とせられて居るので、規定に漏れて居る為に、行政權の擅断に任されて居るものと解してはならぬ(2)」。したがって、学問の自由や職業の自由がどの程度保障されるかは法律によることになるが、憲法上の権利といいうるであろう。そうすると、①の「人ノ自由」も、臣民の権利として明文化されていない包括的な自由という意味で憲法上の権利と解される。

第3に、契約当事者間に事実上の強度の非対等性が存する場合、当該契約は契約の自由により保護されないとされていることが注目される。そこでの合意は任意のものではなく、強制されたものだからであろう。

1．2　大正10年9月29日の大審院判決は直接適用の立場か

この大審院判決は、そこにいう人ノ自由、居住移轉ノ自由および人身ノ自由が憲法上の権利だとすれば、直接適用説の立場に立つように見える。しかしながら、憲法上の権利が、私人間の紛争に直接適用されていると見ることは適切ではなかろう。

そもそも、旧憲法の臣民の権利は、その保障の内容や程度の画定が法律に留保されているので、直接適用されうるほど規律密度は高くないからである。

また、高橋和之教授（以下、すべて敬称略）が述べているように、「明治憲法は立憲君主制の論理に従い、国民（臣民）の権利は君主（国家）により与えられたものという建前にたったから、そこでの権利は、当然、君主との関係で承認されたものであり、私人間適用という発想の生じる基盤がなかった。」[(3)]とすれば、憲法上の権利の私人間への直接適用も、さらには、民法90条などを通じての間接適用もありえないことになる。

そうであるとすれば、この大審院判決の立場は、我々の知る枠組みでいえば、無適用説ということになる。

高橋によれば、無適用説には2つのタイプがある[(4)]。ひとつは、フランス革命期に確立された人権理論である。すべての個人が誰に対しても主張しうる自然権を有し、これを保全するために、憲法が制定され、国家が組織される。憲法は自然権を憲法上の権利として掲げた。立法権はこの憲法上の権利に拘束され、執行権と司法権は立法権が制定する法律に拘束される。かくして、憲法により保全されるべき自然権のうち公権力の行使に対抗する部分（国家を名宛て人とする部分）が尊重されることになる。憲法により保全されるべき自然権のうち社会の他のメンバーに対する部分（当然、社会の他のメンバーも同じ自然権を有する）は、刑法や民法といった法律により調整される。それでも、私人間において自然権が衝突する場合、たとえば、私法の一般条項の解釈・適用に際して自然権としての人権を基準として調整を行う

ことが可能とされる[5]。もうひとつは、ドイツの公権理論を基礎に置くものであり、私人間における公権の衝突は理論上は想定されておらず、事実上の衝突が法律により調整されることになる。そこでは、一般条項に「読み込む」べき対私人的権利が存在しないとされる。

さらに、高橋は、戦後のドイツの憲法理論を念頭に置いていると思われるが、それが公権論の枠組みを出発点にして私人間の権利保障を実現しようとした時、まず、私人間において何らかの効力をもちうる「法的価値」を定立する必要に直面し、これを主観的権利としての基本権と関連づけつつも、その上位に位置し、全方位的効力をもつ実定法的な客観的価値として定立したとする。そして、これにより、立憲主義的な憲法観・人権観から大きく一歩踏み出したという[6]。

先の大審院判決は、かなり簡潔であるが故に、その私人間適用に関わる論理構成については複数の読み方が可能である。旧憲法が臣民の権利という定式をとっていることからすると、憲法上の権利はもっぱら対国家（対君主）の権利であり、私人間に適用される余地はないので、ドイツ公権理論型のはずである。しかし、高橋のいう自然権と同じ意味で「正義人道の擁護」が国法の目的であるとされ、一定の法的価値が私法の一般条項に読み込まれている。その意味では、フランス革命期型の無適用説の立場であると言えそうであるが、被侵害利益として憲法上の権利が明示されていることが説明できない。そうなると、先の大審院判決は、公権論の枠組を出発点にして私人間での権利保障を実現しようとする戦後ドイツ型とでも言うべきものとなる。もっとも、旧憲法下の大審院判決が戦後ドイツの憲法理論を先取りしていたと見ることは、奇異に感じられるかも知れない。

ここでは、暫定的に以下のように、先の大審院判決の論理を読み取っておきたい。

国法秩序の目的は正義人道の擁護であり、旧憲法の目的も同じはずである。すなわち、旧憲法は、正義人道の擁護のために政治のしくみを整え、公権力が統治を行う際に尊重すべき臣民の権利を規定した。統治を行う公権力（行政権）の発動に対して、どの程度保障されるかは法律次第とはいえ、臣民の権利が援用される。臣民の権利は、正義人道の実現のための公法秩序の重要な部品となっている。国家と臣民との関係で正義人道の擁護のために不可欠な事柄が憲法上の臣民の権利として規定されたわけである。同様に、国法秩序の目的が正義人道の擁護であるから、私法秩序も正義人道の擁護を目的とする。そのために、立法権により私法上の制度や権利が整備されているが、法律により網羅的に権利が整備されているわけではないから、正義人道の擁護の観点から保護すべき権利や法的利益が漏れていることがある。このような場合でも、民事裁判官は、正義人道の擁護という国法秩序の目的に拘束されているので、その観点から私人間の法的紛争を公平に解決しなければならない。その際、民事裁判官は、立法者が用意しておいた民法90条のような私法の一般条項を利用することができる。しかし、正義人道の擁護といっても、公序良俗と同様に、そのまま紛争解決に適用できるほど具体的なものではなく、かなり抽象的なものである。そこで当事者が主張する利益が、保護すべき法的利益か否かの判定をしなければならなくなる。そのための簡便なひとつの方法は、憲法の臣民の権利を参照し、それをモデルとして利用することである。憲法上の権利は、正義人道の擁護を目的とする公法秩序における重要な部品であり、その目的を実現するために不可欠な法的利益を内包している。当然、同じ目的を持つ私法秩序においても信頼できる参照モデルになる。憲法上の権利の鋳型に当てはまれば、私法上の保護されるべき法的利益になると考えることができる。要するに、私法秩序においても、正義人道の擁護のために必要な部品は法律により整備されているが、未整備の領域では、憲法上の権利という鋳型を利用してふるいにかけ正義人道の擁護のために保護すべき法的利益を確定するということである。

なお、後述するように、戦後ドイツ型の理論が、近代立憲主義的な憲法観・人権観から大きく一歩踏み出しているか否か疑問のあるところであるが、少なくとも、このように読み取った大審院判決の論理は、立憲主義的な憲法観・人権観の内側に踏みとどまっていると考えられる。

それでは、次に、日本国憲法の下での最高裁判所の判決を見てみよう。

2　日本国憲法下の最高裁判決

2．1　百里基地事件最高裁判決

最高裁判所は、どのような論理構成をとっているのか。ここでは、百里基地事件最高裁判決からみていきたい。百里基地事件で問題となった憲法９条は、人権規定ではないが、国家の統治活動に関するルールである。その意味では、人権規定と同じである。当然、両者は憲法規定であるから同じ性格を持つ。しかし、両者は異なる面がある。人権規定は、国民の「主観的権利」と国家の「人権尊重義務」（憲法13条は、人権を国政の上で最大限尊重すべしとする。）が対になった形で規範化されているが、憲法９条はもっぱら公権力が遵守すべき客観的なルールとして規範化されている。以上の点に留意しつつ、百里基地事件判決をみてみよう(7)。

「憲法９条は、その憲法規範として有する性格上、私法上の行為の効力を直接規律することを目的とした規定ではなく、人権規定と同様、私法上の行為に対しては直接適用されるものではないと解するのが相当であり、国が一方当事者として関与した行為であつても、たとえば、行政活動上必要となる物品を調達する契約、公共施設に必要な土地の取得又は国有財産の売払いのためにする契約などのように、国が行政の主体としてでなく私人と対等の立場に立つて、私人との間で個々的に締結する私法上の契約は、当該契約がその成立の経緯及び内容において実質的にみて公権力の発動たる行為となんら変わりがないといえるような特段の事情のない限り、憲法９条の直接適用を受けず、私人間の利害関係の公平な調整を目的とする私法の適用を受けるにすぎないものと解するのが相当である」。

「憲法９条は、人権規定と同様、国の基本的な法秩序を宣示した規定であるから、憲法より下位の法形式によるすべての法規の解釈適用に当たつて、その指導原理となりうるものであることはいうまでもないが、憲法９条は、前判示のように私法上の行為の効力を直接規律することを目的とした規定ではないから、自衛隊基地の建設という目的ないし動機が直接憲法９条の趣旨に適合するか否かを判断することによつて、本件売買契約が公序良俗違反として無効となるか否かを決すべきではないのであつて、自衛隊基地の建設を目的ないし動機として締結された本件売買契約を全体的に観察して私法的な価値秩序のもとにおいてその効力を否定すべきほどの反社会性を有するか否かを判断することによつて、初めて公序良俗違反として無効となるか否かを決することができるものといわなければならない。すなわち、憲法９条の宣明する国際平和主義、戦争の放棄、戦力の不保持などの国家の統治活動に対する規範は、私法的な価値秩序とは本来関係のない優れて公法的な性格を有する規範であるから、私法的な価値秩序において、右規範がそのままの内容で民法90条にいう『公ノ秩序』の内容を形成し、それに反する私法上の行為の効力を一律に否定する法的作用を営むということはないのであつて、右の規範は、私法的な価値秩序のもとで確立された私的自治の原則、契約における信義則、取引の安全等の私法上の規範によつて相対化され、民法90条にいう『公ノ秩序』の内容の一部を形成するのであり、したがつて私法的な価値秩序のもとにおいて、社会的に許容されない反社会的な行為であるとの認識が、社会の一般的な観念として確立しているか否かが、私法上の行為の効力の有無を判断する基準になるものというべきである」。

2．2　三菱樹脂事件最高裁判決

「憲法の右各規定（憲法14条・19条―筆者）は、同法第３章のその他の自由権的基本権の保障規定と同じく、国または公共団体の統治行動に対して個人の基本的な自由と平等を保障する目的に出たもので、もつぱら国または公共団体と個人との関係を規律するものであり、私人相互の関係を直接規律することを予定するものではない。このことは、基本的人権なる観念の成立および発展の歴史的沿革に徴し、かつ、憲法における基本権規定の形式、内容にかんがみても明らかである。のみならず、これらの規定の定める個人の自由や平等は、国や公共団体の統治行動に対する関係においてこそ、侵されることのない権利として保障されるべき性質のものであるけれども、私人間の関係においては、各人の有する自由と平等の権利自体が具体的場合に相互に矛盾、対立する可能性があり、このような場合におけるその対立の調整は、近代自由社会においては、原則として私的自治に委ねられ、ただ、一方の他方に対する侵害の態様、程度が社会的に許容しうる一定の限界を超える場合にのみ、法がこれに介入しその間の調整をはかるという建前がとられているのであつて、この点において国または公共団体と個人との関係の場合とはおのずから別個の観点からの考慮を必要とし、後者についての憲法上の基本権保障規定をそのまま私人相互間の関係についても適用ないしは類推適用すべきものとすることは、決して当をえた解釈ということはできないのである」。

「私的支配関係においては、個人の基本的な自由や平等に対する具体的な侵害またはそのおそれがあり、その態様、程度が社会的に許容しうる限度を超えるときは、これに対する立法措置によつてその是正を図ることが可能であるし、また、場合によつては、私的自治に対する一般的制限規定である民法１条、90条や不法行為に関する諸規定等の適切な運用によつて、一面で私的自治の原則を尊重しながら、他面で社会的許容性の限度を超える侵害に対し基本的な自由や平等の利益を保護し、その間の適切な調整を図る方途も存するのである。そしてこの場合、個人の基本的な自由や平等を極めて重要な法益として尊重すべきことは当然であるが、これを絶対視することも許されず、統治行動の場合と同一の基準や観念によつてこれを律することができないことは、論をまたないところである」。

本判決は、次のように要約されよう。「個人の基本的な自由と平等」は、国または公共団体の統治行動に対しては、侵されることのない権利として保障され、私人間では、極めて重要な法益として尊重されるが、統治行動の場合と同一の基準や観念によってこれを律することができない[(8)]。

2．3　日産自動車事件最高裁判決と三井倉庫事件最高裁判決

日産自動車事件最高裁判決は、次のようにいう[(9)]。

「原審の確定した事実関係のもとにおいて、上告会社の就業規則中女子の定年年齢を男子より低く定めた部分は、専ら女子であることのみを理由として差別したことに帰着するものであり、性別のみによる不合理な差別を定めたものとして民法90条の規定により無効であると解するのが相当である（憲法14条１項、民法１条ノ２参照）」。

また、三井倉庫事件最高裁判決は、次のようにいう。(10)

「ユニオン・ショップ協定は、労働者が労働組合の組合員たる資格を取得せず又はこれを失った場合に、使用者をして当該労働者との雇用関係を終了させることにより間接的に労働組合の組織の拡大強化を図ろうとするものであるが、他方、労働者には、自らの団結権を行使するため労働組合を選択する自由があり、また、ユニオン・ショップ協定を締結している労働組合（以下「締結組合」という。）の団結権と同様、同協定を締結していない他の労働組合の団結権も等しく尊重されるべきであるから、ユニオン・ショップ協定によって、労働者に対し、解雇の威嚇の下に特定の労働組合への加入を強制することは、それが労働者の組合選択の自由及び他の労働組合の団結権を侵害する場合には許されないものというべきである。したがって、ユニオン・ショップ協定のうち、締結組合以外の他の労働組合に加入している者及び締結組合から脱退し又は除名されたが、他の労働組合に加入し又は新たな労働組合を結成した者について使用者の解雇義務を定める部分は、右の観点からして、民法90条の規定により、これを無効と解すべきである（憲法28条参照）」。

2．4　国の基本的な法秩序と法令解釈の指導原理

先の大審院判決の筆者なりの暫定的な読み方を参照しつつ、百里基地事件最判と三菱樹脂事件最判をあわせ読むことにより、最高裁判決の論理を読み取ってみたい。

百里基地事件最判は、「憲法９条は、その憲法規範として有する性格上、私法上の行為の効力を直接規律することを目的とした規定ではなく、人権規

定と同様、私法上の行為に対しては直接適用されるものではない」が、「憲法９条は、人権規定と同様、国の基本的な法秩序を宣示した規定であるから、憲法より下位の法形式によるすべての法規の解釈適用に当たつて、その指導原理となりうるものである」とする。ここでのキー・ワードは、「国の基本的な法秩序」と「法規の解釈適用に当たつて、その指導原理となりうるもの」（以下、法令解釈の指導原理と呼ぶ）である。

先の大審院判決の「正義人道の擁護」がここでいう「国の基本的な法秩序」であり、日本国憲法の下では、憲法13条の「個人の尊重」がこれに当たるだろう。個人が尊重されるような社会を作るために憲法が制定され、政治のしくみが整備された。憲法は、個人の尊重を社会の構成原理とし、同時に、統治活動の基本原理としたのである。

憲法は、国家の統治行動との関係で個人が尊重されるために不可欠な「個人の基本的な自由と平等」を保障することとし、これを具体化するものとして個別の人権規定を置いた。したがって、人権規定に具体化されている憲法上の権利がもっぱら対国家的な権利であるのは当然のことである。また、個人が尊重されるためには国家による戦争も否定されるべきである。「個人の基本的な自由と平等」と同様に、戦争放棄や戦力の不保持は、公法秩序の重要な要素となり、国を名宛て人とした憲法９条に規定された。

「国の基本的な法秩序」は、公法秩序だけでなく、私法秩序も含む。立法権は「国の基本的な法秩序」に拘束されるので、「個人の尊重」という社会の構成原理に従って私法を制定する。もし、私法が憲法に違反するならば、民事裁判官はその私法を適用しない。また、立法権が、どれほど隙間なく私法を整備したとしても、あらゆる私法上の法的利益がカバーされることはない。それは不可能であるから、私法にはたとえば民法90条や民法709条のような一般条項、概括的条項が用意されている。民事裁判官も、「国の基本的な法秩序」である個人の尊重という社会の構成原理に拘束されるので、これに定位して公序良俗の解釈を行うが、ともにかなり抽象的な観念であり、何が公の秩序をなすのかは判然としないし、侵害されていると主張される利益が保護されるべき法的利益なのかも個人の尊重という社会の構成原理を参照しただけでは同様に判然としない。これを明らかにするためには補助的な道具が必要になる。ここで参照されるのが憲法の個別の人権規定や９条のような国の行為準則の規定であり、これらは個人の尊重のために不可欠な事柄を具体化したものである。個別の人権規定には、その保障範囲と侵害の成立要件が埋め込まれている。当事者が主張する利益を個別の人権規定と照合し、その枠内に収まれば、保護される法的利益であると判定される。そして、対立する法的利益との衡量がなされることになる。この間の事情を憲法の側から言えば、「憲法９条は、人権規定と同様、国の基本的な法秩序を宣示した規定であるから、憲法より下位の法形式によるすべての法規の解釈適用に当たつて、その指導原理となりうるものである」（百里基地事件最判）ということになり、また、「個人の基本的な自由や平等を極めて重要な法益として尊重すべきことは当然である」（三菱樹脂事件最判）ということになる。ただし、憲法９条に含まれる戦争の放棄や戦力の不保持は個人の尊重のために不可欠であるとしても、これと照合されるべき私法上の利益は存在しない。９条のような国の行為準則は、法令解釈の指導原理となるとしても、当事者が主張する利益が保護される法的利益か否かを判定するものとしては機能せず、民法90条の公の秩序の解釈の指導原理として機能することになる。国は個人を尊重するために戦争をしないという社会の構成原理に関わる規範は、「私法的な価値秩序のもとで確立された私的自治の原則、契約における信義則、取引の安全等の私法上の規範によつて相対化され、民法90条にいう『公ノ秩序』の内容の一部を形成する」（百里基地事件最判）ことになる。そして、このように解すると、日産自動車事件最高裁判決のカッコ書きで憲法14条１項が参照されている意味や三井倉庫事件最高裁判決のカッコ書きで憲法28条が参照されている意味が理解できる。

道具立ては若干異なるが、大審院判決も最高裁判決も基本的な論理構成は同一であると解される。

3　リュート判決は近代立憲主義的な憲法観・人権観を変更したか

最後に、ドイツにおける間接適用の先例とされるリュート判決をみてみよう。これはハーランの脚本・監督で制作された映画のボイコットを呼びかけたリュートに対し映画会社が不法行為にあたるとして提訴した事件であり、ハンブルク地裁は不法行為にあたるとした。これに対して、リュートは控訴すると同時に、同地裁判決は基本法５条１項の自由な意見表明の権利を侵害するとして連邦憲法裁判所に憲法異議を申し立てた。連邦憲法裁判所は、以下のように判示した[(11)]。なお、便宜的に段落ごとに、A、B、C……を付す。

A「確かに基本権は第一次的には公権力の介入から個人の自由な領域を守るために定められている。基本権は国家に対する市民の防御権である。このことは基本権理念の精神史的発展ならびに個々の国家の憲法によって受容された歴史的先例から明らかになる。国家権力に対する人間の優位とその尊厳を基本権条項の先頭に置くことをもって強調しようとした基本法の基本権もこの意義を有する。これに応じて、立法者は公権力の行為に対してのみ憲法異議というこれらの権利を保護するための特別な法的救済手段を認めたのである」。

B「しかし、価値中立的な秩序であることを欲しない基本法は、その基本権条項において客観的な価値秩序も打ち立てたということ、そして、まさにこの中に基本権の通用力の原理的な強化が現れているということはまったく間違いのないことである。社会的共同体内部で自由に発展する人間人格とその尊厳にその中心点を見いだすこの価値体系は、法のあらゆる領域に対する基本的決定として妥当しなければならない。立法、行政および裁判はこの価値体系から指針と推進力を受け取るのである。それゆえ、それはもちろん民法にも影響を与える。いかなる民法の規定もそれと矛盾してはならず、すべての民法規定はその精神において解釈されなければならない」。

C「客観的規範としての基本権の法内容は、この法分野を直接支配する諸規定を媒介として私法に広がる。新規の法が基本権的価値体系と一致していなければならないように、既存の法も内容的にこの価値体系に基づき整序される。この価値体系から既存の法に特別な憲法的内容が流れ込み、今後、その解釈を規定する。そのような基本権により影響を与えられた民法の行為規範から生じる権利義務に関する私人間の争訟は、実体的にも手続的にも民法上の争訟のままである。その解釈が憲法という公法に従わなければならないのだが、民法が解釈適用されるのである」。

D「基本権的価値基準の影響は、とりわけ、強行法を含み、それゆえ—広い意味で—公の秩序の一部をなす私法規定、すなわち、公益上の理由から個人間の法関係の形成に対しても拘束力がなければならず、それゆえ私的意思の支配が取り去られているような私法規定に現れるだろう。これらの諸規定は、その目的により公法との近しい同質性を持ち、補充的に公法に付け加わる。公法はこれらの諸規定を特別なしかたで憲法の影響にさらさなければならない。この影響の実現のためにとりわけ『一般条項』が司法に提供されており、それは民法典826条のように人の行為を評価するために『善良な風俗』のような民事法の外の、それどころか何よりもおよそ法の外の基準を参照するよう指示する。個々の場合に、その都度、この社会的な命令が要求することを決定する際の根拠は、第一次的には、国民がその精神的文化的発展の一定時点において到達し、その憲法において確定した価値観念の総体によって探られなければならない。それゆえ、一般条項は正当に民法への基本権の『侵入地点』と呼ばれた」。

E「裁判官は、彼により適用される実体民事法規定が上記のように基本権により影響を与えられているかどうかを憲法の命じるところによって吟味しなければならない。そうであるならば、さらに、裁判官はこれらの規定の解釈適用に際し、ここから明らかとなる私法の修正に注意しなければならない。これが民事裁判官も基本権に拘束されること（基本法１条３項）の意味である。裁判官がこの基準を見誤り、その判決が民事法規範への憲法の影響の無視に基づいているとすると、裁判官は、（客観規範としての）基本権規範の内容を誤認することで客観的な憲法に違反しているだけではなく、むしろ、市民は裁判権力が基本権に注意を払うことを憲法上請求できるので、裁判官は基本権を判決によって侵害したことになる」。

F「憲法裁判所は、ただ、民法に対する基本権のいわゆる『照射的効力』を判定し、憲法規定の価値内容をここでも妥当させればよい。立法権、執行権および司法権のあらゆる行為がその『基本権適合性』につき事後審査されなければならないということが、憲法異議制度の意義である」。

G「原則的に善良な風俗に反する侵害からあらゆる権利と法益を保護する民法典826条は、基本法5条2項の意味における『一般法律』とみなされなければならない。したがって、連邦憲法裁判所の審査は、ラント裁判所がこの一般条項の適用の際に自由な意見表明という基本権の意義と射程を正しく認識し、ハーランおよび映画会社の利益と衡量したかどうかという問題にとどまる」。

H「民法典826条は、『善良な風俗』という基準を参照するよう指示する。純粋な道徳という何らかの仕方で予め与えられ、それゆえ（原理的に）不変の原則が問題ではなく、法律家の間の社会的な交流において『妥当する』ものに関する『まともな人々』の観察が問題である。この観察は原理的に変化しうるものであり、それゆえ、法的な命令や禁止によっても—一定の範囲内で—影響を与えられうるものである。個々の場合にそれに応じて社会的な要求と禁止を探求しなければならない裁判官は、事の性質から結果として生じるので、しかしまた、基本法1条3項で彼に明確に命じられているので、憲法の基本権条項に見出されるあの原理的な価値決定と社会的秩序原理に依拠しなければならない。同時に価値序列の秩序でもあるこの価値秩序の枠内で、基本法5条1項1文の基本権とその行使を制限する権利と法益の間のここでは不可欠な衡量も行われなければならない」。

三菱樹脂事件最高裁判決は、自由権的基本権の保障規定は「もつぱら」国または公共団体と個人との関係を規律するものであるとする。これに対して、リュート判決は、基本権は「第一次的には」国家に対する市民の防御権であるとしつつ（A)、「客観的規範としての基本権の法内容」(C）が一般条項を通じて私法に侵入するという。これにより、リュート判決は、国家だけではなく私人も基本権の名宛て人とし、従来の憲法観・人権観を変更したとの理解が生じている。しかし、リュート判決は、最高裁判決や大審院判決と基本的には同一の論理構成をとっていると思われる。ただ、基本権侵害を理由とする憲法異議の手続により憲法裁判所が司法裁判所の判決を審査しているために、基本権の照射的効力、すなわち、民事裁判官が基本権に拘束され（基本法１条３項)、基本権の法内容を考慮しなければならないことを主軸にした論理構成になっているだけである。これに対して、司法裁判所である日本の最高裁判所の判決は、憲法76条３項を持ち出していない。

まず、基本法が基本権条項に打ち立てた客観的な価値秩序は、「社会的共同体内部で自由に発展する人間人格とその尊厳にその中心点を見いだす」「価値体系」(B）であるから、当然、社会的共同体内部に設定されている。つまり、この価値秩序が社会の構成原理となっている。Hでは、「憲法の基本権条項に見出されるあの原理的な価値決定と社会的秩序原理」と表現されている。したがって、この価値体系・価値秩序は、「法のあらゆる領域に対する基本的決定として妥当」し、立法、行政および裁判はそれから指針と推進力を受け取る。かくして、「すべての民法規定はその精神において解釈されなければならない」(B)。すなわち、民事裁判官は、「自由に発展する人間人格とその尊厳にその中心点を見いだす」価値体系・社会の構成原理に従って私法を解釈・適用しなければならない。「自由に発展する人間人格とその尊厳」では私法の解釈・適用の「指針」とするにはあまりに抽象的すぎるので、それに止めず、「自由に発展する人間人格とその尊厳にその中心点を見いだす」価値体系としたのであろう。これにより、基本法の基本権規定に含まれる法内容が「自由に発展する人間人格とその尊厳」の実現のために不可欠な事柄としてこの価値体系に含まれることになる。これが「客観的規範としての基本権」の法内容である（C)。国家との関係で人間の尊厳のために不可欠な事柄が基本権として規定されている。同様に、私人間で妥当する社会の構成原理である人間の尊厳の実現に不可欠な事柄は、基本法の基本権規定に含まれる法内容と同一のはずである。かくして、人間の尊厳の実現に不可欠な事柄が、私人間で保護されるべき法益と判定されることになる。さらに、民事裁判官は、「彼により適用される実体民事法規定が上記のように基本権により影響を与えられているかどうかを憲法の命じるところによって吟味しなければならない」。「これが民事裁判官も基本権に拘束されること（基本法１条３項）の意味である」(E)。リュート判決は、この間の事情を基本権のいわゆる「照射的効力」という表現を用いて説明しているが、社会の構成原理である「自由に発展する人間人格とその尊厳にその中心点を見いだす」価値体系に従って私法を解釈しなければならないということである。そして、民事裁判官が、基本権の照射的効力を見誤ると、「(客観規範としての）基本権規範の内容を誤認することで客観的な憲法に違反している」(E)ことになる。ここでの「客観的な憲法」は、「民事裁判官も基本権に拘束される」という法命題であり、より事態に即して言えば、民事裁判官は基本権の法内容を考慮しなければならないということである。要するに、抽象的な社会の構成原理を基本権の法内容を参照して具体化し、これを指針として私法を解釈しなければならないという民事裁判官の義務を裏返して、客観的規範としての基本権とか基本権の照射的効力と記述しているだけである。

また、リュート事件では、映画に対するボイコットの呼びかけが不法行為を構成するかが争点であった。ボイコットの呼びかけは、意見表明の自由の範型に当てはまるので私人間で保護される法益と判定されているが、民法826条の「善良な風俗」に反してはならないので、この一般条項の解釈が問題となる。善良な風俗という「法の外の基準」、「社会的な命令」が、何を意味するかは、まずは、社会の構成原理を参照することになる。リュート判決は、「第一次的には、国民がその精神的文化的発展の一定時点において到達し、その憲法において確定した価値観念の総体によって探られなければならない。」（D)、「憲法の基本権条項に見出されるあの原理的な価値決定と社会的秩序原理に依拠しなければならない。」（H）と述べている。なお、この時、リュートの法益とハーランの法益が衡量されるが、それは「価値序列の秩序でもあるこの価値秩序の枠内で」（H）なされる。民主政への寄与も考慮されるということであろう。

むすびにかえて

以上、かなり駆け足で大審院判決、最高裁判所判決およびリュート判決の論理を読み取ってみた。私見では、三者ともほぼ同一の論理構成であると理解される。紙幅の制約もあり、雑駁な論述に終始してしまったが、補足的考察は別の機会に譲りたい。

（1）『大審院民事判決録（縮刷版）』（新日本法規出版、1966年）1108頁以下。
（2）美濃部達吉『逐條　憲法精義　全』（有斐閣、1927年）332頁。
（3）高橋和之「人権の私人間効力論」高見勝利ほか編『日本国憲法の再検討』（有斐閣、2004年）6頁。
（4）高橋和之「『憲法上の人権』の効力は私人間に及ばない」ジュリスト1245号144頁及び137-140頁（2003年）。
（5）なお、高橋は、自然権という表現を用いたのは、自然権論が内包する「実定法システムが実定法を論理的に超える性質を持つ価値の実現のための手段である」という論理構造を明快に示すためであるという（高橋・前掲注（4）145頁）。つまり、自然権という表現に仮託されたのは、憲法を道徳哲学的に根拠づけ、社会の構成原理となる価値である。また、星野英一は、「憲法典も民法典も超える原理、フランスならば人権宣言にあたるもの」、「憲法、民法その他全ての法律を超える自由・平等といった原理があり、それが全法律の指導原理である」という。星野英一・樋口陽一「対談　社会の基本法と国家の基本法」ジュリスト1192号9頁〔星野発言〕（2001年）。
（6）高橋・前掲注（4）144頁。
（7）最三判平成元年6月20日民集43巻6号385頁
（8）最大判昭和48年12月12日民集27巻11号1536頁。
（9）最三判昭和56年3月24日民集35巻2号300頁。
（10）最一判平成元年12月14日民集43巻12号2051頁。
（11）BVerfGE 7, 198.

憲法24条と親子関係について
—子どもの自己決定と親の意思—

丹　羽　　　徹

はじめに—憲法24条と家族法議論

2012年に公表された自由民主党憲法改正草案[(1)]は、日本国憲法の全面改正案であり、9条だけではなく、すべての条文についての見直しを打ち出している。自民党という政党が1955年の結党以来、少なくとも党是としては自主憲法制定を謳ってきたのであるから、それ自身、驚くべきことではないかもしれない。しかし、そこで提示されている内容は、9条の平和主義をはじめとする戦後日本の原点である様々な諸原理を根底から覆すものであり、さらに、国民に憲法尊重義務を課すという近代立憲主義をも否定するといったものまで含んでいる。

そのような改憲草案であるから憲法24条の家族に関する法律の基本原理も、現行のものとは大きく転換を図るような内容となっている。

すなわち現行憲法24条は、「①婚姻は、両性の合意のみに基づいて成立し、夫婦が同等の権利を有することを基本として、相互の協力により、維持されなければならない。②配偶者の選択、財産権、相続、住居の選定、離婚並びに婚姻及び家族に関するその他の事項に関しては、法律は、個人の尊厳と両性の本質的平等に立脚して、制定されなければならない。」とされているのに対して、改憲草案では「①家族は、社会の自然かつ基礎的な単位として、尊重される。家族は、互いに助け合わなければならない。②婚姻は、両性の合意に基づいて成立し、夫婦が同等の権利を有することを基本として、相互の協力により、維持されなければならない。③家族、扶養、後見、婚姻及び離婚、財産権、相続並びに親族に関するその他の事項に関しては、法律は、個人の尊厳と両性の本質的平等に立脚して、制定されなければならない。」とされており、とくに１項で家族の性格規定として「社会の自然かつ基礎的な単位」であることが定められ、その中で家族の相互扶助義務をうたっている。

しかし、どんな家族が「自然」であるのかは自明ではない。他方、第２項では婚姻の成立要件として、両性の合意から「のみ」が削除され、他の要素がそこに介入する余地を認めている。さらに、第３項では現行の２項を基本的に維持しつつ家族に関する法律の基本原理として「個人の尊厳と両性の本質的平等」もうたわれている。だとすれば、ここで想定される「自然」な家族と「個人の尊厳と両性の本質的平等」に立脚した家族とが矛盾なく説明できなければならないのであろうが、果たしてそうであるのか疑問なしではない。あわせて草案前文３段落では、「日本国民は、国と郷土に誇りと気概を持って自ら守り、基本的人権を尊重するとともに、和を尊び、家族や社会全体が互いに助け合って国家を形成する。」とされ、家族については「和を尊び」と国家と家族との相似性によって、戦前の家制度に基づく家族像が透けて見える。

1　これまでの憲法24条をめぐる議論

改憲草案においても、現行憲法においても、少なくとも「両性の本質的平等」「個人の尊厳」にもとづいて家族関係法が作られなければならないとされている。しかし、憲法24条をめぐる議論は、この間、専ら「両性の合意のみ」であったり、「両性の本質的平等」に利点が置かれてきたといった良い。それは、たとえば憲法の講義で24条がもっぱら14条の延長線上に連続して扱われるということにも表れているようにも思う。

また、実際の裁判でも、「夫婦同氏強制」「女性のみに再婚禁止期間が設けられていること」「母親からの嫡出否認の訴え」などであり、また、14条との関係では「尊属殺重罰規定」「非嫡出子相続差別」などであった。[(2)]

これらはいずれも夫婦、あるいは親子の身分にかかわる問題であり、具体的な当事者間の法律に基づく働きかけ（行為）が対象にされた場合にも、憲法の視点から取り上げられることは少なかったように思われる。つまり、13条とのつながりが重視される「個人の尊厳」は十分には扱われてこなかったように思われる。

本稿では、子どもの権利とりわけ自己決定との関係で、子どもの意思、意見をどのように斟酌し、重視するのか、それが子どもの最善に利益に適合するのかを考えることを主題としている。(3)

このような問題意識もって、「個人の尊厳」の視点から、親子関係の法律がどのように定められているのかについて、親権法制をみてみたい。戦前とは異なり夫婦共同親権となっており（ただし離婚した場合に単独親権となることについては別途考察が必要である）、一般的に親権法制そのものが憲法に違反するとされることはないが、その解釈・運用のレベルでは憲法24条の視点から、少なくとも憲法の趣旨に反する親権行使あるいは親権を口実にした子どもの権利が侵害されていると思われる場合が見受けられる。また近年の国際人権法の観点からも問題となる場面があるように思う。とくに子どもの権利とのかかわりでは、この「個人の尊厳」は子どもの自己決定あるいは子どもの権利条約で言う意見表明権（12条）とそれを適切に考慮される権利が、家族法解釈にも当然取り込まれなければならない（後述３．１）。他方で、後述するように日本の裁判所はそれに消極的であるということも否めない。

以下では、子どもの自己決定と成長発達段階と結び付けながら、どのように理解すべきかを考えてみたい。

2　成長発達と子どもの自己決定

かつて筆者は、フランスの哲学者アラン・ルノー（Alain Renaut）の著書を紹介する形で、子どもの権利を保護と自律との関係で議論したことがある。(4) ルノーによれば、子どもの権利を考える場合に、全く自己決定を認めない「保護」と成人と同様に扱う「解放」とを両極に置き、どちらも排除したうえで、子どもは成長発達段階にあり、その発達段階に合わせて、保護から解放へ段階的に向かっていくべきであるとされる。ここでいう解放とは、保護からの解放であり、それは自己決定とそれに基づく何らかの行為を行うことを認めるということである。それぞれの経験値が上がり、一定の合理的判断が可能となっていくということを前提にする。新生児は保護が限りなく100パーセントでなければならないが、その後の成長発達にしたがって、その100は漸減していくことになる。その現象は、全般的に平準化しながらではなく、具体的な領域で判断されるべきであろうし、また、それは、場合によっては誤った判断を下すこともあるが、失敗を繰り返しながら成長していくという面も否定されるべきではなく、かえって、それが成長発達を促すという側面もあるだろう。

これを親権行使との関係で若干敷衍すれば、保護からの段階的解放は、親権を段階的に弱めることとなり、親権行使が正当に行われるか否かは、子どもを段階的に解放するものとして行われたか否かが当不当あるいは違法合法の判断基準となるであろう。したがって、親権行使であっても、場合によっては当該親権行使が親権の濫用と評価されることもあるだろうし、あるいはそう評価すべき場合もある。

同様に、親の権利を漸進的に減少させることの要否を、ドイツ法をもとに議論したのは横田公平である(5)。

横田は、親権のうち親の権利の部分が、成年に達する前の段階でも、減少していくという減少説を日本の民法へ適用できるか否かを問う。「民法などの法律で規定された成年年齢以下での親の権利の（部分的）消滅を観念できるか」「『子どものため』と称して過度にパターなりスティックに子どもの自由が制限されることが少なくないことは一般によく知られるところであるから、そのような問題の所在を明確にし、子どもの自由に関係して減少説の可能性を検証してみる意義があるように思われる(6)」との問題意識を提示する。

しかし、法の枠内で個別に終了させることが可能とすれば裁判所によって、減少させることを認めさせることになることから、「『成年年齢前の親権の個別的終了』に対しては、個別的終了を判断する裁判所による過度の国家介入との批判もありえようが、ドイツ法のように親権の個別的終了の基準となる「子どもの保護及び教育の必要」について「親の決定の余地」が認められるのであればその限りで親の判断が優先されよう。……なお、親権の個別的終了の場合に限らず一般に子どもの自律的決定を認めるべきか否かを問うにあたっては、子どもが自律的決定をなしうる能力を有しているか、ではなく、子どもの自律的決定を制限すること（教育上の必要などの理由によって）が正当化されるかが問題とされるべきである。[(7)]」と言う。

身分関係から親と子の関係を律するのではなく、個別に対応すべきとならざるを得ない。「仮に実態法的な観点から子どもを守る必要があるとの立場に立つとしても、『家族（の自律）』ではなく『親の包括的責任』によって、子どもと親の関係を個人単位で論ずるべきではないだろうか。……包括的責任とはいっても子どもが成年年齢に達すれば消滅するものである。」つまり、漸進的にゼロになっていくことを前提に、「減少説を完全に否定するのではなく、むしろその理論構成の枠内で、子どもの自由を制限する必要性の判断に際して考慮すべき観点として位置づけることを考えるべきである。[(8)]」と主張する。

そして、日本の親権法制を考えるにあたっても、「『親権』の内容として親が子どもとの関係で最終的決定権限を有する子とは認められていると考えてよいだろう。少なくとも「法的代理」が認められる限りにおいて親の決定権限を否定することはできない。この点を憲法上の『親の権利』論にも反映させるとすれば、親の最終的決定権限による子どもという他者の自由の制約という点において『親の権利』は他の憲法上の権利と本質的に異なるものとして理解されることとなろう。しかし、従来の憲法学においては、このような「親の権利」理解に対して消極的な立場がとられていた。[(9)]」親の権利が憲法上の権利であるとすれば、その権利行使の対象である子どもはそれに従う義務が生じることになるが、そのような権利を憲法が親に保障しているとは考えられない。

そして、従来の親権議論において、「親権の法的性質をめぐっては、権利か義務かといった形で議論が展開され、そのような抽象的な問いの下で様々に異なる視点からの見解が互いの視点の違いにもかかわらず（ときには国家に対する公法上の義務まで含め）同一次元で議論されたため、議論が錯綜することとなったと考えられる。これに対し、憲法理論、民法理論の枠を超え、様々な視点の違いを明確に整理し直した上で、「親の権利」あるいは「親権」をめぐるそれぞれの視点ごとに考察するならば、従来の議論状況を乗り越え、理論的解明に向けて一歩前進するのではないかと考える。[(10)]」本稿の筆者も基本的にはこの視点から、親権を議論する必要があると考える。その際に、人間の尊厳としての子どもの自己決定という観点が不可欠であろう。

判例では、親権から離脱させることを告知したことが脅迫罪にあたるのかが争われた事件で、「未成年といっても、満一八歳に達した大学生ともなれば、自己の行動に対する意思決定の自由は、相当程度尊重されるべきであって、同人が、自己の自由な意思により、あえて親権による保護から離脱して特定の人物又は政治的集団と行動を共にすることを希望しているときは、右意思決定に対する親権の介入を相当ならしめる特段の自由の損しない限り、第三者が、右未成年を親権による保護関係から離脱させたからといって、同人の自由を侵害したことにはならないと解すべき」とするものがある。[(11)]

3　親権行使における親の意思と子どもの意思

親権のうち居所指定権の行使を例にして、親の意思と子どもの意思との関係、すなわちどちらが優先させられるのかを素材として論じてみたい。[(12)]

そこで、まずは日本も批准している子どもの権利条約（児童の権利に関する条約）のもとでの親権制度はどうあるべきかを明らかにしたい。結論をあらかじめ示しておけば、子の意思が正当に考慮された親権行使でなければならない、したがって、親の意思よりも子の意思が優先的に考慮されるべきである。ただし、子の意思をすべて認めるのではなく、子の成長発達に悪影響を与えるであろう子の意思に基づく活動について、親の意思が優先する場合がある。

3．1　子どもの権利条約と親権

1989年の国連総会で採択され、1994年に日本も批准・承認した「児童の権利に関する条約」（平成6年5月16日条約第2号）（以下、子どもの権利条約、という。）は、従来の子ども観を転換し、子どもを保護の対象から権利の主体として明確にしたという点において、画期的なものであった。そこでは18歳未満のすべての子どもを権利の主体として位置づけ、親をはじめ、国内各機関（立法、行政、司法、自治体など）が、そのことを自覚したうえで、子どもを位置づけなおす契機となった。

日本政府は、この条約の実施のために特別な立法措置を講じることはしなかったが、しかし、憲法98条の定める「日本国が締結した条約及び確立された国際法規は、これを誠実に遵守することを必要とする」ことから、この条約を誠実に国内において実施することを義務付けられているといってよい。また、学説上も、国際条約は、憲法の下位に位置付くが、法律には優先するという法律に対する国際法優位の原則が、憲法学における通説とされることから、この条約の批准・承認に伴い何等の法制定や改正が行われなかったとして、この条約に違反する法律以下の法規範はその効力を持たないこととなる。また、国際条約が直接には国内的効力（自動執行性）を持たないとしても、国際条約は、国内法の解釈基準としては参照されなければならない。したがって、行政機関が従来の法の適用にあたって法解釈を施すとしても、子どもの権利条約の趣旨を踏まえた解釈を行ったうえで適用しなければならないことは明らかである。もちろん、司法機関である裁判所においても同様である。

子どもの権利条約の基本原理は、「児童の権利に関するすべての措置をとるにあたっては、公的若しくは私的な社会福祉施設、裁判所、行政当局又は立法機関のいずれによって行われるものであっても、児童の最善の利益が主として考慮されるものとする」（第3条1項）ことに示されるように、子どもの最善の利益が優先するということである。先に指摘した、裁判所によってもこのことは例外ではないこともここでは示されている。

このことを前提にして、日本における親権法制をどのように考えるべきかをみておこう。

3．1．1　成長発達段階に応じた自己決定権を内包する子どもの権利

子どもの権利条約は、子どもを権利主体として位置づけているが、それはどのようなことを意味するのであろうか。権利主体であるから、自己以外の他者による決定をそのまま受け入れなければならないという存在ではない。他方、子どもは権利主体だからといって、すべての判断を子どもにゆだね、それを他者は受け入れなければならないというものでもない。とりわけ後者では、子どもを子どもとして位置づけることに意味がなくなってしまう。これらの意見は極端であって、いずれの意見も排除されるべきである(13)。

子ども自身が自己決定し、それを実際の行動に移すことができることを権利であると仮定すれば、生まれたばかりの乳児と18歳に限りなく近い高校生が同じように扱われることはあまりに非現実的であることは明らかである。そのため、子どもの権利行使にかかわっては、その成長発達段階に応じた自己決定を認めていくことがなにより重要な視点となる。仮に、段階を踏まずに自己決定を18歳になった瞬間にすべて認めることになれば、それ自身が、本人にとって極めて不利益となることも明らかである。段階を踏むということは、成長発達の過程の中で、様々な事柄を知識として、あるいは経験として積み重ねていき、その積み重ねが厚くなるということである。その過程では、場合によっては自己決定させることによって失敗することもあるかもしれないが、その失敗をすることも権利であると考える必要がある。そのことはすでに、刑事責任年齢や少年法、民事責任能力などによって法制度化されている。

3．1．2　子どもの利益を優先的に

子どもの自己決定は場合によっては子ども自身にとって不利益になることもあるだろう。しかし、この段階を踏まえないと適切な成長発達を遂げるこ

とは困難である。ところが、何が不利益になるのか、どのような不利益になるのかについての判断は、子ども自身が十分にできるわけではないというジレンマを抱える。そこで、一般的には、それを大人の側で判断することにならざるを得ない。

このような矛盾を抱えているので、子どもの権利条約は、「子どもの最善の利益」が主として考慮されることを明示している。これは、大人の都合で勝手に決めていいと言っているわけではなく、あくまで子どもの視点を重視することを明文化したものということができる。つまり、子どもの成長発達段階を正当に評価し、そのもとで子どもの成長発達権をよりよく保障するためにのみ親を含む大人が決めることを認めたものである。

３．１．３　第一義的に親の義務であるということ

その大人の中で、だれが判断するのかの原則として、子どもの権利条約は「締約国は、児童がこの条約において認められる権利を行使するに当たり、父母、……法定保護者または児童について法的に責任を有する他の者がその児童の発達しつつある能力に適合する方法で適当な指示及び指導を与える責任、権利及び義務を尊重する。」（５条）、「締約国は、児童の養育及び発達について父母が共同の責任を有するという原則についての認識を確保するために最善の努力を払う。父母又は場合により法定保護者は、児童の養育及び発達についての第一義的な責任を有する。児童の最善の利益は、これらの者の基本的な関心事項となるものとする。」（18条）として、親が第一義的に責任を負うことを明記している。

このことは、親に子に対する何らかの支配権を保障したものではなく、子どもの発達保障に責任を負うのは第一義的には親であって、国や自治体はそれを行使できるよう条件整備を行うことを義務付けるものである。

３．１．４　義務履行は親のためではなく、子どもの権利の観点から

子どもの権利条約は、親の子への関与にかかわって、第一義的責任を負う

こととされていることに見られるように、成長発達を保障するについての法的責任を負うものとして位置づけている（3条2項、5条など）。

したがって、親は子の成長発達に責任を負うものであって、親のためにその責任を果たすものではない。したがって、3．2でみるように、親権の性格も、子どもの権利条約の原理をその解釈にあたっては考慮しなければならない。子に対する親の権利といった性格は、もはや否定されるべきである。

3．1．5　子どもの意思はどう評価されるか

成長発達段階に応じた子どもの自己決定が尊重されるべきであることは先に述べたが、子どもの権利条約はそのことをどのように表しているのであろうか。それは、どのように行動するかの決定にあたって、子どもが持っている意見をどのように評価するかにかかわる。

子どもの条約によれば、子どもの意見については、「締約国は、自己の意見を形成する能力のある児童がその児童に影響を及ぼすすべての事項について自由に自己の意見を表明する権利を確保する。この場合において、児童の意見は、その児童の年齢及び成熟度に従って相応に考慮されるものとする。」（12条）とされ、意見を表明するだけではなく、年齢や成熟度に従って「相応に考慮される」ことを求めている。ここで「相応に考慮される」とは、意見を言わせればいいのではなく、その意見を、年齢等を考慮したうえで、尊重すべきことを意味する。「年齢や成熟度に従って」といっているのは、18歳（成年）となれば完全に自己責任で決定し、実行することが可能になることから、漸進的に自己決定を尊重するように求めたものである。したがって、一般的には年齢が上がるに従って、その意見は尊重される度合いが強くならなければならない。その意見を、受け入れないのは、明らかに子どもの成長発達にとって悪影響がある場合に限られるべきである。

3．2　民法上の親権の性格

以上、子どもの権利条約について、親と子との関係を中心に本件に必要な

限りで検討してきた。そこで、本節では、日本の家族法制における親権の位置づけを見ておきたい。

民法はその818条以下で、「親権」について定める。

親権の効力について820条は、「親権を行う者は、子の利益のために子の監護及び教育をする権利を有し、義務を負う。」と定める。「親権」は、親「権」という文言のゆえに、親の子に対する権利であるかのように理解されてきた。また「権利を有し、義務を負う」との規定が、権利の性格と義務の性格を両方負っているように理解されている。

民法学者の指摘によれば、親権が義務的な性格が強いものであることは、明治民法時代から指摘されてきたとされる。したがって、親権は権利であるよりも義務の性格を主に持っていると理解されてきた。しかし、親権は、他者との関係で権利であるという側面を持つ。「親権者が他の者を排除して看護教育する任にあたり得るという意味では権利性は否定できない」(我妻)、「子自身に対する権利の側面も見逃すべきではない」(新版注釈)といった説明がなされてきた。

これに対して、親権は権利ではなく義務にほかならず、本条の解釈からそのことを導き出すことができるという見解もある。[(14)] 米倉明によれば、「親権は子(受益者)の利益のためにのみ行使されなければならない」のだから、「親権はその名称に反して義務であり、親権者は義務者であり、反面において子は権利者というべきであ」る。親権はその不行使や譲渡は認められないのであるから、「権利」と呼ぶのは不適当である。「本来なら削除されるべき前代の遺物がなお跡をとどめているにすぎ」ない。820条は「親権の義務性のみを宣言していると解すべきである」。

このように、親権が親の権利としての性格よりも親の子に対する義務と解するのが今日では通説である。さらに、親権の行使は「子の最善の利益」のために行使されるべきであることは子どもの権利条約から導き出されるが、2011(平成23)年の民法改正で「子の利益のために」との文言が挿入されたことは、親義務としての親権の性格を明らかにしているといってよい。

したがって、親権行使は、「子の利益のため」「子の最善の利益」のために行使されなければならないこととなる。親権行使の正当性は、この視点から評価されなければならない。また、子どもの権利条約12条の趣旨を含めて解釈すれば、親権行使が正当なものであるためには、子どもの意見が正当に考慮されたものであるのか、それは年齢や成長発達の段階を考慮した考慮なのかが具体的に評価されるべきである。

3．3　居所指定権と子どもの成長発達

監護教育を効果的に行うために、親権の一類型として居所指定権が定められている。どこを居所に指定するかは親権者の自由裁量に委ねられていると解されている。ところで、ここでいう「居所」とは、多少の期間、事実上継続して住居する場所であって、法律関係を規律する標準となる「住所」とは区別されると解されている。居所指定権によって、子はこれに従う法的な義務を負う。もちろん子の成長発達に悪影響が及ぼされるような居所を指定した場合には、それ自体が親権濫用の評価を受けることとなるであろう。

居所指定権は、意思能力がある子の場合にしか問題とされない。つまり、指定された居所以外に居住している場合に居所指定権の侵害があったことになる可能性が生まれるが、自由な意思に基づいて居住している場合には、第三者による親権の侵害はないことになる。自由な意思に基づく場合に、親権行使はどのようにできるのかについて、自力救済的な手段が許されるかについては見解が分かれている。一般的には、「社会通念上認容される方法及び程度において実力を持って強制的に子を指定場所に連行できるとする見解」「懲戒権に基づき適当な懲戒手段を用いることができるとする見解」「親の慈愛によって説得するがやむを得ないときは扶養を停止するような間接的な方法で強制できるとする見解」がある(15)。判決により強制できるかについても、「勝訴判決に基づく直接強制を認める見解」「直接強制は認められないが間接強制は許されるとする見解」「子が指定に従わなくとも何等の制裁もなく、指定を強制する手段もないとする見解(16)」がある。

判例によれば、「是非を弁別するに十分な意思能力を有する子が、その自由意思に基づき居所を選定した場合には、親権者はそのこと同居し又はこれを養育するものに対し、その引渡しを請求することはできない」とするものがある(17)。

それでは、子どもの権利条約との関係では、どのように理解すればいいのだろうか。第一に、仮に子どもに親の指定を強制することができるとした場合、確かに第一義的には親の判断が優越するように見えるかもしれない。しかし、この親の第一義的判断は、第三者に対するものにすぎず、したがって、子との関係では、必ずしも優先するものではない。だとすれば、基本原理に立ち返って、強制が子の成長発達に悪影響を及ぼすか否かが判断基準となる。つまり、強制によって得られる利益と、失われる利益を考慮せざるを得ない。子ども本人の意思に反しても得られる利益があるのか、逆に強制によって、その後の子どもの成長発達に悪影響が及ぼされるのではないかという点が考慮されなければならないであろう。

3.4　青少年保護条例と子どもの権利、親権

各都道府県で制定されている「青少年条例」の中に、未成年者の深夜外出制限規定がある。たとえば埼玉県青少年健全育成条例は1983（昭和58）年に制定されたものであるが、その目的は「青少年の健全な成長を阻害する恐れのある行為を防止し、もって青少年の健全な育成を図ること」とされる（1条)。この条例には条例の解釈適用にあたって「青少年の健全な育成を図るためにのみ適用するものであって、これを拡張解釈し、県民の自由と権利を不当に制限するようなことがあってはならない」と注意が喚起されている。これは、育成対象である青少年（18歳未満、子ども）についても例外ではなく、子どもの自由と権利を不当に制限することがあってはならない。つまり、子どもの権利主体性を認める子どもの権利条約の趣旨に反するような解釈が行われてはならないことを意味する。

したがって、子どもの行動を規制するにあたっても、成長発達段階を無視

し、形式的に一律に適用することには抑制的であるべきである。

そのことを踏まえ、深夜に外出させる行為の制限（21条）をみると、「保護者は深夜に青少年を外出させないように努めなければならない」（１項）とあり、外出制限については発達段階に即した対応を求めることが可能な条文構成となっているように見える。他方、「保護者以外の者は、保護者の委託を受けず、又は承諾を得ないで、深夜に青少年を外出させてはならない」との規定は、一義的に禁止しているようにも見えるが、「承諾を得ないで」については、親は正当な理由がなければ「承諾しなければならない」との解釈も可能である。つまり、正当な理由があれば承諾しないことができると解すべきである。これは、子どもの意見を考慮すべきことから導き出されることである。だからといって、子どもからの申し込みにすべてこたえることが義務付けられるわけではなく、一方的に拒否するのではなく親子間での話し合いによって外出の可否を判断すればいい。拒否した結果については、拒否した側がそこから生じる問題への応対責任があることになる。もちろん承諾した場合には、親としての一般的な法的責任を負うことは言うまでもない。

３．５　子の意思・親の意思と第三者

３．５．１　親権（居所指定権）との関係で

未成年の子（少女）が第三者（甲）の家に宿泊したいという意思を持っているが、親権者はそれに反対したにもかかわらず、本人の意思で甲の家に宿泊した（甲もそれを受け入れた）場合に、甲は親権侵害あるいは青少年条例（夜間外出制限）違反などの非違行為があったということができるか。なお、甲は教師であるが、少女と同一の学校ではない。

先に見たように、居所指定権を侵害しているか否か、が法的には問題となり得るが、第一に居所指定権は、一定の継続性を有する場所で居住することを意味するので、居所指定権は侵害したことにはならない。仮に、居所指定権に反しているとするならば、それを侵害しているのは子である。しかし、その意思で成年者である甲の家に宿泊したのであるから、甲は居所指定権を

侵害しているとは言えない。たしかに、民法上、子は親の指定した居所（通常は住所地）に居住することを強制され、それに従わなければならないので、甲は、その教師という職業からその子に対して、帰宅を促していた。それにもかかわらず、本人の意思でもって宿泊したのであるから甲に法的責任を負わせることはできないであろう。

さらに、その少女の真摯さと甲の対応は、15歳という婚姻適齢にごく接近した年齢であることから、成長発達段階としては、かなり大人と近いということができ、適切にその意見を考慮すれば、親の意見が絶対的ということはできない。また、甲は、ここで帰宅させることがかえって親子関係の悪化など少女に悪影響を及ぼし得ることを考慮したこと、また、いわゆる性的な関係を持っていないことなどを考慮すれば、甲の責任とすることはできないように思う。

３．５．２　青少年条例との関係で

埼玉県条例は、外出させることを禁止したものであって、居所から出ることを禁じたものではない。また、先述したように、保護者（親）は外出を許可しないことについて、自由裁量であるとは言えない。親の意に反して、被控訴人の家に宿泊した行為は、外見上、条例21条に違反したように見えるが、被控訴人が親の許可を取ることを求めたにもかかわらず、そうすれば反対されるとした少女の意思を最終的には尊重して、親の意向を確認しないまま少女を泊めたが、それは甲の意思で外出させたというよりは少女の自由意思での宿泊であり、条例が禁止する外出と考えることはできない。

しかし、甲が教師であることから、一般的な感情として、批判されるべき行動であったといわれるとすれば、批判されるのは少女を説得しきれなかったことでしかないであろう。教師であっても、本件では「教師─生徒」関係ではなく、立場を利用したものでもない。少なくとも二人の間の交際は真摯なものであったと認定されている。事件後、二人は引き離され、さらに少女の親子関係に悪影響を与えたであろうことは想像に難くない。それをふくめ

て子どもの最善利益が考慮されるべきである。

おわりに

子どもの権利条約の特徴的な条項として意見表明権が挙げられる。これは親権行使とのかかわりでは、子どもの意思を親が十分考慮し、場合によっては子どもの意思を優先させることもあるということをその内容としているものである。もちろん、子ども判断を一切優先しなければならないというわけではなく、それが子どもの最善の利益に合致していることが前提となる。しかし、その判断を親が専権的に行い、それに子どもが従属させられることになるとすれば、子どもの意思は正当に考慮されないこととなってしまう。子どもであっても一人の独立した人格であって、その尊厳が守られなければならない、つまり個人の尊厳（憲法24条）にもとづいた親権行使のありようが憲法論として語られなければならないであろう。

（1）自由民主党HP
（2）最近のものとして中里見博・能川元一・打越さく良・立石直子・笹沼弘志・清末愛砂『右派はなぜ家族に介入したがるのか　憲法24条と９条』（2018年、大月書店）など。近年では、人工授精など生殖医療技術の進展に伴う親子関係についての議論も進んでいる（たとえば丹羽徹編『子どもと法』（2016年、法律文化社、花元彩執筆）など）。
（3）筆者がかつて親権法制について、とりわけ親権濫用と子どもの人権との関係を論じたものとして、丹羽徹「子どもの人権と親権の関係—憲法学と家族法学の一接点」法政論集134号（1990年）489-519頁、丹羽徹「家族と個人の尊厳（１）（２）—続・憲法学と家族法学の一接点」部落問題研究135輯（1996年）66-78頁、137輯（同年）72-84頁。
（4）Alain Renaut, LA LIBERATION DES ENFANTS-Contribution philosophique a une histoire de l'enfance, Bayard, 2002. 丹羽徹「子どもの「人権」をめぐって—憲法学の視点から」日仏教育学会年報10号（2004年）25-40頁。
（5）横田公平・子ども法の基本構造（2010年、信山社）。
（6）前掲・611頁。
（7）前掲・613頁。
（8）前掲・623頁。
（9）前掲・631頁。

(10) 前掲・633-634頁。

(11) 大阪高判1987年9月18日LEX/DB29804489。

(12) なお、以下の記述は、親の意思に反して、子どもが自宅以外にに宿泊したことが、親権の侵害となるとともに、青少年条例（未成年は親の許可なく深夜の外出を禁止する規定）に違反するものとなり、その結果、宿泊させた成人が不利益を被ることの違法性を争った裁判で、その控訴審で高等裁判所に提出した意見書をもとにしている。

(13) 丹羽徹・前掲2004。

(14) 米倉明「親権概念の転換の必要性—親権は権利なのか義務なのか—」星野英一＝森嶋昭夫編『現代社会と民法額の動向（下）』（1992年、有斐閣）359頁以下。

(15) 能美善久＝加藤慎太郎『論点体系民法判例９親族（第２版）』（2013年、第一法規、許末恵執筆）405頁。

(16) 前掲。

(17) 大判1938（昭13）年３月９日民集17巻378号。

現代人権における〈教育と公教育〉観の再検討
—国旗・国歌訴訟の〈裁判過程〉を中心にして—

宮　盛　邦　友

はじめに

教育法学の到達点にかかわって、教育の自由論派である市川須美子が、「最高裁学テ判決の教育人権による教育権力の制約の法理は、決して古びていない[1]」と主張するのに対して、主権者教育権論派である荒牧重人は、「旭川学力テスト事件最高裁大法廷判決（1976年）以降、憲法26条論をはじめとする教育への権利論に十分な進展が見られない[2]」と主張している。これらは、一見すると、学力テスト最高裁判決の評価をめぐって、理論的な対立があるように見えるが、法事実・教育実践との関係で、その前提たる教育を人権としてとらえる法規範が揺らいでいる、という危機意識を共有している。

植野妙実子は、基本的人権の一つである「教育を受ける権利」を規定する日本国憲法26条について、「教育を受ける権利が社会権の中に位置づけられるのは、教育を受けることがなければ、労働の機会も狭められ、その能力が社会に活用される機会ももとより失われてしまう。そうしたことから、教育は国家の責任であるとして、二六条二項に、義務教育の無償もあげられている。したがって、公教育制度の維持が国家には課せられ、〔中略〕教育条件の充実が国家に要求される」と法解釈した上で、「教育内容につき、国家が関与すべきか否かが、教育の自由の問題として争われている[3]」、という争点を指摘している。これは、立憲主義の立場から、教育を受ける権利を基本的人権としてとらえた上で、統治機構である国家の公教育における位置がその論争となっている、と指摘している。すなわち、教育法学的に言えば「公教育」観を、教育学的に言えば「教育と公教育」観を問いなおす必要性が、憲法学より問題提起されているのである。「公教育」の定義をめぐっては、堀尾輝久による、「公費によってまかなわれ公的関与のもとにおかれた教育を公教育とよぶのが一般的用法として定着している」が、「その範囲については、歴史的にも変遷があり、その解釈にも対立があって、一義的に定義づけることは困難である[(4)]」という説明からも分かるように、「教育と公教育」観は、理論的・実践的につねに問いなおされる必要がある、難問の一つなのである。

ところで、現代日本社会において「教育と公教育」観を根本において問う教育裁判として、「国旗・国歌（日の丸・君が代）訴訟」がある。国旗・国歌訴訟は、植野によって、「教育現場での日の丸・君が代の国旗掲揚・国歌斉唱の強要が実際に行われ、学習指導要領による教師に対する厳しい統制が行われるなど、教育現場の自由の根幹は揺らいでいる[(5)]」という問題が指摘されているような、憲法的課題である。この国旗・国歌訴訟の特徴としては、市川が、「第１に、不起立による懲戒処分を事後的に争うのではなく、職務命令による強制が行われる前に、その違法・無効を主張して争う事前訴訟である予防訴訟（国歌斉唱義務不存在確認訴訟）が提起された」、「第２に、〔中略〕憲法訴訟としては思想・良心の自由を主争点に争われていたこれまでの日の丸・君が代裁判に対し、〔中略〕教育の自由侵害と『不当な支配』の禁止をもう一つの主争点として提起した」、「第３に、〔中略〕従来の教員組合主導型の教育裁判ではなく、強制反対の１点で結集した教師個々人が協同して形成した集団訴訟である[(6)]」、という三点を指摘している。この特徴を、戦後日本教育裁判史の中に位置づけてみると、かつて、今橋盛勝が、1970年代以前の教育裁判は「第一の教育法関係（国・自治体、教育行政機関・学校、教員、社会教育職員という教育関係諸機関内部の権能・権限と責任・義務をめぐる法関係）」が主であったが、1980年代以降のそれは「第二の教育法関係（国・自治体、教育行政機関、教育機関と子ども・生徒・学生・父母・住民・研究者・出版社等との法関係[(7)]）」が主となった、という趣旨の枠組みを提示したことがあるが、この指摘からすれば、日の丸・君が代を国旗・国歌として社会科・音楽・特別活動に明確な規定がされた1989年の学習指導要領の改訂以降、および、1999年施行の国旗および国歌に関する法律以降の国旗・国歌訴訟に関する教育裁判は、日の丸・君が代の強制に関する違憲・違法をめぐって、一人ひとりの個人の差異を大事にしながらも集団訴訟に取り組むことで、国家のあり方を問うているのであり、第一の教育法関係や第二の教育法関係とはその性格を異にしている。これを、今橋になぞらえれば、「第三の教育法関係[(8)]」と呼ぶことができ、現代の教育裁判は、第三の教育法関係に移行している、と言うことができるのである。

このような国旗・国歌訴訟の中でもその中心をなしているのが、「国歌斉唱義務不存在確認等請求事件（いわゆる、予防訴訟)」である。予防訴訟は、2006年９月21日に東京地裁判決、2011年１月28日に東京高裁判決、2012年２月９日に最高裁判決が出ているが、その間、君が代ピアノ伴奏拒否事件をはじめとする同様の他の訴訟の最高裁判決が合計14本も出されている[(9)]。しかし、予防訴訟や一連の国旗・国歌訴訟は、その重要性に比して、総括的な著作が、残念ながら、出版されていない。本格的な総括は、憲法学者を中心として取り組まれることが期待されるが、本論文では、その前提をなす教育学的研究として、判例研究に対する「裁判過程研究」を探求したい。裁判過程研究とは、さしあたって、小川正人が、「ある施策がどのような主体（アクター）間の政治力学でどういうプロセスを経て決定されているか[(10)]」と説明している「政策過程研究」の応用として理解するが、あらためて言いなおせば、ある判決をめぐって、原告・被告、その支援者、あるいは、世論などの主体間の政治力学で、他の判決などを含めて、どういうプロセスを経て、裁判官によって最終的に判決が出されるのか、に関する研究、ということになる。ただし、教育に関する裁判過程研究では、法事実の解明にとどまらず、法事実から法規範をつくる視野をもっており、子ども・親・教師における人権としての教育という視点が重要であることより、小川利夫が指摘した、「教育とは何か」という問いについて、「原理・歴史的視点」と「実践的理論創造の視点[(11)]」から、どのような統一的・全体構造的な把握が求められるのか、という宮原誠一や勝田守一による「教育」方法論争をその内に含んでおく必要がある。つまり、これまでの教育法学でもって簡潔に言えば、教育法哲学および教育法社会学から導き出される教育条理の観点から、教育権を解明する教育裁判研究に取り組む、ということになる。

こうして、本研究は、全体として、教育裁判の勝訴・敗訴に関わる教育法学理論に着目するのではなく、杉本判決・最高裁学テ判決に続く難波判決を含んだ国旗・国歌訴訟に関する教育裁判の歴史化を通して、新たな教育法学理論の構築を目指そうとする、そのラフ・スケッチである。

かくして、本論文では、国旗・国歌（日の丸・君が代）に関する予防訴訟の地裁・高裁・最高裁の判決、および、一連の他の最高裁判決についての構造的分析を素描することで、現代人権における「教育と公教育」観の再検討を試みたい。

1　予防訴訟に見る〈教育と公教育〉観

国歌斉唱義務不存在確認等請求訴訟（予防訴訟）とは、2003年10月23日の東京都教育委員会による、「入学式、卒業式等における国旗掲揚及び国歌斉唱の実施について（通達・別紙実施指針）」、いわゆる、10・23通達の違憲・違法をめぐって、これを拒否すれば処分されるであろう東京都の高等学校教員を中心として、「日の丸・君が代」強制反対予防訴訟をすすめる会を結成し、最終的には、原告総数401名と弁護団80名を越える原告たちによって、2004年1月に東京地裁に提訴され、2012年2月に最高裁判決に至った、国旗・国歌に関して事前訴訟でおこなわれた教育裁判である。[(12)]

1．1　地裁・高裁・最高裁の判決

では、予防訴訟の地裁・高裁・最高裁の判決とこれらの問題点を、「教育と公教育」観に絞って、概観していきたい。

東京地裁判決（2006年9月21日：裁判長・難波孝一。通称、「難波判決」[(13)]）は、原告の勝訴である。その内容は、弁護士の澤藤統一郎によれば、「（1）国旗・国歌の強制〔中略〕は、憲法一九条に規定された『思想・良心の自

由』に対する制約にあたる」・「（２）しかし、思想・良心の自由も、〔中略〕公共の福祉に反する場合には、必要かつ最小限度の制約に服さなければならない」・「（３）〔中略〕本件〔中略〕が、必要かつ最小限度の制約として許容されるか。〔中略〕①文科省の学習指導要領の存在は制約許容の根拠となるか。②都教委の『一〇・二三通達』は制約許容の根拠となるか。③校長の職務命令は制約許容の根拠となるか」・「（４）結論として、〔中略〕いずれも、制約許容の根拠とはならない」、である[(14)]。つまり、主要な論点は、憲法19条［思想・良心の自由］の意義、旧・教育基本法第10条（教育行政）から見た学習指導要領、10・23通達、校長の職務命令の違憲性・違法性、である。ただし、学習指導要領そのものの法的拘束力については否定しておらず、学習指導要領が憲法26条を実質的に保障しうるかどうか、ということを教育法学としては問う必要がある。なお、『季刊人間と教育』・『教育』・『法律時報』[(15)]など、いくつもの雑誌が特集を組んでいる。

このように、地裁判決では、「教育と公教育」観について、憲法19条と旧・教基法10条による教師の思想・良心の自由の権利性と公教育における教育行政の責任、という二点を強調している。しかし、結果として、憲法26条［教育を受ける権利］の視点が弱い、という問題点がある。それは、予防訴訟の原告たちが教師であったために、憲法26条よりも19条の方により重点を置いたからではないか、あるいは、原告たちの主張する26条と19条の関係が十分に整理された形で裁判官に伝わらなかったからではないか、と推測される。地裁判決の中において、教師の思想・良心の自由と教育行政の責任を対立させてしまった問題は、高裁判決において、如実に反映されることとなる。

東京高裁判決（2011年１月28日：裁判長・都築弘[(16)]）は、原告の敗訴である。弁護士の加藤文也によって指摘されている主要な論点は、教育行政の教育内容介入に対する憲法26条からの歯止め、「歴史観、世界観、人間観、社会観、教育観あるいは信仰から入学式、卒業式等の式典において、国旗に向かって起立し、国歌を斉唱し、国歌のピアノ伴奏を拒否するところ、それはまさに一つの選択ではあろうが、〔中略〕客観的にはその歴史観等と不可分に結び付くものということはできないというべきである。〔中略〕客観的にみて、〔中略〕これを行う教職員が特定の思想を有するということを外部に表明するような行為であると評価することは困難である。〔中略〕結局、〔中略〕憲法一九条の問題となることはないというべきである」という思想・良心の自由の問題、「地方公務員も、地方公共団体の住民全体の奉仕者としての地位を有するものである。こうした地位の特殊性及び職務の公共性にかんがみ、〔中略〕地方公務員は、全体の奉仕者として公共の利益のために勤務し、かつ、職務の遂行に当たっては全力を挙げてこれに専念しなければならない」という10・23通達の合理性の問題、である(17)。なお、雑誌では、『労働法律旬報』(18)のみが特集を組んでいる。

この高裁判決では、「本通達は、〔中略〕憲法二六条に違反するものとはいえない」という仕方で憲法26条を持ち出し、また、「国旗及び国歌に関する法律制定前に日の丸が我が国の国旗の制式であり、君が代が我が国の国歌（歌詞及び楽曲）であることが慣習法として成立していたと解するのが相当である」という仕方で慣習法を登場させている。ここでも、学習指導要領と憲法26条の関係が問題となっているように見えるが、むしろ、注目すべきは、式典において国旗・国歌を実施する根拠は、国旗・国歌法や学習指導要領ではなく、国民意識に支えられた法律以前に求められている、という点である。憲法で言えば、思想・良心の自由に対しては教育を受ける権利を、教育法的に言えば、実定法に対しては慣習法を、教育裁判で言えば、条理に対して慣習を対置させることで、高裁判決は、教育法学理論を逆手にとった判決の論理をつくったのである。これは、最高裁においても、維持されることとなる。

最高裁判決（2012年2月9日：裁判長・宮川光治(19)）は、原告の敗訴である。加藤によって指摘されている主要な論点は、思想・良心の自由（思想・良心のとらえ方、間接的な制約が許容されるかの判断枠組みの内容と問題点）、教育の自由、である(20)。なお、雑誌では、『労働法律旬報』(21)のみが特集を組んでいる。

この最高裁判決からは、難波判決での憲法学的・教育法学的論点を見出すことはできず、よって、基本的人権論がない、という問題点がある。(ただし、補足意見・反対意見には、いくつかの重要な論点があるが、それは、次節において検討する[22]。)

このように見てくると、大づかみで言えば、地裁判決は基本的人権論を軸として、高裁判決・最高裁判決は統治機構論を軸として、それぞれ論理を展開している。それにともなって、主要な法理も、憲法から行政法へ、と転換があった。このような判決が、教育を人権としてとらえていたか、それとも、教育と切り離された公教育を統治としてとらえていたか、という点、正確に言えば、高裁・最高裁の判決では、「教育と公教育」観を問うことなく、「教育」そのものを「公教育」という統治機構としてとらえていたのではないか、という点を押さえておく必要がある。なぜならば、ここに、教育裁判における「教育と公教育」観を問う必要性があるからである。

1．2　原告・被告の証言・意見書

こうした問題は、原告・被告双方の証言および意見書の中によくあらわれている。では、判決に対して法論理を提供した証言・意見書は、どのような内容なのだろうか。

原告の証言・意見書は、憲法学、教育法学、教育学、教育史、比較教育学、精神医学など、教育と法、および、その近接領域・分野の各専門家によって、地裁８本・高裁２本が、提出されている[23]。例えば、その一人である堀尾輝久は、尋問調書において、「教育を身につけるということは、〔中略〕私的利益に留まるものではない、それは社会的に還元されなければならない、そういう性質のものなんだと。〔中略〕教育というものが子どもの成長発達を保障する、自由な精神発達を保障するというふうに考えますと、それは本来的に国家作用が及ぶべき領域ではないと、そこから自由でなければならないというふうに考えています。〔中略〕教育というのは、そういう意味で公権力が関与すべき領域ではないというふうに考えなければならない[24]」と口述している。堀尾は、教育が個人的なものであると同時に社会的なものであるので公

共性をもっており、国家があるから公共性がつくられるのではない、というように、教育において個人から国家を関係づけている。ただし、堀尾は、公教育という用語を使用していない。

これに対する被告の意見書は、教育法規に関する専門家によって、高裁1本のみが、提出されている[(25)]。菱村幸彦は、「教員が入学式、卒業式における国歌斉唱時に起立・斉唱等を拒否することが許容されるとするのは、公教育における教員の役割を理解しない観念的な思考」であり、「公教育にたずさわる教育公務員は、学校教育法等の法規に定めるところによって、教育を行うことが義務づけられている」ので、「生徒の範となるべき教員が、入学式・卒業式という学校にとって重要な儀式において、生徒の面前で、国歌斉唱時に起立や斉唱を拒否してみせること自体が、まさに非教育的な行為[(26)]」である、と論述している。菱村は、制度としての教育である公教育が存在するから教師が存在するのであり、教師は法に基づく教育行政によって教育をおこなわなければならない、というように、公教育から教育を関係づけている。

このように、原告側は、どちらかと言えば教育の観点を重視し、被告側は、公教育の観点のみを重視しており、その視点でもって、原告は公教育を、被告は教育を、それぞれとらえているのである。つまり、地裁判決は原告の論理を、高裁・最高裁は被告の論理をより重視して採用した、ということになる。ここからは、「教育に法はなじむのか」という教育法哲学的課題を見出すことができる。

その上で、問題となるのは、なぜ、高裁・最高裁が、地裁判決を否定するような仕方で、「教育と公教育」観を問うのを無視した判決を出すことができたのか、というところである[(27)]。

2　最高裁に見られる〈教育と公教育〉観

予防訴訟の地裁判決から最高裁判決の間には、一連の国旗・国歌訴訟に関する最高裁判決が出されているが、それは全部で14本にもなり、これらすべての判決において、原告の敗訴である。このうち、判例集に登載されている判決は８本あるが、そのすべてにおいて、裁判官による補足意見や反対意見が付されているのが、その特徴である。具体的には、懲戒処分取消請求事件（2007年２月27日。いわゆる、君が代ピアノ伴奏拒否事件。以下、①判決）は補足１本・反対１本、再雇用拒否処分取消等請求事件（2011年５月30日。以下、②判決）は補足３本、再雇用拒否損害賠償請求事件（2011年６月６日。以下、③判決）は補足１本・反対１本、懲戒処分取消等請求事件・裁決取消請求事件（2011年６月14日。以下、④判決）は補足３本・反対１本、懲戒処分取消請求事件（2011年６月21日。以下、⑤判決）は補足３本・反対１本、懲戒処分取消等請求事件（2012年１月16日。いわゆる、第１次東京集団訴訟。以下、⑥判決）は補足２本・反対１本、懲戒処分取消等請求事件（2012年１月16日。以下、⑦判決）は補足２本・反対１本、国歌斉唱義務不存在確認等請求事件（予防訴訟）（2012年２月９日。以下、⑧判決）は補足３本・反対１本、というように[(28)]、補足意見・反対意見がつかなかった判決はない。それだけ、国旗・国歌については、これらの最高裁の裁判官の中でも論争的であるし、国民意識も多様である、と言えるのである。

予防訴訟の最高裁判決の中では、これら一連の国旗・国歌訴訟の判決すべてに言及があるが、補足意見・反対意見の中での先例として位置づけられているのが、①判決、③判決、⑥判決と⑦判決であり、これらが予防訴訟の最高裁判決に影響を与えたと思われる[(29)]。

２．１　４つの最高裁判決

では、予防訴訟の最高裁判決の補足意見・反対意見とこれらの問題点を、「教育と公教育」観に絞って、概観していきたい。

補足意見について、櫻井龍子は①・③・⑤・⑦判決に、金築誠志は③判決に、横田尤孝は⑥・⑦判決に、それぞれ言及しており、反対意見について、宮川光治は③・⑥・⑦判決に、言及している。これらは、ともに、憲法19条と関わってである。

これらの中では、「教育の現場でこのような職務命令違反行為と懲戒処分がいたずらに繰り返されることは決して望ましいことではない」（⑧判決・櫻井）・「国旗及び国歌をめぐる職務命令違反行為とそれに対する懲戒処分の応酬という虚しい現実は、本来教育の場にふさわしくない状況であるといわなければならない」（⑧判決・横田）という認識を示して、「教育行政の責任者として、現場の教育担当者として、それぞれがこの問題に真摯に向かい合い、何が子供たちの教育にとって、また子供たちの将来にとって必要かつ適切なことかという視点に立ち、現実に即した解決策を追求していく柔軟かつ建設的な対応が期待される」（⑧判決・櫻井）・「この稔りなき応酬を終息させることは、関係者全ての責務というべきである」（⑧判決・横田）というように、「教育と公教育」観についての意見が書かれている。一見すると、憲法や法律以前に教育がある、という認識を最高裁が示しているように読めるが、教育紛争の解決のために、教師は思想・良心の自由を国家に対して寛容にならなければならない、と読むことができる。つまり、基本的人権論を否定した統治機構論が貫徹されており、一連の最高裁判決は、この論調で書かれている、と理解すべきなのである。[(30)]

一連の最高裁判決では、①判決には8回（実質は8回）、③判決には9回（実質は3回）、④判決には3回（実質は0回）、⑥・⑦判決には各3回（実質は各2回）ほど言及がなされている。これらの補足意見・反対意見の中には、「教育と公教育」観から見た場合のいくつもの重要な論点が含まれている。例えば、職務命令は思想・良心の自由の「間接的制約」に当たるが、それは「必要性・合理性」があり、国歌の斉唱は「儀礼的な所作」である、という論理をつくった②・③・④・⑤判決を検討することは、極めて重要である。[(31)] しかし、決定的な方向性をつくったという意味で、圧倒的に言及がされている①判決に関わっての検討は、避けて通ることができない。

2．2　雑誌での論争

国旗・国歌訴訟において、ジャーナリズムは、国民意識の形成に重要な役割をはたしている。中でも、『世界』（岩波書店）は、憲法学者の西原博史による一連の国旗・国歌訴訟に関する論文を、予防訴訟を除いて、掲載している。[32] その内容は、各判決批判と教育法学・国民の教育権論批判を展開しており、大変に刺激的である。それだけに、国民意識に対する影響は大きい。

その中で、西原の問題点としては、君が代ピアノ伴奏拒否事件最高裁判決を批判する論文において、予防訴訟の難波判決と教育法学・国民の教育権論も批判しているくだりがあり、これがその後の予防訴訟と一連の最高裁判決にある方向づけをした、というのを指摘することができる。では、西原の予防訴訟と教育法学批判は、どのような内容なのだろうか。

西原によると、国旗・国歌訴訟の原告には、「子どもの思想・良心の自由こそ本質だと考える立場」である子ども中心主義と、「思想・良心の自由を口にする運動の中には、ことがらをもっぱら教育の問題と考える立場」である教師中心主義がいる、という。この場合、前者は西原、後者は予防訴訟の原告を指している。教師中心主義は、「子どもの思想・良心の自由に対する保障を何ら組み込めない形になっている」ことから、子ども中心主義としては、「最高裁多数意見を批判する手がかりは、私見では、予防訴訟東京地裁判決の中にではなく、藤田裁判官反対意見の中に求めるべきである[33]」、と西原は立論している。

これに対しては、予防訴訟の原告である永井栄俊・宮村博や証人の堀尾などが反論をおこなっている。[34] その上で、西原が予防訴訟の原告の主張を教師の権利・自由を軸とする国民の教育権論であるとしてなぜ深読みしたのか、「子供の教育を受ける利益の達成」という表現をしている藤田宙靖の反対意見を高く評価してよいか、などの問題点を指摘することができるが、最大の問題は、西原が、教育法学・国民の教育権論を批判するために、予防訴訟の難波判決を持ち出した点である。西原の一連の論文のモチーフは、教師の権利・自由を軸とする国民の教育権論批判にあるが、それそのものに問題があるわけではない。しかし、自身の良心の自由論を浮きだたせるために、子どもの権利と教師の権利・自由を対立的にとらえ、高裁で係争中だった予防訴訟に関する難波判決に問題があるかのように描く必要があったかどうか、という疑問がある。むしろ、本来的にここで問うべきだったのは、教育法学・国民の教育権論における子どもの権利と教師の権利・自由の連関だったのではないだろうか。

こうした西原の主張は、理念としては、子どもの権利を基軸として基本的人権を徹底化しており、積極的に評価されるべきである。しかし、現実においては、結果として、原告の裏返しである被告の主張の統治機構論を擁護してしまい、予防訴訟の高裁判決や一連の最高裁判決に、間接的であれ、大きな影響力をもってしまった、と考えられるのである。

2．3　全国新聞の社説

予防訴訟が提起されてから最高裁判決が出されるまでの間に、各全国新聞社の朝刊において、日の丸・君が代に関連するいくつもの社説・主張が掲載されている。そのうち、国旗・国歌訴訟に関する社説は、朝日新聞が10本のうち6本、読売新聞が7本のうち5本、毎日新聞が6本のうち5本、産経新聞は15本のうち5本、である。

具体的なタイトルを列挙すると、『朝日新聞』は、「『強制は違憲』の重み」（2006年9月22日）・「強制の追認にならないか」（2007年2月28日）・「少数者守る司法はどこへ」（2011年1月29日）・「司法の務め尽くしたか」（2011年6月1日）・「判事の声に耳を澄ます」（2011年6月28日）・「行き過ぎ処分に歯止め」（2012年1月18日）、『読売新聞』は、「認識も論理もおかしな地裁判決」（2006年9月22日）・「『思想・良心』の侵害はなかった」（2007年2月28日）・「起立・斉唱認めた妥当な判決」（2011年1月29日）・「最高裁の『合憲』判断は当然だ」（2011年5月31日）・「最高裁判決で混乱収まるのか」（2012年1月17日）、『毎日新聞』は、「『心の自由』を侵害するな」（2006年9月23日）・「『お墨付き』にしてはいけない」（2007年2月28日）・「現場での運用は柔軟に」（2011年5月31日）・「条例までは不必要だ」（2011年6月2日）・「行き過ぎ処分には警鐘」（2012年1月17日）、『産経新聞』は、「公教育が成り立たぬ判決」（2006年9月22日）・「最高裁判決は当たり前だ」（2007年2月

28日）・「教師は混乱を繰り返すな」（2011年１月29日）・「『合憲』機に指導の徹底を」（2011年６月１日）・「悪質違反は厳しく処分を」（2012年１月17日）、である。

これらの傾向を大づかみで把握すれば、朝日・毎日は教育（人間）を、読売・産経は公教育（国家）を、それぞれ重視している。例えば、読売・産経は、国旗・国歌の強制に焦点を当てつつも、高校野球や国旗・国歌そのものに論点をずらすことで、国旗・国歌の正当性を強調している、と読める。これらが、日本社会における日の丸・君が代および国旗・国歌に関する国民意識に影響を与えていることは、押さえておく必要があるだろう。

3　〈教育と公教育〉の二重性

以上のような予防訴訟をはじめとする国旗・国歌訴訟を通して明らかとなった、教育法学理論とそれにおける「教育と公教育」観の再検討を試みる。

3．1　教育と公教育における基本的人権と統治機構

まずは、教育法学理論である「国民の教育権論」の構造について確認をしておく。(35)

国民の教育権論は、論者によってそれの指す概念が異なるが、予防訴訟において問われた国民の教育権論は、「『教育と公教育』における子ども・親・教師・国家の権利・義務関係」をあらわす概念である。その中で、子ども・親・教師という個人たちの基本的人権を軸とした教育から国家の公教育を把握するのか、それとも、国家の統治機構を軸とした公教育から子ども・親・教師個人の教育を把握するのか、という構造の理解の仕方が問題となっていた。

それを解明する手がかりとして、教師における憲法19条の「思想・良心の自由」を争点とした。思想・良心の自由について、植野は、「今日の民主主義の中で最も大切な権利といわれているのは精神的自由である。中でも、表現の自由は、自由な意見の形成、その表出という点でこれなくしては民主主

義は成立しない。日本国憲法では同時に内心の自由すなわち思想および良心の自由を定めるが、これも表現の自由と同様に重要で、戦争中においては内心さえも統制されていて自由に考えることができなかったことの反省を示す条文である[36]」という法解釈を示している。つまり、植野によれば、思想・良心の自由は民主主義の根幹にかかわる、という点が重要なのである。

こうした国民の教育権論と思想・良心の自由を重ねてとらえるならば、生涯にわたる発達と学習の権利の考え方からすれば、教師が思想・良心の自由を行使することそのものが子どもに対する教育的意味をもっており、子どもの発達・子どもの権利の考え方からすれば、教師との関係において子ども自身が思想・良心の自由を行使することができるようになる、という説明になる。言い換えれば、教師が教師としての・人間としての権利や自由を行使できないということは、子ども自身が権利や自由は無意味なものであるという理解をしかねず、国家は子どもの権利を保障するために教師の権利・自由を保障しなければならない、ということになる。

つまり、国旗・国歌訴訟の前提たる「教育と公教育」観は、「教育と公教育」における直接民主主義と間接民主主義の関係を、根本から問うているのである。

3．2　教育条理における教育実践と教職の専門性

ついで、国民の教育権論から予防訴訟の争点を整理してみる。

組織化された教師のとらえ方については、法学的に言えば、原告は基本的人権を軸とした憲法的把握であるのに対して、被告は統治機構を軸とした行政法的把握であり、教育学的に言えば、原告は教師の人権と責務を内容とする教育者性あるいは労働者性を、被告は教師の職務権限を内容とする公務員性あるいは聖職者性を、それぞれ重視している。よって、原告は教師の教育の自由と思想・良心の自由を肯定し、被告は教師の思想・良心の自由と教育の自由を否定するのである。

このように、教育から公教育を把握する原告と公教育から教育を把握する

被告の論理は、真っ向から対立するのであるが、「教育」と「公教育」の連関の中で、その接点にある「教師」という存在をどう位置づけるのか、という争点は共通している。教師は、法的には、学校教育法を前提とした上で、教育公務員特例法と地方公務員法の間にあることから、教育と狭義の公教育の全体で広義の公教育が構成されるのではないだろうか、と考えられる。同様の理解の仕方は、教育と狭義の教育行政で広義の教育行政を把握する旧・教基法10条にも見られる。そうすると、教育の専門家である教師に対して、教育行政である教育委員会・校長が通達・職務命令を出したことは、公教育としてはたしで妥当だっただろうか、という疑問点が生まれてくる。

このことからすると、教師たちが教育委員会に対して本当に対置すべきだったのは、「教師の論理」でもなく、「子どもの論理」でもなく、「教育そのものの論理」、すなわち、「教育条理」だったのではないだろうか。

教育条理論としての国民の教育権論から、予防訴訟の原告の本来的に採用している論理を説明しなおすと、次のようになる。それは、まずは、基本的人権としての子どもの教育への権利を確認し、それに対する親の義務を位置づける。その上で、教師の権限と責務としての思想・良心の自由と教育の自由の二重性に対して親義務の信託がなされ、これが国家の責任に対して権利として作用する。この場合、教師の思想・良心の自由と教育の自由の関係は、子どもの権利を媒介とすることで、教師の教育の自由を実質化する教師の思想・良心の自由となる。これは、市民の思想・良心の自由とは意味合いが異なり、あえて言えば、教育の思想・良心の自由、となるのである。

そうすると、この論理を支えるのは、法律以前、つまり、入学式・卒業式での国旗掲揚・国歌斉唱に至るまでにおける教育、である。もう少し分かりやすく言えば、教師による日々の教育実践の積み重ねがあったからこそ、予防訴訟が提訴された、という事実なのである。

例えば、子どもの権利の観点からすれば、科学に基づかない教育内容である日の丸・君が代は、子どもの権利としての学習権を侵害する、となるはずであり、また、教科である社会科や音楽で国旗・国歌を学習すると、これは中立ではない特定の価値であることからして、特別活動としての入学式・卒業式で掲揚・斉唱すべきではない、ということになるはずである。こうした教育実践の視点が、「教育かつ公教育」の内実となっているである。

また、教師は、開かれた教職の専門性の観点から、国家を批判的にとらえなければならない。教育の素人である子どもや親が教師に対して教育要求をすることは、大変に重要なのであるが、事柄によっては、子どもや親が何を言おうとも、あるいは、国民意識から来る教育の慣習よりも、教育の専門家である教師による省察と判断が重視されなければならない。こうした教師の視点が、「教育かつ公教育」を形づくるのである。

このようにして見てみれば、予防訴訟は、教師の政治闘争なのではなく、教育そのものを問いなおす闘争だったのであり、その意味において、戦後日本教育裁判史に「教育とは何か」を問題提起した意義は、きわめて大きい。

おわりに

本論文では、予防訴訟を中心とする国旗・国歌訴訟を通して、現代人権における「教育と公教育」観の再検討を試みてきた。「教育と公教育」観は、「子ども」や「学校」ではなく、直接民主主義としての「教育実践と教師」を結節点とした、教育条理としての「教育かつ公教育」として理解するのが鍵である、ということを解明した。

では、なぜ、「教育実践と教師」を問題にしなければならないのか。現代日本において、教師には教育の中立性が求められている。子どもの価値形成に直接的な影響を与えるからである。この中立性の法的根拠となるのが、学習指導要領である。しかし、これは事柄の一側面に過ぎない。子どもたちは、社会におけるおとなたちの反民主主義を目の当たりにして、それこそが正しいという価値観を間接的にもってしまい、これによって、社会は、秩序の崩壊という深刻な事態を招くことになる。そうすると、こういった問題をどのように解決したらよいのだろうか。

「教育かつ公教育」における価値をめぐる問題で中心的な課題となるのは、

「政治教育」と「宗教教育」である。これらを統治機構からではなく基本的人権としてとらえる、すなわち、「政治性・宗教性の教育[37]」としてとらえなおす、ということが、その手がかりになるはずである。これは、歴史的に見た場合には、公教育の原則の一つである、教育の世俗性laïcitéと深く関わっており、法的に見た場合には、旧・教基法８条（政治教育）・９条（宗教教育）、および、新・教基法14条（政治教育）・15条（宗教教育）の新たな解釈と関わっているからである[38]。

つまり、教師における教育の中立性は、法規範や子ども存在によって規定されることもありうるが、何よりも、教師自身によって規定されることが最も望まれているのである。教師が何が政治であるかを知らなければ、政治的中立性を自身の中で判断することなどできないはずであり、教師が国家の反民主主義を批判することを通して、子どもたちは民主主義という価値を形成できるのである。そして、こうした政治的・宗教的に多様な意見を持つ人々がこの社会の中にいて、この人達が活発に議論をおこなえるような国家を通して、立憲主義は実質化するのである。

こうした難問を、予防訴訟の原告たちは、主張しようとしていたのである。

最後に、予防訴訟の最高裁の裁判長であった宮川が、反対意見において次のように述べていることを引用して、本論文を終えることにしたい。「私は、教育の場において教育者の精神の自由を尊重するという、自由な民主主義社会にとっては至極当然のことが維持されているものとして、希望の灯を見る。そのことは子供達の自由な精神、博愛の心、多様な想像力を育むことにも繋がるであろう。しかし、一部の地域であっても、本件のような紛争が繰り返されるということは、誠に不幸なことである。こうでなければならない、こうあるべきだという思い込みが、悲惨な事態をもたらすということを、歴史は教えている。〔中略〕思想の多様性を尊重する精神こそ、民主主義国家の存立の基盤であり、良き国際社会の形成にも貢献するものと考えられる。〔中略〕関係する人々に慎重な配慮を心から望みたい」。この意見は、判決の最終部分であると同時に、一連の国旗・国歌訴訟の締めくくりにもあたる。裁判長である一裁判官が、一連の国旗・国歌訴訟を通して、原告たち一人ひとりの訴えを聴く中で形成された教育観であり、それを基盤として公教育観を創造している。「教育とは何か」が問われている現代において、ここに、教育と法の学際的な接点が開かれており、現代教育法学理論の可能性が切り拓かれているのではないだろうか。

（1）市川須美子「最高裁学テ判決40年の総括」日本教育法学会年報46号36頁(2017)。
（2）荒牧重人「子どもの権利条約と教育への権利保障—国連・子どもの権利委員会の一般的意見の分析」戸波江二先生古稀記念『憲法学の創造的展開　下巻』261頁（信山社，2017)。
（3）植野妙実子『憲法の基本』53頁（編集工房球，新版，2015)。
（4）堀尾輝久『人権としての教育』202-204頁（岩波書店同時代ライブラリー，1991)。
（5）植野，前掲注（3）54頁。
（6）市川須美子「君が代・日の丸訴訟の中間総括」日本教育法学会年報42号８-19頁（2013)。
（7）今橋盛勝『教育法と法社会学』26頁（三省堂，1983)。
（8）「第三の教育法関係」は、1989年以降に展開された、子どもの権利条約市民・ＮＧＯ報告書をつくる会による国連への報告書づくりや日本の教育改革をともに考える会による教育改革提言づくりの動きとも重なる。
（9）「〔資料・紹介解説〕『日の丸・君が代』訴訟の争点」日本教育法学会年報41号166-165頁（2012)。
(10) 小川正人『現代の教育改革と教育行政』10頁（放送大学教育振興会，2010)。
(11) 小川利夫『社会教育と国民の学習権—現代社会教育研究入門—』198頁（勁草書房，1973)。
(12) その全体像については、「日の丸・君が代」強制反対予防訴訟をすすめる会編『強制で、歌声はあがらない 「日の丸・君が代」強制反対予防訴訟第一審裁判記録』（明石書店，2007)、「日の丸・君が代」強制反対予防訴訟をすすめる会編集『予防訴訟の記録（国歌斉唱義務不存在確認等請求訴訟）—高裁（2006～2011）・最高裁（2011～2012）を中心に—』(2012)、参照。
(13) 東京地判平成18年９月21日判時1952号44頁・判タ1228号88頁、など参照。
(14) 澤藤統一郎『「日の丸・君が代」を強制してはならない　都教委通達違憲判決の意義』26-27頁（岩波ブックレット，2006)。
(15) 季刊人間と教育52号（2006)（特集　国歌斉唱義務不存在確認等請求訴訟(「予防訴訟」）東京地裁難波判決)、教育732号（2007)（小特集　日の丸・君が代

訴訟東京地裁判決を読んで)、法時979号(2007)(小特集　日の丸・君が代訴訟―第一審判決の分析)、など参照。

(16) 東京高判平成23年1月28日判時2113号30頁・判タ1364号94頁、など参照。

(17) 加藤文也「最高裁での再逆転をめざして―国歌斉唱義務不存在確認等請求訴訟(予防訴訟)東京高裁平成二三年一月二八日判決の内容と問題点」労旬1746号10-12頁(2011)、参照。

(18) 労旬1746号,前掲注(17)(特集 「日の丸・君が代」裁判―二つの高裁判決)、参照。

(19) 最一判平成24年2月9日判時2152号24頁・判タ1371号99頁・民集66巻2号183頁、など参照。

(20) 加藤文也「国歌斉唱義務不存在確認等請求訴訟(予防訴訟)―最高裁判決の内容とその問題点について」労旬1768号23-25頁(2012)、参照。

(21) 労旬1768号,前掲注(20)(特集　日の丸・君が代強制問題)、参照。

(22) なお、日本教育法学会の定期総会では、2004年から2012年にかけて、ほぼ毎年、国旗・国歌問題をテーマとして取り上げていたが、このことからも、国旗・国歌訴訟が教育法学理論の構築にとって重要な位置を占めていることが分かる。日本教育法学会年報34-42号(2005-2013)、参照。

(23) 公刊されている証言・意見書としては、大田堯『証言―良心の自由を求める―【国歌斉唱義務不存在確認訴訟・法廷】』(一ツ橋書房,2006)、堀尾輝久『教育に強制はなじまない　君が代斉唱予防裁判における法廷証言』(大月書店,2006)、野田正彰『子どもが見ている背中―良心と抵抗の教育』(岩波書店,2006)、古野博明「教育基本法制定の意義とその普遍的性格」「日の丸・君が代」強制反対予防訴訟をすすめる会編『強制で、歌声はあがらない』,前掲注(12)、土屋英雄『「日の丸・君が代裁判」と思想・良心の自由　意見書・証言録』(現代人文社,2007)、渋谷秀樹「『日の丸・君が代』強制についての憲法判断のあり方―学校儀式における教師の場合―」立教法務2号(2009)、市川須美子「最高裁学テ判決と『日の丸・君が代』強制」独協81号(2010)、参照。

(24) 堀尾,前掲注(23)118-119頁。

(25) 公刊されている意見書としては、菱村幸彦「意見書」「日の丸・君が代」強制反対予防訴訟をすすめる会編集『予防訴訟の記録』,前掲注(12)、参照。

(26) 菱村,前掲注(25)87-88・91頁。

(27)「教育と公教育」観に関して自覚的だった判決は、第一の教育法関係である、家永三郎教科書検定訴訟における東京地裁判決の杉本判決(1970年)と高津判決(1974年)である。杉本判決は、生来的な教育から公教育を把握しようとしたのに対して、高津判決は、その教育は福祉国家によって公教育として捨象された、としている。すなわち、教育裁判において、「教育と公教育」観をめぐる問題は、基本的な争点だったのである。さしあたり、堀尾輝久「教科書裁判と教育の自由」『教育の自由と権利―国民の学習権と教師の責務―』(青木書店,新版,

2002)、など参照。

(28) 最三判平成19年2月27日判時1962号3頁・判タ1236号109頁、最二判平成23年5月30日判時2123号3頁・判タ1354号51頁、最一判平成23年6月6日判時2123号3頁・判タ1354号51頁、最三判平成23年6月14日判時2123号3頁・判タ1354号51頁、最三判平成23年6月21日判時2123号3頁・判タ1354号51頁、最一判平成24年1月16日判時2147号127頁、最一判平成24年1月16日判時2147号127頁、など参照。

(29) この他に、大阪府の教育基本条例が影響を与えたものと思われる。

(30)「信教の自由と公教育」の連関について同様の論理を採用した裁判は、第二の教育法関係である、日曜日授業参観事件（1986年）である。東京地裁判決は、宗教的少数者は学校に対して寛容にならなければならない、と評釈できる判決を下している。すなわち、教育裁判において、「精神的自由と公教育」の連関をめぐる問題も、基本的な争点だったのである。さしあたり、内野正幸「教育と自由」『教育の権利と自由』（有斐閣，1994)、坂田仰「宗教的理由による学校授業欠席の自由—日曜日授業参観事件」『憲法判例百選Ⅰ』（有斐閣，第6版，2013)、など参照。

(31) 雑誌では、『季刊教育法』が特集を組んでいる。季教170号（2011)（特集　君が代訴訟・大阪府条例をどう見るか)、参照。

(32) 西原博史「教師における『職務の公共性』とは何か　職務命令に対する不服従の権利と義務を考える」世界725号（2004)、「国歌強制問題から司法の責務を考える　法治主義、遵法精神の危機」世界730号（2004)、「『君が代』伴奏拒否訴訟最高裁判決批判　『子どもの心の自由』を中心に」世界765号（2007)、「『君が代』不起立訴訟最高裁判決をどう見るか　良心の自由の『間接的制約』と『必要性・合理性』をめぐって」世界821号（2011)、「最高裁『君が代』処分違法判決をどうみるか　良心の自由論によって得られたものと失われたもの」世界830号（2012)、など参照。また、西原博史『学校が「愛国心」を教えるとき—基本的人権からみた国旗・国歌と教育基本法改正—』（日本評論社，2003)、西原博史『良心の自由と子どもたち』（岩波新書，2006)、なども参照。なお、西原の良心の自由を軸とする教育法学理論は何を主張しようとしたのか、をめぐっては、別途、検討をする必要があるだろう。

(33) 西原「『君が代』伴奏拒否訴訟最高裁判決批判」，前掲注（32）138-139・143・144頁。

(34) 永井栄俊「西原博史氏は誰に味方するのか—『世界』五月号『君が代伴奏拒否訴訟最高裁判決批判』を評す」飛礫56号（2007)、宮村博「現場教員の違和感—『世界』五月号西原論文を読んで—」教育740号（2007)、堀尾輝久「『国民の教育権と教育の自由』論再考　西原博史氏の言説に応えて」世界772号（2007)、参照。

(35) 憲法学からの国民の教育権論の批判的検討については、戸波江二「教育法の基礎概念の批判的検討」戸波江二ほか編著『子ども中心の教育法理論に向けて』

（エイデル研究所，2006)、など参照。

(36) 植野，前掲注（3）31-32頁。

(37) 政治性・宗教性の教育の手がかりとしては、さしあたっては、佐貫浩『現代をどうとらえ、どう生きるか―民主主義、道徳、政治と教育―』（新科学出版社，2016)、山口和孝『子どもの教育と宗教』（青木書店，1998)、など参照。

(38) ただし、教育の中立性とは、教育原理的問題であって、教育方法的問題ではない、ということには注意をしておく必要がある。それは、教師たちが子どもたちに対しておこなう「教育学的配慮」だからである。堀尾輝久『教科書問題―家永訴訟に託すもの―』51頁（岩波ブックレット，1992)、参照。

「自己肯定感」をめぐる一面的アプローチへの憲法学的批判
—教育再生実行会議第十次提言を題材に—

寺　川　史　朗

1　教育再生実行会議の対象

「21世紀の日本にふさわしい教育体制を構築し、教育の再生を実行に移していくため、内閣の最重要課題の一つとして教育改革を推進する必要がある。このため、『教育再生実行会議』（以下『会議』という。）を開催する」。これは、2013年1月15日に閣議決定された「教育再生実行会議の開催について」の冒頭に書かれた、その趣旨である[(1)]。

第1回会議（2013年1月24日）において、安倍首相は、「『強い日本』を取り戻していくためには、日本の将来を担っていく子供たちの教育を再生することが不可欠」であり、「教育再生の最終的な大目標は、世界のトップレベルの学力と規範意識を身につける機会を保障していくこと」であると述べ、2006年の教育基本法改正により、「豊かな情操と道徳心を培うこと、伝統と文化を尊重し、我が国と郷土を愛する態度を養うことなど」を教育の目標として規定したこと、第1次安倍内閣時の教育再生会議において、改正教育基本法を実現するための教育三法の成立、全国学力調査の実施などを行ったが、「その後の教育現場は、残念ながら改正教育基本法の理念が実現したとはいえない状況」にあること、を述べた[(2)]。

その教育再生実行会議が2017年6月1日に出したのが第十次提言、「自己肯定感を高め、自らの手で未来を切り拓（ひら）く子供を育む教育の実現に向けた、学校、家庭、地域の教育力の向上」である。「未来を切り拓く」というフレーズは、2006年に改正された現行教育基本法前文にある「我が国の未来を切り拓く教育を確立し」に対応するもので、2012年4月27日に決定された自由民主党「日本国憲法改正草案」26条3項でも条文案化されている。「強い日本」の担い手となるような個人として、「自らの未来を、自らの手で切り拓く」という気概が求められていることの表れである[(3)]。第十次提言は、冒頭、「全ての子供たちが、自らの個性を発揮し、自身をもって自らの未来を、自らの手で切り拓く。子供たちの誰もが夢と志に向かって頑張ることができる国創りに向けて、教育再生を行っていかなければなりません」とし、そのためには、「学校、家庭、地域がそれぞれの役割と責任を自覚し、社会全体で子供を育むことが必要不可欠」であると述べる。そして、その方策として、「教師の多忙化」の解消と、(「諸外国に比べて」)「子供たちの自己肯定感が低い」ことを改善するための環境づくりが必要であるとしている。

2 「自己肯定感」をめぐる現状認識

第十次提言にいう「子供たちの自己肯定感が低い」という現状認識は、提言に付された参考資料からも、おそらく間違っていない。参考資料の一つに、「文部科学省『我が国の子供の意識に関するタスクフォース』における分析結果」があり[(4)]、そのなかで、諸種の調査結果から、「日本の子供たちの自己肯定感(『人並みの能力がある』、『ダメな人間だと思うことがある』)は諸外国に比べ低い状況であるが、前回調査に比べると肯定的な回答が増加し、否定的な回答が減少している」、「日本の子供たちの自分自身への満足度は諸外国に比べて低い。『自分は役に立たないと強く感じる』子供たちの割合は諸外国と比べて、必ずしも低い状況ではない」、「各国とも自己肯定感に関する項目(『自分自身に満足している』)と『長所』、『挑戦心』、『主張性』に関する項目(自己の中にある対自的なもの)は共通して関係がみられるが、日本においては『自己有用感』に関する項目(他者との関係の中にある対他的なもの)が他国に比べ強い関係がみられた」などの分析結果が出ている。

タスクフォースは有識者へのヒアリング等を行っており、それらから、「自己肯定感を高めるためには、他者との協働のなかで、子供たちが自分の役割を果たすとともに」、「子供たちが集団又は個人の目標を達成した際に、周りの大人が認めることにより、成功体験を感じさせる」という一連の取組を継続的に行い、子供たちの発達段階に応じた対応が重要という示唆が得られた」としている。そして、「有識者ヒアリング等であげられた主な取組」として、「学校における異学年交流や児童会活動」、「職業体験や社会奉仕活動など地域と関わりながら学ぶ体験活動」が例示されている。

教育再生実行会議は、第十次提言をまとめるにあたり、このタスクフォースによる分析等を活用しながら議論を進めてきた。とくに、自己肯定感については、「専門的な見地からの議論が必要であるとの観点から」、文部科学大臣兼教育再生担当大臣や文部科学副大臣、同大臣政務官、同大臣補佐官と、教育再生実行会議の有識者委員の一部（6名）、他の有識者（6名：専門調査会有識者）からなる「教育再生実行会議専門調査会」を開催し、そこでのヒアリングや議論が、第十次提言に大きな影響を与えることになる。

3　教育再生実行会議専門調査会

第1回専門調査会では、文科省提出資料と国立教育政策研究所生徒指導・進路指導研究センター提出資料が扱われ[(5)]、前者では、「日本の子供たちの自身への満足感は諸外国に比べて低い」、「『自分は役に立たないと強く感じる』子供たちの割合は諸外国と比べて、必ずしも低い状況ではない」とする分析結果や、「各教科の正答率が低い児童生徒ほど、『自分には、よいところがある』と回答した割合が低い」、「達成感を感じたり、意欲的な意識等が低い児童生徒ほど、『自分には、よいところがある』、『今の自分が好きだ』と回答した割合が低い」、「『規範意識』が低い児童生徒ほど、『自分には、よいところがある』、『今の自分が好きだ』と回答した割合が低い」、「自己有用感が低い児童生徒ほど、『自分には、よいところがある』、『私は、自分自身に満足している』と回答した割合が低い」、「社会・地域に対して否定的な意識を持つ生徒ほど、『自分自身に満足している』と回答した割合が低い」とする分析結果（上で触れたタスクフォースによる分析結果）が提示された。一方、後者の国立教育政策研究所生徒指導・進路指導研究センター提出資料では、「日本の子供は『自己肯定感が低い』のか？」と問題提起し、「例えば、他国とくらべて『自分には長所がある』と答える割合が低い」という結果が出ていたとしても、それには「謙遜や謙虚に表現する国民性」が関係している可能性もあれば、「実際に、自分に自信がない、自分を無価値な存在と感じる者が多いことを反映している」可能性もあり、仮に後者のほうが多いなら「なにがしかの対策は必要」としている。そして、「『自己有用感』や『自己肯定感』を高める実践」として、「小学校や中学校における、ねらいを明確にした『異年齢交流活動』『異学年交流活動』や、「保護観察対象者に対する『社会貢献活動』」を挙げるのである。このうち、たとえば異年齢交流活動について言えば、異年齢交流を行うことで、自己有用感を育み、そこから自己肯定感へつなげていくという仕組みである(6)。なかでも、年長者について言えることであるが、「最初に、（比較的容易な）他学年（年少者）への貢献を通して『自己有用感』が高まり」、「そこで生まれた自信や余裕が（対等かつライバルの関係にある）同年齢に対する協働や譲り合い、貢献に対しても発揮されるようになり」、「最終的には自分自身に対する『自己肯定感』を高めることになった」と「推察できる」とする。ここでは、自己肯定感の起点となる自己有用感が重視され、その契機として、異年齢交流活動や異学年交流活動を位置づけるのである（異年齢交流活動や異学年交流活動のほかに、職場体験や奉仕活動を利用する例もあるとされる）。そして、年長者は、それらの活動を通して、年少者のお世話をしたり、お手本を示したりすることで、「喜んでくれてうれしい」、「大変だったけど楽しい」、「役に立ってよかった」という気持ちになることができ、これが「自己有用感の獲得」につながるという。年少者については、そのような年長者に接し、「楽しかった」、「また遊んで欲しい」、「自分も大きくなったらしてあげたい」という気持ちになり、（年長者が担った）「役割へのあこがれ」を抱くようになるという。年長者と年少者のそのような交流活動を通じた相互のかかわり合いが、「自己有用感」や「あこがれ」につながり、そのようにして「子どもが育つ」とするのである。

このような資料をふまえた（ほかにも大阪府箕面市の実践、NPO法人の活動、生活習慣との関連研究などがある）、教育再生実行会議専門調査会における討議を受け、教育再生実行会議は、現状認識をふまえた取り組みの出発点、自己肯定感の捉え方、学習指導要領への架橋、自己肯定感を育む取り組みの提示へと展開していく。それが第十次提言の構造である。

4　第十次提言における「子供たちの自己肯定感を育む」観

4．1　「子供たちの自己肯定感を育む取組」への出発点

教育再生実行会議第十次提言は、まず、（上でも述べたように、）「日本の子供たちの自己肯定感は諸外国と比べて低いという結果が示されて」いるという前提に立つ。そして、「今般改訂された学習指導要領〔2017年３月31日告示：括弧は寺川、以下同じ。「新学習指導要領」も同じものを指す。〕に基づき、今後、小学校における教科としての外国語の導入などの全ての子供たちにこれからの時代に求められる資質・能力を育成することを目指して、主体的・対話的で深い学びの実現に向けた授業改善を推進する取組を進めていくことが求められ」るが、「子供たちの自己肯定感が低く、自分に対して自信がないままでは、必要な資質・能力を十分に育めたことには」ならないため、「子供たちが自信をもって成長し、より良い社会の担い手となるよう、子供たちの自己肯定感を育む取組を進めていく必要が」あるとする。これが、「子供たちの自己肯定感を育む取組」への出発点である。

4．2　自己肯定感の捉え方

次に、第十次提言は、自己肯定感について、「様々な捉え方」のうち以下の２つの捉え方に言及する。すなわち、「勉強やスポーツ等を通じて他者と競い合うなど、自らの力の向上に向けて努力することで得られる達成感や他者からの評価等を通じて育まれる自己肯定感」と、「自らのアイデンティティに目を向け、自分の長所のみならず短所を含めた自分らしさや個性を冷静に受け止めることで身に付けられる自己肯定感」であり、自己肯定感は、こ

の「二つの側面から捉えることが考えられ」ると言う。そして、これらは相互に排他的ではなく、補完し合うもの、両側面のバランスが重要であることが指摘され、その意味で、「自己肯定感をバランスよく育む取組を推進していくことが求められ」るとする。

同提言は、「大人が子供たちに向き合う際」の留意事項を５点並べているが、それらに加えて、「規則正しい生活習慣を身に付けることは、自己肯定感を育む上で重要」であり、「幼児期における遊びや体験活動が重要な役割を果たすことが指摘されて」いることから、それらを「踏まえた取組を進めていくことが必要」であると言う。

４．３　学習指導要領への架橋

第十次提言は、以上のように述べたうえで、自己肯定感を育むことが、学習指導要領で求められることにどのように関連しているかについて言及する。すなわち、同提言は、「今般改訂された学習指導要領においては、改訂の理念を示す前文が新たに設けられ、その中でこれからの学校には、一人ひとりの児童生徒が自分の良さや可能性を認識するとともに、あらゆる他者を価値のある存在として尊重し、多様な人々と協働しながら様々な社会的変化を乗り越え、豊かな人生を切り拓き、持続可能な社会の創り手となることができるようにすることが求められると掲げられて」おり、「このことは、各学校が、学習指導要領の理念を踏まえ、子供たちの自己肯定感を育むことを目標として掲げつつ、日頃の教育活動を行っていくことが大切であることを示したものであると言え」る、と述べる。そして、「改訂後の学習指導要領の下、各学校において『主体的・対話的で深い学び』を視点とした授業改善を進めることとして」いるが、「学校においては、こうした授業改善に係る様々な取組を行う中で、自己肯定感を高めていくための取組を推進するとともに、国、地方公共団体や関係するNPO等においては、以下の取組を進めていくことが求められ」るとし、幼児教育や家庭教育支援、体験活動の充実、多世代交流や異年齢交流等の推進、ネットいじめへの対応、全ての子どもたちの居場所づくり、新学習指導要領の実施に向けた条件整備について、諸種の考えられ得る取り組みを提示している。

4．4　自己肯定感を育む取り組みの提示

第十次提言において提示されている諸種の取り組みは、いずれも自己肯定感を育むためのもの（自己肯定感を損なう要因を除去するものも含まれる）であると考えられたものであるが、その多くのなかから、以下の２点（「家庭教育支援の充実」と「多世代交流や異年齢交流等の推進」）を例示的に取り上げる。

「家庭教育支援の充実」に関し、同提言は、「親から理解されている、愛されているという感覚を持っている子供は自己肯定感が高いとの分析結果があるが、乳幼児期における絶対的な自己肯定感の育成には、保護者又は保護者に代わる存在から愛情を受けることが必要不可欠である」とし、「このため、国、地方公共団体は、『早寝早起き朝ごはん』など、全ての子供の生活習慣改善に向けた取組をはじめとした地域における総合的な家庭教育支援の充実に向けた取組を進めるとともに、保護者に対して、ICT等を通じて生活習慣に係る正しい情報を効果的に発信していく方法について検討し、取組を進める」と言う。

「多世代交流や異年齢交流等の推進」に関し、同提言は、「学校において、他者や集団・社会のために役に立つ経験を通して自己肯定感を育むことができるよう、特別活動等において、学級や学校の中で役割を分担し、協力して取り組む機会を充実するとともに、異年齢交流を通して、年少者の世話をしたり、リーダーシップを発揮したりする機会を充実させる」とし、「このため、国、地方公共団体は、こうした活動を重視した新学習指導要領の趣旨を周知し、各学校における取組を一層推進する」と言う。

第十次提言は、自己肯定感について、以上のように、現状を認識し、それを育むための爾後の取り組みの方向性を、例示的に取り上げた２点を含め、多くのものをかなり具体的なかたちで示している。

しかしながら、自己肯定感をめぐっては、別の捉え方が他方にはあるにもかかわらず、そのことについて（微妙な違いのように感じられるが、重要な違い）、同提言は顧慮していないのではないかと思われる。以下では、自己肯定感をめぐる別の捉え方（存在への自信＝自己肯定感）を参考にしながら、憲法学からの批判を試みたい。

5 「存在への自信」と憲法学からの批判

5．1 「甘え」と自己肯定感

精神科医でスクールカウンセラーでもある明橋大二は、次のように指摘する。（少し長くなるが、そのまま引用すると、）「今まで述べてきたような子どもたちで、問題になっているのは、いったい何なのか、ということですが、それは自己肯定感の極端な低さ、ということです。引きこもりにしても、キレる子どもにしても、心身症、摂食障害、家庭内暴力、自殺、人格障害、非行、少年犯罪、いじめ、すべて、いちばん根っこの問題は、ここにあります。自己肯定感は、英語ではself-esteemといいますが、自己評価とか、自尊感情といわれることもあります。これは、単なる自信とは、違います。自己肯定感とは、自信があるとかないとか、という以前のレベル、自分は生きている意味がある、存在価値がある、自分は大切な存在だ、必要とされている、という感覚のことです[(7)]」。

ここでは、自己肯定感について「自分は生きている意味がある、存在価値がある、自分は大切な存在だ、必要とされている、という感覚のこと」だと述べられている。

「必要とされている」という最後の部分については、たしかに、第十次提言でも、自己肯定感を育む取り組みの例として、「多世代交流や異年齢交流等の推進」が挙げられ、「役に立つ経験を通して自己肯定感を育むこと」が述べられている。これは、教育再生実行会議専門調査会で議論された、「役に立ってよかった」という気持ち（自己有用感の獲得）が自己肯定感に結びつくという議論を受けたものであり、専門調査会によれば、職場体験や奉仕活動を利用して「役に立ってよかった」という気持ちになることもできるとされる。

しかしながら、それ以外の部分、すなわち、「自分は生きている意味がある、存在価値がある、自分は大切な存在だ」という感覚については、第十次提言において十分に意識されているとは言いがたい。

明橋は別のところでも、「自己肯定感とは、自分は生きている価値がある、自分は大切な存在だ、自分は生きていていいんだ、という気持ち」であるとし、自己肯定感は、「子どもの場合、まず周囲（大抵は親ですが）に確認することから育っていきます」と述べている(8)。明橋によると、「親に甘えて、それを受け止めてもらう。そこで、自分は大切にされる価値があるんだと確認します。親にかんしゃくをぶつけて、それをよしよしと受け止めてもらい、『つらかったんだね』と気持ちを分かってもらうことで、こんな自分でも大切にしてもらえるんだ、怒っても泣いても、それでも自分は嫌われたり、見捨てられたりすることはないんだ、自分のありのままの姿を周囲は受け入れてくれるんだ、と確認します」という(9)。要は、「ありのままの自分でいいんだ」という気持ち、「受け入れてくれる」という気持ちを、明橋は強調する。

第十次提言と明橋との間には重大な違いがある。それは「甘え」の扱いである。第十次提言には、「甘え」や「あまえ」という言葉は出てこない(10)。明橋は、「十歳までは、しっかり甘えさせる。そうすることで、心の安定した、いい子に育つ」と指摘する(11)。10歳までしっかり甘えさせることができた子どもは「心の安定した、いい子に」育つ、「甘えることのできた子どもは、安心感を」持ち、「これが意欲のもと」になるという(12)。さらに明橋は、以下のように簡潔に説明する。すなわち、甘えは、「相手の愛情を求めること」であり、「甘えが満たされる時、自分が愛されていることを感じ、また、自分は、愛される価値のある存在」であることを感じる。「相手に対する信頼と、自分に対する信頼（自己肯定感）」が育つ。それが安心感につながる。「この『自己肯定感』は、現代の子育て・教育を語るうえでのキーワードで、これ以上大切な言葉はないといっても」よく、「『自分は大切な人間だ』『生きている価値があるんだ』『自分は自分でいいんだ』という気持ちのことで、この土台があって初めて、しつけや学力が身について」いく。「自己肯定感を育むために、『甘え』が極めて重要な役割を果たしていることを知れば、『甘え』の大切さも」分かるのではないか。「甘えが満たされない時、甘えを満たしてくれない相手に怒りが生じ、それが、高じると、自分は、甘えさせてもらえるだけの価値のない人間なんだと」思うようになり、「それが続くと、周囲に対する不信感や怒りとなり、自己肯定感が低く」なる。(13)

明橋によると、「人間の心の成長にとって、甘えは、必要不可欠」であり、それは子どもだけにあてはまるものではなく、「大人にとっても、およそ、人間が生きていくうえで、甘えは、絶対に必要なもの」である、そして、「そのことを明らかにしたのが、土居健郎の『甘え』の理論」だと言う。(14) 今も多くの人に読み継がれている、精神医学者・土居の『「甘え」の構造』（弘文堂、1971年）は、「『甘える』という語が日本語特有なものでありながら普遍的な意義を持つ」ということに気づき、「当時一連の論文を書き綴っ」ていたところ、「一般読者を対象に」出版されたものである。(15)「甘え」について、土居は、「この何年間かに『甘え』の意味が次第に狭くなり、この頃はもっぱら「甘やかす」とか「甘ったれ」のようにあまり感心できない、いわばひとりよがりの意味にしかこの語が使われなくなったように感じられた」と述べ、「親しい者同士の間に通い合う感情こそが『甘え』の本来の姿である」ことから、「もし今日『甘え』が不評になり、それが『甘やかす』とか『甘ったれる』のようにもっぱらひとりよがりの状態しか連想させなくなっているとするならば、それは今日の世間で人間関係が急速に稀薄になり、互いに助け合う機会が少なくなったためと考えてよいのではないだろうか。けだしこのことは現代がもっぱら自主独立の精神を称揚することと関係があろう」と指摘する。(16) さらに土居は続けて、「家族が一緒に憩い睦み合う場所」であり、「家族がそこにいれば互いに守り守られていると感じることができる場所」でもあるはずの「家庭がその本来の機能を恢復（かいふく）するのでなければ人類の将来は危うい」と述べ(17)、家庭と学校の役割の現代的転換について言及する。

すなわち、「多くの子供達にとって学校は新しく物を学ぶ場所というよりも、窮屈な家庭から解放されて自由気ままに振舞える場所と化した観が」あり、「今日非常に深刻ないじめが学校を舞台に起きるのはまさにそのためではなかろうか」と言う[(18)]。そして、土居は、昔もいじめはあったが、それが「それほど深刻にならないですんだ」のは、「学校では先生の恐い眼が光っていたし、子供はたといいじめにあっても家に逃げ帰れば温かく迎えてくれる家族がいて安心だったからである」と述べる[(19)]。この土居の指摘にも、「安心」が出てくる。「安心」するのが子どもであることは言うまでもなく、「甘えることのできた子どもは、安心感を」持ち、「これが意欲のもと」になるという明橋の指摘と通じる。「甘え」から「安心（感）」へ、「安心（感）」から「意欲」へ、という心の流れは、自己肯定感を育むメインルートと言えよう。

問題となるのは、土居が言うように、「甘やかす」や「甘ったれる」が、「甘え」にとっての、ある種悪いイメージにつながっていることを、どのように考えるかということである。土居自身は、「このような好ましからぬ意味は初めから『甘え』の中に含まれていたということは、できるかもしれない。しかしその場合も『甘える』ことそれ自体は本来真っ当なことであるという理解が一般に共有されていたのではないか」と言う[(20)]。一方、明橋は、「甘え」について、区別されるべき２つの意味があることを強調する。それは、「甘やかす」と「甘えさせる」である。明橋は、土居と同様に、「世間では『甘え』というと、ほとんど悪い意味にしか使われません」と言う[(21)]。そして、その原因は、「『甘え』といっても、『甘えさせる』と『甘やかす』が」あるにもかかわらず、「この二つは違う、ということが知られていないからだ」と述べ、「『甘やかす』のは、してはならない」が「『甘えさせる』のは、いいこと」であり、「必要なこと」だと述べる[(22)]。この違いはどこにあるのか。明橋によると、「『甘やかす』とは、過干渉、過保護といって、大人の都合で支配すること」であり、「物質的な要求（金や物）をそのまま受け入れること」、「『甘えさせる』とは、子どものペースを尊重すること」であり、「情緒的な要求（スキンシップ、話を聞く）を受け入れること」だという[(23)]。そして、後者のような「甘え」を「受け止めてもらうと、自分に対する信頼と、他者に対する信頼感」が育つ、というのである。[(24)]

第十次提言は、上で指摘したように「甘え」という言葉を使っていないが、「家庭教育支援の充実」をめぐり、「親から理解されている、愛されているという感覚を持っている子供は自己肯定感が高いとの分析結果がある」ことに言及し、「乳幼児期における絶対的な自己肯定感の育成には、保護者又は保護者に代わる存在から愛情を受けることが必要不可欠である」と述べている。「愛情」のなかに「甘えさせる」が包摂されているとみることもでき、そのように好意的に受け取る余地はある。しかし、「自己肯定感の育成」のために「愛情を受けることが必要不可欠」であるという見識をふまえた、国や地方公共団体の取り組みについて、「『早寝早起き朝ごはん』など、全ての子供の生活習慣改善に向けた取組をはじめとした地域における総合的な家庭教育支援の充実に向けた取組を進めるとともに、保護者に対して、ICT等を通じて生活習慣に係る正しい情報を効果的に発信していく方法について検討し、取組を進める」というのでは、あまりにも寂しい内容と言うべきであろう。たしかに上述のとおり、生活習慣の改善は、必要な睡眠時間の確保や栄養バランスのとれた摂食という意味でも大切なことであり、自己肯定感を育むことにつながるという調査結果もあるが、それは自己肯定感を育むためのパーツの一つである。それを決して否定するものではないが、明橋が指摘するところの「甘えさせる」ことをめぐる認識が、第十次提言に明確に表われていないのはなぜかが問われなければならない。

5．2　存在への自信＝自己肯定感

第十次提言には、「自信」という言葉が何度かでてくる。「自信をもって……切り拓く」「自信をもって成長し」「自信がないままでは」「自信がもてない部分」「自信のあるところとないところ」である。しかし、「自信」には、明橋が指摘する２段階があるのだが、同提言はそのことを顧慮していない。明橋によると、「第１段階は、存在への自信」、「第２段階は、能力への

自信」であるという[25]。第１段階の「存在への自信」とは、「自分はここにいていいんだ、ありのままで、存在価値があるんだ、自分は、いらない人間なんかじゃないんだ、という気持ち」のこと、すなわち、「自己肯定感」のことである。一方、第２段階の「能力への自信」とは、「勉強ができる、スポーツができる、お手伝いができる、などという、自分の能力への自信」のことである。そして、明橋は言う。「ふつう自信というと、能力への自信のほうを問題にしがち」であるが、「人間が生きていくときに、本当に大切な自信は、存在への自信」である。「能力への自信は、努力によってつけることができる反面、いろいろな状況で失うことも」ある。「勉強で失敗したり、スポーツで負けたり」することがある。「ところがそこで、『なにくそ』と思って、また立ち直ってがんばることができるか、『どうせ自分なんて』とあきらめてしまうかは、存在への自信、自己肯定感による[26]」。では、「存在への自信」と「能力への自信」は、それぞれどのようにすれば身につくのか。（明橋による説明を続けると、）「存在への自信」、すなわち「自己肯定感」は、「親や周囲の人が、自分の存在を喜んでくれることから、育まれる気持ち」であり、「能力への自信」は、「周囲の人から、認められたり、ほめられたりすることによって、育まれ」る[27]。第十次提言が扱う「自己肯定感」については、明橋が言うところの、「能力への自信」を前提にした議論を展開しているのであり、「存在への自信」を前提としたものとはなっていない。ここで重要なのは、「自分は大切な存在だ」という気持ちを意味する「自己肯定感を育むことが、何より大切な心の土台に」なるのであり、「この土台があって初めて、しつけや勉強が身についていく」のであって、「この『大切な存在』というのは、条件つきではない」ということ、「『いい子だから』『勉強ができるから』『能力があるから』大切にされるのではなく、いいところも悪いところもひっくるめて、かけがえのない存在として、大切にされる、そこから育まれる安心感や自分の存在に対する自信」が「自己肯定感」であるということである[28]。第十次提言では、成功、達成、失敗、挫折を繰り返しつつ、「何事かに挑戦する姿勢や積極的に自らの意見を表明する態度を失うことのないようにすることも必要」、「何事にも積極的にチャレンジし、自らを高めていく姿勢を身に付けることが大切」と言うが、それは、存在への自信＝自己肯定感が身についている子どもにとって有意なものでありこそすれ、そうでない子どもにとっては有意なものとはなっていない。つまり、第十次提言は、存在への自信＝自己肯定感が身についている子どもに向けて発せられているのであり、そうでない子どもには、形式的には発せられてはいるものの、実質的には発せられていないのと同じである。

5．3　憲法学からの批判

第十次提言は、「他者や集団・社会のために役に立つ経験を通して自己肯定感を育むことができる」という認識に立つものである。しかし、明橋の視点からは、（たとえ役に立たなくても）存在するだけでよい、「自分はここにいていいんだ、ありのままで、存在価値があるんだ、自分は、いらない人間なんかじゃないんだ、という気持ち」（存在への自信＝自己肯定感）を育むことが第一であると言わなければならない。つまり、存在への自信としての自己肯定感が育まれてはじめて、他者への共感や思いやり、ひいては、他者や集団・社会のために役に立とうという意欲がわいてくるのではないだろうか[(29)]。同提言は、新学習指導要領に言及する箇所で、（新学習指導要領の中で）「これからの学校には、一人ひとりの児童生徒が自分の良さや可能性を認識するとともに、あらゆる他者を価値のある存在として尊重し、多様な人々と協働しながら様々な社会的変化を乗り越え、豊かな人生を切り拓き、持続可能な社会の創り手となることができるようにすることが求められると掲げられて」いると述べているが、このことを実現しようと思えば、同提言で構想されている諸種の取り組み以前に、存在への自信＝自己肯定感を育み、高めることが、まず大事ということになろう。つまり、第十次提言が拠って立つ、能力への自信＝自己肯定感という側面をまったく否定するつもりはないが、それが成り立つのも、存在への自信＝自己肯定感があってのことである。存在への自信＝自己肯定感を十分に育んだうえで、能力への自信＝自己肯定感を育むという筋書きなら分かるが、第十次提言は、存在への自信＝自己肯定感を基調とする観点に立っていない。

日本国憲法13条では、「すべて国民は、個人として尊重される」と規定される。同条では「尊重」とされているが、「個人の尊重」が究極のかたちで使用された場合に「人間の尊厳」が侵される場合があり得ることから[(30)]、そのような場合には、同条の意味は、文字通りの「個人の尊重」とは解さず、「個人の（人間としての）尊厳」（個人の尊厳、もしくは、人間の尊厳）と解することができよう。存在への自信＝自己肯定感は、一見すると、究極のかたちとしての「個人の尊重」と親和的なように思われるが、子どもであっても（子どもであるからこそ）、そこに存在しているだけで、一人の人間として大切に扱われるという意味をもつものであることに鑑みると、むしろ「個人の（人間としての）尊厳」のほうに、より親和的であると解するべきであろう。存在への自信＝自己肯定感の重要性を指摘する明橋からは、「生きている意味」「存在価値」「大切な存在」「愛される価値のある存在」「生きている価値」「大切な人間」という言葉がきら星のごとく出てくる。一人の人間として大切にされる、無条件にその存在が存在するだけで価値あるものとされる。憲法13条は「存在への尊重」を含意するものとして理解することもできるだろう。

憲法13条は、憲法上の一条文である以上他の条文と同様、公権力を念頭に置いたものとされ、教育が家庭や社会のなかにとどまる場合、この条文が家庭や社会のなかに直接適用されるとは、ひとまず考えにくい。しかし、存在への自信であれ、能力への自信であれ、自己肯定感がひとたび公教育の対象となった場合は、憲法学の学問対象となり得る。今般の教育再生実行会議第十次提言では、能力への自信＝自己肯定感のみが公教育の対象となり、存在への自信＝自己肯定感のほうは公教育の対象から除外されるという扱いを受けたのである。一人の人間としての存在そのものを何らの条件も付けずに尊重する、という姿勢を欠いた教育再生実行会議第十次提言は、「存在への尊重」を含意すると理解した場合の、憲法13条の趣旨に反する。

（1）首相官邸ウェブサイト「教育再生実行会議」
https://www.kantei.go.jp/jp/singi/kyouikusaisei/（閲覧：2018年９月１日）。なお、本稿で扱う同会議の資料等については、いずれも同ウェブサイトから引用もしくは参照している。紙幅の関係上、以降は逐一注記していない。ちなみに、同会議の開催根拠は本文中で述べた閣議決定であり、明示的な法的根拠はない。

（2）このすぐ後に続けて、「いじめ・体罰に起因して子供の尊い命が絶たれるなどといった痛ましい事案は断じて繰り返してはならない」と述べ、早くも１か月後の同会議第一次提言「いじめの問題等への対応について」（2013年２月26日）へとつながっていく。そこで「提言」されていたのが、「道徳を新たな枠組みによって教科化し、人間性に深く迫る教育を行う」ことである。これについては、その直前の背景や教育三法、「教育再生会議」の動きなどにも触れた、拙稿「第一期安倍政権以降の教育『改革』の展開」、法と民主主義478号、2013年、４－８頁を参照。

（3）拙稿「目指されるべき『教育』と憲法改革」龍谷法学50巻４号、2018年、213-216頁。

（4）「我が国の子供たちの自己肯定感が低い要因を分析するとともに、必要な対応策を検討する」ものとして、文部科学大臣政務官を主査とするタスクフォースが、2016年10月、文部科学省の中に設置された。

（5）首相官邸ウェブサイト「教育再生実行会議専門調査会」
https://www.kantei.go.jp/jp/singi/kyouikusaisei/chousakai/（閲覧：2018年９月１日）。なお、本稿で扱う同専門調査会の資料等については、いずれも同ウェブサイトから引用もしくは参照している。紙幅の関係上、以降は逐一注記していない。

（6）同センター提出資料によると、ここでの、「自己有用感」とは、「他者との関係を踏まえた自己評価」であり、たとえば「人の役に立っている、他者に貢献している、人から感謝されている、」と思える気持ちや感情のことであり、「自己肯定感」とは、「自己評価」であり、たとえば「自分には良いところがある、自分は～ができる、足が速い、……」と思える気持ちや感情のことである。「と思える気持ちや感情」と本稿で紹介することが妥当かどうか、筆者自身専門的知見を有していないため心許ないが、さしあたり、このように記す。

（7）明橋大二『みんな輝ける子に―子どもが10歳になるまでに、周りの大人が大切にしたいこと』、１万年堂出版、2015年、61-62頁。

（8）明橋大二『心の声に耳を傾ける　親と子の心のパイプは、うまく流れていますか？―これ一つ解消すれば、子どもは輝いていく』、１万年堂出版、2016年、39頁。

（9）同上、40頁。

（10）同提言に至る過程で、たとえば討議のなかで「甘え」に関することが議論されている可能性はある。しかし、提言自体に「甘え」という言葉はない。最近は文書ファイルの検索機能があるため、その言葉が含まれているかどうかを検索するのが便利になった。「甘え」「あまえ」「甘」を検索してみたが、検索結果はゼロであった。

(11) 明橋、前掲・注(7)、56頁。

(12) 同上。

(13) 明橋大二『見逃さないで！　子どもの心のSOS—思春期に がんばってる子』、1万年堂出版、2013年、59-60頁。

(14) 同上、58頁。

(15) 土居健郎、齋藤孝『「甘え」と日本人』、角川書店、2010年、172頁。

(16) 同上、172-174頁。

(17) 同上、174頁。

(18) 同上、175頁。

(19) 同上。

(20) 同上、173頁。

(21) 明橋、前掲・注(7)、146頁。

(22) 同上。

(23) 同上、146-147頁。

(24) 同上、149頁。明橋は、そのような意味での甘えを子ども時代に十分体験することが、「自立の原動力になる」という。

(25) 明橋大二『子育てハッピーアドバイス 大好き！　が伝わる ほめ方・叱り方』、1万年堂出版、2010年、29頁。なお、明橋は、「能力への自信」も自己肯定感につながることを否定しているわけではない。問題なのは、「存在への自信」=「自己肯定感」が低いにもかかわらず、「能力への自信」ばかりが高い場合に、「能力」をめぐるたった1つの失敗や挫折が「存在」そのものを否定されたと感じるようになる、ということである。

(26) 同上、29-30頁。

(27) 同上、29頁。

(28) 明橋大二『子育てハッピーアドバイス 大好き！　が伝わる ほめ方・叱り方 3 小学生編』、1万年堂出版、2013年、22頁。

(29) 明橋は「役に立つ」ことを否定しているわけではなく、「ありがとう」の一言をかけることによって、子どもは「自分も役に立っている」と感じ、自己評価(自己肯定感)が高まっていくと述べている。明橋大二『子育てハッピーアドバイス』、1万年堂出版、2005年、54-58頁。

(30) たとえば、樋口陽一『いま、憲法は「時代遅れ」か—〈主権〉と〈人権〉のための弁明』、平凡社、2011年、57-72頁。

教員養成「改革」と日本国憲法

—憲法教育と教養教育の重要性—

石　川　多加子

はじめに—大学「改革」千波万波

2018年6月、またしても大学「改革」を要求する文書が相次いで示された。28日には中央教育審議会（以下、「中教審」と略）大学分科会将来構想部会が「今後の高等教育の将来像の提示に向けた中間まとめ[1]」を、19日には日本経済団体連合会（以下、「経団連」と略）が「今後のわが国の大学改革のあり方に関する提言[2]」を、13日には安倍晋三首相を議長とする人生100年時代構想会議が「人づくり革命　基本構想[3]」をそれぞれ発表している。いずれも、大学の機能分化、大学教育の質向上、ガバナンス強化、国公私立の枠を超えた大学統合・再編、リカレント教育等の必要性・重要性を並べ立てている。これらが産業界の積極的関与・干渉無くして実行し得ない内容となっているのは、中教審の同まとめが「2040年に向けた高等教育の課題と方向性[4]」として「産業界との協力・連携」との項目を設け、労働集約型経済から知識集約型経済への転換、経済・社会を発展させる高等教育の在り方の議論、リカレント教育、ガバナンスと教育研究の充実のためには、高等教育と産業界の協力・連携関係の促進が必要不可欠と確言していることからも容易に理解し得よう[5]。

1991年に文部省（当時）は、大学審議会の答申「大学教育の改善について」・「短期大学教育の改善について」・「高等専門学校の改善について」・「学位制度の見直し及び大学院の評価について」・「学位授与機関の創設について」に基づき、大学設置基準等の大幅な大綱化を実施した。これは、大学における教育・研究への各種“規制緩和”を狙ったもので、各大学及び短期大学に義務づけていた授業の科目区分（一般教育、専門教育、外国語、保健体育）及び必要単位数の廃止、授業受講者数の制限撤廃、学部の種類の例示削除、科目区分毎の必要教員数及び兼任教員比率の上限撤廃、学士・修士・博士の種類の撤廃、大学以外での学修への単位授与及び入学以前の単位認定等の制度化、自己点検・評価の努力義務化等を内容としていた。

大学設置基準等の大綱化を以降の大学「改革」の始点とするなら、2004年の国立大学法人化は一つの頂点と言える。「世界水準の教育研究の展開を目指した個性豊かな大学へ[6]」、「大学運営の自主性・自律性の拡大[7]」といった耳当たりの良いキャッチ・フレーズの下、大学及びその構成員は「不公正な競争[8]」に駆り出されることとなったのである。同年には、司法制度「改革」の一つである法科大学院の新設も重なっていたが、2011年度より姫路独協大学が募集停止としたのを皮切りに、最多時の74校から半数以下に激減してしまっているのは周知の通りである[9]。法科大学院制度の失敗を糊塗するべく、文科省は2017年末に法学部「法曹コース」３年・法科大学院２年で履修できる「５年一貫コース」の創設案を中教審大学分科会法科大学院等特別委員会に示し、早ければ2019年度の入学者から適用することを予定している[10]。

我々は、大学入学共通テストへの対応、授業の英語化、PDCAの導入、トップ・ダウンの運営、そして大学再編等々、間断無く押し寄せる大学「改革」の荒波に追いまくられて気息奄々とし、研究・教育が滞りがちという本末転倒の状況にある。大学「改革」の矢が理工・医歯薬系と比してより苛酷に人文・社会系へ向けられていることは、2015年６月に下村博文文科大臣（当時）が各国立大学学長等に宛てて発出した通知「国立大学法人等の組織及び業務全般の見直しについて」が、「教員養成系学部・大学院、人文社会科学系学部・大学院」の「組織の廃止や社会的要請の高い分野への転換[11]」を指示したことによく現れている。とりわけ教員養成課程をめぐっては、OECD（経済協力開発機構）が2000年より３年毎に実施している国際学力調査PISA（生徒の学習到達度調査）で日本が2003年・2006年と続いて順位を下げたいわゆるPISAショックに伴う「学力向上」対策、いじめ問題等への対応と称した道徳の教科化、スクールカウンセラー、スクールソーシャルワーカー、部活動指導員といった外部者も含めた指導体制を敷く「チーム学校」の実現等々との相乗効果で多方面の「改革」を迫られていると言って良い。

本稿では、教員養成において憲法教育及び教養教育が等閑にされてきた経緯を考察して主権者教育権論の立場から両者の重要性を論証すると共に、教員養成「改革」が教育・研究の自由を如何に狭めているかについて検討したいと思う。

1　教員養成「改革」と大学「改革」

1．1　新制大学における教員養成の始点

日本国憲法26条について旭川学力テスト事件最高裁判決が「この規定の背後には、国民各自が、一個の人間として、また、一市民として、成長、発達し、自己の人格を完成、実現するために必要な学習をする固有の権利を有すること、特に、みずから学習することのできない子どもは、その学習要求を充足するための教育を自己に施すことを大人一般に対して要求する権利を有するとの観念が存在していると考えられる。換言すれば、子どもの教育は、教育を施す者の支配的権能ではなく、何よりもまず、子どもの学習をする権利に対応し、その充足をはかりうる立場にある者の責務に属するものとしてとらえられているのである[(12)]」と説明し学習権の概念を提示したことは、既知の如くである。

学校教育は授業等を通して児童・生徒・学生の学習権を充足する枢要な場であるから、そのために教員の力量及び専門性向上が重大な課題となることは言う迄も無い。しかしながら一方で、国家による教員の養成、採用、研修の管理・統制は、教員や保護者の教育の自由、子どもの学習の自由を損ない兼ねず、同時に、教員養成機関としての大学の自治と研究者の教育・研究の自由を脅かす危険性を有する。

そもそも「戦後の教育は、戦前の軍国主義と超国家主義、全体主義への

痛切な反省から、構想され」[13]た。旧教育基本法前文は、「われらは、さきに、日本国憲法を確定し、民主的で文化的な国家を建設して、世界の平和と人類の福祉に貢献しようとする決意を示した。この理想の実現は、根本において教育の力にまつべきものである」とした上で、「ここに、日本国憲法の精神に則り、教育の目的を明示して、新しい日本の教育の基本を確立するため、この法律を制定する」とする。恒久平和主義、主権在民、人権不可侵、平等及び個人の尊重を基本原理とする日本国憲法の下、これらの原理を教育の力で確立すべく旧教育基本法を初めとする教育法規が制定された。つまりは、「日本国憲法と（石川注、旧）教育基本法は一体のものであり、教育理念を示す教育宣言であると同時に」、「日本国憲法の理念は、そのまま教育根本法たる教育基本法の理念であると言える」[14]。憲法と旧教育基本法が目指す平和で民主的な文化国家の主権者育成には、学習者自身、保護者、教員を初めとする市民側が教育内容を決定し公権力に要求することが必須である。国家による教育への大幅な干渉が、神勅主権に基づく天皇制を支えて軍国主義的教育を跋扈させた事実は、歴史が証明するところである。従って、学校教育を担う教員の養成、採用及び研修への国家統御についても、学習者の学習権を保障するとの観点からのみ最小限度でしか許容されないと解すべきである。

敗戦前の教員養成は基本的に師範学校で実施されていたが、これが偏狭で型に嵌まったいわゆる「師範タイプ」を生み出したと説明される。すなわち、「着実性、真面目、親切などがその長所として評価される反面、内向性、裏表のあること、即ち偽善的であり、仮面をかぶった聖人的な性格をもっていること、またそれと関連して卑屈であり、融通性のきかぬ」[15]教師像である。また、「天皇の官吏としての教師」[16]には、国定教科書の内容を大真面目に教え込み、1943年に改正された師範教育令（昭和18年３月８日勅令第109号）１条「師範学校ハ皇国ノ道ニ則リテ国民学校教員タルベキ者ノ錬成ヲ為スヲ以テ目的トス」の忠実な実践が強いられたのであった。

敗戦後は師範教育への反省に立ち、「①免許状主義、②専門職制の確立、③大学における養成、④開放制、⑤上進制」[17]の原則に基づく制度となった。

免許状主義は全学校教員が学校種に応じた免許状を有すること、専門職制の確立は小学・中学・高校教諭、養護教諭、盲・聾学校教諭、校長、教育長、指導主事という職の違いによる免許状を設けたこと、大学における養成は師範学校ではなく新制大学において教養と専門的知識及び技術を修得した教員を育てること、開放制は戦前のような官立師範学校に限定せず国・公・私立いずれの大学の教職課程の卒業生にも免許状を付与することを意味する。第2次米国教育使節団は1950年、「教員養成の改善に、著しい進歩のあった」として、「師範学校は教員養成の重要な機関として大学に併合されたこと。教育学部が国立大学に設置されたこと。日本の教師の現職教育計画が始められたこと。免許状の資格が拡張されたこと。学校と教師との間に民主的な関係が結ばれて、政策の樹立、学習指導要領の作成、教授法の決定および生徒の指導に重要な役割を果たしたこと」と説明している[(18)]。

それにも関わらず、早くも1958年3月には中教審が「教員養成制度の改善方策について（答申）」において教員養成大学の設置や教育課程の国家基準設定等を求め、師範教育の復活を狙うものとして教育関連団体等より批判を受けることとなる[(19)]。時を同じくして、学習指導要領を教育課程の基準とし、「道徳の時間」を特設し、教員の勤務評定を開始する[(20)]等教育への国家統制が鮮明となった時期であることを注意する必要がある。この後も、教員養成はほぼ間断無く「改革」を強いられ、国家権力による干渉の度合いが強まっていく。

1.2　日本国憲法の履修

日本国憲法下の教育の基盤は全て憲法教育であると言っても過言では無い。恒久平和・民主主義・人権不可侵といった憲法的価値を理解するだけでなく、これらを体現し得る力の育成を目的として、人生のあらゆる段階でかつあらゆる機会において行われる必要がある。とりわけ学校が憲法的価値の体得と実現に向け果たす役割は少なくない。故に、「“平和で民主的な文化国家”を建設して、それを維持する主権者」育成という「期待を担って学校教育の教壇に登場する教師になろうとする教員志望の学生に対して、日本国憲法の履修・学習をさせることは、憲法および（旧、石川注）教育基本法からの当然の要請である[21]」。

具体的には、憲法の歴史や機能、基本原理、各種人権の保障内容等を学ぶことで学生は、自身の権利を、子ども・保護者の権利を、市民の権利を理解する。平和や民主主義が脅かされないようにするにはどうしたら良いか、人権侵害にどう立ち向かうかといったことを考え、実際に権利行使する力を身に着ける。教員となったなら、子どもたちにそのような力が育つよう指導・助言するのである。同時に、公立学校教員は子ども・保護者等にとって言わば一番身近な公権力であるから、子ども・保護者等の人権を侵害し兼ねない存在であることを認識しなければならないのは、憲法が公務員に憲法尊重擁護義務を課していることからも（憲法99条）当然である。

教育職員免許法（昭和24年5月31日法律第147号）（以下、「教免法」と略）制定当初の同法施行規則は、社会科学に関する科目の最低修得単位数とその内の日本国憲法の単位につき、小学校、中学校又は幼稚園の教諭1級普通免許状・高等学校教諭2級普通免許状の授与を受ける場合は2単位／12単位、小学校、中学校又は幼稚園の教諭2級普通免許状・高等学校教諭仮免許状の授与を受ける場合は2単位／6単位と定めていた。その後、1954年に全文改正が（昭和29年10月27日文部省令26号）、1959年（昭和34年7月25日文部省令20号）・1970年（昭和45年8月31日文部省令22号）に一部が改正されたが、免許状取得に日本国憲法が必修の単位であることに変わりは無かった[22]。

ところが、1973年に教免法を改正して（教育職員免許法等の一部を改正する法律　昭和48年7月20日法律第57号）、大学で学ばなくとも文部省が実施する検定試験に合格さえすれば免許状を取得出来るようにした（＝開放制の破壊）際、教育職員免許法施行規則（以下、「施行規則」と略）1条を全文改定して（昭和48年8月9日文部省令）一般教育科目の単位修得方法を削除してしまった。つまり大学では、教員志望の学生に日本国憲法履修義務が課されなくなったのである。

教免法改定が審議された第71回国会では、加藤進議員（共産党）が検定試験制度をめぐり、憲法学習はどこに規定されているか・検定制度改定によって憲法学習を含む一般教育科目36単位が削られたのはどういうことかと質問したのに対して木田宏文部省大学学術局長は、資格認定試験の制度を省令で規定するが、その際に一般教育の内容として必要な試験科目を資格認定試験の制度として明確にする・今日も施行規則で一般教育科目の中に必要単位は規定してあり、今後大学における一般教育と同程度の教育を履習しているということを資格認定試験の場合には要求することになる[(23)]と答弁している。

この後文部省は日本教職員組合等からの強い抗議を受けて、各国公私立大学長・各指定教員養成機関の長に宛て「教諭の普通免許状を取得しようとする学生の一般教育科目の履修について」（昭和48年11月９日文大教第463号）と題する大学学術局長通達を発出し、「規則第一条の規定も改められ、一般教育科目として『日本国憲法』、『倫理学』等の科目を修得することとしていた改正前の同条第３項および第４項の規定も削除され」たが、「従前どおり、これらの内容を含めて編成し、適切な指導を行なわれるよう、念のため重ねて通達」すると弁解した。

同通達により各大学は、教員免許状を取得しようとする学生には従来同様日本国憲法の履修を必修とする扱いを継続していくこととなる。とは言え、「これまで大多数の大学の学生の日本国憲法履修を強く拘束付けていた法上の根拠は消滅した[(24)]」ことに違いは無い。「日本国憲法の理念の具体的実現の期待を担う教師となる者に必須として決められていた『日本国憲法』の大学における単位修得の義務を外したということは、明らかに憲法の意図的な無視政策のあらわれであり、それは憲法および教育基本法違反の改定といわざるをえない[(25)]」との批判は正論である。

1988年８月、臨教審の最終答申「教育改革に関する第４次答申　昭和62年８月７日」を受け、免許状の種別見直しと修得単位数増加を主な内容とする教免法改正（「教育職員免許法等の一部を改正する法律」昭和63年12月28日法律第106号）とそれに伴う施行規則改定（「教育職員免許法施行規則等の一部を改正する省令」平成元年３月22日文部省令第３号）により、日本国憲法の単位必修が復活した。

臨教審の最終答申に基づくいわゆる臨教審６法案が議論された第112回国会で嶋崎譲衆議院議員（社会党）が、憲法と旧教育基本法下の教育権について理解する教員を育てるためには「教員養成の単位の科目に憲法を必修にする」ことが必要であり、「日本国民として、現行憲法の中で教育を受ける人間、教育する人間、教育者の使命だと私は思う。公務員は憲法を守れと書いてあるわけですから」という注目すべき質問を行っている。これに対し、加戸守行文部省教育助成局長は、「今開放制の原則でいかなる学校でも教職単位を取って教員になれるシステムの中で、一般教育の段階で既に憲法を修得しろということを義務づけることにつきましては、関係方面ともあるいは養成機関とも十分相談をさせていただきたいと考えておりますが、基本的なお考えにつきましては私どもも同様に理解いたしております」[(26)]等と答弁している。

2　教養教育と恒久平和主義、民主主義

2．1　新制大学と教養教育

第１次米国教育使節団報告書は日本の高等教育機関を巡り貧弱な教養教育と狭隘な実学的教育の傾向を挙げ、「大部分は一般教育に対する機会があまりに少なく、専門家があまりに早く、あまりにも狭く行われ、そして、職業教育にあまりに力を入れすぎている[(27)]」と指摘していた。教養教育の重要性は教員養成教育についても同様で、「一般教育ないしは自由教育」（＝教養教育・一般教育科目・一般教養科目）、「教える事柄についての特別な知識」の教育（＝教科専門科目）、教員の「仕事の専門的側面についての特別な知識」の教育（＝教職専門科目）から成る「三重でなければならない[(28)]」とし、「カリキュラムは、未来の教師を、個人として、また市民として教育するように作成されるべきであるから、たとえば自然科学、社会科学、人文科学、美術といった自由学科的な側面も強調される必要がある」と説明してい

る[29]。占領軍総司令部より同使節団への協力を求められて発足した日本側教育委員会を引き継いで内閣に設置された教育刷新委員会も大学における教員養成原則を打ち出すことで[30]、教養教育の不可欠性を示したと言える。

1947年に制定された学校教育法（昭和22年３月31日法律第26号）は、新制大学の目的として「大学は、学術の中心として、広く知識を授けるとともに、深く専門の学芸を教授研究し、知的、道徳的及び応用的能力を展開させること」と定め、旧制大学とは全く異なる性格を付与した。要するに、「新制大学は、一般的、人間的教養の基盤の上に、学問研究と職業人養成を一体化しようとする理念を掲げて誕生したのであった[31]」。

一方、日本国憲法下の新しい大学の基準は、1947年に「大学が参加する自主的組織として[32]」設立された大学基準協会が設定した。文部省に設けられた大学設置委員会が新制大学の設置認可を審査する基準として用いられることとなった大学基準が、教養教育を制度化したのである。４年の修業年限で学士資格取得に必要な最低履修総単位数を124単位とし、その内一般教育科目は外国語も含めて、文系で40単位以上、理系で36単位以上と定めた。一般教養科目を人文・社会・自然科学の３領域に分け、学生にはそれぞれの科目をほぼ満遍なく履修することを求めたのであった[33]。

2．2　教養教育の変質

大学基準はその後しばらく改定を重ねながら認可基準の役割を果たしていたが、1956年にはこれに代わり「大学設置基準」（以下、設置基準と略）が省令として制定された（昭和31年10月22日文部省令第28号）。省令化は、「民間団体の大学基準協会が決めた尺度を無力化」することであり、「戦後日本の大学を国家統制のもとに置く前兆であった[34]」。大学基準があくまで大学の主体的意思による形式であったのに対し、省令としての設置基準では法規的性格が強められたのである。一般教育科目[35]に関しても幾つか重大な変更が加えられ、特に「基礎教育科目」の新設は実学的教育重視の風潮を強く表すもので看過し得ない。大学が開設すべき授業科目について従前大学基準が、一般教育科目、外国語科目、保健体育科目及び専門教育科目の４種を定めてきたのに、基礎教育科目を加えて、しかも一般教育科目の一部の単位数に充てることが出来るようにしたのである。産業界は、「専門的な狭い分野に入る前に社會科學・人文科學・自然科學の廣い基本的な科目を學ぶ事は廣い世界を自由にとらわれない立場で眺め人生觀世界觀を確立するために最も大切な事である[36]」と捉えて一般教育を重視する新制大学の有り様を不満とし、日経連（日本経営者連盟）は「新教育制度の再検討に関する要望」（1952年）を初めとする要望書・意見書を次々に提出していた[37]。同要望書は、「もともと高等学校以上の学校においては、学生生徒の知識能力に応じそれぞれ職業乃至産業面の教育指導が行われ、学校卒業時にはその習得した学體技術技能を通じ職業人として社会国家の進歩に貢献すべき人物が育成されるべきである」のに、新教育制度では「普通教育を強調する余りこれと並び行われるべき職業乃至産業教育の面が著しく等閑に附され、この点、新教育制度の基本的欠陥」であって、「大学専門学校別の旧学生がむしろ好ましいとの声さえ起こっている」等と批判して、大学に「人間教育面を強化すると共に専門教育学術研究等の面に、不徹底なる画一性を排し、それぞれの特性を明確に発揮し得るよう新大学制度の根本的検討」を求めている。人を「人材」としか見ない産業界の本質が今日にもほぼそのまま継承されているのが分かる。

敗戦から７年余しか経過していないにも関わらず、「全産業人ヲシテ皇國産業ノ使命ヲ充分ニ認識セシメ産業ヲ通ジテ國家ニ報ジ以テ皇運ヲ扶翼シ奉ル[38]」とした産業報国精神とまるで変わらぬ認識、朝鮮戦争勃発の中で再び特需に沸く産業界の高姿勢が伺える。企業の戦争責任に対する反省は感じられず、強い憤りを覚える。産業界の要求に沿って国が教育課程を変え、教員、学生の学問研究の自由、教育の自由が歪められる動きは、既に始まっていたのである。

続いて1970年には、一般教育科目の「弾力化」という美名の下、設置基準が改定された（昭和45年８月31日文部省令21号）。人文・社会・自然科学の３分野についてそれぞれ３科目・12単位以上、合計36単位以上の習得を必要としていたのを、分野毎の最低履修単位数を無くし、しかもその内12単位迄は外国語・基礎教育・専門教育科目で代替し得るとしたのである。また、複数の分野に亘る学際的（？）な「総合科目」の開設が認められた。

教養教育の軽視は、1991年から施行された設置基準（「大学設置基準の一部を改正する省令　平成３年６月３日号外文部省令第24号」）によって決定的となった。この時の基準改定の“看板”はいわゆる「大綱化」で、授業科目、卒業要件、教員数等に係る規定を変えたのだが、一般教育、専門教育、外国語、保健体育という授業科目の区分と区分別の最低修得単位数を無くして、卒業に必要な総単位数のみ規定したことが、以後の教養教育衰勢を導く大きな要因になったと推測するものである。大綱化前の設置基準（昭和60年９月４日文部省令第26号）では卒業要件を、４年以上の在学を前提に、一般教育科目は人文・社会及び自然の３分野に亘り36単位（12単位までは外国語・基礎教育科目又は専門教育科目で代替可）、外国語科目は１外国語科目に付き８単位、保健体育科目は講義及び実技４単位、専門教育科目は76単位と定めていた。科目区分が廃されたことにより、外国語科目や保健体育科目の開設も含めて、「教育上の目的を達成するために必要な授業科目を開設し、体系的に教育課程を編成」（19条１・２項）する裁量が大学に委ねられることとなったのである。

設置基準「大綱化」への道筋は、当時の中曽根康弘首相が総理府に臨時教育審議会（臨教審）を設置したことで付けられた（臨時教育審議会設置法　昭和59年８月８日法律第65号[(39)]）。1987年２月には臨教審の答申に従い文部大臣の諮問機関として組織された大学審議会[(40)]が公表した答申「大学教育の改善について」（平成３年２月８日）が、設置基準の大綱化を提案したのである。文部科学省の「我が国の文教施策（平成３年度）」は大綱化の必要性について、高等教育が普及した状況では、「研究指向のもの、教育に力点を置くもの、さらには、地域における生涯学習に力を注ぐものといった、様々なタイプの高等教育機関が育っていくこと」で、「社会や国民の多様な要請に適切に対応し得る」と説明している。

設置基準の「大綱化」は、多くの大学での教養部の解消乃至改編をもたらした。33の国立大学に存していた教養部は1998年までに32が廃され[41]、現在は東京医科歯科大学に唯一残るだけである[42]。同時に、「大綱化」が教育課程に多大な影響を及ぼしたのは必然である。国立大学の法人化直前に大学評価・学位授与機構（当時）が95の国立大学を対象に実施した調査によれば、「大綱化」前に設置基準が義務付けていた一般教養的科目48単位（一般教育科目36単位、外国語科目単位、保健体育科目４単位）は、卒業要件の124単位の約39%を占めていた。これに対して「大綱化」後は、一般教養的科目の単位を36〜40単位とする大学が最も多く、約39%という割合に達していない学部は85%程にも及ぶ[43]。

一口に一般教養的科目と言ってもその区分や内容は大学の判断によって様々で、「１年生を対象とした 高校からの転換・動機付け科目、一般教養的科目、分野横断的な総合科目、外国語科目、情報処理科目、健康・スポーツ科目、専門基礎的科目、高校の補習授業科目及び留学生向けの日本語・日本事情科目など[44]」から成ることは周知の如くである。「区分が無い以上、何を一般教養に関する科目とするかという判断も各大学の教育理念・方針や大学の事情によって異な[45]」るようになったのである。

要するに、設置基準「大綱化」は、「日本の高等教育が市場化に踏み出す」始まりに他ならなかった。「市場化は規制緩和や大学の自律性拡大、あるいはそれらに基づく競争的環境の醸成の形で現れ」、「政府と産業界がその主導権を握ったため[46]」に、大学「改革」が加速化していくこととなる。

大学審議会はその後、1998年10月の答申「21世紀の大学像と今後の改革方策」において、教養教育軽視を懸念している[47]。一方、「産業界は、教養の弱体化は問題視していたが、創造性に関わる多様な新しい『個』育成のためにも、大綱化による大学の自由化・個性化・多様化の基本的方向性については、肯定的であった[48]」ことに注意する必要がある。

2004年以降、「英語をはじめとする外国語の卓越した運用能力、豊かな教養及びグローバルな知識を身につけた実践力ある人材を養成[49]」することを目的に掲げる国際教養大学の開学（2004年）を皮切りに、早稲田大学（2004年）・順天堂大学（2015）・千葉大学（2016年）が国際教養学部を、法政大学がグローバル教養学部を（2008年)、山梨学院大学が国際リベラルアーツ学部を（2014年）新設していった。2019年度には立命館大学がグローバル教養学部を開設する予定となっている[(50)]。他方、2018年2月に発表された「第53回学生生活実態調査」によれば、大学生の1日の読書時間は平均23.6分に過ぎず、0分と答えた学生は53.1％にも及んでいる[(51)]。とは言え、グローバル人材・グローバルリーダー育成を掲げて英語力強化や留学を必須とする近年の“新しい教養”には疑問を感じる。思うに、日本国憲法が謳う国際協調主義と恒久平和主義に適うのはグローバル化・英語化ではなく国際化である。同時に、民主主義と平等、個人の尊重原理からはディベートやプレゼンではなくディスカッションを重んじるべきであろう。教養教育にはもとより、リベラル・アーツとジェネラル・エデュケイションの2つの流れがあるが、主権者、職業人、生活者としての面を併せ持つ市民に必要な知識と力―「市民的総合知」―を培う一つの有用な場が大学における一般教養科目であると考える。つまり、「基本的人権、平和主義、民主主義の憲法精神を身に付け、選挙のときに1票を投じるだけでなく、国政・地方政治に問題があるとすれば異議申し立てを行い、政策提案をできる」主権者、「労働者としての権利と義務を行使するだけでなく、所属する会社や団体が平和、人権、環境を乱したり、消費者・利用者を欺くような行動に出ようとしたら、それにストップをかけられる」職業人、「文化・芸術・スポーツを楽しんで人間としての充実した生き方をするとともに、環境にやさしい暮らしをし、地域の活動に参画する[(52)]」市民を指向するのが大学教育であり、教養教育なのでは無いだろうか。大学で実施すべき教養教育とは何か、先ずは大学人自身が議論と考察を深めなければならない。

ところで、「21世紀の大学像と今後の改革方策」は、「教育方法の改善に関して、授業設計、教員の教育責任、成績評価方法、履修科目登録の上限設定、教育内容、授業方法、教育評価等に各大学の特色を生かした自主性を尊重すると強調する一方で、このような具体的提案を掲げることは矛盾していると、各方面から批判が寄せられた[53]」。国家による大学教育への干渉は、教育内容や授業方法にまで及ぶこととなったのである。

1990年代後半以降、「主要経済団体すべてから人材や教育に関する要求が頻繁に大量に出され」、2012年迄だけでも「教育・人材に関する内容を含む提言は、優に150を超えており、戦後に出された提言の6割以上に上る。とくに2000年代以降の提言だけでも5割近くを占めている[54]」状況を生み出したのである。

なお、教員養成における教科専門科目も、広い意味での教養教育と言って良かろう。1998年の教免法改正では免許基準が引き上げられたのだが、教職に関する科目の最低必要単位数が増加されたのに対し、教科に関する科目は減らされ、かつ、教科又は教職に関する科目が新設されたのである。例えば、中学校1種免許状取得の場合、教職に関する科目はそれまでの14から19に、教科に関する科目は40から20となり、教科又は教職に関する科目が8と定められた。教科に関する科目の履修基準を半減させて専門的学識教養が充分備わるとは思えない。

さらに、学芸大学・学部構想の頓挫と教育養成大学・学部の誕生及び再編について触れておく。そもそも新制大学の発足に当たり「師範大学という名称を退けて学芸大学という名称に切り替えた当初の精神は、教員養成をヒューマニズムの豊かな民主主義の方向に推進しようとする熱意の現れであった[55]」。そのため、1958年7月の中教審答申「教員養成制度の改善方策について」は、教員養成を目的とする大学を設置して、そこでの養成を主とすること等を提言したが、「事実上、『大学レベルの師範学校の復活』ともいえる事態になる[56]」ことから、反対する意見が多かった。教員養成に特化した大学・学部での教育は自ずから実学的となり、一般教育を重視する敗戦後の教員養成方針を後退させる。開放制原則を損なう。しかしながら、1965年には、「北海道学芸大学等5大学及び岩手大学芸学部等22学部が、教育大学、教育学部に名称変更し[57]」、学芸大学・学部構想は挫折した。同年、東北大学教育学部から教員養成課程が分離して宮城教育大学が創設されている。

おわりに—教職課程コアカリキュラムと講義の自由

2016年の教免法改正では、教科に関する科目と教職に関する科目区分が「教科及び教職に関する科目」に大括り化され（2019年入学者から適用）、それに伴って施行規則が改正された（「教育職員免許法施行規則及び免許状更新講習規則の一部を改正する省令」平成29年11月17日文部科学省令第41号）。現行の教科に関する科目、教職に関する科目（教職の意義等に関する科目、教育の基礎理論に関する科目、教育課程及び指導法に関する科目、生徒指導・教育相談及び進路指導等に関する科目、教育実習、教職実践演習）という区分が、教科及び教科の指導法に関する科目、教育の基礎的理解に関する科目、道徳、総合的な学習の時間等の指導法及び生徒指導、教育相談等に関する科目、教育実践に関する科目、大学が独自に設定する科目の５つに換えられたのである。同時に、「全ての大学の教育課程で共通的に習得する教育内容（教職課程コアカリキュラム）」[(58)]を新たに導入したのは、既知の通りである。改正された教職課程認定基準に基づく審査が行われ、2019年２月頃には認定が行われる予定となっている。[(59)]

教免法上の科目区分大括りは、教科専門科目の履修を減じる効果をもたらす。「実質的に教職課程の全科目が『指導法』と同等のものとなってしまう」と言っても良いであろう。[(60)]豊富な専門的学識という基盤があって、その上での指導法や技術ではないだろうか。教科専門科目をおろそかにするのは広義の教養教育軽視と相違無いことは、前章で指摘した。教養の質的量的低落は、高校教育にも原因している。「大学で教養部が解体され、教養（一般）教育が軽視されるのと同時に、高等学校では科目の選択制が進み」、教養教育「を担う教育体制が弱体化してしまったのである」[(61)]。理科や社会のように科目の多い教科に関しては全ての履修を義務付けていない学校が多く、その傾向は特に進学校に顕著である。

片や教職課程コアカリキュラムは、大学における学習指導要領に等しい。

作成の目的について教職課程コアカリキュラムの在り方に関する検討会が「教育職員免許法及び同法施行規則に基づき全国全ての大学の教職課程で共通的に習得すべき資質能力を示すもの[(62)]」と説明している通り、あらゆる大学の教員養成教育の内容をも画一化することこそが狙いなのである。そのためには「文科省が、教職課程に設置すべき科目や扱うべき事項等を指定することにとどまらず、各科目の授業シラバス（具体的な授業計画）レベルにまで細かな統制を加え[(63)]」なければならないことになる。

教職課程コアカリキュラムの発端は、2001年の「国立の教員養成系大学・学部の在り方に関する懇談会」報告が「モデル的な教員養成のカリキュラム」作成を提案したことに遡る。途中の経過は省略するが、2015年12月に中教審が発表した「これからの学校教育を担う教員の資質能力の向上について（答申）」を受け文科省が設置した「教職課程コアカリキュラムの在り方に関する検討会」が教職課程コアカリキュラムを策定するに至った。驚くべきは、中教審の2015年答申があくまで「教職課程の編成に当たり参考とする指針[(64)]」（＝参考）と捉えていたのに対し、2017年に出来上がったときには、「教育職員免許法及び同法施行規則に基づき全国全ての大学の教職課程で共通的に習得すべき資質能力を示すもの」（＝国家基準）へ変質したことである。この点が正に大学における学習指導要領と評する所以で、1947年に初めて作成された学習指導要領は「試案」に過ぎず、文部省に「強制する意図もなかった[(65)]」と考えられるが、1958年に告示化され、伝習館高校事件最高裁判決（最判1990年１月18日集民159号１頁）等によって法規としての性質を認められるに至っている。教職課程コアカリキュラムについても、早晩同様な経過を辿るのではないかと恐れるのである。しかも、課程認定のみならず、文科省が「実地視察においてコアカリキュラムを活用[(66)]」することが予定されているのである。現段階での教職課程コアカリキュラムは、教職に関する科目（＝教育の基礎的理解に関する科目・道徳、総合的な学習の時間及び生徒指導、教育相談等に関する科目・教育実践に関する科目）のみについて定めているが[(67)]、いずれ教科に関する科目にも及ぶであろうことは、教職課程コアカリキュラムの在り方に関する検討会が「教科におけるコアカリキュラムについても今後順次整備されることを求めたい[68]」と述べており、既に「英語教育カリキュラム」が完成していることからも自明の理であろう。「本来、教育行政は教育内容に立ち入らず、教育の内容は教育の専門家が決めるというのが民主主義の原則[69]」であった筈である。教職課程コアカリキュラムは、かように教育の質保証との名目で授業内容にまで踏み込んで均一化し、大学教員の講義の自由、思想・良心の自由等を侵害するもので到底受け容れられない。教員養成に関わる我々全員が、教職課程コアカリキュラムが示す「全体目標」・「一般目標」・「到達目標」を目指して授業等を行い、学生が身に着けるべき力を備えたか否かを評価される日が遠くないと思うと慄然とする。

敗戦後の教員養成は、滅私奉公・忠君愛国を子どもたちに注入した教員を生み出した師範学校教育と決別するべく5原則によることとした。この内、大学による養成と開放性の原則は、恒久平和主義、主権在民、人権不可侵、個人の尊重及び平等という日本国憲法の基本原理に照らし特に重要と言える。すなわち、これらの原理を実現する力を備えた児童・生徒・学生の育成を職務とするのが教員に他ならず、何よりその為には、専門教育に留まらず、充分な憲法教育と教養教育とを実施する大学での教員養成が不可欠だからである。教員養成は、狭量な師範タイプを生み出さないように、教員養成大学・学部のみならず、広く国・公・私立大学で行われる必要がある。「戦前の教員養成は、学問の専門から学ぶのではなく、閉鎖的な、非人格的な鍛錬主義による人間の機械化による師範教育であった[70]」のである。しかしながら今や2原則は、教員養成「改革」・大学「改革」の進行によって実質的に破壊されつつあり、この現状を重く見る必要がある。

教員養成はもとより、道徳の教科化初めとする教育「改革」と改憲の計策は軌を一にする。日本国憲法の高級平和主義と戦争放棄条項が自由民主党の「日本国憲法改正草案」(2012年)、集団的自衛権行使に係る閣議決定(2014年)、「平和安全法制」成立(2016年)等によって蹂躙され続けていることは言うまでも無い。2018年10月に招集される臨時国会では、自民党総裁選にお

いて３選を果たした安倍晋三首相が、同党の改憲案を両院に提示する予定であることが報じられている。(71)

憲法と平和の危機が深まるに連れ、教員の戦争責任について考えることが多くなった。代表的なのは、満蒙開拓団青少年義勇軍として多くの少年を送り出した事実である。「王道楽土」・「五族協和」を喧伝しながら教員が、児童の家を訪ねて説得したという証言が各地に残されている。(72)

「学校における憲法教育は、教育行政の政治的な配慮によって最もゆがめられた領域であろう(73)」との判断は、既に40年以上前になされていた。「戦争は人の心の中で生まれるものであるから、人の心の中に平和のとりでを築かなければならない」と始まるユネスコ憲章前文を「戦後の教員養成にとっても極めて大切な精神(74)」と捉える見解に賛意を表したい。憲法を学ぶということは、歴史を識り、平和と人権を尊ぶことに他ならず、深く理解するには広い教養と思索とが不可欠なのである。

（1）中央教育審議会大学分科会将来構想部会「今後の高等教育の将来像の提示に向けた中間まとめ」2018年６月。
（2）日本経済団体連合会「今後のわが国の大学改革のあり方に関する提言」2018年６月。
（3）人生100年時代構想会議「人づくり革命　基本構想2018年６月。
（4）中教審、前掲「今後の高等教育の将来像の提示に向けた中間まとめ」６頁。
（5）教審、前掲「今後の高等教育の将来像の提示に向けた中間まとめ」11頁。
（6）国立大学等の独立行政法人化に関する調査検討会議「新しい『国立大学法人』像について　平成14年３月26日」６頁。
（7）国立大学等の独立行政法人化に関する調査検討会議、前掲「新しい『国立大学法人』像について」８頁。
（8）佐和隆光「国立大学法人化の功罪を問う」会計検査院研究44号、８頁。
（9）この原稿の作成中にも、横浜国立大学・近畿大学・西南学院大学が2019年度から法科大学院の学生募集を停止するとの報道があった。日本経済新聞2018年６月５日、同月13日、同月22日。
（10）中教審法科大学分科会法科大学院第82回特別分科会配布資料「５年一貫コースのための法学部「法曹コース」として満たすべき要件等について（案）」、日本経済新聞電子版2017年10月２日20時
https://www.nikkei.com/article/DGXMZO21787370S7A001C1CR8000/　2018

年7月14日取得。

(11)「国立大学法人等の組織及び業務全般の見直しについて」(27文科高第269号平成27年6月8日) 3頁。

(12) 旭川学力テスト事件最高裁判決(最大判1976年5月21日刑集30巻5号615頁)。

(13) 星野安三郎「憲法と教育」(1961年、法律文化社) 30頁。星野教授は続けて、「教育基本法の草案前文には『その後、日本の教育は軍国主義と極端な超国家主義におちいった』といっていたのはこのことを物語っています」と指摘する。

(14) 小笠原正「憲法教育と教育職員免許法」、永井憲一先生還暦記念論文集刊行委員会編『憲法と教育法　永井憲一教授還暦記念』(1991年、エイデル研究所) 170頁。

(15) 唐澤富太郎「教師の歴史」(1955年、創文社) 55頁。

(16) 土屋基規「戦後日本教員養成の歴史的研究」(2017年、風間書房) 25頁。なお、星野教授は、舞鶴海兵団の海軍講習と内原訓練所の開拓講習に参加させられ、少年兵や義勇軍に児童を送った山形の高等小学校教員の例を紹介している。星野、前掲「憲法と教育」27〜28頁。

(17) 早稲田大学教育綜合研究所編「戦後の教員養成改革と私立大学—早稲田大学教育学部の回顧から—」(2016年、学文社) 8頁。

(18) 日本放送教育協会訳「連合軍最高司令官に提出された　第2次米國教育使節團報告書」(1950年、日本放送出版協会) 23頁。1946年の米国教育使節団報告書は教員養成に関して、一般教育、専門的知識、専門職的養成教育の必要性等を指摘していた。村井実全訳解説「アメリカ教育使節団報告書」(1979年、講談社) 96頁。

(19) 土屋、前掲「戦後日本教員養成の歴史的研究」298〜305頁。

(20) 1950年代は日本国が、朝鮮戦争を契機とする警察予備隊発足(1950年)、日米MSA(相互防衛援助)協定締結とそれに先立つ池田・ロバートソン会談(1953年)といった再軍備化と、道徳の時間特設を初めとする再軍備化のための教育方針転換に踏み切った時期と言える。教育2法—義務教育諸学校における教育の政治的中立の確保に関する臨時措置法(昭和29年法律第157号)、教育公務員特例法の一部を改正する法律(昭和29年6月14日法律第181号)—の制定(1954年)、全国学力調査開始(1956年)、教育委員会法に替わり制定された地方教育行政の組織及び運営に関する法律(昭和31年法律第162号)下での教育委員の公選制廃止(1956年)と勤務評定実施(1958年)等が、大規模な反対闘争にも関わらず次々為された。一方、旧憲法調査会法(昭和31年法律第140号)によって第1次調査会が設置されたのもこの頃である。なお、改組された自衛隊において「自衛隊生徒」(いわゆる少年自衛隊)制度も始まっている(1955年)。

(21) 永井憲一「教員免許と『憲法』の単位履修」永井『主権者教育権の理論』(1991年、三省堂) 106頁。

(22) 1959年の改定は、前年の道徳の時間特設と学習指導要領告示化に伴うものであった。他方、1970年の改定は、中教審の答申「後期中等教育の拡充整備について　昭和41年10月31日」に沿って産業界の要求に応える「国家社会における人間像」に近づく人づくりに寄与する教員養成を目的としたもので、それぞれ注意が必要である。今日に続く道徳教育、キャリア教育、愛国心教育と自己責任論の萌芽を見ることが出来る。

(23) 第71回国会参議院文教委員会会議録第18号（昭和48年7月10日）18頁。

(24) 久保田穣「学校における憲法教育の実態」永井、前掲『学校の憲法教育』150頁。

(25) 永井、前掲「教員免許と『憲法』の単位履修」106頁。当時の奥野誠亮文部大臣は、内務省事務時に官ポツダム宣言受諾に備え、戦争犯罪人を出さないために公文書焼却の命令書を書き、竹下登内閣において国土庁長官を務めた時には日中戦争について「日本に侵略の意図は無かった」と発言して批判を浴び辞任した。なお、「『従軍』慰安婦はいない、商行為として行われた」、「軍は戦地で交通の便をはかったかもしれないが、強制連行はなかった」等とも公言したことで知られている。YOMIURI ONILNE2015年8月11日05：20
https://www.yomiuri.co.jp/matome/sengo70/20150810-OYT8T50122.html
2018年8月15日取得。日本弁護士会連合会会長鬼追明夫「従軍慰安婦に関する会長声明」(1996年)。

(26) 第112回国会衆議院文教委員会議録第2号（昭和63年3月23日）9～10頁。

(27) 村井、前掲「アメリカ教育使節団報告書」116～117頁。

(28) 村井、前掲「アメリカ教育使節団報告書」93頁。

(29) 村井、前掲「アメリカ教育使節団報告書」97頁。

(30) 教育刷新委員会第1回建議事項（昭和21年12月27日建議）の中で「教員の養成は、綜合大学及び単科大学において、教育学科を置いてこれを行うこと」と明記した。文部省、前掲「学制100年史　資料編」258頁。

(31) 文部省、前掲「学制100年史」38頁。

(32) 高島秀樹「戦後大学制度と大学基準協会」明星大学研究紀要第53号（2017年）111頁。

(33) 山崎奈々絵「戦後教員養成改革と『教養教育』」(2017年、六花出版）3頁、土屋、前掲「戦後日本教員養成の歴史的研究」169～170頁。

(34) 土持ゲーリー法一「戦後日本の高等教育政策『教養教育』の構築」(2006年、玉川大学出版部）184頁。

(35) 1946年6月21日の大学基準改定により、一般教養科目は「一般教育科目」と改称された。山崎、前掲「戦後教員養成改革と『教養教育』」3頁。

(36) 高島、前掲「戦後大学制度改革と大学基準協会」110頁。

(37) 経済団体は1950年代以降、教育に関する意見・要望を活発に公表して行った。日経連「新時代の要請に対応する技術教育に関する意見」(1956年)・「新教日経連・経済団体連合会「技術教育の画期的振興策の確立推進に関する要望」(1961

年８月25日）等がある。

（38）厚生省勞働局長「産業報國會ノ指導方策ニ關スル件」（厚生省發勞第37號　昭和14年５月22日）、厚生省勞働局編『産業報國運動要綱』（1940年、産業報国聯盟）66頁。
国立国会図書館デジタルコレクションhttp://dl.ndl.go.jp/info:ndljp/pid/1685548　2018年８月25日取得。

（39）第101回国会の施政方針演説において中曽根首相は、画一的な教育制度と校内暴力や青少年非行の激増を示し、行・財政改革と共に教育改革の必要性を強調した。改革の視点に教育制度・内容の多様化・弾力化、家庭・社会教育の重視等を挙げ、かつ、知育のみに偏しない道徳性や社会性、純真な理想と強健な体力等が「改革の根底」に不可欠等と主張した。第101回国会昭和59年２月６日衆議院会議録第３号（２）２頁、同日参議院会議録（その２）２頁。

（40）大学審議会は、2001年の省庁再編により中教審大学分科会に改組される迄に、大学、短期大学、高等専門学校、大学院、学位、入試、教員採用及び任期制等に関する28もの答申乃至報告を公表している。

（41）「第３期大学分科会の当面の検討課題例」に関連する参考資料【大学教育部会関連部分】」の「国立大学の教養部改組の状況には、「昭和38年～昭和43年　32大学に教養部を設置」•「平成18年時点で教養部を置くのは１大学」とある。文科省ホームページ
http://www.mext.go.jp/b_menu/shingi/chukyo/chukyo4/015/gijiroku/06042718/006/001.htm　2018年８月27日取得。
この資料に含まれていない琉球大学にも教養部が設けられていたので、教養部を擁した国立大学は33を数える。琉球大学は、占領下の1950年に第１回入学式を挙行し、1964年に教養部を設置した。1972年には、沖縄の本土復帰によって同短期大学と共に日本国に移管され国立大学となる。教養部を廃したのは、1997年である。琉球大学ホームページ
http://www.u-ryukyu.ac.jp/univ_info/gakucho/school_history.html　2018年８月28日取得。

（42）東京医科歯科大学では1965年に教養部を設置し、現在に至っている。東京医科歯科大学ホームページ
http://www.tmd.ac.jp/outline/idee/history/index.html　2018年８月27日取得。同大教養部ホームページは、「国立大学では唯一教養部をもつ大学」と自己紹介している。http://www.tmd.ac.jp/artsci/　2018年８月27日取得。なお、教養教育の変遷と教養部の概観は、黒羽亮一「戦後大学政策の展開」（1993年、玉川大学出版部）54～75頁を参照されたい。

（43）川口昭彦「国立大学における教養教育の取り組みと評価―大学評価・学位授与機構の実情調査報告書と評価報告書から―」大学評価・学位研究第１号（2005年）10頁。

(44) 川口、前掲「国立大学における教養教育の取り組みと評価」9頁。
(45) 川口、前掲「国立大学における教養教育の取り組みと評価」8頁
(46) 大場淳「日本における高等教育の市場化」教育学研究76巻2号(2009年)185頁。
(47) 大学審議会「21世紀の大学像と今後の改革方策について—競争的環境の中で個性が輝く大学—(答申)平成10年10月26日」は、「高等教育機関の多様化・個性化」として、大学の機能別分化を提唱した。これは、2005年の中央教育審議会答申「我が国の高等教育の将来像　平成17年1月28日」が示した大学の機能別分化7類型に繋がっていく。
(48) 飯吉弘子「戦後日本産業界の人材・教育要求変化と大学教養教育」日本労働研究雑誌629号(2012年)13頁。
(49) 国際教養大学学則1条。国際教養大学ホームページ
http://web.aiu.ac.jp/wp/wp-content/themes/aiu/doc/about/regulation/01_teikan_gakusoku/J003_gakusoku.pdf
2018年8月28日取得。
(50) 立命館大学は新学部において、米・豪の大学と共同で学士教育を実施する予定であることが報じられている。日本経済新聞2017年11月20日05：55
https://www.nikkei.com/article/DGXMZO23674590Q7A121C1CK8000/
2018年8月27日取得。
(51) 日本経済新聞2018年2月27日。
(52) 永井監修、矢倉久泰・石川多加子・高木敏和著「憲法から大学の現在を問う」(2011年、勁草書房)196頁。
(53) 林正人「大学設置基準大綱化後の共通(教養)教育のかかえる問題」大阪工業大学紀要人文社会編48巻2号(2003年)。
https://www.oit.ac.jp/japanese/toshokan/tosho/kiyou/jinshahen/48-2/jinsya_2/hayashi_masahito.html　2018年8月28日取得。
(54) 飯吉、前掲「戦後日本産業界の人材・教育要求変化と大学教養教育」13頁。
(55) 土屋、前掲「戦後日本教員養成の歴史的研究」335頁。
(56) 土屋、前掲「戦後日本教員養成の歴史的研究」298頁。
(57) 土屋、前掲「戦後日本教員養成の歴史的研究」328頁。
(58) 教職課程コアカリキュラムの在り方に関する検討会(2017年11月17日)「教職課程コアカリキュラム付属資料、参考資料」54頁。文部科学省ホームページ
http://www.mext.go.jp/b_menu/shingi/chousa/shotou/126/houkoku/1398442.html
2018年8月28日取得。
(59) 文部科学省初等中等教育局 教職員課「教職課程認定申請の手引き(平成31年度開設用)【再課程認定】」(2017年)1頁。
(60) 全国私立大学教職員組合「教職課程の再課程認定に反対する特別決議」(2017

年９月14日)。

(61) 林、前掲「大学設置基準大綱化後の共通（教養）教育のかかえる問題」。

(62) 教職課程コアカリキュラムの在り方に関する検討会「教職課程コアカリキュラム」(2017年11月27日) ２頁。

(63) 児美川孝一郎「大学を脅かす「教職課程の再課程認定」という統制」JBPRESS 2018年４月２日６時０分。 http://jbpress.ismedia.jp/articles/-/52698 2018年８月29日取得。

(64) 中央教育審議会「これからの学校教育を担う教員の資質能力の向上について～学び合い、高め合う教員育成コミュニティの構築に向けて～（答申）平成27年12月21日」33頁。

(65) 永井、「学習指導要領の『法制化』政策の意図と政治的背景」教育放棄研究会編『学習指導要領の法的批判』62頁。

(66) 文部科学省初等中等教育局教職員課「教育職員免許法・同法施行規則の改正及び教職課程コアカリキュラムについて」17頁。
http://www.mext.go.jp/component/a_menu/education/detail/__icsFiles/afieldfile/2017/07/27/1388004_2_1.pdf 2018年８月29日取得。

(67)「教育の基礎的理解に関する科目」・「道徳、総合的な学習の時間及び生徒指導、教育相談等に関する科目」・「教育実践に関する科目」の項目及び内容は、教職課程コアカリキュラムの在り方に関する検討会、前掲「教職課程コアカリキュラム」、横須賀薫監修　渋谷治美・坂越正樹編著「概説　教職課程コアカリキュラム」(2018年、株式会社ジダイ社）23頁以下を参照されたい。

(68) 教職課程コアカリキュラムの在り方に関する検討会、前掲「教職課程コアカリキュラム」２～３頁。

(69) 藤田昌士「18歳選挙権導入に際しての提言」。法学館憲法研究所ホームページ http://www.jicl.jp/hitokoto/backnumber/20150302.html 2018年８月29日取得。

(70) 神田嘉延「現代社会における日本の教員養成」南九州大学人間発達研究４巻（2014年）24頁。

(71) 東京新聞2018年10月16日。

(72) 例えば、新潟県教職員組合「平和をまもる―戦争と新潟―復刻増補版」(1996年）46頁、NHK戦争証言アーカイブス「満蒙開拓青少年義勇軍～少年と教師それぞれの戦争～」(2010年８月11日放映）等。
https://www2.nhk.or.jp/archives/shogenarchives/bangumi/movie.cgi?das_id=D0001230003_00000 2018年８月29日取得。

(73) 坂本秀夫「学校教育における憲法教育の実態」永井編、前掲『学校の憲法教育』140頁。

(74) 神田、前掲「現代社会における日本の教員養成」27頁。

昨今の高等教育改革と「大学の自治」の変容

早　田　幸　政

はじめに

今日における科学技術は日進月歩の進歩を遂げ、様々な分野でグローバル化の波が押し寄せていることに伴い社会構造・産業構造は急速に変貌してきている。また、労働市場の雇用環境・条件も急激な変容をきたしている。少子化の流れに歯止めがかからない中で、学生獲得競争に明け暮れる我が国高等教育機関は、受入れ学生の資質・能力にばらつきがあることを踏まえ、個人の資質・能力に見合った教育展開を行うことが求められていることに加え、学生や社会のニーズの変化に柔軟に対応させ人材育成機能の一層の強化が要請されている。

国の政策に目を転ずると、大幅な公財政赤字の圧縮に向け、規制改革路線が連綿と継続している。ここに言う「規制改革」は、規制のレベルを下げることを専らの目的とする「規制緩和」と同義ではない。「規制改革」では「官」を通じた需給調整の手法は否定され、市場競争原理が有効に働く環境を政策的に創出することが眼目とされる。現下の我が国政府は、グローバルな規模で新自由主義政策が跋扈する中で、「『官』から『民』へ」、「『競争』と『評価』」、「『選択』と『集中』」といった政治スローガンを掲げ、この規制改革路線を強力に推進してきた。

こうした国の新たな政治方針によって、高等教育政策においてもドラスティックな変化をもたらし、憲法保障事項でもある「大学の自治」の根幹を揺るがしかねないような制度変更が模索され、その一部は具現化されていった。

本稿は、高等教育を取り巻く、上記のような現状認識を基礎に据え、まず初めに、憲法23条「学問の自由」保障条項における「大学の自治」の位置づけ・性格について代表的な憲法学説を踏まえその整理を行うこととする。次いで、昨今における中央教育審議会の各種答申等が行った提言の検証を通じ、大学を軸とする高等教育政策にどのような変化がもたらされたのかを考究する。さらにそれら提言等を踏まえて行われた制度改正が、伝統的な「大学の自治」の枠組みに及ぼした影響について考察する。そして最後に、学部・学科・研究科を教育研究の基本組織として位置づけてきた現行高等教育法制に係る制度変更の意義と更なる変容の可能性について、若干の私見を述べることとする。

1 「学問の自由」と「大学の自治」

1．1 「大学の自治」に関する憲法理論の整理

憲法23条は、「学問の自由は、これを保障する」と定めている。学問の自由は、何人にも保障されるものであるが、沿革上の理由などから、それは、とりわけ大学などの高等教育機関の教員（研究者）に対し認められるものと解されてきた。同条の規定する「学問の自由」の内容として、従来の通説的見解はこれを「学問研究の自由」、「学問研究の成果の発表の自由」、「大学における教授の自由」並びに「大学の自治」の4つの要素で構成されるものとする。(1)

「学問の自由」は、明治憲法体制下にあって、1933年の京大滝川事件、1935年の天皇機関説事件などの代表事案に見られるように、当時の政府の教育統制の論理・政策を媒介に、「国体」概念との対抗関係でその自由が侵害されてきた。(2) そうした過去の反省を踏まえ、それは、第一に、国家権力が、学問的活動とその成果に対しこれを弾圧しあるいは禁止することを許さないこと、第二に、高等教育機関で学問に従事する研究者に職務上の独立を認め、その身分を保障することにあること、として理解されてきた。そしてこのことを踏まえ、憲法学説は、「大学の自治」に関する憲法上の明文規定はないものの、それが「学問の自由」と密接不可分の関係にあり、沿革的にも相補

的な関連の中で両概念が醸成されてきたことから、「大学の自治」も憲法23条によって保障されていると解してきた。また、最高裁も、「東大ポポロ劇団事件」判決の中で、憲法23条を根拠とする「大学の自治」の存在を認めた。[3]

ここで、憲法保障事項である「大学の自治」の内容について簡単に整理しておきたい。

「大学の自治」は高等教育機関に保障されることに異論はないと見られるが、それではそれが、専ら大学・大学院及び短期大学に対して保障されるものなのか、制度上、高等教育機関に類別される他の学校種、すなわち専門大学、高等専門学校、専門学校にまで対象を広げて理解すべきなのか、あらためて考えておく必要がある。一般論として言えば、学問の自由に係る憲法保障を十全なものとする上で、高等教育機関全てが自治権の保障対象とすることも一方策ではあるが[4]、同保障のインフレ懸念の阻止を肯定する立場に立てば、その対象となる高等教育機関を従来の範囲にとどめておくことが適切である。

「大学の自治」が如何なる範囲において認められるか、という点について、通説はこれまで、「人事の自由」、「施設管理の自由」、「学生管理の自由」を挙げてきた。

とりわけ、学長、教員の選任手続に係る「人事の自由」は、「教授会自治」の裏付けを伴うもので、大学の自治の核心部分をなすものとして理解されてきた。上記ポポロ劇団事件最高裁判決も、「人事の自由」に係る「大学の自治」が、「大学教授その他の人事」に関して認められるものであること、「大学の学長、教授その他の研究者が大学の自主的判断に基づいて選任」されること、の双方について確認した。このように「大学の自治」に関する伝統的理解は、「教授会自治」に基礎づけられた「人事の自由」を中軸に大学の自律的運営が図られるべきことをその内容とするものであった。

なお「大学の自治」の範囲をめぐり、上記にとどまらず、「教育研究作用を実現する上での自治[5]」、これにさらに「予算管理における自治[6]」を加え、その範囲を広く解する有力学説も存する。

1．2　戦後大学の管理運営と「教授会自治」の在り方における政策の潮流

戦前にあって、旧帝国大学制度下の「大学の自治」の中軸をなしたのが「教授会自治」である。この慣行は、1914年の京大沢柳事件の紛争解決プロセスを通し、「分科大学教授会」に対し教授の任免に対する同意権が認められたことにより一層強固なものとなった。

戦後の新制大学の発足の後も、上記のような「大学の自治」、「教授会自治」の意義は関係者間で十分共有されていたはずである。にもかかわらず、こうした制度慣行に対しては、とりわけ、国立大学において、学外有識者を加えた理事機関を置く動きが模索されるなど、人事権の帰属問題とも連動して教授会自治への見直しを迫る施策が波状的に打ち出されるところとなった。

まず、1947年-1948年の占領期、マッカーサー総司令部「民間情報教育局(CI&E)」及び我が国文教当局より国立大学一部地方委譲案、大学理事会案が示された(7)。また1948年７月付けで文部省「大学法試案要綱」が提示され、国立大学の管理を掌る機関に学外者を加える構想が示された。この間、共産主義的傾向のある者の学外排除を煽情した「イールズ旋風」が我が国大学を席巻していたがその折、来日した「第二次米国教育使節団」は、その報告書中で、教授会自治への修正を迫るとともに、各大学の方針を樹立する会議体の構成員の大半を学外者で占めるよう提言した。そして1951年３月、上記提言の視点に沿った国立大学管理法案が国会に上程されたが、廃案となった。

その後も、国立大学を中心とする組織・運営の改変を求める提言等が政府サイドから提示された。1963年１月の中央教育審議会「大学教育の改善について（答申）(8)」は、国立大学の管理運営体制の変革に向け、a）管理運営の統括責任を担う学長と審議機関である評議会、教授会の位置づけを明確にすること、b）教授会の審議事項を教学事項に限定すること、c）学外者を加えた新たな機関を学内に設置すること、を内容とする提言を行った。1971年６月の中教審「今後における学校教育の総合的な拡充整備のための基本的施策について（答申）(9)」も、ほぼ同様に国・公立大学改革の視点から、a）設置者から大幅な権限委譲を受けて管理運営を掌る「理事機関」の新設、b）新

設「理事機関」には相当数の学外者を含めること、を内容とする提言を提示した。さらに、1987年４月の臨時教育審議会「教育改革に関する第三次答申」は、国・公立大学に留まらず、私立大学にまでその対象を拡大して、管理・運営体制の改革方向を提唱した。具体的には、a）国立大学の自由度を高めることを前提とした学長のリーダーシップ体制の確立、b）私立大学における教学執行部と教授会の役割分担の明確化並びに理事会と教学の適切な機能分担、c）学外有識者の参加を得た諮問機関の設置・運用、の提案がなされた[(10)]。

こうした幾多の提言が政府サイドから示されたものの、それに即した制度改正がなされることはなかった。その動きが現実のものとして始動し制度化が試みられるのは、1990年代後半以降である。

2　昨今の高等教育政策と「大学像」の揺らぎ
──近時の中教審諸答申等の提言を手掛かりに

「規制改革」とリンクして進められてきた公財政支出の縮減に係る施策は高等教育の在り方についても、大きな影響を及ぼすところとなった。国立大学の法人化に代表されるそうした動きは、私学助成の配分基準の厳格化を通じ私立大学の教育活動にも波及していった。政府による組織スリム化の要請は、我が国大学全体を射程に収めて行われた。高等教育のグローバル化の要請も、ドラスティックな大学改革を誘引する大きな要因となった。高度な「知」の産出・共有を地球規模で求められる分野が拡大の一途を辿っていることに加え、国境を越えた大学間の教育交流や円滑な学生移動を担保するための仕掛けとして学位や単位の等価性・透過性を確保するための国際的な質保証の仕組みの構築・運用が不可欠的な課題となってきたのである。さらに、高等教育を取り巻く労働市場・雇用環境の変化は、教育研究条件の適切性の判定を通じた言わばインプット評価に依拠してではなく、学生が学習プロセスを経て育んだコンピテンシーの涵養の度合いを問う質保証方式（「ラーニング・アウトカム・アセスメント」）への転換を余儀なくされるところとなった。

高等教育を取り巻くこうした背景の下、2005年1月、中教審「我が国の高等教育の将来像（答申）[11]」が公にされた。少子化時代を迎えユニバーサル段階に突入した高等教育の在り方を見据え、同答申は、a）各大学が、受入れ学生の資質・能力の多様化や学生の学習ニーズに応じ、教育研究上の「機能別分化」や個性・特徴の明確化を図る必要があること、b）学部・学科・研究科などといった「組織」に着目した整理がなされている現状を改め、学位を与える教育プログラム中心の考え方に再整理すること、等の提言を行った。

つづく2008年12月の中教審『学士課程教育の構築に向けて（答申）[12]』は、学士課程の教育の在り方の見直しを内容とする提言であるが、そこで「学部」段階の教育を敢えて「学士課程教育」と表記した点に大きな意味がある。その所以は、上記「将来像答申」が学部・大学院を通じこれを学位プログラムという視点から再整理すべき旨を強調した点に求められる。同答申の大きな特徴は、a）大学・学部・学科等の単位で教育目的、学位授与方針を明確化すること、b）学位授与方針に即して、学生の学習到達度をアセスメントし卒業認定を行う組織的な取組を進めること、を強調した上で、c）学士課程共通の「学習成果」（＝ラーニングアウトカム）の一覧を提示した点に認められる。

上記「学士課程答申」の約4年後の2012年8月に公にされたのが、中教審「新たな未来を築くための大学教育の質的転換に向けて（答申）[13]」である。同答申は、その表題に示すように、単位制度の実質化と併せ「学士課程教育を各教員の属人的な取組から大学が組織的に提供する体系だったものへと深化させ、学生の能力をどう伸ばすかという学生本位の視点に立った学士課程教育への質的転換」を図ることを強く主張した。そしてそうした質的転換を実現するために、「学長のリーダーシップ」による「教学マネジメント」の確立が必要であるとした。そして改めて、「プログラムとしての学士課程教育」の実現に向け学生の流動性の向上など高等教育全体の柔構造化の視点を踏まえ、学部・学科・研究科等の在り方について引き続き審議していく必要性に言及した。さらに今後の大学評価の在り方についても、上記同様の視点から、全学的な教学マネジメントの下、学習成果重視を軸に改革サイクルを「内部質保証」システムとして位置づける必要性が強調された。

また、最近の官邸、財政当局サイドからも、我が国高等教育の在り方について、大学の自治の根幹に大きな影響を及ぼしかねないやや気になる提言が提示されている。

2017年５月の財政制度等審議会「『経済・財政再生計画』の着実な実施に向けた建議(14)」では、大学改革が進まない高等教育機関への補助金配分の見直しや、「補助金配分基準に客観的な教育のアウトカム指標を導入し、傾斜配分を強化」する方向性が示された。また、同年６月の［閣議決定］「経済財政運営と改革の基本方針2017について(15)」は、大学教育の質の向上のため、「教育課程等の見直し、教育成果に基づく私学助成の配分見直し」を行うとともに、「外部人材の登用」や「ガバナンス改革など経営力強化のための取組」を進める方向性を示した。翌2018年６月の［閣議決定］「経済財政運営と改革の基本方針2018について(16)」は、国立大学について機能別支援の枠組みを活用するとともに、私立大学についても、人材育成に係る３類型の中から当該大学の具体的方向性に見合った類型の選択を求めるなど、各大学の「役割・機能の明確化を加速する支援の枠組み」を設定する方針を提示した。加えて、社会ニーズに対応したカリキュラム編成が行えるよう、その編成に当り「外部の意見を反映する仕組み作り」の必要性を提言した。

こうした官邸や財政当局からの大学への財政支援等の在り方等について、厳しい意見が示される中、「2040年」の高等教育を展望した2018年６月の中教審大学分科会将来構想部会「今後の将来像の提示に向けた中間まとめ(17)」が公にされた。その総論部分で、憲法が保障する「学問の自由」と「大学の自治」について独自の視点から踏み込んだ解釈が行われた。すなわちそこでは「憲法で保障されている『学問の自由』は大学と教員・研究者に蓄積された知識に基づいた研究とその教授の自由であり、大学の自治は、その自由を保障するためのものである。その教育研究の自由が保障されていることが、新しい『知』を生み出し、国力の源泉となる根幹を支えていることを再認識しておく必要がある」との憲法論が展開された。そしてそうした憲法保障を基盤に、大学等の「建学の精神」や教育研究活動について社会に対する説明責任を果たすとともに、「強み」、「特色」を同様に社会に分かりやすく発信すべき責務があることが強調された。以上のような「大学の自治」に係る基本認識を前提に、次のような具体的な提言を行った。まず第1に、高等教育機関と産業界との「学び」のマッチングを図る上で、両者の協力関係が不可欠であるとした。第2に、高等教育機関が設定した「修得すべき知識、能力の達成目標」に依拠してカリキュラムを編成しその効果を測定する仕組みを開発するとともに、産業界と協力してカリキュラムの修正を行うサイクルを恒常的に回していく必要性が強調された。第3に、大学等のガバナンスの側面においても、産業界との協力関係、連携関係を充実していくべきであるとした。第4に、大学が「機動性を発揮して学部横断的な教育に積極的に取り組むことができるよう『学部、研究科等の組織の枠を超えた学位プログラム』」の設置を行い易くする方向性を打ち出した。第5に、学長のリーダーシップの下で、各高等教育機関が、改善・改革のサイクルを組込んだ有為な教育活動を行うことができるよう、政府主導による『教学マネジメント指針』を策定・提示するものとした。

本『中間まとめ』は、これまでの中教審の諸答申・報告にはあまり例のない、「学問の自由」保障条項である憲法23条の解釈に踏み込んだ上で、将来に亘る高等教育改革の具体的方向性を提示した点に大きな特徴がある。このことを踏まえて、同『中間まとめ』の特質を簡潔に要約すれば、a）憲法が保障する「大学の自治」は、これを「国力の源泉」と端的に表現しているように、国家的利益に資する限りにおいてその正当性が認められるというように理解できる側面を内包するとともに、社会の付託を受けて「大学の自治」が認められている以上、そこでは社会への「説明責任」を果たすことが至上の責務と理解されている感が否めないこと、b）ここに言う「社会」とは、何よりも産業界が想定されているように見えること、c）卒業時の学生が修得しておくべき知識・能力や学習上のパフォーマンスも、産業界のニーズと整合させるよう求めているように読めること、d）大学のガバナンスの変革の道筋として、そのプロセスに産業界関係者の意思を反映させるよう要請していること、といった諸点にその特質を見出すことができる。

ところで、「学長のリーダーシップ」による「教学マネジメント」の確立の必要性を訴えた2012年８月の上記・中教審「質的転換（答申）」から約１年半の後、学長のリーダーシップを軸に大学のガバナンス改革のための諸方策を提言したのが、2014年２月の中教審大学分科会「大学のガバナンス改革の推進について（審議まとめ）」である(18)。同「(審議まとめ)」も、「大学の自治」の在り方についての見解を示した数少ない中教審の公文書の一つで、「大学の自治」とは大学への公権力による「不当な介入」を排除することを趣旨としているとしその意義を限定的に捉えた。その上で、「大学の自治」の保障と「教授会自治」との関係に関し、教員の任免権の所在をめぐって争われたいわゆる甲南大学事件に係る1998年11月の大阪高等裁判所判決（大阪高判平10. 11. 26(19)）を引き合いに出し、「教授会自治」の保障には教員人事の意思決定に関与することまでも含まれてはいない、と主張した。併せて同「審議まとめ」は、教員ポストの「配置」を学長の判断事項とするとともに、そこに配置される教員の「選考」は、教員組織の意見を十分考慮しつつも学長が最終決定を行うべきものとした。「大学の自治」、「教授会自治」について上記のような憲法論を展開した本「審議まとめ」は、教授会の役割・法的位置づけに関し、教授会が純然とした「審議機関」としての機能を果たすよう求め、「教授会の役割の明確化」を基本とする改革提言を行った。その具体的な中身は、a）教授会は、あくまでも合議制の審議機関であること、従って「重要事項」を対象とした教授会の審議を十分に考慮しつつも、最終的な意思決定権者は学長であること、b）教授会の審議事項の明確化を図ること、関連して、本来的に学長や理事長の権限に属する事項であるにもかかわらず、その中に教授会決定事項が含まれていないかの総点検・見直しが必要であること、c）学部や研究科単位の教授会にとどまらず、機能別に組織される多様な教授会が存在することを踏まえ、教授会の設置単位を総点検すべきこと、などであった。

この「(審議まとめ)」から約2か月後の2014年4月、日本経済団体連合会「次代を担う人材育成に向けて求められる教育改革[20]」が公にされた。そこでは、学長のリーダーシップを発揮させる仕組みの制度化や学部・研究科の組織再編とそれに伴う教授会の設置単位の見直し等の提言が打ち出され、次に見る学校教育法改正を誘引する原動力となった。

3　大学のガバナンス法制の改正と「大学の自治」の変容

3．1　1999年国立学校設置法改正の意義

国立大学法人化を機に国立学校設置法の廃止に至るまでの間の最後の重要な法改正が、この1999年改正であった。

国立大学では従来より、評議会、教授会は全学と部局という学内設置単位の違いこそあれ、いずれも重要な権限を行使できる教学上の会議体として位置づけられていた。1999年改正は、これら会議体の権限を規定上、明確化する中でその各々の権限を実質的に縮減する一方で、それに伴う学長権限の強化により、国立大学の意思決定システムにおける機動性の確保と組織活動の効率化を指向した。換言すれば、「学部自治」の垣根を越えた全学的立場から大学機能を総合的に発揮させることにその眼目があった。同改正によって創設された「運営諮問会議」制度も、学外者の意見を大学運営に反映させる仕組みとして、国立大学のアカウンタビリティを組織面から制度的に担保することにその狙いがあった。

こうした国立大学の管理運営システムの抜本改正は、法制上、後に詳述する公・私立をも巻き込んだ「教授会主導」から「学長主導」への転換を促す2014年学校教育法改正の序章として位置づけられるものであった[21]。

3．2　2014年学校教育法改正

2014年の改正学校教育法は、教授会の根拠規定として「大学に、教授会を

置く」(法93条１項）とする定めを置くとともに、教授会の職務として、a）学生の入学・卒業及び課程の修了、b）学位授与、c）「a)」及び「b)」以外の「教育研究に関する重要事項」で学長が定めるもの、について「学長が決定を行う」に当り教授会として「意見を述べる」旨を定めた（法93条２項)。ここに言う「教育研究に関する重要事項」として、教育課程の編成、教員の教育研究業績の審査などが挙げられる。さらに改正学校教育法は、同項に規定するもののほかに、学長等が掌理する教育研究に関する事項について教授会が「審議」し、学長等の求めに応じ「意見を述べることができる」旨の規定（法93条３項）を置いた。改正学校教育法に上記規定が置かれたことに伴い、学生の入・退学、転学、留学、休学及び卒業に関する事項は「教授会の議を経て、学長が定める」としていたそれまでの学校教育法施行規則144条が全文削除された。

文部科学省は、この改正法の公布に併せ、各条規の公定解釈を示す通知を全国の大学等に向け発出した。それが、「学校教育法及び国立大学法人法の一部を改正する法律及び学校教育法施行規則及び国立大学法人法施行規則の一部を改正する省令について（通知[22])」(文部科学省高等教育局長・研究振興局長、文科高第441号平26．８．29）(以下、「平26．８．29文科高第441号通知」と略記）である。そこでは、教授会の役割・位置づけについて次の諸点が強調された。

第一に、教授会は、教育研究に関する事項の「審議機関」であり、決定権者である「学長等」に対し「意見を述べる」関係にあるとされた。従って、学長決定が、教授会の判断に拘束される仕組みとなっていた場合、学長が最終決定を実質的に行える仕組みに転換することが求められた。第二に、学校教育法93条２項各号に掲げる事項については、教授会が学長に対し、意見を述べる義務があるものとされた。第三に、同法93条２項に基づき教授会が意見を述べるべき事項は、「学長裁定」などの方法で予めそれらを明確化しておく必要があるとされた。第四がここで最も留意すべき事柄なのであるが、教授会は学部や研究科単位で必ず置く必要はなく、全学教授会、学科や専攻単位の教授会、機能別に組織される教授会（教育課程編成委員会、人事委員会等）などその在り方は多様であることから、各大学において、適切な設置単位について再点検すべきこととされた。

このように、教授会に関し、上記改正法令及びその解釈指針である「平26. 8. 29文科高第441号通知」によってその法的地位に大きな縛りが掛けられることとなった一方で、学長については、従来の扱いに変更はなく「学長は、校務をつかさどり、所属職員を統督する」（学校教育法92条3項）とする規定が継承された。

なお、私立大学における学長と理事会の関係については、学長が学校教育法上の権限ある教学上の最高責任者である一方で、私立学校法36条により、大学運営については学校法人がその責任を負い、理事会が最終意思決定機関として位置づけられるなど、両者の関係に変更はないものとされた（「平26. 8. 29文科高第441号通知」）。

4　学部・学科・研究科単位の教育研究組織から学位中心の教育プログラムへの転換へ―むすびにかえて

我が国の伝統的な大学像は、戦前の「分科大学教授会」における自治の慣行を踏襲し、学部自治を基礎とする教授会自治として生成・発展してきた。現行制度上も、教育研究上の軸をなしているのは、学部・学科・研究科であり、将来に亘り、その枠組みの中で学位に連結する大学教育が行われることを信じて疑わない大学関係者がほとんどであろう。

しかしながら、教授会自治の枠組みに風穴を開けることを眼目に展開されてきた大学運営に係る政策上の潮流の中で、上記2014年学校教育法改正は、その流れを加速させる大きな橋頭堡となった。そこでは、法制上、教授会権限の限定化が図られたことに加え、改正法の解釈指針である「平26. 8. 29文科高第441号通知」を通じて、教授会は学部や研究科に必置のものではなく、全学教授会や教育課程編成委員会、人事委員会等も同様に「教授会」として位置づけられるものであることが明示された。

このことに加え、昨今の中教審答申は、大学における教育展開を学部・学科・研究科の単位で行ってきたこれまでの考え方を改め、学位に連結する教育プログラム中心にこれらを再整理する必要性を再三に亘って言及してきた。とりわけ、上記2018年6月の中教審大学分科会将来構想部会「将来像中間まとめ」が、学長のリーダーシップの下、大学がその「強み」に応じて「学部、研究科等の組織の枠を超えた学位プログラム」の設置を行い易くする方向性を打ち出したことは、こうした流れを加速させることになろう。

学部横断的な学位プログラムの構想は、大学の教育活動と（学部毎に編成されている）教員組織の分離を指向するものである。「学位プログラム」と「学部単位での教員組織」の分離は、社会や学生のニーズに対応させた教育プログラムを機敏に編成し、限られた数の教員をそうした教育プログラムに機動的に投入・配置できるという点で、また産業界の要請に対応しかつ公財政の効率的運用にも寄与できるという点で一挙両得の側面を有している。しかしその一方で、大学固有の属性である教養主義の減退とこれに伴う大学教育そのものの質の劣化につながることが危惧される[(23)]。

現下の高等教育政策にあって、学部横断型教育プログラムや全学レベルで展開される教育プログラムに対し、基盤的経費、競争資金の別を問わず、優先的に国の資金が配分されるなど、学部の垣根を越えた教育プログラムの普及・促進を財政面から誘導しようとする兆候も垣間見られる。

大学の教育活動を「学部の垣根」を超えた横断的なシステムとして展開させようとする近年の高等教育政策の動向の中で、従来の教授会の在り方の抜本的見直しを迫った2014年学校教育法改正は、伝統的に教学組織の基本として位置づけられてきた「学部」に係る学校教育法上の根拠規定を廃止に追いやる大きな契機として機能することになるかもしれない。国によるそうした究極目標実現の模索は、それ自体現時点にあって、「教授会自治」や「学部自治」という「大学の自治」の一角を構成していた憲法概念が衰亡の際に立たされていることを意味している。

こうした大学の普遍的価値に抗する変革の嵐が終息する気配のない状況の

下、「大学の自治」に係る憲法保障を貫徹させていくためには、個々の大学の個別的自治に加え、公権力による大学への侵害の防御装置としての「大学連合自治」概念の具体的実現(24)が、今日、我が国大学に課せられた喫緊の課題であることを最後に強調しておきたい。

(1) 芦部信喜・高橋和之補訂『憲法［第6版］』岩波書店、2015年、168-169頁。辻村みよ子『憲法［第6版］』日本評論社、2018年、230頁。長谷部恭男『憲法［第7版］』新世社、2018年、238-239頁。

(2) 山崎真秀「戦前日本における『学問の自由』」東京大学社会科学研究所編『基本的人権4　各論Ⅰ』東京大学出版会、1968年、494-496頁。

(3) 最大判昭38. 5. 22判時335号5頁。

(4) 中教審が公にした昨今の文書の中には、憲法保障事項である「学問の自由」の保障が高等教育機関全般に及ぶとの前提の下に、学校種（大学、短期大学、専門学校など）毎にその機能と役割分担の在り方について論じているものも見られる。

(5) 高柳真一・大浜啓吉「［学問の自由］第23条」有倉遼吉・小林孝輔『基本法コンメンタール憲法［第3版］』日本評論社、1986年、102頁。

(6) 佐藤幸治『日本国憲法』成文堂、2011年、245頁。

(7) 新制大学の事後的質保証を担う役割を活動目的に、1947年7月に創立された大学基準協会は、同プランを批判するとともに、その対案として「大学の自由」と大学制度の民主化に向け、大学連合方式による自治的監理機関の創設構想を明らかにした。この時期、同協会は、「教授会自治」を軸とする「大学の自治」の確立を標榜し幾つかの提言を行っていた（早田幸政「大学基準協会の活動の航跡を振り返って―協会成立から認証評価制度始動前までの時期を対象に政策的視点を踏まえた検証―」大学基準協会『大学評価研究』第16号、2017年、8頁。

(8) http://www.mext.go.jp/b_menu/shingi/old_chukyo/old_chukyo_index/toushin/1309479.htm（2018. 8. 20閲覧）。

(9) http://www.mext.go.jp/b_menu/shingi/old_chukyo/old_chukyo_index/toushin/1309492.htm（2018. 8. 20閲覧）。

(10) 戦後日本国憲法成立期からこの時期までの大学管理体制の中での教授会の在り方に関する論議の系譜については、早田幸政「『教授会自治』の変容と認証評価―2014年学校教育法改正を基軸として―」大学基準協会『大学評価研究』第14号、2015年、74-75頁。

(11) http://www.mext.go.jp/b_menu/shingi/chukyo/chukyo0/toushin/05013101.htm（2018. 8. 20閲覧）。

(12) http://www.mext.go.jp/b_menu/shingi/chukyo/chukyo0/

toushin/1217067.htm（2018. 8 . 20閲覧）。

（13）http://www.mext.go.jp/b_menu/shingi/chukyo/chukyo0/toushin/1325047.htm（2018. 8 . 20閲覧）。

（14）https://www.mof.go.jp/about_mof/councils/fiscal_system_council/sub-of_fiscal_system/report/zaiseia290525/04.pdf（2018. 8 . 20閲覧）。

（15）http://www5.cao.go.jp/keizai-shimon/kaigi/cabinet/2017/2017_basicpolicies_ja.pdf（2018. 8 . 20閲覧）。

（16）http://www5.cao.go.jp/keizai-shimon/kaigi/cabinet/2018/2018_basicpolicies_ja.pdf#search=%27%5B%E9%96%A3%E8%AD%B0%E6%B1%BA%E5%AE%9A%5D%E3%80%8C%E7%B5%8C%E6%B8%88%E8%B2%A1%E6%94%BF%E9%81%8B%E5%96%B6%E3%81%A8%E6%94%B9%E9%9D%A9%E3%81%AE%E5%9F%BA%E6%9C%AC%E6%96%B9%E9%87%9D%EF%BC%92%EF%BC%90%EF%BC%91%EF%BC%98%E3%81%AB%E3%81%A4%E3%81%84%E3%81%A6%E3%80%8D%27（2018. 8 . 20閲覧）。

（17）http://www.mext.go.jp/b_menu/shingi/chukyo/chukyo4/houkoku/__icsFiles/afieldfile/2018/07/03/1406578_01.pdf（2018. 8 . 20閲覧）。

（18）http://www.mext.go.jp/component/b_menu/shingi/toushin/__icsFiles/afieldfile/2014/02/18/1344349_1_1.pdf#search=%272014%E5%B9%B4+2%E6%9C%88%E3%81%AE%E4%B8%AD%E6%95%99%E5%AF%A9%E5%A4%A7%E5%AD%A6%E5%88%86%E7%A7%91%E4%BC%9A%E3%80%8C%E5%A4%A7%E5%AD%A6%E3%81%AE%E3%82%AC%E3%83%90%E3%83%8A%E3%83%B3%E3%82%B9%E6%94%B9%E9%9D%A9%E3%81%AE%E6%8E%A8%E9%80%B2%E3%81%AB%E3%81%A4%E3%81%84%E3%81%A6%EF%BC%88%E5%AF%A9%E8%AD%B0%E3%81%BE%E3%81%A8%E3%82%81%EF%BC%89%E3%80%8D%27（2018. 8 . 20閲覧）。同「審議まとめ」公表に先立つ2009年にOECDが行った高等教育政策レビューを取りまとめた報告書中で、日本の大学の特質として、教学上の決定権は学部教授会に帰属するとともに、教授会は設置者の決定に対しても強い拒否権を有しており、その結果に対して何らの責任も負わないことになっていることを指摘した（OECD（米澤彰純解説、森利枝訳）『日本の大学改革―OECD高等教育政策レビュー：日本』明石書店、2009年、41頁）。また、2012年３月の経済同友会「私立大学におけるガバナンス改革―高等教育の質の向上を目指して―」は、教授会の影響力が強い現下の私立大学のガバナンス構造を見直し、経営等における理事会の機能強化とともに、学長の執行権限を強化する必要性を指摘した。
（https://www.doyukai.or.jp/policyproposals/articles/2011/pdf/120326a_01.pdf#search=%27%E7%B5%8C%E6%B8%88%E5%90%8C%E5%8F%8B%E4%BC%9A%E3%80%8C%E7%A7%81%E7%AB%8B%E5%A4%A7%E5%AD%A6%E3%81%AB%E3%81%8A%E3%81%91%E3%82%8B%E3%82%AC%E3%83%90%E3%83%8A%E3%83%B3%E3%82%B9%E6%94%B9%E9%9D%A9%E2%80%95%E9%AB%98%E7%AD%89%E6%9

5%99%E8%82%B2%E3%81%AE%E8%B3%AA%E3%81%AE%E5%90%91%E4%B8%8A%E3%82%92%E7%9B%AE%E6%8C%87%E3%81%97%E3%81%A6%E3%83%BC%E3%80%8D%27, 2018. 8.19閲覧）。

（19）同判決は、教員人事に関し、a）教員任免に係る教授会の審議決定は、学長への意見具申にとどまるものであり、教員任免の要件ではない、b）教員人事に関わる決定は、寄付行為の定めにより、教授会ではなく理事会に委ねられている、c）「学問の自由」が各教員に保障されていることを根拠に、教授会の決定が理事会の任免権限を羈束できる旨を主張することはできない、との判断を示していた。

（20）http://www.keidanren.or.jp/policy/2014/033_honbun.pdf（2018. 8.21閲覧）。

（21）早田幸政「高等教育改革と大学法制」日本教育法学会『日本教育法学会年報』第29号、有斐閣、2000年、52-53頁。

（22）http://www.mext.go.jp/b_menu/hakusho/nc/__icsFiles/afieldfile/2014/09/10/1351814_7.pdf#search=%27%E5%AD%A6%E6%A0%A1%E6%95%99%E8%82%B2%E6%B3%95%E5%8F%8A%E3%81%B3%E5%9B%BD%E7%AB%8B%E5%A4%A7%E5%AD%A6%E6%B3%95%E4%BA%BA%E6%B3%95%E3%81%AE%E4%B8%80%E9%83%A8%E3%82%92%E6%94%B9%E6%AD%A3%E3%81%99%E3%82%8B%E6%B3%95%E5%BE%8B%E5%8F%8A%E3%81%B3%E5%AD%A6%E6%A0%A1%E6%95%99%E8%82%B2%E6%B3%95%E6%96%BD%E8%A1%8C%E8%A6%8F%E5%89%87%E5%8F%8A%E3%81%B3%E5%9B%BD%E7%AB%8B%E5%A4%A7%E5%AD%A6%E6%B3%95%E4%BA%BA%E6%B3%95%E6%96%BD%E8%A1%8C%E8%A6%8F%E5%89%87%E3%81%AE%E4%B8%80%E9%83%A8%E3%82%92%E6%94%B9%E6%AD%A3%E3%81%99%E3%82%8B%E7%9C%81%E4%BB%A4%E3%81%AB%E3%81%A4%E3%81%84%E3%81%A6%EF%BC%88%E9%80%9A%E7%9F%A5%27,（2018. 8.20閲覧）。

（23）早田幸政「『大学像』の変容と大学評価の課題」東海高等教育研究所編『大学を変える―教育・研究の原点に立ちかえって―』、大学教育出版、2010年、61頁。

（24）早田幸政『学問の自由と大学の自治』畑安次編著『日本国憲法―主権・人権・平和―』、ミネルヴァ書房、2010年、44頁。「大学連合自治」の考え方は、国から一定の距離を保ちつつ、大学設置認可の準拠規範を（旧）文部省と共有するとともに、認可後の大学の質保証を主体的に担うことを標榜して成立した大学基準協会の発足時からの基本理念でもある（早田・前掲注（7）8頁、16頁）。

「社会教育施設」としての図書館、美術館についての一考察

佐藤 修一郎

はじめに

憲法26条は、1項において端的に教育を受ける権利を保障している。もとより、教育とは学校を主たる場として行われるものではあるが、教育の場が学校のみに限定されるわけではない。すなわち、教育とは、家庭においても、地域においても実践され、広く教育を受ける者の自己実現に寄与するのみならず、ときには民主主義国家の担い手を育成し、ときには社会の発展に貢献する人材を輩出するという重要な役割を担った、知的な営為である(1)。とするならば、教育を受ける権利は、憲法1条、13条、21条及び23条にも根拠付けられる、各種の権利・自由の重層的かつ複合的な権利ともいえよう。

ところで、社会教育法は、学校を離れて実践される教育についてはこれを「社会教育」と定義し、2条において、「「社会教育」とは、学校教育法(昭和22年法律第26号)又は就学前の子どもに関する教育、保育等の総合的な提供の推進に関する法律(平成18年法律第77号)に基づき、学校の教育課程として行われる教育活動を除き、主として青少年及び成人に対して行われる組織的な教育活動(体育及びレクリエーションの活動を含む。)をいう」と規定するものである。こうした社会教育には、それにふさわしい「場」が必要となるところ、そうした「場」あるいは「制度」として、同法は、公民館、図書館、博物館、青年の家その他の「社会教育施設」を予定している(5条3号、4号)。

およそ、社会教育のための施設は、学習者にとって必要かつ十分な環境を備えていなければならない。以下、本稿においては、社会教育施設として学

習者が比較的容易に利用することが可能な図書館及び美術館（後述のごとく、美術館は博物館の一種である）につき、学習者による施設が保有する情報へのアクセスという観点を中心に、若干の検討を行うものである。

1　社会教育の意義

そもそも社会教育は、社会教育法２条の定義にも示されるとおり、学校という教育の場を離れて実践される点に特徴がある。もっとも、社会教育は、公民館、図書館、博物館といった「さまざまな場面で行われる多種多様な活動の総称」であり、学習者は児童・生徒といった未成年者の場合もあれば、学校教育の途上であれ、学校を卒業した者であれ、成人である場合もあるように、「あらゆる年齢に及び」、さらにはその内容も、「社会的課題の解決を志向するものから趣味やスポーツ・レクリエーションまで多岐にわたる」[(2)]。およそ社会教育は、学校教育や家庭教育との比較において、心理的にも環境的にも強制の契機が作用しにくいために、学習者には自発性・自律性[(3)]が要求されると同時に、その自発性・自律性が最大限に尊重されなければならない点に特徴があるように思われる。なお、いわゆる「生涯学習」と「社会教育」とがしばしば混同されることがあるが、前者は「生涯のさまざまな時期に行われる学習であり、さらに、自主的・自発的に行われるもの」であって、いわば「生涯学習の支援の一環として社会教育がある」ことから、両者は異なる概念であることに、留意が必要である[(4)]。

社会教育は、学習者の自発性・自律性を契機として学校外における国民の教育を受ける権利の実践として営まれ、それによって個人の人格形成と発展、さらには民主主義国家の担い手として成長し、社会に貢献できる人材として発達することに資するという意義を有するものと考えられる。

教育基本法12条は、１項で「個人の要望や社会の要請にこたえ、社会において行われる教育は、国及び地方公共団体によって奨励されなければならない」、２項で「国及び地方公共団体は、図書館、博物館、公民館その他の社会教育施設の設置、学校の施設の利用、学習の機会及び情報の提供その他の適当な方法によって社会教育の振興に努めなければならない」と規定している。また、地方教育行政の組織及び運営に関する法律30条は、「地方公共団体は、法律で定めるところにより、学校、図書館、博物館、公民館その他の教育機関を設置する」と定めており、社会教育及び社会教育施設につき、法律による根拠付けが与えられている。

図書館は、「社会教育法（昭和24年法律第207号）の精神に基き、図書館の設置及び運営に関して必要な事項を定め、その健全な発達を図り、もつて国民の教育と文化の発展に寄与することを目的」としており（図書館法１条）、同時に、「社会教育における学習の機会を利用して行つた学習の成果を活用して行う教育活動その他の活動の機会を提供し、及びその提供を奨励すること」が、図書館奉仕の内容であると規定されている（同法３条８号）。美術館もまた、「社会教育法（昭和24年法律第207号）の精神に基き、博物館の設置及び運営に関して必要な事項を定め、その健全な発達を図り、もつて国民の教育、学術及び文化の発展に寄与することを目的」としており（博物館法１条）、あわせて、「博物館資料を豊富に収集し、保管し、及び展示すること」（同法３条１号）、及び、「社会教育における学習の機会を利用して行つた学習の成果を活用して行う教育活動その他の活動の機会を提供し、及びその提供を奨励すること」（同条９号）が、博物館の事業として定められている。

とするならば、社会教育施設である図書館及び美術館においては、学習者は、原則として、各館が保有する情報にアクセスする権利を有するものというべきである。図書館及び美術館としては、社会教育施設としての役割を十全に果たしうるために、当該施設が保有する情報を、原則として、学習者の自発的・自律的な学習に寄与すべく、開示、提供するべきであろう。

2　図書館・美術館と学習者の「知る自由」

2．1　図書館

図書館の設置、運用及びその機能については、図書館法をはじめ、社会教育法、地方自治法（公立図書館の場合）、さらには地方教育行政の組織及び運営に関する法律（同）などによる規律が及ぶ。そもそも図書館は、「図書、記録その他必要な資料を収集し、整理し、保存して、一般公衆の利用に供し、その教養、調査研究、レクリエーション等に資することを目的とする施設」である（図書館法２条１項）。同時に、図書館は、「社会教育のための機関」として位置付けられている（社会教育法９条１項）。こうした図書館のうち、かかる目的を達成するために地方公共団体が設置した公の施設が公立図書館である（図書館法２条２項、地方自治法244条、地方教育行政の組織及び運営に関する法律30条）。そして、図書館法３条８号によれば、「社会教育における学習の機会を利用して行つた学習の成果を活用して行う教育活動その他の活動の機会を提供し、及びその提供を奨励すること」が、「図書館奉仕」の一内容として、定められている。

２．２　美術館

美術館は、「歴史、芸術、民俗、産業、自然科学等に関する資料を収集し、保管……し、展示して教育的配慮の下に一般公衆の利用に供し、その教養、調査研究、レクリエーション等に資するために必要な事業を行い、あわせてこれらの資料に関する調査研究をすることを目的とする機関」（博物館法２条１項）である博物館又は博物館に相当する施設として指定された施設[(5)]のうち、「美術品の公開及び保管を行うもの」を指す（美術品の美術館における公開の促進に関する法律２条２号）。また、国立美術館は、「美術……に関する作品その他の資料を収集し、保管して公衆の観覧に供するとともに、これに関連する調査及び研究並びに教育及び普及の事業等を行うことにより、芸術その他の文化の振興を図ることを目的」として、設置される美術館である。美術館を含む博物館は、社会教育法の精神に基き、「その健全な発達を図り、もつて国民の教育、学術及び文化の発展に寄与することを目的とする」ものである（博物館法１条）。

2．3　図書館情報・美術館情報を「知る自由」

図書館の蔵書、美術館の所蔵品といった情報へのアクセスは、個人の「知る自由」として憲法上の保護を受けるものと理解されて良い。一般に、民主政の価値を有する、情報の「受け手」の聞く自由、読む自由、視る自由としての「知る権利」については憲法21条１項を根拠として主張されるものと理解されてきた(6)。また、最高裁判所も、札幌税関検査事件(7)において、「表現の自由の保障は、他面において、これを受ける者の側の知る自由の保障をも伴うものと解すべき」と判示し、また、レペタ事件(8)においては、「各人が自由にさまざまな意見、知識、情報に接し、これを摂取する機会をもつことは、……民主主義社会における思想及び情報の自由な伝達、交流の確保という基本的原理を真に実効あるものたらしめるためにも必要であつて、このような情報等に接し、これを摂取する自由は、右規定の趣旨、目的から、いわばその派生原理として当然に導かれるところである」と判示している。

もっとも、本稿においては、図書館、美術館が保有する情報へのアクセスは、主として社会教育の観点から検討されるべき事柄であることから、上記の民主政の価値に主眼を置く「知る権利」とは異なった根拠付けを探ることが必要となろう。また、学習者の自発性・自律性に由来する「知る自由」が、最大限尊重されなければならないはずである。それゆえ、「知る権利」とは異なり、情報に接することによって自己の人格形成、人格陶冶を実践するための権利を、さしあたり、「知る自由」と理解し、その根拠を、憲法21条１項はもとより、13条、23条及び26条に求めることとしたい。

もっとも、「知る自由」が憲法上の権利として承認されるとしても、その権利性についてはさらなる検討が必要となる。この点、「知る自由」の自由権的側面については格別、請求権的側面については、「知る自由」を具体化する個別の法令による開示基準の設定及び開示請求権の根拠付けが必要となる(9)。

以下に検討する若干の事例においては、図書館情報へのアクセスについては、「知る自由」の自由権的側面が問題となったものであり、かかる根拠付けは不要である。他方で、美術館情報へのアクセスについては、第一審においては、美術作品についてはY県立近代美術館条例が定める特別観覧制度を、図録については地方自治法244条2項を、「知る権利」[10]を具体化する法令の根拠と解している。控訴審では、上記の特別観覧制度は「知る権利」を具体化する趣旨の規定と解することは困難であるとしながら、美術品の特別観覧及び図録の閲覧の可否は、地方自治法244条2項の「正当な理由」の有無により決せられるとしている。いずれにしても、「知る自由（知る権利)」の請求権的側面については、法令の根拠付けが必要となることはいうまでもない。その根拠をいずれの法令に求めるかにつき、法令の趣旨、目的に鑑みた個別の検討が必要となるように思われる。[11]

2．4　若干の裁判例の検討

2．4．1　図書館蔵書破毀事件[12]

【事実の概要】 X_1は、権利能力なき社団であり、X_2らは、X_1の役員又は賛同者である。Y_1市は、Y_1市図書館条例に基づき、A図書館を設置するとともに、その図書館資料の除籍基準を定めていた。A図書館の司書であったY_2は、X_1やこれに賛同する者等及びその著書に対する否定的評価と反感から、除籍基準に定められた「除籍対象資料」に該当しないにもかかわらず、A図書館の蔵書のうちX_1らの執筆又は編集にかかる書籍を含む計107冊を、廃棄した。

そこで、X_1らは、「著作物によってその思想、意見等を公衆に伝達する利益」が損なわれたとして、Y_1及びY_2を相手取り、国家賠償請求訴訟を提起した事案である。

【判旨】「図書館は、「図書、記録その他必要な資料を収集し、整理し、保存して、一般公衆の利用に供し、その教養、調査研究、レクリエーション等に資することを目的とする施設」であり（図書館法2条1項)、「社会教育のための機関」であって（社会教育法9条1項)、国及び地方公共団体が国民の文化的教養を高め得るような環境を醸成するための施設として位置付けられている（同法３条１項、教育基本法７条２項参照）。公立図書館は、この目的を達成するために地方公共団体が設置した公の施設である（図書館法２条２項、地方自治法244条、地方教育行政の組織及び運営に関する法律30条）。そして、図書館は、図書館奉仕（図書館サービス）のため、①図書館資料を収集して一般公衆の利用に供すること、②図書館資料の分類排列を適切にし、その目録を整備することなどに努めなければならないものとされ（図書館法３条）、特に、公立図書館については、……文部科学大臣によって告示された「公立図書館の設置及び運営上の望ましい基準」（文部科学省告示第132号）（が）、公立図書館の設置者に対し、同基準に基づき、図書館奉仕（図書館サービス）の実施に努めなければならないものとしている。同基準によれば、公立図書館は、図書館資料の収集、提供等につき、①住民の学習活動等を適切に援助するため、住民の高度化・多様化する要求に十分に配慮すること、②広く住民の利用に供するため、情報処理機能の向上を図り、有効かつ迅速なサービスを行うことができる体制を整えるよう努めること、③住民の要求に応えるため、新刊図書及び雑誌の迅速な確保並びに他の図書館との連携・協力により図書館の機能を十分発揮できる種類及び量の資料の整備に努めることなどとされている。公立図書館の上記のような役割、機能等に照らせば、公立図書館は、住民に対して思想、意見その他の種々の情報を含む図書館資料を提供してその教養を高めること等を目的とする公的な場ということができる。そして、公立図書館の図書館職員は、公立図書館が上記のような役割を果たせるように、独断的な評価や個人的な好みにとらわれることなく、公正に図書館資料を取り扱うべき職務上の義務を負うものというべきであり、閲覧に供されている図書について、独断的な評価や個人的な好みによってこれを廃棄することは、図書館職員としての基本的な職務上の義務に反するものといわなければならない。」

「公立図書館の図書館職員である公務員が、図書の廃棄について、基本的な職務上の義務に反し、著作者又は著作物に対する独断的な評価や個人的な好みによって不公正な取扱いをしたときは、当該図書の著作者の上記人格的利益を侵害するものとして国家賠償法上違法となるというべきである。」

【若干の検討】 本件において、本稿との関連では、最高裁判所が、公立図書館につき、社会教育法等の関連条文を引用した上で、「公立図書館は、住民に対して思想、意見その他の種々の情報を含む図書館資料を提供してその教養を高めること等を目的とする公的な場」と位置づけたことが重要である。すなわち、公立図書館としては、図書館資料の提供を通して住民の教養等を高めることに奉仕するという役割に鑑み、かかる資料は可能な限り住民に対して開かれなければならないことが示されている。これを住民の側から理解すれば、まさに住民は図書館資料を「知る自由」が保障されるべきといえよう。そして、住民の「知る自由」を充足するためには、本件で問題となったごとく、図書館司書がみずからの「独断的な評価や個人的な好み」により、図書館資料を廃棄するなどということは、あってはならない。

しかしながら、図書館資料として収集、整理、保存される情報の中には、必ずしも常に公開されることが望ましいとはいえない情報も含まれるであろう。たとえば、少年犯罪の被疑者の氏名や肖像を掲載した資料は、当該少年のプライバシー保護の必要性や、少年法61条の趣旨に照らしても、公開に適している情報とはいい難い。また、残虐な表現や、わいせつな表現を含む資料、犯罪を慫慂するかのごとき情報その他、情報の性質により、常に公開されることが適切とはいえない事柄もありうるところである。(13)

およそ、図書館資料は原則として公開されるべきであり、それによって社会教育の場としての公立図書館の役割が全うされるものと考えるべきである。図書館法３条１号においても、「図書、記録、視聴覚教育の資料その他必要な資料……を収集し、一般公衆の利用に供すること」が、図書館奉仕の内容として規定されている。同時に、図書館資料あるいは情報の性質のいかんによっては、常に公開するには適さない類いの資料、情報もあることに鑑み、当該図書館資料を公開することにより、「明らかな差し迫った危険の発生が具体的に予見される場合」に、「必要最小限」の非公開措置を講じることのみが許されるものと解すべきであろう。

2．4．2　天皇コラージュ事件

【事実の概要】 X_1は、美術作家であり、昭和天皇の肖像と東西の名画、解剖図、家具、裸婦などを組み合わせて構成したコラージュと呼ばれる手法を用いた作品を製作した。Y県立近代美術館は、本件作品を収蔵し、また、本件作品等を収録した図録を作成していた。しかしながら、Y県議会において議員の1人が本件作品を収蔵するに至った経緯についてY県に質問したことを契機として、本件作品は天皇に対する不敬にあたるとして、その収蔵並びに図録の公開及び販売に反対する勢力がY県及びY県立近代美術館に対して激しい抗議行動を起こすこととなった。

こうした行動を受け、Y県立近代美術館は、本件作品及び図録を非公開とし、最終的には作品の売却及び図録の焼却を行った。同美術館による、かかる作品及び図録の非公開措置に対して、X_1は表現の自由を侵害されたなどと主張し、また、X_1以外の原告ら11人（X_2～X_{12}）は、作品及び図録を知る権利が害されたとして、Y県及びY県教育委員会教育長を相手取り、本件作品の売却処分及び図録の焼却処分の無効確認、本件作品の買い戻し及び図録の再発行の義務付け、並びに損害賠償請求を求めた事案である。

【判旨】 ①第一審[(14)]「憲法21条1項は、表現の自由を保障しているが、……表現の自由には芸術上の表現活動の自由も含まれ、表現の自由の保障とは、情報収集—情報提供—情報受領という情報の流通過程における国民の諸活動が公権力によって妨げられないことを意味し、右のうち情報収集の過程においては、いわゆる知る権利も保障されているものと解される。」

「公の施設がその物的施設を住民に対する情報提供の場ないし手段等に供することを目的として設置されている場合には、住民はその施設の設置目的に反しない限りその利用を原則として認められることになるので、管理者が正当な理由なくその利用を拒否するときは、憲法の保障する知る権利を不当に制限することになると解するべきである。」

「右のような観点からすると、本件作品の特別観覧許可申請を不許可とし、本件図録の閲覧を拒否しうるのは、本件作品を特別観覧させ、あるいは、本件図録を閲覧させることによって、他者の基本的人権が侵害され、公共の福祉が損なわれる危険がある場合に限られるものというべきであり、このような場合には、その危険を回避し、防止するために、本件作品の特別観覧ないし本件図録の閲覧が必要かつ合理的な範囲内で制限を受けることがあるといわなければならない。」

「本件作品の特別観覧ないし本件図録の閲覧に対する制限が必要かつ合理的な範囲内のものとして是認されるか否かは、基本的人権としての知る権利の重要性と、本件作品及び本件図録が公開されることによって侵害される他者の基本的人権の内容や侵害の発生の危険性の程度等を較量して決せられるべきである。」

「右のような較量をするに当たっては、知る権利に対する制限は、基本的人権のうちの精神的自由に対する制限であるから、経済的自由に対する制限における以上に厳格な基準の下でなされなければならない。」

「本件作品が破壊されたり、県立美術館の職員が危害を加えられたりするなどの事態の発生が予見されたとしても、そのような事態が発生する蓋然性は高いとはいえず、また警察の警備等により防止することができる程度のものであると認められ、本件作品及び本件図録の公開によって、本件作品が破壊されたり、県立美術館の職員が危害を加えられたりするなどの事態が生じる明らかな差し迫った危険の発生が具体的に予見されたということはできない。」

「本件作品の特別観覧許可申請の不許可、本件図録の閲覧の拒否については、客観的な事実に照らして、本件作品及び本件図録の公開によって、人の生命、身体又は財産が侵害され、公共の安全が損なわれる、明らかな差し迫った危険の発生が具体的に予見されたものということはできないから、本件作品の特別観覧許可申請の不許可、本件図録の閲覧の拒否は違法なものというべきである。」

②控訴審[(15)]「県教育委員会は、地方自治法244条２項に定める正当な理由がない限り、住民のした特別観覧許可申請を不許可とすることは許されない。

……県立美術館の管理者は、地方自治法244条２項に定める正当な理由がない限り、住民が図録を閲覧することを拒んではならない」

「県教育委員会による本件作品の特別観覧許可申請の不許可、県立美術館及び県教育委員会による本件図録の閲覧の拒否について、地方自治法244条２項の「正当な理由」が認められるか否かについて検討するに、県立美術館としては、購入・収蔵している美術品や自ら作成した美術品の図録については、前記特別観覧に係る条例等の規定を「知る権利」を具体化する趣旨の規定と解するか否かにかかわらず、観覧あるいは閲覧を希望する者にできるだけ公開して住民への便宜（サービス）を図るよう努めなければならないことは当然であるが、同時に美術館という施設の特質からして、利用者が美術作品を鑑賞するにふさわしい平穏で静寂な館内環境を提供・保持することや、美術作品自体を良好な状態に保持すること（破損・汚損の防止を含む。）もその管理者に対して強く要請されるところである。これらの観点からすると、県立美術館の管理運営上の支障を生じる蓋然性が客観的に認められる場合には、管理者において、右の美術品の特別観覧許可申請を不許可とし、あるいは図録の閲覧を拒否しても、公の施設の利用の制限についての地方自治法244条２項の「正当な理由」があるものとして許される（違法性はない）というべきである。」

「本件においては……、本件作品及び本件図録の公開について、県立美術館等に対し、執ような抗議、抗議文の送付、県立美術館長との面談の要求、本件作品等の廃棄や県立美術館長の辞任等を求める右翼団体による街宣活動、Y県立図書館における本件図録の破棄事件、県知事に対する暴行未遂事件などが相次いで発生しており、さらに、公開派による本件非公開措置に対する抗議行動があったのであるから、これらの状況のもとで本件作品及び本件図録を公開（図録の販売も含む。）した場合には、県立美術館の管理者としては本件作品の特別観覧者及び本件図録の閲覧者を含めた利用者に平穏で静寂な環境を提供・保持する要請を満たすことができなくなる可能性が多分にあり、また、特別観覧制度を利用して本件作品を損傷しようとする者が紛れ込む可能性が否定できない状況にあったというほかはないから、県立美術館の管理運営上の支障を生じる蓋然性が客観的に認められる場合に該当するものと認めるのが相当である。」

「本件非公開措置には、地方自治法244条２項に定める「正当な理由」が有るというべきであるから、違法性は認められ（ない）。」

【若干の検討】 本件においては、第一審と控訴審の判断が分かれたが、その分水嶺は、美術品及び図録の公開に伴う危険の発生の程度についての評価であった。この点、前述の図書館資料の公開又は非公開を決する際には、危険の発生が明らかに差し迫っていることが具体的に予見されるか否か、が検討されるべきとしたが、これは、図書館資料が基本的には公開を予定されていること、及び、社会教育の場としての図書館の役割と学習者の「知る自由」の保護の必要性から導かれる判断枠組であった。他方で、美術館もまた重要な社会教育の場であることは論を俟たず、美術資料を一般に公開することにより学習者の「知る自由」を充足すべきであるが、美術資料を保管し、その調査・研究を行うこともまた、美術館の本質的な役割である(16)。

とするならば、美術館の収蔵品のうち、非公開とされているものを閲覧するに際しては、その公開すなわち「知る自由」を根拠付ける具体的な法令が必要であるとともに、当該資料を公開することにより、危険の発生が「相当の蓋然性」をもって予見される場合には、非公開とせずとも危険の回避が可能か否かを検討した後に、非公開の措置を講じることも認められるものと解すべきであろう。このように、美術館には美術品の管理及び美術館の運営に関する専門的な知見を根拠とした裁量が認められるように思われる。これについては、一般的な図書館資料との対比において、美術資料に認められる希少性もまた、美術館の裁量を拡大する要因として、大きく関係するであろう。

2．5　小　括

図書館であれ、あるいは美術館であれ、社会教育の場としてのそれぞれの施設に要求されるのは、原則としての各施設が保有する情報への学習者のアクセスであり、換言すれば「知る自由」を充足することによる社会教育の実践である。ここでは、各施設の有する情報は、原則としては公開されることが重要であることが確認されるべきである。

もっとも、社会教育の主体は子どもを含む未成年者には限定されず、むしろ成人もまた重要な社会教育の主体である。それゆえ、それぞれの施設が有する情報へのアクセスについては、学習者の成熟度合いに応じて変化しうると考えられる。

この点、典型的な議論として子どもの情報へのアクセスに対する「パターナリスティックな干渉」が挙げられる(17)。知事により「有害図書」指定を受けた図書を自動販売機に収納することを禁じた条例に違反したとして、図書販売業者が起訴されたいわゆる岐阜県青少年保護育成条例事件(18)において、最高裁判所は、同条例が、「青少年に対する関係において、憲法21条1項に違反しないことはもとより、成人に対する関係においても、有害図書の流通を幾分制約することにはなるものの、青少年の健全な育成を阻害する有害環境を浄化するための規制に伴う必要やむをえない制約であるから、憲法21条1項に違反するものではない」と判示した。また、伊藤正己裁判官は補足意見として、「知る自由の保障は、提供される知識や情報を自ら選別してそのうちから自らの人格形成に資するものを取得していく能力が前提とされている。青少年は、一般的にみて、精神的に未熟であつて、右の選別能力を十全には有しておらず、その受ける知識や情報の影響をうけることが大きいとみられるから、成人と同等の知る自由を保障される前提を欠くものであり、したがつて青少年のもつ知る自由は一定の制約をうけ、その制約を通じて青少年の精神的未熟さに由来する害悪から保護される必要があるといわねばならない」として、青少年の「知る自由」に対するパターナリスティックな干渉を正当化した(19)。

こうした議論は、社会教育の場において、所期の目的を没却するような結果を回避するためにも、図書館及び美術館における学習者の情報へのアクセスと、それに対する制約を議論する際に大いに参考になろう。

むすびにかえて

社会教育においては、学校教育あるいは家庭教育といった、比較的強制力が作用しやすい教育の場とは異なり、学習者の自発性・自律性がまずもって不可欠の要素である。このことは、換言すれば、学習者の自発性・自律性を最大限に尊重することが、社会教育に不可欠の要件であることを意味する。そしてまた、学習者の自発性・自律性に由来する「知る自由」が、社会教育の内実を左右する、重要な要素であることが指摘できよう。

本稿において若干の検討を加えた図書館及び美術館の情報管理と学習者の「知る自由」をめぐる問題は、いずれも、社会教育の場に持ち込まれた政治的傾向あるいは思想的偏向に由来する事件であった。こうしたバイアスは、学習者の自発性・自律性を毀損するものであり、結果としてその「知る自由」を奪うものとして、社会教育の場から可能な限り排除されなければならないはずである。

また、既にみたように、社会教育施設として、図書館には可能な限り図書館情報を開示する義務が認められるはずであり、また、美術館にはその特性ゆえに認められる制約の範囲内で美術館情報を学習者に提供する義務が認められるはずである。いずれの施設も、学習者の自発性・自律性に由来する「知る自由」を充足し、社会教育への要請に真摯に応えるべく運営されなければならない。

図書館及び美術館は、こうした課題に誠実に向き合い、社会教育施設としての役割を全うすべきものと考える。

(1) 教育が行われる「場」に注目して、「学校教育」「家庭教育」「社会教育」といった区分がなされることが指摘される。鈴木眞理「社会教育とは何か」鈴木眞理・松岡廣路編著『社会教育の基礎』学文社、2006年、15頁。また、「学校教育」は学校教育法に則った組織的・体系的な教育、「家庭教育」は保護者等による教育、「社会教育」はそれ以外の機会に行う教育を指し、一人の子どもが教育を受ける場としての社会教育は、地域での行事等への参加から、学校卒業後の企業内での職業訓練等までも含み、その需要が増大しているとの指摘もある。宮崎冴子

『社会教育・生涯学習』文化書房博文社、2011年、89頁。
（２）梨本雄太郎「教育概念の再構築と社会教育」鈴木眞理・松岡廣路編著『社会教育の基礎』学文社、2006年、162～163頁。
（３）cf. 鈴木前掲論文、20頁。
（４）鈴木前掲論文、16～17頁。
（５）博物館法２条１項は、「この法律において「博物館」とは、歴史、芸術、民俗、産業、自然科学等に関する資料を収集し、保管（育成を含む。以下同じ。）し、展示して教育的配慮の下に一般公衆の利用に供し、その教養、調査研究、レクリエーション等に資するために必要な事業を行い、あわせてこれらの資料に関する調査研究をすることを目的とする機関……のうち、地方公共団体、一般社団法人若しくは一般財団法人、宗教法人又は政令で定めるその他の法人……が設置するもので次章の規定による登録を受けたものをいう」と規定する。また、同法29条は、文部科学大臣又は都道府県の教育委員会が文部科学省令の定めに従って指定する施設を、「博物館に相当する施設」と定めている。
（６）芦部信喜（高橋和之補訂）『憲法〔第６版〕』岩波書店、2015年、176頁、野中俊彦他『憲法Ｉ〔第５版〕』有斐閣、2012年、353頁。
（７）最大判昭和59年12月12日、民集38巻12号1308頁。
（８）最大判平成元年３月８日、民集43巻28号９頁。
（９）芦部、前掲書、176頁。
（10）実際の裁判においては、「知る自由」ではなく「知る権利」として議論された。
（11）たとえば、美術館における特別観覧制度に関する規定を、制度に関する定めと解するのか、あるいは権利付与規定と解するのかについては、慎重な検討が必要となろう。
（12）最判平成17年７月14日、民集59巻６号1569頁。なお、本件は、$Ｙ_2$による蔵書の廃棄によって、$Ｘ_1$らの「著作物によってその思想、意見等を公衆に伝達する利益」は法的保護に値する人格的利益であり、かかる利益が不当に損なわれたことが、国家賠償法上違法となる旨判示するものであるが、この点については、本稿の主題とは直接に結び付くものではないため、割愛する。
（13）これに関連して、2010年代前半に、いくつかの公立図書館や公立学校図書館において、中沢啓治作『はだしのゲン』が、「描写が過激である」、「性的描写がある」などの理由から、閉架措置あるいは回収措置を受けたことが想起される。この場合、主として青少年保護の観点から採られた措置であろうが、同時に成年者の「知る自由」が大きく制約されたことには留意が必要である。
（14）富山地判平成10年12月16日、判時1699号120頁、判タ995号76頁。本稿との関連では、$Ｘ_2$～$Ｘ_{12}$の知る権利（知る自由）についての判示が重要である。
（15）名古屋高裁金沢支部判平成12年２月16日、判時1726号111頁、判タ1056号188頁。
（16）博物館法３条４号は、博物館の事業として、「博物館資料に関する専門的、技術的な調査研究を行うこと」を定めるものである。

(17) もっとも、「パターナリズム」それ自体に対する疑義を呈する見解として、阪本昌成『憲法2　基本権クラシック【全訂第3版】』有信堂、2008年、69〜70頁など。

(18) 最判平成元年9月19日、刑集43巻8号785頁。

(19) あわせて、伊藤裁判官の補足意見は、「ある表現が受け手として青少年にむけられる場合には、成人に対する表現の規制の場合のように、その制約の憲法適合性について厳格な基準が適用されないものと解するのが相当である」として、パターナリスティックな干渉についての違憲審査基準を緩和する見解を示した。

『カジノ法案』の功罪と地域社会の行方

妹　尾　克　敏

はじめに—地方分権改革の延長線上の施策として、なぜ、「カジノ」なのか？

筆者をはじめ、特に2000年４月１日以降の我が国における地方自治の動向を注視してきた立場から見れば、昨今の「カジノ法案」と呼ばれるものの正体、とりわけ、その法律案等が目指すものの正体、あるいは到達しようとしている目標地点はよくわからない、というのが偽らざる正直なところであろう。いわゆる日本版「カジノ」の設置及び管理ないし運営に関する議論が俄かに喧しくなり、2016年12月15日には『カジノ解禁推進法』（以下、「推進法」という。）とも呼ばれる法律が国会を通過し、すでに全国各地からその招致あるいは開設に名乗りを上げた自治体もいくつか存在しているのは周知のとおりであろう[(1)]。正式には、「特定複合観光施設区域の整備の推進に関する法律」と呼ばれる法律が、衆議院において可決し成立したことはすでに多方面から喧伝されているところでもあるので、多言を要しないであろう。しかしながら、「なぜ、いま、我が国にカジノが必要なのか」という極めて素朴な疑問は払拭され得ないまま、この「推進法」に次いで『カジノ実施法』なるものが上程される手筈となっており、おそらく国民が少なからず反対ないし逡巡しているカジノ「解禁法」の実質的な課題が十分に議論されないまま事態が推移しているきらいがある[(2)]。それというのも、2018年４月24日には、自由民主党総務会において、カジノを含むいわゆる「統合型リゾート（IR）実施法案」を全会一致で了承し、公明党においても同日の関連部会で了承したという事実が報じられ、４月27日にはこの法案を閣議決定し、国会に提出する運びとなっている模様だからでもある。この法案の内容として特筆しておくべきことは、当面は全国３か所を上限として「統合型リゾート」なるものを整備し、この時点の認定から７年後には拡大を検討するという予定のようである。また、不正にカジノの営業免許を取得した事業者に対しては、最大５億円の罰金を科すことにもなっているし、いわゆる「ギャンブル依存症」の防止等のために、日本国籍を有する日本国民をはじめ日本国内に居住している外国人から徴収することとされている「入場料」の金額の多寡を巡って政権を支えているはずの自由民主党と公明党との間でも明確な合意が形成されてこなかったところ、相当期間にわたる紆余曲折を経て、取り敢えず、一人一日6,000円という単価で折り合いがついたことが先般、報道されたばかりである。(3)

実質的には、明治維新及び戦後改革に次ぐ我が国における三度目の近代化革命とも称されてきた地方分権改革の志向してきたところは、必ずしも、このような手段による地域振興施策ではなかったと思われるのであるが、それにしても、なぜ、いまカジノなのであろうか。

1990年代は、地方分権の10年であったと同時に、「失われた10年」とも言われ、経済社会においてはいわゆるバブルの崩壊を招き、そこから自立的回復が志向され、金融業界においても、国際的金融自由化の波が押し寄せ、産業界においてはさらに、いわゆるIT革命がもたらされ、政治分野においては小選挙区制の実施に象徴される「政治改革」が着手されたが、実質的な意味における政権交代システムはなおも確立されないままに推移していたはずである。たしかに民主党が政権を奪取した事実は紛れもなく残されているものの、その後の政権運営の結果、自民党と公明党等との保守連立政権に取って代わられることとなり、民主党政権が表舞台に立っていたのはわずか３年９カ月ほどのことに過ぎず、総選挙という名の国民の審判によって多数を占め続けることが不可能となったために、下野せざるを得ないこととなったのはいまも記憶に新しいところであろう。

ところで、この「カジノ」は、本来は刑法第185条所定の「賭博罪」の適用対象となっているはずであり、これまで日本においては、例えば、金融商品取引法（「デリバティブ取引」）、商品先物取引法（「商品先物取引」）、保険法（「保険契約」）、商法（「海上保険契約」）、無尽業法（「無尽」）、当せん金付証票法（いわゆる「宝くじ」）や競馬法（「競馬」）、自転車競技法（いわゆる「競輪」）、小型自動車競走法（オートレース）、モーターボート競走法（「競艇」）、お年玉付郵便葉書等に関する法律（「お年玉付郵便葉書」、「夏のおたより郵便葉書」）、スポーツ振興投票等に関する法律（「スポーツ振興くじ」）による例外を除いては同法同条違反に問われることとなり、50万円以下の罰金又は科料に処せられることとされていたはずである。つまり、これらのような特別法による明文の根拠によらなければ、何人も賭博（博奕）を行うことは不可能ということを意味しているのである。刑法が、この賭博罪という罪名を設けたときの保護法益として考えられたのは、「公序良俗、すなわち健全な経済活動及び勤労への影響と、副次的犯罪の防止である」としている（最大判昭和25年11月22日刑集４巻11号2380頁）。具体的には「国民の射幸心を煽り、勤労の美風を損い、国民経済の影響を及ぼすから」と説明される。なお、他人の財産を保護法益とする説もあるが、前者が通説であり、判例の見解ともなっているところである。したがって、この度のカジノ『振興法』によって「統合型リゾート」が整備されると、民営の「カジノ」が誕生することとなるわけである。

本稿においては、我が国の経済再生方策の有効打と目されているカジノの合法化「政策」が地方分権改革の末に誕生した新たな地方自治体が自らの自己決定権を行使し、独自の地域社会の形成や発展に寄与するのか否か、虚心に検証し考察しようとするものである。したがって、ギャンブル依存症の問題性や深刻さを追及しようとする社会学的視座によるものでもなければ、いわゆるインバウンド（訪日外国人客）を増加させるための観光資源の開発や地域経済活性化の起爆剤とすべきであるなどという経済学的観点から論じるものでもないことをあらかじめ断わっておきたい。

1　日本版『カジノ構想』導入の背景

1．1　『IR法案』上程までのみちのり

ある特定の区域に国際会議場をはじめ展示場や娯楽施設、あるいは宿泊施設、ショッピング・モール等の複合的な施設を整備しビジネスや観光に訪れる人々を広く誘致しようとすることそれ自体は、決して悪いことではなく、人口減少社会の到来に備えて、日頃の疲れを癒し、より人間らしさを実感することのできる時空間を創出することはむしろ望ましいことではある。しかしながら、我が国においては、そうした複合施設の一つとして「カジノ」施設を誘致するということには少なからず抵抗を示す国民が多いのが現実である。それにも拘らず、すでに、カジノを合法化するための『推進法』は成立し、いままさに『実施法』の成立を待つばかりの局面に立たされていたが、その実施法も極めて短時間のうちに議論され、2018年6月15日の衆議院内閣委員会において事実上、成立した。ここでは、ひとまずこの法案が上程されるまでの道程を概観しておくこととしたい。

パチンコ店等の濫立する駅前や幹線道路は従来から極めて日本的でごく「当たり前」の光景であり続けているが、それが世界でも有数のギャンブル大国を放任してきた結果としてもたらされた欧米諸国では目にすることのできない特殊日本的なものであることに気づく者は必ずしも多くない。近代の我が国における都市化の進展は、そのまま都市的施設の多様化を彩るものとしてパチンコ店等は、まさしく大衆的娯楽施設の象徴として一気に拡散していったわけである。「市」については、地方自治法第8条第1項においても、第一号の人口5万以上を有することに加えて、第二号の中心市街地を形成している戸数が全戸数の6割以上であること、第三号の商工業その他の都市的業態に従事する者及びその者と同一世帯に属する者の数が全人口の6割以上であること、とされ、さらに第四号においては「前各号に定めるものの外、当該都道府県の条例で定める都市的施設その他の都市としての要件を具えていること」（下線部は筆者）という明文の要件が設定されているのであ

る。この都市的施設については、従来から通常の都市機能を営む上で必要な施設と解され、一般的には、官公署をはじめ、高等学校等の教育施設、図書館や博物館等の文化施設、上下水道やし尿処理場等の公衆衛生施設、バスや電車等の交通施設、病院や診療所等の医療施設等が該当すると言われてきたところであり、これらの他にも映画館や劇場等の娯楽施設までもが含まれるものと解されてきたのである。ところが、この娯楽施設の中にパチンコ店等を参入した時点において「都市的施設」というものの範疇それ自体が流動化し始めたわけである。このような現象は同時にいわゆる東京一極集中を加速させ、過密と過疎、大都会と田舎、という地域社会の峻別化をもたらしたわけである。

しかしながら、長引く経済的な閉塞感を払拭し、地域経済の再生を図るという名目を旗印として20世紀の終わり頃から具体的かつ詳細な日程と設計に基づいたカジノ導入の検討が始まっていったのはすでに周知のところであろう。経済活動が滞ると、それに呼応するように所要の土地が遊休地と化し、かつての土地神話の呪縛から解放されていない多くの経済人たちは、こぞってその利活用の可能性を模索し始めることとなり、「必要だ」ということで沿岸部を埋め立ててまで陸地を造成してきた我が国の中央政府や自治体政府あるいは民間デベロッパーと呼ばれる事業者達は、「平成不況」に直面すると、一転して開発済みの土地の更なる有効活用の途が関心を集めることとなっていったのも記憶に新しいところであろう。前述のように、当時の石原慎太郎東京都知事が東京の「お台場」にカジノを誘致したいという構想(4)を打ち出したのを契機として大阪(夢洲)や北海道(小樽、苫小牧、釧路)あるいは千葉市(幕張沖　人口浮島「メガフロート」)、宮崎市(「シーガイア」周辺)、神奈川県(横浜市)、長崎市(「ハウステンボス」周辺)、さらには調査関係予算を計上した沖縄県等全国各地でカジノの導入に関する議論が沸騰することとなったのである。そして、その後の動向については、多言を要しないところであるが、当初から全国的に当該施設の誘致を企図した自治体が少なからず存在し、図らずもカジノ合法化を推進しようとする「超党派」のカジノ議連のみならず、これからの成長戦略の有効打だと考える多くの経済人にとっても大歓迎されるものだったはずである。

たしかに、「失われた20年」とも評された1990年代前半から2010年頃までの経済的な停滞は極めて深刻であった。そのためにアベノミクスによる回復を狙った一連の成長戦略と呼ばれるものが次々と着手され、いわゆる「特区制度」と呼ばれる一種のカンフル剤によって、そうした閉塞的な状況に風穴を開ける努力が傾けられてきたことは誰もが認めるところであろう。都市的地域においてはシャッター街の出現に象徴され、農村部においては耕作放棄地の拡大等の現象を生み出し、都市の衰退のみならず農村部の衰退すら招来してしまったのである。このような事態を打開するための一つの方策として浮上したのが、カジノの導入であったと言われているが(5)、大半の自治体はこうした動きにはいわば冷淡であったのであり、せいぜい20団体前後の自治体ないしその首長が前向きに検討しようとしていただけであったのである。それでは、なぜ現在のような事態にまで進展していったのか、然るべき解答を探さなければならないこととなる。おそらく、その背景には、2001年の「公営カジノを考える会」、これは翌2002年「国際観光産業としてのカジノを考える議員連盟」と名称変更し、政党ベースの任意団体の存在があったものと思われる。現在までの極めて効率的な動向を見るにつけ、この議員連盟を抜きには考えられないところであろう。具体的には、自由民主党の野田聖子会長の下で、本来は非合法なカジノにつき、国民の根強い反対も考慮すると、カジノ単独の導入は決して得策ではないと考え、国際観光の一環として位置づけ、自民党内に2004年２月時点で自民党政務調査会観光特別委員会（愛知和男委員長）の下で「カジノ・エンターテインメント検討小委員会」（岩屋毅委員長）という正式機関として議論すべく設けられた組織において、2004年６月には「我が国におけるカジノ・エンターテインメント導入に向けての基本方針」なるものが公表されていったのである。この基本方針自体がその後のカジノ導入の文字通りの指針となっていき、単独施設としてのカジノではなく、複合施設の一つとして導入することが明確に示されていたわけである。[6] そして、この基本方針においては、①「国際観光振興」を主目的とするほか、雇用創出、地域振興・地域再生、負担感の無い新たな税源の創出等を目的とする。②国は自らカジノを担うべきではなく、法的枠組みの提供者、規制者としての役割を担う。③カジノの施行は、地方公共団体と民間事業者との「協働」によって、施行の枠組みを決定することが重要である。主務大臣（主務官庁）は、今後、党において関係府省庁と調整する。④施行地域は、「国際的・全国的視点からカジノ立地の振興効果を発揮できうる政策的ニーズの高い地域を優先し、2～3箇所に限定して実施」する。⑤陸上固定カジノに限定するとともに、カジノは、単体の賭博遊技施設として運営するのではなく、映画館、ホテル、国際会議場を含めた観光振興等に資する「複合観光施設」（カジノ・コンプレックス）とする。⑥青少年への悪影響の排除、組織暴力対策、マネーロンダリング（資金洗浄）対策には、厳格な制度的対応が必要である（カジノ施設内でのATM<現金自動出入機>設置禁止、施設内や近隣特定地区での、カジノ遊興を目的とする金銭の貸付禁止）。⑦依存症患者等への対策は、その財源も含めて、国ないしは地方公共団体等によって措置されるべきである。⑧一定期間後に法の見直しを行う。そして、岩屋委員長自身は、「この基本方針はいかにも日本的なものに見えるかもしれませんが、いかにも日本的なものでなければ実現はいたしません。（中略）諸外国の類型とも少し違った、日本の行政事情を配慮した基本方針になっていると思います。」という自己評価を行っている。[7]

主務大臣の下に「カジノ管理機構」（独立行政法人）を設け、この機構自身が運営規則の制定、施行全般の監視等の実務を行う。また、主務大臣の諮問機関として、第三者の有識者からなる合議制の「カジノ管理委員会」が設けられる。「カジノ管理委員会」は、地域選定のための基本方針の策定や、カジノ管理機構の規則を審議することになる。行政改革が進められている中で、新たな組織づくりを行うことには困難がともなうが、簡素で効率的な組織づくりを目指すと述べている。

主務官庁がどこになるのか具体的には書き込まれていないが、これについても岩屋委員長は、「立法の一番の目的である国際観光振興ということを考えますと、観光を所管している国土交通省ということになりますし、地域振興で考えると総務省、カジノの厳重な管理で考えると警察庁、カジノを擬似金融機関と考えると金融庁と、関係するところと合議する形になるかと思います」と述べている。カジノが設置される地方公共団体の具体的場所については、国際的な視点から観光振興効果が期待できる地域、さらには、地域振興の必要性があると見なせる地域が選ばれる可能性もあるという。カジノは民設民営、つまり、運営はほとんどを民間に任せることになる。カジノの許諾管理は国の専管事項となるが、地方においては、「地域環境管理委員会」が、地域の警察や行政と一体となって、治安維持、青少年の環境悪化を防止する。国民の幅広い理解をうるために、カジノの運営に関与する民間事業者の審査にかかる費用は、民間事業者が負担し、税金では負担しないことにしたという。

いずれにしても、カジノ法案は、推進法及び実施法という一応の法的枠組みを備えたカジノ法は2018年７月20日の時点で正式な法律として成立したのである。

１．２　「政策」としての「IR」

ところで、国際観光振興政策として以上に、財政の立て直しを目途とした新たな財源確保策としてもこれまでかなり精力的に進められていたIR法案の整備作業は、いわば総仕上げの段階に入ったことになり、今後は誘致（というよりも事実上の「立候補」）に名乗りを上げている地域（自治体）には多くの課題が山積しているはずであるが、大阪府は大阪市とともに2024年の開業を目指していると言われ、長崎県佐世保市長は、県とともに態勢づくりをしたいと表明し、北海道でも苫小牧市及び釧路市並びに留寿都村が誘致方針を示し、和歌山県においても同様の動きがあると言われているところである。要するに、これらの地域社会ないし自治体においては、地方再生のための有効な施策ないし地域経済回復の起爆剤と考えられた末の意思表示であると思われるが、果たしてそうであろうか。世界の国々で、カジノを未だ合法化していない国は我が国の他にはノルウエーとアイルランドだけだと言われるが[8]、カジノの合法化は何も先進国の証しとはならないと思われるし、逆に先進国であればこそ、日本のパチンコ店のような野放図な環境は許していないはずなのである。実際にも、モナコのモンテカルロ、中国のマカオ、米国ネバダ州のラスベガス、オランダのアムステルダム（空港内のカジノ）、ドイツのバーデン（滞在型保養地のカジノ）等が、世界的にも有名であるが、今般の日本型IRの直接のモデルは、シンガポールの成功例だと言われている。もともと、カジノ（casino）という言葉は、「小さな家」を意味するカーサ（casa）から派生したものであって、元来は、王侯貴族が所有する社交用の別荘を指していたと言われている。公認の賭博場たる「カジノ」の原型は、16世紀英国のバッキンガム宮殿内にあった王室・貴族用の賭博室に認めることができると言う。その後、王侯貴族のこの遊戯を真似て、一般大衆向けの社交的遊技場がヨーロッパ各地に生まれ、「カジノ」と通称されるようになったのである。なお、カジノが庶民にとっての娯楽施設として発展するようになったのは、1970年代以降のことであり、そこでは、もっぱらルーレットやポーカー等のトランプゲームが、社交クラブ形式で行われるようになり、豪華な設備と社交的雰囲気がその特徴となったとも言われている。この「カジノ」の同義語として「ゲーミング」という語があるが、これは、カジノが持つマイナスイメージを払拭するために、欧米で用いられるようになったもので、我が国でも、最近、この語がよく使われるようになっており、現在、カジノは、「ルーレット、サイコロ、トランプ、スロットマシン、その他の器具等を用いて、金銭を賭するゲーミング行為や、エンターテイメントとしての賭け行為を顧客に提供する業」を意味しているようである[9]。

しかし、そのような起源を有する「遊戯業」を地域経済再生の有効な政策として選択する必然性があったのであろうか。少子高齢化や人口減少などを原因とする疲弊した地域経済社会にとっては、「恒心なければ恒産なし」とでもいうべき地に足のついた地域社会存続のための確乎たる理念こそが求められているのではないかと思われるところである。つまり、一般論として語られることの多いギャンブルの「弊害」は、地域社会に生まれ、育った住民の視座から捉えられたものではなく、あくまでもインバウンドを中核に据えた「よそ者」のもたらす金銭的恩恵を地域社会の居住者たる住民ないし自治体と国とで「山分け」しようという不純な動機に拠るものでしかないのではないかとも思われるところなのである。したがって、企画立案すべき政策としてだけではなく、選択すべき政策としても、今般のカジノ施設を中核とする統合型リゾート「政策」は民主的ないし合理的正当性を保持し得ないものというほかないものと考えられるのである。

以上の点から、シンガポール等の成功例を参考にしたと思われる日本型のカジノはおそらく地域経済分野に留まらず、自治体の生き残りという観点からみても正当な政策ないし妥当な施策となり得ない蓋然性が極めて高いと言わざるを得ないところである。

2　刑法第185条の「賭博罪」と「公営ギャンブル」との相剋

なお、前述したように、我が国では刑法第23章「賭博及び富くじに関する罪」中の第185条において「単純賭博罪」及び第186条以下において、常習賭博罪、賭場開帳罪、博徒結合罪、富くじ発売罪、富くじ取次罪、富くじ授受罪という7種類の犯罪類型が規定されているが[(10)]、要するに、現在「公営ギャンブル」として維持されているものはすべて、それぞれに「特別法」を制定し、それを根拠として賭博罪等の縛りから解き放ち、適法なものと位置づけられたのである。そして、これまでの判例においても、「本章（刑法第23章）の一連の規定は憲法13条その他の基本的人権に関する諸規定に反するものではない旨判示」し、「競輪、競馬、競艇、宝くじ等が適法化されていること等から本章の一連の規定は無効となったというべきではないかとの点に関しても、判例は、政府ないし都道府県が自ら賭場開帳図利又は富くじ罪と本質上同一であるある種の行為が行われているという事実並びにこれを認めている立法があるということだけから国家自身が一般に賭場開帳図利行為ないし富くじ発売行為を公認したものとか、本章の規定が当然に失効したものということはできない」としているのであって、競馬法や自転車競技法、モーターボート競走法の罰則規定が違憲でない旨を判示したもの等があるために、刑法第23章の規定のみならず特別法の規定についても合憲性が認められると考えられているところである[11]。

このことを前提として、今般のカジノ法案においても、然るべき特別法を整備したうえでなければカジノの合法化がすすめられないと考えられて法案提出に至っているはずである。しかしながら、カジノ以前の８種類の実質的には賭博等に該当する行為はそれぞれ個別具体的な「行為」を特定したうえで、行為そのものを犯罪類型の埒外に置くものであるが、カジノはあくまでも「施設」を指し、その施設内での行為は概括的に捉えるものに過ぎず、本来の意味での特別法たり得るかという素朴な疑問を抱くことにもなる[12]。つまり、今般の国会を通過したカジノ法の本来の保護法益が不分明のままで、カジノ施設を設置し、民間事業者等によって運営するための原動力となる根拠法を何時になく急いで整備したのであって、誰かが我が国の風土ないし日本国民の精神性に適合的な日本型統合IRを一日でも早く実現させたかったのではないかと思われるところ、国民の間に根強い反対の意向があることを踏まえて、いわゆる安定多数を確保し得ているときに一気呵成に通過させたものではなかったかという不信感にも似た感情に支配されかねないのである。特に「観光立国」を国是として諸外国からの観光客を受け入れ、彼らの持っている外貨を日本国内に留めようという企図こそが再検討されるべきものと言えるのではないかと思われるが、「観光」の本質的な要素として不可避とも考えられる「非日常」の演出等は、諸外国の成功体験をどれほど参考にしたとしても困難を極めるところであろうし、それこそ「クールジャパン」の旗印の下で、新たな観光資源とでもいうべきものを発見する努力が求められているはずである。ところが、今般のカジノ法ではそれが果たせるとも思えないところであり、地域経済再生のための「新機軸」は何ら提示されていないのではないかという疑念に支配されてしまうのである。要するに、いずれを見ても「恒心」が見当たらないということなのである。

2．1　「観光立国・日本」構想の実相

したがって、訪日外国人による「観光」旅行を切り口とする景気刺激策がどれほど積極的に展開されたとしても、あくまでも外国人旅行者たる観光客は一時的な景況をもたらすだけであって、前述の日本型地域振興のひとつのモデルとしてはもとより定着し得ないと思われるのである。なぜならば、観光旅行中に外国人が消費する質量の財貨はもとより「他力本願」でしかないからであり、観光産業そのものの浮沈が一国の経済体制を揺るがすことがあるとすれば、それはもはやGDPやGNPという指標の持つ意味が失われてしまうことを意味することになるからである。その限りにおいて、観光立国というベクトルそれ自体の有意性について今一度冷静に分析し、再検討を加えることが求められるところであろう。

こうした動きは、すでに2002年頃から本格化し、「観光立国懇談会」が小泉純一郎内閣の時に立ち上げられ、2006年12月には議員立法による「観光立国推進基本法」という法律がかつての昭和38年の観光基本法の全部改正という形で成立し、2007年１月に施行されているが、「観光」は21世紀における重要な政策と位置づけられ、その前文には「観光は、国際平和と国民生活の安定を象徴する」ものと言い、「その持続的発展は、恒久の平和と国際社会の相互理解の増進を念願し、健康で文化的な生活を教授しようとするわれらの理想とするところである」と、どこかで聞いたような大風呂敷を広げながら、「住んでよし、訪れてよしの国づくり」を志向し、そのためには「国際競争力の高い魅力ある観光地の形成」をはじめ、「観光資源等の保護、育成」、「交通施設の総合的な整備」、「観光旅行の容易化、円滑化」、「観光旅行者に対する接遇の向上」、「観光旅行者の利便の増進」、「観光旅行の安全の確保
国内外からの観光旅行の促進のための環境の整備国際観光の振興」、「観光産業の国際競争力の強化」、「観光振興に寄与する人材の育成」、「新たな観光旅行の分野の開拓」、「観光地の環境、景観の保全」、「観光に関する統計の整備」、

「外国人観光旅客の来訪の促進、「国際相互交流の促進」、「国際競争力の高い魅力ある観光地の形成」、「観光資源等の保護、育成」、「交通施設の総合的な整備」という総花的なメニューを提示しているのである。具体的には、国土交通大臣によって取りまとめられることとされている『観光立国推進基本計画』を閣議決定するところからすべての取組みが始まることとされているのである。観光庁のホームページを開くと、その概要版ともども条文が示されているが、いずれもいわゆる訓示規定の域を出ないものであり、国及び自治体並びに住民のそれぞれの責務に次いで「観光事業者の責務」についても第６条において「住民の福祉に配慮するとともに、観光立国の実現に主体的に取り組むよう努めるものとする。」と明記している[(13)]。ここにおいて、観光立国の実現には国及び自治体並びに住民、加えて観光事業者の相互協力体制が前提とされていることが分かる。つまり、この基本法は、従来通りの国主導の観光政策ないし施策を第一線で担当し文字通り汗をかくのは具体的な観光地や観光施設を擁する自治体と観光事業者であって、国はせいぜいそれに要する経費の一部を補助金等という形で負担することがあるという程度の規律密度の法律に過ぎないという辛口の評価を下すことは可能であろう。

掛け声は如何にもおしゃれな『クールジャパン』でありながら、その実相は旧来の発想と手法から脱却できないままの古い集権的行政運営の匂いが漂うばかりであり、「観光」というテーマは必ずしも政策として成り立ち得ないことを物語っているように思えてならない。

２．２　「地方創生」とIR法案

なお、すでに良くも悪くも定着した感のある「地方創生」は当初は自治体から大きな期待を寄せられていて、人口減少という今日的な課題を自治体自身で取り組むひとつのきっかけとはなった。けれども、自治体の現場から見た限りにおけるその実態は、自治体消滅への危機感が煽られたために、地方都市、なかんずく農山村地域の自治体で平成の大合併によってもその圏域人口が極端に少ないところでは、国の主導する「定住人口」から「交流人口」

の増加を促すと言いながら、かつての人寄せパンダ的な持続可能性の薄い施策や取組みに終始してきた憾みが残るところとなっている。(14)

いわゆる地方分権改革の「元年」と位置づけることのできる2000年4月1日以降の我が国における地方分権改革のフォローアップはそれぞれの立場から行われているものと思われるが、今般成立したカジノ法の行く末と2014年から推進されてきているはずの地方創生政策との関連性については、なお論じるべき論点が少なからず残っているものと思われるところであるが、法案を準備し提出した立場にあるはずの国会議員自身による説明は寡聞にして知らない。それどころか、そのような観点からの説明責任を果たすべき者達に果たして、両者の関連性が認識されていたのかどうかさえいまもってわからないままである。それでは、それぞれの自治体はその都度、これらの間の優先順位を決め、そのスケジュールに沿って与えられた課題を検討し、残された問題を克服していくほかないのであろうか。今直面している課題を認識し、その認識を共有するところでなければ、国及び自治体並びに住民、そして場合によっては観光事業者やカジノ事業者の応分の負担が明確になることはないままに財源や人材やエネルギーが無駄に使われていくだけという事態になるような危険性を覚えるのは筆者だけではなかろう。

いま一度、それぞれの政策とそのために必要なエネルギー等をどこかで誰かが検証することが強く求められるところであろう。政策論であればこそ、いわゆる「べき論」に終始する危惧を覚えるところであるが、何もせずに拱手傍観するよりは、それこそよりましであろう。

おわりに

以上、本稿においては、今般成立したカジノ法の成立に際して、その必然性等を考察しようとしたものであった。例によって藪睨みに終始し、舌足らずの主観的信条の吐露に終わってしまった憾みが残るが、巷間喧伝されているように、いわゆるギャンブル依存症患者を拡大再生産させないという目的から協力に反対論を唱える論者も多いために、敢えて地方自治体の住民の観点から、その功罪を考察してみたのである。ギャンブルとしてのカジノという側面が抜きがたく存在するのはしばらく措くとしても、いかように考えてみてもカジノが地方自治の運営にとって歓迎されるべき政策でもなければ、望ましい施設でもないということだけは指摘できるであろう。また、訪日外国人客の消費に期待を寄せたとしても、世界経済あるいは国際社会の中における日本の位置づけや評価を全く度外視して薔薇色の未来を思い描くことはやはり「幻想」に過ぎないと思われる。それというのも、もはや各論レベルの問題点ともいえるが、各カジノ施設の内部あるいは周辺にはATMと呼ばれる現金自動受払機を置かないことで、際限のないギャンブル依存症患者の発生や増加や深刻化を押さえることができると説明されているようであるが、実態はその正反対の事態を招くことになるであろう。つまり、カジノ運営事業者自身からの対面の現金貸付業務をも許容するというのであるから、何のことはない、かつての博奕場の胴元から現金を借りながらますます深みに嵌っていた我が国の庶民の歴史を想起すれば、事態は確実に良くなることはなく、いわゆる負の連鎖さえ生み出してしまいかねないからである。(15)

いずれにしても、このカジノ法なるものの正体は、現実に多くの残された課題がすべて解決したとしても、なお、その運営場面で浮上してくるであろう課題があると思われるし、その本来の目的や理念の点においても多くの疑念を払拭することができないままなのである。今後の事態についても注視を怠ることができそうもないのである。(16)残された課題等については別稿を期すほかはない。

（1）要するに、現在の日本においてはすでに競馬や競輪、競艇をはじめ、一連の「公営ギャンブル」と総称される特定の娯楽サービスが広く国民全般に提供されるシステムが定着しており、なかんずく公営ギャンブルの範疇から外れるものの、今や日本全国何れの地域においても少なからず存続しているパチンコ産業等はその功罪について喧しく論じられてきたところであり、なぜ今また新たにカジノの設置、管理、運営（経営）が必要なのか、その必然性は必ずしも国民相互間に共有されているとは言い難い状況だからなのである。また、いわゆる「宝くじ」、「toto」と呼ばれるというプロサッカー競技（Jリーグ）に関する籤まで登場しているところである。なお、良くも悪くもすでに日本社会に定着している事実上の、したがって実質的なギャンブルともいえる「パチンコ店」という『遊戯』施設だけは、バブルの弾けた後の我が国の長引く不況の中でも異彩を放っているが、本稿の直接の考察対象ではないので、詳述は避けることとする。この我が国における「パチンコ産業」の軌跡については、さしあたり韓載香『パチンコ産業史—周縁経済から巨大市場へ—』（名古屋大学出版会　2018年）等を参照のこと。

なお、IR（Integrated Resort）という用語は、200年代にシンガポールにおいてカジノが検討される過程ではじめて使用されるようになり、それが世界的に普及したものと言われている。国際社会においては実に132ヶ国ですでにカジノが合法化されていると言われている。本稿でいう「カジノ法案」とは、日本において文字通りカジノの合法化を推進する法案のことを指しているが、カジノの合法化はプラスとマイナスの効果を生むと考えられ、多くの議論が生まれているのは周知のところであろう。日本においてカジノの合法化を推進する法案の正式名称が本文で明記した「特定複合観光施設区域の整備の推進に関する法律案（IR推進法案)」と呼ばれるものなのである。その後、我が国においても石原慎太郎東京都知事がこのカジノの導入に関して極めて積極的であったものの、これ以降は少なくともこうした文脈において用いられるIRという言葉ないし概念は、カジノ施設及び会議場施設、レクリエーション施設、展示施設、宿泊施設その他の観光振興に寄与すると認められる施設が一体となっている施設の総称である、と説明されるところに留まっているようである。

（2）この法案の審議を巡っては、かねてから「拙速に過ぎる」という批判が相次いでおり、当時の国会日程の点から、丁寧な説明も慎重な議論もほぼ行われないままに、自民党及び日本維新の会によって共同提出され、2014年に衆議院において審議が始まったものの、衆議院の解散によって一旦は廃案となり、その後2015年に再提出されたが実質的な審議が行われず、2016年11月の第192回臨時国会の会期終了間際に再提出され、当初の会期末の11月30日を14日間延長したうえで、あらためて審議されるという経緯を辿っているところである。民進党や共産党の反対を押し切って前述の2政党が「カジノ議連」(「国際観光産業振興議員連盟」、「IR議連」とも呼ばれる）所属の8人による議員立法という形で審議にも著こまれ、衆議院内閣委員会において2日間、合計6時間に及ぶ審議を行い、議決され成立したわけである。その後、12月13日には参議院内閣委員会においては、自民党自身がいわゆるギャンブル依存症対策の強化を修正案として盛り込んだ結果、12月15日未明に至って可決成立したのである。これらの点については推進派を自認する人物からも今回の審議が不十分であり、社会の納得が得られないと思うとまで言わしめているところである。これらの点については、西澤信善『カジノ戦争』（晃洋書房　2018年）28～30頁等を参照のこと。

（3）2018年4月3日の時点で、「自民党と公明党は3日、カジノを含む統合型リゾート（IR）実施法案に関する与党ワーキングチーム（座長：岸田文雄自民政調会長）で、カジノの入場料を6000円とすることで一致した。」と報じられているが、これは、当初、公明党が8000円、自民党が2000円という原案を双方提示していたものの折衷策であるということができよう。他にも、「入場回数制限については「７日間に３回、28日間で10回」を上限とすること、本人確認の手段は、マイナンバーカードを活用すること、IRにおけるゲーミング区域を延べ床面積比率３％までとし、絶対値の制限は設けない、などが決まった。さらに、認定区域の数については、前回会合（４月２日）で３カ所とすることで合意した。立地を希望する地方への配慮を重要視する自民党が４～５カ所を主張していたのに対し、公明党は２～３カ所とする案を出していたが、公明党側に歩み寄る形で決着した。IR設置を希望する自治体が全国に多くあることから、後から参入する可能性を残すために、設定区域の数の見直し時期も注目されていたが、これは「最初の区域認定から７年経過後とする」ことで一致した。」という報道が一斉に行われたのである。そのうえ、岸田座長は会合後の会見で「世界最高水準の規制を導入することで国民の理解を得ることが重要。今国会で成立させるべく、全力で取り組む」と述べた、とも報じられ、この時の国会の実質的な「目玉商品」であったことがこの記事からも容易に理解できるところである。

（４）これが、「お台場カジノ構想」と呼ばれるものであり、既存のホテルや会議場のある点が候補地とされた要因であると思われるが、東京ではこのほかにも都下の青梅地区が候補地とされていたようである。なお、これらの模様については平成29年２月15日付、朝日新聞を参照のこと。

（５）http://www.thepage.jp/detail/20130809-00010002-worldleaf 等を参照のこと。

（６）岩城成幸「カジノ導入を巡る最近の動きと論議」『レファレンス』2006年11月号、前掲、西澤信善『カジノ戦争』（晃洋書房 2018年）22～23頁等を参照のこと。

（７）「インタビュー：岩屋毅カジノ・エンターテイメント検討小委員長」『Casino Japan』vol. 15（2006年７月）96～97頁等を参照のこと。

（８）東京都『東京都都市型観光資源の調査研究報告書』（2002年）３～４頁 http://www.sangyo-rodo.metro.tokyo.jp/monthly/midasi/casino/hokokusho 等を参照のこと。

（９）前掲、岩城論文９頁等を参照のこと。

（10）刑法第185条乃至第187条の３の３箇条で構成され、いずれも「偶然の事情をたのんで財物の得喪を図る射倖的犯罪であるという共通性を有しており、広い意味での賭博関係犯罪として、同質の犯罪であると理解されている。」という解説がある。大塚仁、河上和雄、中山善房、古田佑紀編『大コンメンタール刑法＜第９巻＞第174条～第192条』（第３版）（青林書院 2013年）117頁等を参照のこと。

（11）前掲、大塚、河上、中山、古田編書118～121頁等を参照のこと。

（12）前掲、大塚、河上、中山、古田編書においてもあくまでも賭博罪とは、117～

118頁では、「偶然ノ輸贏（勝敗）ニ関シ財物ヲ賭シ賭博又ハ賭事ヲ為スコトヲ禁スルハ畢竟偶然ノ事情ニヨリ財物ノ得喪ヲ許ストキハ人ヲシテ真摯業ヲ営ムコトヲ禁忌セシムルニ至ルカ故」（大判大正11年7月4日評論11巻刑法180頁）とか「賭博行為は他人との間に偶然の輸贏に関し財物の得喪を目的とする行為であるからこれを一般大衆の恣意に放任するときは一般国民をして射倖心乃至遊惰性を醸成若くは助長せしめる虞があるので所謂善良の風俗に反するもの」（東京高判昭和25年5月1日特報9号3頁）、あるいは「賭博行為は、一面互に自己の財物を自己の好むところに投ずるだけであって他人の財産権をその意に反して侵害するものではなく、従って、一見各人に任された自由行為に属し罪悪と称するに足りないようにも見えるが、しかし他面勤労その他正当な原因に因るのではなく、単なる偶然の事情に因り財物の獲得を僥倖せんと相争うがごときは、国民をして怠惰浪費の弊風を生ぜしめ、健康で文化的な社会の基礎を成す勤労の美風を害するばかりでなく、甚だしきは暴行、脅迫、殺傷、強窃盗その他の副次的犯罪を誘発し又は国民経済の機能に重大な障害を与えるおそれすらあるのである。これわが国においては一時の娯楽に供する物を賭した場合の外単なる賭博でもこれを犯罪としその他常習賭博、賭場開帳等又は富籤に関する行為を罰する所以であって、これ等の行為は畢竟公益に関する犯罪中の風俗を害する罪であり、新憲法にいわゆる公共の福祉に反するものといわなければならない。ことに賭場開帳図利罪は自ら財物を喪失する危険を負担することなく、専ら他人の行う賭博を開帳して利を図るものであるから、単純賭博を罰しない外国の立法例においてもこれを禁止するのを普通とする。されば、賭博等に関する行為の本質を反倫理性反社会性を有するものでないとする所論は、偏に私益に関する個人的な財産上の法益のみを観察する見解であってとることができない。」（最大判昭和25年11月22日集4巻11号2380頁、裁判集〔刑事〕36号385頁、判タ9号54頁）、さらには「賭博ないし賭場開帳図利の所為は、これを一般大衆の恣意に放任するにおいては、一般国民の射倖心ないしは遊惰を醸成若しくは助長することからこれを禁止すべきもの」（東京高判昭和40年4月6日高検速報1385号）、また「国民一般の健全な経済観念を保護することが賭博罪の規定の趣旨であり、賭博罪が自己又は他人の財産を危険に陥れるという財産犯的側面を有するとしても、それはあくまでも従的、副次的なものであって、その本質は公共的犯罪であり、個人を保護することを主眼とする趣旨のものではない」（東京高判昭和60年8月29日高集38巻2号125頁、東時36巻8＝9号61頁、高検速報2805号、判時1186号159頁）という理解が維持され、「風俗犯罪」であることが主流となっていることが分かる。

(13) http://www.mlit.go.jp/kankocho/kankorikkoku/index/html　等を参照のこと。

(14) 地方創生」を地域政策と捉えて総括したものに、小磯修二、村上裕一、山崎幹根『地方創生を超えて　これからの地域政策』（岩波書店　2018年）がある。特に同書冒頭第1章の「地方創生とは何だったのか」（小磯修二執筆部分）2～

14頁は、地方創生を現場から見たものと、歴史的文脈から見たものとに分けて考察し、前者の観点からは結局のところ、地方創生交付金」なるものを如何にすれば他に先んじて獲得できるかという観点から、各自治体の第一線で地方創生担当部局を決め、特に「先行型交付金」の配分に与ろうとした点が指摘されていて、自治体現場の実態を正確に描写していると思われるところである。

(15) 新聞報道においても、例えば、毎日新聞2018年6月26日付では、「カジノ施設内では、現金自動受払機(ATM)の設置や貸金業者による営業が禁止される。ところが、外国人と一定の預託金をカジノ事業者に預けた日本人に対し、事業者が賭け金を貸せる。」とか、「ギャンブルにのめり込んでいる人は、負けを取り返すためさらに賭ける。カジノで賭け金を貸すことは、胴元が利用者の勝ちたいとの心理につけ込むことにつながる。依存症を生み出す恐れがある危うい行為だ。」とか、「預託金の額は、法成立後にカジノ管理委員会規則で定めるという。政府は、富裕層を想定した制度で、日本の実情に合った金額にすると説明するが、額の設定次第では、借金ができる層が広がる懸念がある。」、あるいは「貸金業法は、返済能力を考慮し、利用者の借入金額を年収の3分の1に制限している。カジノの貸し付けが、こうした規制の対象にならないのも大きな問題だ。カジノ事業者は貸金業者ではないためだ。」、「事業者は信用機関を通じ利用者の資産などを調査し、返済可能とみられる額を個々に設定できる。しかも、貸付金の額は預託金の額とは無関係に決められる。」、さらには「政府はカジノを外国人観光客の増加に結びつけたいと説明するが、日本人の利用が多くを占めるとみられている。ターゲットと目されているのが富裕高齢者の余剰資金だ。仮に年金収入しかない高齢者でも、退職金などのまとまった資産があれば、事業者が多額の賭け金を貸し付ける可能性はあるだろう。」等という記事に接することができ、その危険性は想定の範囲内にあるということができよう。そして、「当初1万5000平方メートル以下だったカジノ面積の数値制限がなくなり大規模カジノの設置が可能だ。こうした点を含め、法案が事業者の利益を優先している実態が読み取れる。」といい、「他国のカジノでも、条件付きで利用者に賭け金を貸す制度がある。ただし、日本は世界最高水準の規制をうたう。手持ち以上の資金で賭博を可能とする仕組みは、ギャンブル依存症対策に逆行する。」という評価を下している。極めて正当な指摘と言えよう。

(16) なお、推進法案の段階における論稿ではあるが、参考になるものとして、榎本尚之(内閣委員会調査室)「カジノを含む統合型リゾートの実現に向けた取り組み—特定複合観光施設の整備の促進に関する法律の成立と実施法案に係る検討」(『立法と調査』2017年12月　№395　49〜63頁)は、これから大いに議論されるであろう論点を網羅的に提示している点(59〜63頁)が有益である。

インタビュー「植野妙実子先生に聞く」

植野妙実子先生は、この度古稀を迎えられ、2019年３月末には、長らく奉職された中央大学を退職されます。まさに日本国憲法と同世代人でおられる植野先生の憲法研究・教育の歩みは、私たち後進にとって学ぶべきことの多い貴重なご経験であり、この機会に是非とも記録に留めておきたいと考えました。

そこで、2018年６月10日、藤野と佐藤他が、植野先生のご自宅をお訪ねし、憲法研究教育者としての植野先生の「これまで」と「これから」についてお話をうかがい、その内容をまとめました。古稀記念論文集にこうした記事を掲載することは、文字どおり、古来稀なことであるかもしれませんが、植野先生には、今後も憲法研究教育者として益々ご活躍くださることを祈念し、そのお許しを得て、これを掲載申し上げる次第です。

（インタビュー：藤野美都子、記録：佐藤信行、五十嵐星汝）

○憲法研究者をめざしたきっかけ

藤野美都子（以下「藤野」）　本日は、お忙しいところお時間をいただき、ありがとうございます。植野先生は、清水睦先生の一番弟子で、私たちの姉弟子にあたられますが、後輩や後進それぞれを指導くださっているだけでなく、多くの共同研究を主導し、憲法研究をリードして来られました。そこで、今日は、植野先生のこれまでの歩みをお伺いすると共に、今後の抱負などをおうかがいしたいと思います。

まず、植野先生が憲法研究者を目指されたきっかけを教えてください。

植野妙実子先生（以下「植野」）　子どもの頃から、本を読むのが好きでした。中高と文芸部に所属して、都立豊多摩高校時代にも部長をつとめて、小説家を目指していました。トルストイと太宰治が好きでしたね。ただ、将来の進路を決める時期になって、小説を書くことで本当に良いのか迷いました。校内小説コンクールで、一席をとれずに次席になったのですが、一席の小説にはオチがあり、まとまりがありました。それにひきかえ、私の作品は、単に日常を書いたもので、捻りがなかったのです。進路指導の先生（英語の川口先生）に相談に行ったところ、「君は真面目だから小説家に向かないよ。たとえば法学部を目指して弁護士にでもなって、その経験を小説にするとかしたら良いのではないか。佐賀潜みたいに」といわれたのです。それで、図書館で小林直樹先生の『日本国憲法の問題状況』を読み、感動して法学部に行こう、憲法を勉強しよう、と思ったのが最初のきっかけです。

藤野　高校生時代、具体的に小林先生の本にどのような感動を覚えたのですか？

植野　小林先生の他の本も読みましたが、憲法と政治状況の結びつきが深く書かれていて、新鮮でした。当時は、沖縄問題が大きく取り上げられていた時期で（沖縄返還は1972年）、高校でも、何度も討論集会が行われていました。そのとき、これらの本で日本国憲法９条と沖縄問題との結びつきに気づかされたのです。豊多摩高校は進学校で、図書館に様々な本が所蔵されていました。憲法関係もたくさんあって、勉強には適した環境だったのですね。

◯学生生活

藤野　高校の図書館で出会った本をきっかけに、大学入学前から憲法に関心を持っていたのですね。そこで、大学に進学して研究者への道を歩まれる訳ですが、学生生活の姿を含めてお話くださいますか。

植野　幼いときから、両親が毎週洋画を見ていて、私もよく連れて行ってもらいました。中でも母がフランス映画が好きで、よく見たのですが、フランス語のイントネーションが心地好くて、大学ではフランス語を学ぼうと決めていました。それで、当時はまだICUにいらして、後に中央大学文学部教授になられた丸山圭三郎先生が、大学でフランス語に興味のある学生を集めて、実験的な授業をしていたのに参加したのです。これで、フランス語に関心が高まりました。当時は、サルトル研究者の白井浩司先生も中央大学に出講していらっしゃいましたね。今から思うと、錚々たる先生方に教えていただいたのですが、当時は十分に認識していませんでした。

学部3年生の時からは、法政大学にいらした中村恒矩先生に、課外で社会思想史ゼミをしていただき、大学院生になっても、かなり長い間直々に教えていただきました。大学紛争が盛んな時期だったので、かなり長く授業がなくて、学生から直接に連絡をとり、先生に課外ゼミをお願いすることがあったのです。このことは後々、憲法を学ぶ上で本当に役に立ちました。モンテスキューやルソー、アダム・スミスといった社会思想家達の考え、社会がどういう形で構成されるべきか、人はどういうものに共感するのか、すなわち人間相互の関係を支える道徳とはどのようなものか、法としての正義と道徳とはどのような関係にあるかなど、こうしたことを学べたのは、とても大きなことでした。高橋誠先生にも同様にお世話になりました。

大学が閉鎖されていたので、よく、喫茶店の「白十字」などを使ってゼミをしていましたね。

藤野　学園紛争中に学部を卒業された訳ですが、その後はどうされたのですか？

植野　私も当時の学生の多くと同じように、ある程度、学生運動にも関わりましたが、70年安保の喪失感は大きなものでした。社会に関わるには、社会や政治の全体状況を知らないと徒労に終わると思い、それが一つの理由で大学院に進学することにしたのです。もう一つには、父が海城高校の教員で野球部長と東京都高野連理事もしていたのですが、教育者として生徒のために様々費やすのを見ていて、教育ではなく研究にも関わりたいと思ったことがあります。野球部の部長でしたから、大会の前になると生徒が泊まりに来るのですね。同じ釜の飯を食うということで、すきやきのような普段は家族が食べないようなものも振舞っていました。あまりに肉を食うから、「飯、飯、肉にしろ」と生徒達は順番までとやかく言われたものです（笑）。もちろん教育に関心はありましたが、家族をも犠牲にして教育に専念するのはどうかと思い、まずはきちんと勉強して、研究者になりたいと思ったのです。

そこで中央大学法学部の助手試験を受けたのですが、不合格でした。実は、在学中に結婚して子どもが生まれることになったのを報告しづらかったので、受験前には学部の専門ゼミの指導教授であった清水睦先生に相談しなかったのですが、事後報告したら、「勉強したいなら、大学院へ来なさい」とアドバイスされたのです。当時、女性の助手採用をめぐって、色々とあったようで、女性が助手試験に合格することは難しいといわれていました。

そこで、清水先生に指導教授になっていただいて、法学研究科博士前期（修士）課程に進学しました。大学院は楽しかった。公法・政治学・国際法専攻の大学院生が一緒の部屋で、先輩が後輩のためにゼミをするとか、縦と横の連帯感がありました。ただ、博士後期課程に進学するのは、なかなか大変でした。当時清水先生は、まだ博士後期課程の学生をとっていませんでした。後期課程の入学試験を１回落ちたとき、清水先生にアドバイスをお願いしたところ、「君がそんなに熱心でやる気のある人間だとは思わなかった」といわれた位です。

翌年、博士後期課程に進学できて、さらに勉強を続けました。当時一緒に勉強した仲間は、今も中央大学や他大学で研究者をしています。また当時は、博士学位をとるよりも就職が先、課程博士はまず取得できないという状況でした。博士学位を取得するというプレッシャーからは自由に勉強ができましたね。

藤野　私が研究者を目指したときは、清水先生がバックアップしてくださいました。これも、植野先生が路を切り拓いてくださったおかげだと思います。本当に感謝しています。

○中央大学教員へ

藤野　植野先生は、その後、中央大学で専任教員になられましたが、どんな経緯だったのですか？

植野　32歳になる前だったと思いますが、当時中央大学の学長でいらした戸田修三先生が、当時女性の専任教員がいなかった理工学部で、教養・教職科目の憲法の教員を採用することを進めて下さいました。そこで、まず1年は兼任講師（非常勤）で講義を担当して、翌年から専任となることになりました。理工学部としては「実験的に」女性教員を採用してみたのです。

藤野　はじめて理工学部で授業を担当してみて、どうでしたか？

植野　授業自体には、それほど問題はなかったのですが、職場環境にびっくりしました。当時はまだ、セクハラとかパワハラという言葉もなかったのですが、着任早々パンツスーツで出勤したら、ある年上の先生から呼びとめられて、「そんな恰好をするな、もっと女らしい服装をしろ。君の後ろ姿が学生にどんな風に見えているかわかっているのか？　ズボンからパンツの形が見えている」と言われました。その先生はクリスチャンだったのですが、午前と夜間部の授業の間の数時間、ずっと私の研究室に来て、お茶を飲みながら「尼さん」としての振る舞いのお話をし続けられるので、困ったものでした。そこで、授業の空き時間に後楽園シネマで映画を見ることにしたので、随分映画を見ました。実は、隣の研究室の若い先生が明かりをつけないで勉強していたので、不思議に思っていたのですが、聞いてみたら、同じように年長の先生の長時間のおしゃべりに困って、居留守を使っていたということでした。

当時は、今よりももっと、大学の教員は偉いという権威主義的な考え方が蔓延していたのだと思いますね。実際には、当時は、大学院を出たり、実務で研鑽を積んだりということをせずに教員になった人もいたのですが、そういう人に限ってものすごく権威主義的でした。だから、事務職の方は大変だったと思いますよ。

当時は、教授会も不思議でした。会議中の喫煙が自由で、煙で学部長の顔も見えなかったのです。いつから、学部長の顔が見えるようになったのか……。ともかく、不思議な環境でした。

藤野　教授会で発言するのは大変でした？

植野　発言するのはかなり年長の偉い方だけで、私が発言するなどということは、考えもしませんでした。皆に嫌われないように、何か落ち度があって指摘されないようにすることに気を使っていました。服装も、さっきの出来事以来、ずっとスカートだったのです。あるとき、市民団体の集まりで、「先生はなんでいつもスカートなの」と言われて、はっと気づかされたほどです。

○憲法研究者としての歩み～はじめてのフランス留学

藤野　研究の話をうかがいます。はじめから憲法に関心をお持ちだったようですが、具体的には、何を勉強されましたか？

植野　社会がどのようにして構築されるのか、その基本が書かれているのが憲法ですが、私は、人権保障のあり方、またそのための権力の制限のあり方に関心がありました。具体的には、フランスにおける人権保障の具体的なあり方、権力の制限のあり方を中心に勉強したいと思いました。そこで修士論文では「フランスにおける営業の自由」について書きました。

藤野　フランスの営業の自由に興味をもった理由は何ですか？

植野　このテーマについて書かれたフランスのある博士論文（Françoise Dreyfus, *La liberté du commerce et de l'industrie,* Berger-Levrault, 1973）を読んだのですが、それが非常によくまとまっていたのです。当時フランスでは、この分野は、主に行政命令による規制がなされており、憲法院ではなくコンセイユ・デタによる統制が行われていました。その本では、具体的な事例分析が細かくなされていて、ここを出発点とすると他の人権分野にも応用できるのではと考えた訳です。

藤野　そんなに感銘を受けた論文だったのですね。

植野　感心したのは、法に社会や歴史の状況が反映していることでした。たとえば、フランスでは屠畜場が専ら公営で、公によって衛生管理等が行われるのですが、これは、フランスの狩猟の歴史と社会構造の反映です。細やかな制度の中に、その国の歴史や背景があると気づきました。公が営業することの意義も学びました。その意味では初めて認識するものでしたね。

藤野　現在の憲法学でいう「立法事実」が書かれていたのですね。その後、フランソワーズ・ドレフュス先生のところへ留学されたのですね？

植野　ちょうどソ連によるアフガニスタン侵攻があった頃でしたが、まだ就職前の1979年に、はじめてフランソワーズ・ドレフュス先生に指導をお願いして、フランスに留学しました。映画などを見て、フランスの状況は分かっていたつもりになっていたのですが、フランス人の考え方が日本人と全く違うことに驚きました。フランスでは、映画のシーンのように古いエレベーターがあったり、トイレットペーパーが硬かったり、社会生活上、進んでいるとは思えない面もありました。しかし意識が日本とは全く違いました。

フランスでは、教授資格試験を通ると、まずは２年ほど海外県等での教員になるという慣行がありますが、ドレフュス先生はこれを拒否して、講師の資格でパリに残り、パリ第１大学の教員になった方で、ユダヤ人でもありました。この先生の元で勉強したことは大変大きかったですね。たまたま外国人受け入れ担当教員になっているから、いつでも来たいときに来なさいと言われ行きました。パリの大学では多くの女性教員が働いていました。しかしドレフュス先生によれば、フランスではまだまだ差別がたくさんあるという。教員の３分の１が女性教員だけれども、アグレジェという教授資格を持っている女性はほとんどいない、とのことでした。しかし、当時の日本では、３分の１もの女性教員がいることは考えられませんでした。日本では女性教員は、体育と語学に集中していて、それ以外の専門を担当することはほとんどなかったのです。一番衝撃を受けたのは、トラックやバスの運転手が女性だったことですね。当時の日本は、まだ労働分野に差別的な規制があった時代ですから、女性が運転手をしていることに驚いたのです。

また彼女の生活スタイル自体にも驚かされました。彼女の自宅に招かれると、呼ばれるたびに一緒にいる男性が違うのです。ある時勇気を出して、「誰が夫のムッシュ・ドレフュスか？」と聞いたら、「そんなのはいない」と言われてしまいました。先生は離婚していて、「あなたが会った人たちは全員ボーイフレンド」とのことで、なるほどと。親密な恋人が登場して、挨拶に困ったこともありましたが（笑)。でも、むしろ私は、大学の教員がそういう生活をしていること自体に驚いたのです。日本で大学教員といえば、謹厳実直、模範的な生活を送っている人々というイメージでしたから。日本より、30年も40年も進んでいると思いました。

その時期、日本語とフランス語の交換授業を通してブルターニュ生まれのフランス人の友人ができました。彼女は石油会社のエンジニアで立派なアパートに住んでいましたが、前の週に食べ残したパンのかけらとかが今週もまだテーブルの上にあるような生活スタイルでした。それでいながら、そんなことにはお構いなしに、様々なことを議論するわけです。掃除をするというようなことは瑣末なことなのですね。議論が大切。

藤野　枠に入っていなくても大丈夫、ということですかね？

植野　そうそう。日本ではまずこうしなくてはならない、という枠があったけれども、フランスでは、「大事なことは何か、それを考える」と、そういうことも学んだ訳です。

藤野　大学院時代はドレフュス先生に学ばれ、その後中央大学に就職されて、先ほどのお話のようなことがあったのですから、なおさらですね。

○憲法研究者としての歩み～エックス・マルセイユ第３大学での在外研究

藤野　ところで、植野先生はその後、エックス・マルセイユ第３大学で在外研究をされました。その時のお話をうかがえますか？

植野　今度は、ルイ・ファヴォルー先生にお世話になりました。エックスでは、研究者が和気藹々としていたのがよかったですね。ティエリー・ルノー、アンドレ・ルー、今はパリ第１大学教授になっているグザヴィエ・フィリップなどもその時の仲間です。

ドレフュス先生は、社会党を支持されるリベラル派であったのに対して、ファヴォルー先生は保守的な立場をとられていましたが、日本の憲法状況にも関心を持ってくれた点では、先進的な方でした。フランスでは、人権先進国であるという自負から、比較法という方法論はいらないという考え方が当時は一般的でした。ファヴォルー先生は、アメリカや日本との比較法に関心をもっていらして、私にも国際学会での報告の機会を与えて下さいました。今でも毎年、フランスで開催されている国際憲法裁判学会で日本の状況について報告をしています。

ただ残念なのは、日本の憲法裁判について、年々報告することがなくなっているということです。フランスの2008年憲法改正で導入されたQPC（市民の訴えによる事後的違憲審査）は、後発であったにもかかわらず、違憲審査基準等の研究が相当に進んでいます。しかし、日本の場合は、権力に「忖度」するからなのか、画期的な憲法判断がなされていません。通常の司法裁判の中での憲法判断という仕組みですから、目前の具体的紛争に決着をつけることが優先されることは理解できますが、人権保障機関のあり方について、フランスに学ぶことが多いと考えています。

藤野　フランスの憲法裁判を研究されて、日本の不甲斐ない人権保障とか憲法裁判に関して、研究を通して指摘しておきたいことはありますか？

植野　日本では、どうしたら憲法裁判が活性化するかという「研究」はあっても、それを実際に制度化するということがなされていません。学術的な理論研究はあるし、退官した最高裁裁判官も多くの提言をしているのですが、これらがいかされていません。憲法裁判のあり方が硬直化していますし、制度にも運用にも不透明な部分があります。たとえば、裁判官の人選も見えない部分です。制度や運用を事後的な検証によって可視化して、よりよい制度にすることが行われていないことが問題です。残念ながら、権威主義的なところがあって、動かないのだと思います。

藤野　フランスの2008年憲法改正は、それまでの法制度に対する検証の成果ですか？

植野　憲法へのQPCの導入自体は2008年ですが、制度研究に基づく提言はそれよりずっと前になされています。それを社会党政権下でやるか保守党政権下でやるかで綱引きがあったのですが、改正の方向性は随分前から議論され、一定の方向性は出ていました。

○憲法学者としての歩み～フランスでの博士学位取得

藤野　植野先生は、留学を経て、フランスで博士学位を得ておられますが、そのことについても教えてください。

植野　1987年～88年の在外研究中、ファヴォルー先生が学位論文をまとめることを薦めて下さいました。清水先生にもご相談したところ、当時の状況では、日本で女性研究者が博士学位を得るには困難もあるから、フランスで取得するのは一つの方法だと、賛成をいただきました。そこで、日米の比較にフランスを加えた200頁余りの憲法訴訟についての論文をまとめて、ファヴォルー先生のところへおもちしたのですが、難色を示されました。フランスでは、アメリカのことはまだ知られていなかった上に、私自身が日米の異同をはっきり示せていなかったからだと思います。その方法論は分かりにくいから、日仏比較に集中すべきだとのアドバイスをいただき、書き直しに挑戦しました。そこから、10年以上かかりましたが、論文Constitution, Justice et Droits fondamentaux au Japon（日本における憲法、裁判、人権保障）をまとめて提出しました。残念ながら、ファヴォルー先生のご存命中には間に合わなかったのですが、後任者であり、友人でもあるティエリー・ルノー先生が審査を引き継いでくれました。

藤野　フランスの学位取得では、その後の口頭試問も厳格だと聞いています。フランスでの学位取得を考えている後進のためにも、ご経験を話していただけませんか？

植野　まず重要なのは、学位請求論文を完全に仕上げて、資料も全てつけて提出することです。国によっては、「朱を入れいていただく」ために、完全原稿を出さないこともあるようでですが、フランスではそれはありえません。この論文提出の段階で、成績は決まっており、それを確認するために面接が行われるといわれています。ただ、この面接は、非常に厳しい。私の場合は、４時間ほどかかりました。審査員には、学位請求先大学の教授だけでなく、外国人教授を含む外部審査員が必ず入るのですが、私の場合は、ベルギーの大学のデルペレ教授とパリ第1大学のドレフュス教授が入って下さいました。既にエックスで学位をとっていたエックスの経済学部の日本語担当教員の鈴木先生がアドバイスをくださり、外部審査員の質問は予め手紙で確認しているはずだというので、ティエリーに確認しに行きました。ティエリーにも質問を確認して、大船に乗った気持ち、何とかなると思って口頭試問に臨みました。

ところが、2人の外部審査員の質問が予定通り終わり3人目の審査員のピノ教授がとても褒めて下さったもので、急に気が緩んでしまいました。しかも次のティエリーが、打合せと違う質問をしてきたもので混乱し、また最後のアンドレ・ルー教授が、憲法裁判とは全く関係のない地方自治に関する質問をしてきたので、人生今までにないほどあがってしまいました。フランス人でも、3時間を過ぎると頭が真っ白になるといわれていましたが、私も同じで、本当に辛い時間でした。

藤野　でも結果として学位をとられて、出版を決めてもらえたのですよね？

植野　幸い、審査員が高い点数をつけてくれて、博士学位を得ることができました。優秀な論文は出版させてもらえるのですが、その場で出版も決めていただけました。しかも、ティエリーの推薦でLGDJから出版することができたので、本当に感謝しています。

○公共政策研究科での経験

藤野　教育活動についてもおうかがいしたいと思います。

植野　長く理工学部で授業を担当してきましたし、大学院法学研究科でも授業をもっていますが、今回は、大学院公共政策研究科の話をしておきたいですね。2005年に新しく立ち上がった公共政策研究科に、専任教員として参加しました。この大学院は10年で閉じることとなってしまい残念でしたが、実務家教員と一緒に研究会やシンポジウムをして、学ぶことが多くありました。理論的にみた立法過程と実際の立法過程の違いなど、重要なことが分かりましたし、大学から教育力向上のための予算もいただいて、これまでには見られなかった事例型教材も作りました。それは、公務人材開発協会の方で活用されたりしています。

公共政策研究科は、出身学部に捕らわれない学部横断型の大学院で、目的のはっきりした学生が集まっていました。公務員や政治家といった実務家養成を中心に据えて、講師にも官僚や政治家、小池百合子さん、山本一太さん、細野豪志さん、大塚耕平さん、千葉景子さんなど、にも来ていただいて、一定の教育成果を出していたと思います。

学生数の伸び悩みが閉鎖の一つの理由でしたが、夜間にも開講するなど工夫して続けるべきであったと思っています。それから、一つの学部と一つの大学院が当然セットである、といった中央大学の蛸壺的発想から抜け出せずに、学部横断型大学院があると自分たちの学部と対応大学院から輩出する公務員が減るといった批判があったのは、本当に残念でした。

○日本の憲法状況とこれからの活動

藤野　今までうかがったような研究と教育のご経験から、植野先生は、現在の日本の憲法状況をどのように見ていますか？

植野　私は、はじめ、フランスのコンセイユ・デタの合法性審査による人権保障のあり方を研究していたのですが、フランスにおいて憲法院による合憲性審査が発展するとともに、その研究も憲法裁判を中心とする人権保障や、憲法裁判のあり方そのものに移ってきました。

日本の憲法学では、まず解釈を研究することが重要だとされていて、政治との関わりについては別の問題であるとされることが多いのですが、全国憲法研究会や憲法理論研究会で活躍された樋口陽一先生や杉原泰雄先生などは解釈に留まらずに研究され、私も影響を受けました。また、小林直樹先生が念頭に置かれていた「憲法を実際の生活にどう生かすか」という視点も勉強になりました。

こうしたことから、最近の憲法改正への動きをみてみると、やはり立憲主義から外れていることが多いと思います。とくに今日の法治国家の原則を根本から覆すような政治の運営の仕方には、憲法の視点から、指摘を続けることがとても重要ですね。第二次安倍政権になってからは、法の実体面のみならず、手続違反が多すぎます。法治国家と法治行政の考え方からすると、手続違反は、法の実体の内容如何を問わず、それだけで違法・違憲なのに、政治責任すらとらない。

法治国家や立憲主義の理念は浸透することはあっても後退することがあるなどとは考えもしなかったのですが……。まだまだ、フランスや外国に学ぶことは多いと思います。

藤野　今のお話であった、法の実体の問題もさることながら、手続違反が横行する中で、政治家が責任をとらないという現実について、これは我々の力不足、つまり市民の責任ともいえるのでしょうか？

植野　政治家にも市民にも責任があると思いますね。まず法や権利が大切なものなんだという意識が、政治家に欠けています。他方で、市民は政治家にお任せで、何が行われているか見定めない。フランスの例を出すと、たとえば、マンションの１階にあるカフェがいつまでも騒がしいというとき、そのマンションの住民は「何の権利があって、そういう営業の仕方をしているのか」という文句のつけかたをします。フランス革命以来紆余曲折がありましたが、現在のような法の観念や権利を自ら獲得してきた人たちと、明治維新以来、法と権利を上から与えられてきた我々とでは、随分違うと感じます。

藤野　それでは今後、憲法研究者としての植野先生は、社会とどう関わっていかれますか？

植野　発言を続けていくことしかない、と思っています。とくに、理論と研究を結びつけて発言することが重要ですね。定年退職しても、やることはまだまだあると思います。小林武先生は、退職後沖縄に移り住んでそこから発信しています。日本では、立憲主義や法治国家の理念がまだ根付いていません。これが日常生活においても重要であるということを発言し続けるのは、憲法学者の責務です。

藤野　具体的には、どんなことがありますか？　とくに先生は、女性の憲法研究者として活動する中で、日本の男女平等についても積極的に関わられてきたと思うのですが、今後は？

植野　男女平等と平和主義についてはまだまだ問題が残っており、発言したいと思っています。男女平等はジェンダーギャップ指数が144ヶ国中114位（2017年）であるなど進展がなく、平和主義は明らかに後退していますから。

男女平等については、まやかしがあるように思います。例えば、女性活躍推進法では、子どもを生みながら、短時間労働で働きやすい環境を整備するということになっていますが、フランスでは、キャリア断絶への危惧から、フルタイムでの職場復帰を早くしたいと考えるといわれています。これをしっかり受け止めないで、女性が働きやすいように……などといってもダメですね。ビジネスの中心メンバーから一度外れると、なかなか取り戻せません。残念ながら、日本社会はまだ男性中心で、女性は補助的な位置付けから脱していないのです。逆に言えば、男性自体が休暇をとれる、長時間労働から解放されて家事・育児・介護などが十分にできるようにすることも必要です。性別に関係なく、ワークライフ・バランスを実現しないといけませんね。

平和主義については、安保法制により、根本を変えておきながら、政府が「かわらない」というごまかしをしていることが問題です。私は、個人の尊重を定める憲法13条が好きなのですが、安保法制の論拠、とりわけ、どこにでも戦争をしに行けるようにする法制の論拠に、「生命、自由及び幸福追求」を守るとして使われていることが残念でなりません。

それから憲法改正については、改正すべき点としていわれているものには、改正するまでもないことも多いですし、既に、憲法改正によらずに法律で変えてしまっていることもあります。また家庭教育支援に関連して、子どもへの虐待を防ぐ、親の孤立を防ぐために全戸訪問事業がとられていますが、果してこの方法が効果があるのか、疑問です。訪問する側の人権教育も必要ですし、こうした問題は個人の生活やプライバシー、家庭の考え方を大切にする、多様性を認めることとも関わります。目的と手段の適合性という点からも疑問に思います。個人個人を尊重し権利を考える、人々の心に寄り添う政策が望まれる、と思います。

藤野　私も、憲法13条の個人の尊重の方が論じられるべきところで、「国益」に議論がすり替わっていることが多いように感じます。

男女平等の話をうかがいましたが、中央大学を卒業した女性の同窓会である女性白門会の会長としてもご活躍ですね。

植野　2008年から女性白門会の会長をしています。周りの方々に助けられながら続けてくることができました。男女平等を唱えながら、女性だけが集まるということは必要なのかともいわれますが、まだまだ社会では男女差別が横行しており、女性だけに家庭も仕事もと、負担がかかっている実情があります。意識変革も要求されますね。女性問題の解決のために、女性が集まり、情報交換をし解決策を語り合うことも必要です。

もちろん、ワインの会や歌舞伎鑑賞など楽しい会の運営もはかっていくつもりです。

藤野　本日は、古稀ということでお話をうかがう機会をいただいたのですが、まだまだご活躍いただけそうで安心しました。

植野妙実子先生
ご経歴・ご業績一覧

ご 経 歴

学 歴

1965年4月―1968年3月　東京都都立豊多摩高等学校・卒業
1969年4月―1973年3月　中央大学法学部法律学科・卒業
1975年4月―1978年3月　中央大学大学院博士前期課程法学研究科・修了
1978年4月―1981年3月　中央大学大学院博士後期課程法学研究科・満期退学
【中央大学では、清水睦教授に師事】
1979年12月―1980年3月　パリ第一大学大学院修士課程公法研究科（私費留学）
【パリ第一大学では、フランソワーズ・ドレフュス教授に師事】

経 歴

1981年4月―1982年3月　中央大学理工学部兼任講師
1982年4月―1985年3月　中央大学理工学部専任講師
1985年4月―1993年3月　中央大学理工学部助教授
1987年8月―1988年9月　エックス・マルセイユ第三大学にて在外研究
【エックス・マルセイユ第三大学では、ルイ・ファヴォルー教授に師事】
1993年4月―2019年3月　中央大学理工学部教授（法学部兼担）
1996年2月―1996年3月　シェフィールド大学客員教授
【この間、国学院大学法学部、早稲田大学商学部、東北学院大学法学部などで非常勤講師】
2005年4月―2017年3月　中央大学大学院公共政策研究科教授（学部兼担）
2005年4月―2019年3月　中央大学大学院法学研究科博士後期課程教授
2008年4月―2010年3月　中央大学高等学校校長
2009年11月―2013年10月　中央大学大学院公共政策研究科委員長
2016年11月―2016年11月　エックス・マルセイユ大学客員教授
2017年4月―2019年3月　中央大学大学院法学研究科博士前期課程教授

学 位

中央大学　法学修士　（1978年3月取得［専攻　憲法］）
【学位論文題目】フランスにおける営業の自由

フランス　エックス・マルセイユ第三大学　法学博士（2006年９月取得［専攻　公法］）

【学位論文題目】Constitution, justice et droits fondamentaux au Japon

【評価】Très honorable avec Félicitations du jury

学会・社会における職務

1990年10月～1992年10月	憲法理論研究会　事務局長
1992年10月～2000年10月	憲法理論研究会　運営委員
1993年11月～1995年３月	八王子市総合女性センター建設検討委員会委員長
1996年９月～1998年２月	八王子市女性問題協議会会長
1997年６月～1999年６月	日本女性法律家協会幹事
1997年10月～2009年10月	全国憲法研究会運営委員
1997年１月～1999年１月	文部省学術審議会専門委員（科学研究費分科会）
1999年６月～2001年６月	日本女性法律家協会副会長
2000年10月～2002年10月	憲法理論研究会運営委員長
2000年10月～2003年７月	日本学術会議公法学研究連絡委員会委員（18期）
2001年１月～2002年12月	国立女性教育会館企画委員
2001年６月～至　現在	日本教育法学会理事
2002年１月～2003年１月	文部省学術審議会専門委員（科学研究費分科会）
2002年８月～2003年８月	八王子市男女共同参画協議会会長
2002年10月～2010年９月	憲法理論研究会運営委員
2003年１月～2003年９月	日本学術振興会科学研究費委員会専門委員
2003年６月～2005年６月	警察署協議会委員（警視庁石神井警察署）
2003年10月～2005年９月	日本学術会議公法学研究連絡委員会委員（19期）
2003年10月～2007年５月	第一東京弁護士会懲戒委員会委員
2006年10月～2008年10月	憲法理論研究会　年報編集委員長
2007年10月～2009年９月	日本公法学会　監事
2008年４月～至　現在	中央大学学員会支部女性白門会会長・支部長
2014年10月～至　現在	目黒区情報公開・個人情報保護審議会委員
2016年１月～2017年１月	独立行政法人大学評価・学位授与機構　国立大学教育研究評価委員会専門委員
2017年１月～2017年６月	日本学術振興会科学研究費委員会専門委員

ご 業 績 一 覧

単 著

『「共生」時代の憲法』(学陽書房、1993年)
『憲法の基本』(学陽書房、2000年)
『憲法24条　今、家族のあり方を考える』(明石書店、2005年)
Justice, Constitution et droits fondamentaux au Japon, L.G.D.J, 2010
『フランスにおける憲法裁判』(中央大学出版部、2015年)
『[新版] 憲法の基本』(編集工房球、2015年)
『基本に学ぶ憲法』(日本評論社、2019年)

単編共著

植野妙実子編、共著『憲法構造の歴史と位相』「天皇制と閉ざされた国家」(南雲堂、1991年)
植野妙実子編、共著『現代国家の憲法的考察』「立法裁量論をめぐる問題」(信山社、2000年)
植野妙実子編、共著『21世紀の女性政策』「日仏女性政策の展望」等(中央大学出版部、2001年)
植野妙実子編、共著『フランス憲法と統治構造』「憲法院」、「司法権」(中央大学出版部、2011年)
植野妙実子編、共著『法・制度・権利の今日的変容』「ワーク・ライフ・バランスの浸透」「Globalisation et garantie des droits fondamentaux」(中央大学出版部、2013年)

共編共著

清水睦・植野妙実子共編、共著『憲法の模範答案例』(実務教育出版、1986年)
横坂健治・長谷川憲・植野妙実子編、共著『憲法と政治生活』(北樹出版、1987年)
植野妙実子・妹尾克敏編、共著『現代社会の権利と法』(北樹出版、1995年)
山下泰子・植野妙実子編、共著『フェミニズム国際法学の構築』(中央大学出版部、2004年)
植野妙実子・林瑞枝編、共著『ジェンダーの地平』(中央大学出版部、2007年)
植野妙実子・佐藤信行編、共著『要約憲法判例205』(学陽書房、2007年)

その他の共著

杉原泰雄編、共著『講座・憲法学の基礎２巻・憲法学の基礎概念Ⅱ』「普通選挙制度」（勁草書房、1983年）
小林孝輔・星野安三郎監修、共著『口語　憲法（全訂版）』「31・32・40条担当」（自由国民社、1987年）
小林直樹・はらたいら編、共著『憲法マイルド考』（憲法擁護国民連合、1987年）
清水睦編、共著『公務員・行政書士の「憲法短答演習」』（有斐閣、1988年）
小島武司編、共著『*Conflict and integration*』「*Esquisse sur le droit de propriété dans la Constitution Japonaise*」（中央大学出版部、1989年）
林瑞枝編、共著『いま女の権利は』（学陽書房、1989年）
フランス行政法研究会編、共著『現代行政の統制』「憲法院と行政権」（成文堂、1990年）
小島武司　他編、共著『*Système juridique français*』「*Limitations de rôle de la justice constitutionnelle*』（中央大学出版部、1992年）
北野弘久・一ノ瀬敬一郎編、共著『成田治安法・いま憲法が危ない』（社会評論社、1992年）
杉原泰雄・樋口陽一編、共著『論争憲法学』「女性天皇問題」（日本評論社、1994年）
樋口陽一編、共著『講座憲法学別巻』「戦後マスメディアと憲法・憲法学」（日本評論社、1995年）
永井憲一編、共著『戦後政治と日本国憲法』「平等原則と女性の人権」（三省堂、1996年）
共著『法女性学への招待』（有斐閣、1996年）［新版発行、2000年］
高柳先男編、共著『ヨーロッパ新秩序と民族問題』「フランス憲法における『庇護権』の改正」（中央大学出版部、1998年）
比較憲法史研究会編、共著『憲法の歴史と比較』「憲法裁判所の正当性—ファボルーの論文から」（日本評論社、1998年）
深瀬忠一・杉原泰雄・樋口陽一・浦田賢治編、共著『恒久世界平和のために「ユネスコと平和主義」（勁草書房、1998年）
清水睦編、共著『憲法入門』（信山社、1998年）
日本比較法研究所編、共著『Toward Comparative Law in the 21th Century』「アファーマティブ・アクションについての一考察」（中央大学出版部、1998年）
山内敏弘編、共著『日米新ガイドラインと周辺事態法』「民間機関・市民による『協力』」（法律文化社、1999年）
山下健次　他編、共著『フランスの人権保障』「男女平等の進展と現状」（法律文化社、

2001年）

日本教育法学会編、共著『講座現代教育法１・教育法学の展開と21世紀の展望』「ジェンダーと教育法」（三省堂、2001年）

手島孝監修　安藤高行編、共著『新・基本憲法学』（法律文化社、2002年）

中村睦男　他編、共著『欧州統合とフランス憲法の変容』「男女平等を推進する平等観念」（有斐閣、2003年）

全国憲法研究会編、共著『アジア立憲主義の展望』「日本国憲法の意義と全国憲法研究会」（信山社、2003年）

国士舘大学生涯学習センター編、共著『女性と法を見る目に確かさを』（成文堂、2006年）

日本教育法学会教育基本法研究特別委員会編、共著『教育の国家統制法』（母と子社、2006年）

９条世界会議国際法律家パネル編、共著『９条は生かせる』（日本評論社、2009年）

米田佐代子　他編、共著『ジェンダー視点から戦後史を読む』「憲法制定過程・民法改正過程とジェンダー」（大月書店、2009年）

国際女性の地位協会編、共著『コンメンタール女性差別撤廃条約』「23条」（尚学社、2010年）

浦田一郎　他編、共著『立憲平和主義と憲法理論』「フランス憲法院における比例原則」（法律文化社、2010年）

日本比較法研究所編、共著『Future of comparative study in Law日本比較法研究所60周年記念論文集』「コンセイユ・デタの特異性と先進性」（中央大学出版部、2011年）

杉原泰雄　他編、共著『戦後法学と憲法』「フランスにおける憲法裁判の性格」（日本評論社、2012年）

石村修　他編、共著『時代を刻んだ憲法判例』「愛媛玉串料訴訟事件」（日本評論社、2012年）

日本教育法学会編『教育法の現代的争点』「憲法価値と公教育」（法律文化社、2014年）

阪口正二郎　他編、共著『憲法の思想と発展　浦田一郎先生古稀記念』「フランスの国家緊急権」（信山社、2017年）

伊藤壽英編、共著『法化社会のグローバル化と理論的実務的対応』「男女平等とグローバリゼーション」（中央大学出版部、2017年）

学術論文

1979年３月「フランスにおける営業の自由の一考察」『大学院研究年報８号』

1981年３月「フランスにおける営業の自由と警察規制」『法学新報88巻１・２号』

1982年11月「フランスにおける営業の自由」『法律時報54巻11号』

1983年２月「フランスにおける法の一般原則」『比較法雑誌16巻臨時３号』

1984年３月「法の進歩と環境権」『中央大学論集５号』

1984年６月「フランスにおける公共性の観念について」『中央大学社会科学研究所報告３号』

1986年12月「フランスの公職における男女平等（Ⅰ）」『比較法雑誌20巻３号』

1987年３月「フランスの公職における男女平等（Ⅱ）」『比較法雑誌20巻４号』

1987年９月「フランスの公職における男女平等（Ⅲ）」『比較法雑誌21巻２号』

1988年12月　Les standards juridiques au Japon, *Revue de la recherche juridique*（以下*R.R.J.*）*-Droit prospectif,* 1988-4

1989年７月　Rapport national : La liberté d'information, *Annuaire International de Justice Constitutionnelle*（以下*A.I.J.C.*）*1987,* P.U.A.M.-Economica

1989年７月　Rapport national : Le fonctionnaire et la politique, 11èm colloque d'Avigon, 1998, *A.I.F.P.-I.I.S.A.*

1989年９月　Les droits de l'homme et le regime parlementaire démocratique, *R.R.J.- Droit prospectif,* 1989-3

1989年９月　La situation du droit administratif au Japon, *Annuaire Européen d'Administration Publique,* Vol. XI 1988, Edition du C.N.R.S.

1990年７月　Rapport national : Le fonctionnaire au service des droits de l'homme, 12ème colloque d'Avignon 1989, *A.I.F.P.-I.I.S.A*

1990年10月　Rapport national : Juges constitutionnels, *A.I.J.C.1988,* P.U.A.M.-Economica

1990年12月「フランスにおける公務員制度」『比較法研究52号』

1991年２月「政治の中の憲法院：フランス憲法院の政治的意義」『中央大学社会科学研究所研究報告９号』

1991年７月　Rapport national : La représentation du personnel : Pour quoi faire ?, 13ème colloque d'Avignon 1990, *A.I.F.P.-I.I.S.A.*

1991年10月Rapport national : Principe d'égalité et droit de suffrage, *A.I.J.C.1989,* P.U.A.M.-Economica

1992年７月　Rapport national : Le fonctinnaire et l'intérêt privé, 14ème colloque d'Avignon 1991, *A.I.F.P.-I.I.S.A.*

1992年８月　Rapport national : Le principe de non-rétroactivité des lois, *A.I.J.C.1990,* P.U.A.M.-Economica

1993年９月「憲法から見た『家族』」『比較法雑誌27巻２号』

1994年４月「現代における女性の氏名権」『法学新報100巻３・４号』

1994年11月「世界システムにおける平和的生存権」『中央大学社会科学研究所研究報告15号』

1995年４月　Rapport national : Constitution et partis politiques, *A.I.J.C.1993,* P.U.A.M.-Economica

1995年10月　Rapport national : Révision de la Constitution et justice constitutionnelle, *A.I.J.C.1994,* P.U.A.M.-Economica

1996年８月　Rapport national : Le statut constitutionnel des juges du siège et du parquet, *A.I.J.C.*1995, P.U.A.M.-Economica

1996年12月「ヨーロッパの法統合とフランスの女性政策（１）」『時の法令1536号』

1997年１月「ヨーロッパの法統合とフランスの女性政策（２）」『時の法令1538号』

1997年３月「憲法裁判官の任命」『法学新報103巻２・３号』

1997年８月Rapport national : L'école, la religion et la Constitution, *A.I.J.C.1996,* P.U.A.M.-Economica

1997年９月「憲法裁判官の正当性―ファボルーの論文から」『法律時報69巻10号』

1997年10月「憲法裁判の50年」憲法理論研究会編『憲法50年の人権と憲法裁判（憲法理論叢書５）』

1997年12月「フランスにおける男女平等政策の推進」『女性学15号』

1998年９月　Rapport national : Les discriminations positives, *A.I.J.C.1997,* P.U.A.M.-Economica

1999年３月「ジェンダーと安全保障」『中央大学社会科学研究所研究報告19号』

1999年９月　Rapport national : Les droits et libertés des étrangers en situation irregurière, *A.I.J.C.1998,* P.U.A.M.-Economica

2000年４月「基本に学ぶ憲法１憲法解釈について」『法学セミナー544号』から

2002年３月「基本に学ぶ憲法19公共の福祉と経済的自由」『法学セミナー567号』まで19回連載

2000年７月「アファーマティブ・アクションをめぐる問題」国際人権法学会編『国際人権11号』

2000年９月　Rapport national : Sécurité juridique, *A.I.J.C.1999,* P.U.A.M.-Economica

2000年10月　Réflection sur le droit de la famille : comparaison entre la France et le Japon, *R.R.J-Droit Prospectif,* 2000-4

2001年３月「フランスにおける政治への女性の参画」『諸外国における政治への女性の参画に関する調査研究報告書』（三和総合研究所）

2001年８月「違憲審査制と司法」『法学新報108巻３号』

2001年９月　Rapport national : Constitution et secret de la vie privée, *A.I.J.C.2000,* P.U.A.M.-Economica

2002年１月「パリテの成立と実施（１）」『法学新報108巻７・８号』

2002年３月「パリテの成立と実施（２）」『法学新報108巻11・12号』

2002年３月「家庭内暴力防止に対する憲法的アプローチ」『比較法雑誌35巻４号』

2002年９月　Rapport national : Immunités constitutionnelles et privilèges de juridiction, *A.I.J.C.2001,* P.U.A.M.-Economica

2002年12月「自衛隊法第103条に関する改正」全国憲法研究会編『（法律時報増刊）憲法と有事法制』

2003年９月　Rapport national : Lutte contre le terrorisme et protection des droits fondamentaux, *A.I.J.C.2002,* P.U.A.M.-Economica

2004年３月「教育基本法改正をめぐる諸問題」『日本教育法学会年報33号』

2004年４月「政治教育（第８条）」日本教育法学会編『（法律時報増刊）教育基本法改正批判』

2004年９月　Rapport national : Constitution et élections, *A.I.J.C.2003,* P.U.A.M.-Economica

2005年３月「教育目的と公共性」『日本教育法学会年報34号』

2005年３月「表現の自由と女性の人権」北九州市立男女共同参画センター“ムーブ”編『ジェンダー白書３―女性とメディア』

2005年５月「グローバリゼーションと憲法動態」全国憲法研究会編『憲法問題［16］』

2005年５月「家族のあり方」全国憲法研究会編『（法律時報増刊）憲法改正批判』

2005年９月　Rapport national ; Justice constitutionnelle, justice ordinaire, justice supranationale, *A.I.J.C.2005,* P.U.A.M.-Economica

2005年９月「象徴天皇制」『法律時報77巻10号』

2005年12月「女性差別撤廃条約の憲法への波及」『国際女性19号』

2006年１月　Quelques problèmes sur les organes juridictionnels,『ジュリスコンサルタス15号』

2006年７月「自民党新憲法草案と立憲主義」『法学新報112巻11・12号』

2006年10月「憲法24条と憲法『改正』・教育基本法『改正』」『法律時報78巻11号』

2006年12月　The upper house in the National Diet of Japan : the house of

Councillors, in Edited by JÖRG LUTHER and others, *A world of second chambers Handbook for constitutional studies on bicameralism,* Giuffré Editore

2007年９月　La crise du constitutionnalisme, in *Renouveau du droit constitutionnel-Mélanges en l'honneur de Louis Favoreu,* Dalloz

2007年12月　Une réflexion sur la notion de la représentation au Japon, par l'exemple de la révision de la loi fondamentale sur l'éducation, in *Itinéraires d'un constitutionnaliste – En hommage à Francis Delpérée,* Bruylant-L.G.D.J.

2007年８月　Rapport national : Autonomie régionale et locale et Constitutions, *A.I.J.C.2006*, P.U.A. M.-Economica

2008年９月　Rapport national : Constitution et liberté d'expression, *A.I.J.C.2007,* P.U.A.M.-Economica

2008年10月「国民保護と国家の役割」日本公法学会編『公法研究70号』

2009年３月「フランスにおける権力分立の観念」『法学新報115巻９・10号』

2009年９月　Rapport national：Constitution et famille, *A.I.J.C.2008,* P.U.A.M.-Economica

2010年９月　Rapport national : Le juge constitutionnel et la proportionnalité, *A.I.J.C.2009,* P.U.A.M.-Economica

2011年３月　Guarantees of basic rights in Japan, Law review/3-2011（すべてロシア語）

2011年９月　Rapport national : Constitution et droit penal, *A.I.J.C.2010,* P.U.A.M.-Economica

2012年９月　Rapport national : Juges constitutionnels et Parlements, *A.I.J.C.2011,* P.U.A.M.-Economica

2013年１月「フランスにおける教育の自由」『法学新報119巻７・８号』

2013年６月「フランスにおける法的安定性の観念」『法学新報120巻１・２号』

2013年９月　Rapport national : Le juge constitutionnel et l'équilibre des finances publiques, *A.I.J.C.2012,* P.U.A.M.-Economica

2014年６月「フランスにおける立法過程」『比較法雑誌48巻１号』

2014年９月　Rapport national：Multiplication des garanties et des juges dans la protection des droits fondamentaux, *A.I.J.C.2013,* P.U.A.M.-Economica

2015年９月　Rapport national : Juges constitutionnels et doctorine, *A.I.J.C.2014,* P.U.A.M.-Economica

2016年４月「立憲主義と国家緊急権」『日本の科学者51巻４号』

2016年９月　Rapport national : Constitution et droits sociaux, *A.I.J.C.2015,*

P.U.A.M.-Economica

2016年９月「コンセイユ・デタの今日的地位」『比較法雑誌50巻２号』

2017年９月　Rapport national : Migrations internationales et justice constitutionnelle, *A.I.J.C.2016,* P.U.A.M.-Economica

2018年９月　Rapport national : Juge constitutionnel et interprétation des normes, *A.I.J.C.2017,* P.U.A.M.-Economica

翻　訳

ルイ・ファヴォルー他著＝小島武司他編、共訳『フランスの裁判法制』（中央大学出版部、1991年）

ジェラール・レジエ他著＝共訳『フランス私法講演集』（中央大学出版部、1995年）

ルイ・ファヴォルー他著＝植野妙実子編、共訳『フランス公法講演集』（中央大学出版部、1998年）

ルイ・ファヴォルー他著＝西海真樹・山野目章夫編、共訳『今日の家族をめぐる日仏の法的諸問題』（中央大学出版部、2000年）

ベルトラン・マチュー著＝植野妙実子・兼頭ゆみ子共訳『フランスの事後的違憲審査制』（日本評論社、2015年）

ルイ・ファヴォルー著＝植野妙実子監訳、共訳『法にとらわれる政治』（中央大学出版部、2016年）

2014年６月ドミニック・ルソー等４人のフランスの教授へのインタヴュー＝植野妙実子・兼頭ゆみ子共訳「憲法院とコンセイユ・デタの関係」『比較法雑誌48巻１号』［科研費］

2016年６月ベルトラン・マチュー著＝植野妙実子・兼頭ゆみ子共訳「フランスの合憲性優先問題」『比較法雑誌50巻１号』

2016年６月レジ・フレス著＝植野妙実子・石川裕一郎共訳「憲法院とコンセイユ・デタ」『比較法雑誌50巻１号』

2016年９月レジ・フレス著＝植野妙実子・兼頭ゆみ子共訳「フランスにおけるコンセイユ・デタ」『比較法雑誌50巻２号』

2016年９月２人のENAの理事へのインタヴュー＝植野妙実子・兼頭ゆみ子共訳、「ENAにおける公務人材育成」『比較法雑誌50巻２号』

2016年12月グザヴィエ・フィリップ著＝植野妙実子・兼頭ゆみ子共訳「非常事態と国籍剥奪措置」『比較法雑誌50巻３号』

2017年６月ヴェロニック・シャンペイユ・デスプラ著＝植野妙実子監訳　石川裕一郎訳「憲法学からみたパリテ」『比較法雑誌51巻１号』

【1981年から2011年にかけての翻訳13本省略】

辞典・事典

日本教育法学会編、共著『教育法学辞典』「憲法の教育条項」(学陽書房、1993年)

市川昭午・永井憲一監修、共著『子どもの人権大辞典』「「憲法」、「日本国憲法」」(エムティ出版、1997年)

杉原泰雄編、共著『新版体系憲法事典』「人権の主体—女性」、「家族と平等」(青林書院新社、2008年)

判例評釈

1993年10月「第一次家永教科書訴訟の上告審判決」『法律のひろば1993年10月号』

1994年10月「天皇風刺ビラの差押え」『憲法判例百選Ⅱ［第3版］別冊ジュリスト(131号)』(2000年10月『憲法判例百選Ⅱ［第4版］別冊ジュリスト(155号)』)

1995年3月「参議院議員経歴詐称事件」『法学教室174号(別冊付録・判例セレクト'94)』

1997年3月「女性の再婚禁止期間違憲訴訟」『法学教室198号(別冊付録・判例セレクト'96)』

1998年6月「外国人登録原票の登録事項確認制度の合憲性」『平成9年度重要判例解説(ジュリスト臨時増刊1136号)』

2002年9月「ENAへのアクセスの『第三の道』」フランス憲法判例研究会編『フランスの憲法判例I』

2007年3月「天皇コラージュ事件」『憲法判例百選Ⅱ［第5版］(別冊ジュリスト187号)』(2013年11月『憲法判例百選Ⅱ［第6版］(別冊ジュリスト218号)』)

2012年2月「非嫡出子相続分差別と憲法14条」『法学教室377号(別冊付録・判例セレクト2011)』(2015年3月『判例セレクト2009-2013』所収)

2013年3月「死刑廃止」フランス憲法判例研究会編『フランスの憲法判例Ⅱ』(信山社)

ガイド・解説・報告書等

清水睦監修、共著『54年度版公務員試験　憲法　専門科目別問題集』(実務教育出版、1979年)

林修三監修、共著『国家上級公務員合格受験講座　重要判例集』(実務教育出版、1979年)

園部逸夫編、共著『法学ガイド17行政法』「警察行政と規制行政の区別」『別冊法学セミナー84号』
清水睦編、共著『法学ガイド1憲法Ⅰ』「議院の自律権」、「衆議院の解散の法理」『別冊法学セミナー(93号)』
1989年 Chronique-Japon, *A.I.J.C. 1986,* P.U.A.M.-Economica, 1988
(Chronique-Japonは*A.I.J.C. 2015,* P.U.A.M.-Economica, 2016まで原則的に毎年掲載)
「ヌーボー仏語辞典」『産経新聞1990年1月4日―5月24日』[毎週木曜日連載]
1990年4月「セクシュアル・ハラスメントから個人の自立を考える」『法学セミナー425号』
1991年3月「国際政治と憲法の平和主義 ―湾岸戦争を契機として―」『法律時報63巻4号』
1992年1月「日本国憲法と国連中心主義」『法学セミナー445号』
1992年4月「風俗営業等の規制及び業務の適正化等に関する法律施行条例(東京都)」『新条例百選(ジュリスト増刊)』
1992年6月「女性天皇問題を考える」『法律時報64巻7号』
1992年11月17日「存在意義大きい韓国憲法裁」『朝日新聞夕刊』
1994年3月 植野妙実子監修 共著『わたしたちの権利』はばたく女性の会・東京
1994年5月「共生の時代の女性の権利」全国憲法研究会編『憲法問題[5]』
1995年3月「ユネスコと平和主義」平成6年度科研費研究成果報告書『世界平和貢献策の憲法学的・学際的研究』(代表:深瀬忠一)
1995年3月「男女平等の現状―日仏比較」平成6年度東京女性財団研究助成報告書『専業主婦に対する保護政策の批判的検討―日仏比較を通して』(代表:植野妙実子)
1995年5月「日本国憲法と国連の役割」『法学教室176号』
1997年3月「解説」清水睦著『現代統治の憲法手法』(三省堂、1997年)
1997年5月「第14条」、「第24条」小林孝輔・芹沢斉編『基本法コンメンタール・憲法[第4版](別冊法学セミナー149号)』、(2006年4月小林孝輔・芹沢斉編『基本法コンメンタール・憲法[第5版](別冊法学セミナー189号)』)
1998年2月『21世紀の女性行政推進のために』八王子市女性問題協議会提言書作成提出
1998年10月―11月「なぜ踏みにじる―世界に誇れる憲法9条(上・下)」『婦人通信478号及び479号』
1999年3月「施行52年目の憲法の危機」『婦人展望502号』
1999年6月「性による差別」高橋和之=大石眞編『憲法の争点[第3版](ジュリス

ト増刊)』(2008年12月大石眞・石川健治編『憲法の争点（ジュリスト増刊)』)

1999年11月「座談会—人権擁護推進審議会の答申をめぐって」『ジュリスト1167号』

2000年6月「対談　ベアテ・シロタ・ゴードンと—『男女平等憲法』にこめた想い」『週刊金曜日317号』

2001年3月「男女平等を推進する平等概念」科研費基盤研究B研究成果報告書『欧州統合の下でのフランス憲法構造の変容』(代表：中村睦男)

2001年7月「女帝復活の必然性」『東京新聞夕刊』

2001年11月「教育の目的」国民教育文化総合研究所編、共著『教育基本法を「生かし活かす」ために』

2002年4月「インタビュー　リカルド・セケイラ駐日大使『武器を持たない闘士たちの国コスタリカ』」『週刊金曜日409号』

2002年4月「座談会—中教審への諮問文をどう受けとめるか」『教育と文化27号』

2002年5月「日本国憲法と有事法制」『女性展望537号』

2003年3月「CEDAWとフランス」科研費基盤研究C研究成果報告書『フェミニズム国際法学の構築』(代表：山下泰子)

2003年8月『男女共生のための政策をめざして』八王子男女共同参画協議会提言書作成

2004年5月「鑑定意見書」『労働法律旬報1575号』(2005年6月宮地光子監修・ワーキング・ウィメンズ・ネットワーク編、共著『「公序良俗」に負けなかった女たち』明石書店に所収)

2006年4月「女性天皇問題を考える」『中日新聞夕刊』

2008年12月「第15条」『国際女性22号』

2013年5月「対談　植野妙実子・高橋哲哉　憲法改正論のどこが問題か」『女性展望2013年5月号』

2014年3月「ケースとティーチイングノート」植野妙実子・兼頭ゆみ子　共著『裁判員制度』中央大学大学院・公共政策研究科

2015年3月「ケースとティーチイングノート」植野妙実子・兼頭ゆみ子　共著『非嫡出子の相続分差別と平等原則』中央大学大学院・公共政策研究科

2016年8月「監訳者解説」ルイ・ファヴォルー＝植野妙実子監訳『法にとらわれる政治』(中央大学出版部)

2017年9月「選択的夫婦別氏制の必要性」『中央評論300号』

2017年10月「憲法施行70年—平和とジェンダー平等のための憲法の価値」『婦人通信704号』

2017年11月「対談　植野妙実子・中野晃一　これからの『壊憲』阻止の闘い」『週刊

金曜日1159号』
2018年8月「憲法における女性の権利と家族」日本婦人団体連合会編『女性白書2018』(ほるぷ出版)
2018年10月「フランスからみた国家緊急権」『住民と自治2018年10月号』
【その他　多数】

学会・社会における活動

1980年5月　フランス憲法研究会において研究発表「フランスにおける営業の自由と警察規制」(於　立命館大学)
1982年6月　東京フランス行政法研究会において研究発表「フランスにおける営業の自由」(於　都立大学)
1987年7月　東京フランス行政法研究会において研究発表「国民の権利のための行政統制」(於　都立大学)
1987年8月30日―9月5日　国際憲法学会　日本の問題の報告者 “Le droit de propriété dans la Constitution japonaise” au IIe congrès mondial de l’A.I.D.C.(於　フランス　セナ)
1987年10月22日　国際憲法裁判学会　日本の問題の報告者 “La liberté de l’information” à la table ronde internationale (GERJC)(於　エックス・マルセイユ第三大学)[国際憲法裁判学会(現在、国際比較憲法裁判学会に名称変更)には以降、2010年から2013年までを除いて、2018年まで原則毎年参加、報告を担当]
1988年3月31日　ENA受験コースの学生のための講演 “Le système politique au Japon”(於　エックス・マルセイユ第三大学)
1988年7月18日―20日　国際公務員学会　日本の問題の報告者 “Le fonctionnaire et la politique” au 11ème colloque d’Avignon (A.I.F.P.)(於　アヴィニヨン市法王庁)[国際公務員学会には以降、1990年まで毎年参加、報告を担当]
1988年9月5日―7日　国際法方法論学会　日本の問題の報告者 “Les standards juridiques au Japon” au Ier congrès de l’A.I.M.J.(於　エックス・マルセイユ第三大学)
1989年5月2日　府中市憲法記念講演会講師「憲法と男女平等」(於　府中市文化センター)
1989年9月30日　東京フランス行政法研究会において研究発表「フランスにおける公務員制度と男女平等」(於　青山学院大学)
1989年12月7日　北九州市人権週間記念講演会講師「私たちの暮らしと人権」(於

北九州市小倉市民会館）

1990年３月17日　日仏女性資料センター記念講演会講師「フランスにおける男女平等」（於　東京都婦人情報センター）

1990年４月28日　憲法理論研究会において研究発表「君主制の比較法的検討の試み」（於　早稲田大学）

1990年６月２日　比較法学会において部会報告「フランスにおける公務員制度」（於　香川大学）

1992年９月　憲法理論研究会日韓シンポジウム　事務局長として参加（於　韓国ソウル・梨花女子大学）

1993年５月３日　全国憲法研究会憲法記念講演会講師「共生の時代の女性の権利」（於　日本教育会館）

1993年10月９日　川崎市市民局女性行政推進室主催　市民女性海外派遣事前研修講師「人権の基本的な考え方」（於　川崎市中小企業・婦人会館）

1993年10月15日　中野区教育委員会主催　中野区民大学講師「PKOと憲法第九条」（於　中野区もみじ山文化センター）

1993年11月３日　憲法擁護国民連合主催　憲法の理念を生かし、平和・人権・民主主義と環境を築く　第30回国民大会フォーラム　パネリスト「新政権と護憲運動」（於　徳島県郷土文化会館）

1994年３月11日、15日　科研費による研究『EC統合と社会変動』で報告 “Réflexion sur le droit d'asile”（於　シェフィールド大学、エックス・マルセイユ第三大学）

1994年４月２日　世界平和研究会（科研費による研究）で報告「ユネスコと平和主義」（於　品川きゅりあん）、1995年５月13日「ユネスコの課題と展望」（於　早稲田大学）、1996年１月７日「ユネスコの将来」（於　早稲田大学）

1994年８月30日―９月10日　東京女性財団の助成を得てスイス及びフランス訪問調査研究『専業主婦に対する保護政策の批判的検討』（代表：植野妙実子）

９月５日「男女平等の現状―日仏比較」（於　パリ第一大学）

９月６日「民法における男女平等」（於　エックス・マルセイユ第三大学）

９月７日「EC統合と男女平等」（於　エックス・マルセイユ第三大学 CERJC）

1994年12月10日　中央大学日本比較法研究所女性の権利グループ主催　シンポジウム「主婦政策の再検討―日仏比較」パネリストとコーディネーター（於　中央大学駿河台記念館）

1995年４月６日　特別区職員研修所新任研修記念講演会講師「憲法と基本的人権」（於　日比谷公会堂）

1995年６月10日　日仏女性資料センターにおいて研究発表「フランスの女性政策」（於　東京都女性情報センター）

1995年６月18日　日本平和学会におけるパネルディスカッション『敗戦50年と21世紀における平和研究のアジェンダ』のパネリスト「女性・平和・人権」（於　広島市立大学）

1995年９月29日　中央大学法学部主催　日本学術会議平和問題研究連絡委員会共催講演会講師「女性と平和」（於　中央大学多摩キャンパス）

1995年10月26日　創造経営研究会創立30周年記念フォーラム『世界と日本の進路を考える』パネリスト「共生時代の女性の役割」（於　京王プラザホテル）

1995年11月29日　川越市市民部女性政策推進室主催　政策参画講座講師「男女共生社会を考える」（於　川越市役所）

1995年12月２日　東京女性財団第二回助成報告会　分野別報告会で発表「専業主婦に対する保護政策の批判的検討」（於　東京ウィメンズプラザ）

1995年12月16日　七婦人国体議会活動連絡会委員会主催　1995年婦人参政権獲得記念講演会講師「女性と平和」（於　婦選会館）

1996年２月３日　全国フェミニスト議員連盟主催『女性議員と読む行動綱領』「女性の教育と研修」報告担当（於　婦選会館）

1996年２月19日、22日　大学生・大学院生のために講演 “Identity of the Japanese”（於　シェフィールド大学）

1996年３月30日　はばたく女性の会・東京主催　講演会講師「世界女性会議の『行動綱領』の意味」（於　品川きゅりあん）

1996年６月11日　市町職部会・女性役員交流会・学習会講師「地方自治体における女性センターの役割」（於　立川市女性総合センター「アイム」）

1996年６月15日　フランス行政法研究会にて研究発表「ＥＵ統合とフランス憲法院」（於　中央大学駿河台記念館）

1996年８月30日　山梨県他主催　地方分権シンポジウム　パネルディスカッション「地方分権の実現のために」パネリスト（於　山梨県自治会館）

1996年11月２日　比較憲法史研究会にて研究発表「憲法裁判官の正当性」（於　駿河台予備校）

1996年11月10日　憲法研究所主催　憲法大学講座講師「女性と政治—今と未来」（於　京都労働者総合会館）

1996年12月21日　憲法理論研究会において研究発表「憲法裁判の50年」（於　明治大学）

1997年５月17日　大田憲法会議・新日本婦人の会大田支部主催　憲法をくらしの中に

—'97大田区民の憲法行事参加企画講師「憲法50年と女性の地位」（於　大田区民生活センター）

1997年５月22日　憲法擁護富山県民連合主催　'97憲法講演会講師「平和憲法の意義と我々の課題」（於　魚津市新川文化ホール）

1997年５月29日　憲法擁護平和と民主主義を守る三重県民連合主催　第16回定期総会記念講演講師「憲法50年の歩みとこれからの憲法」（於　津市三重県勤労者福祉会館）

1997年11月16日　日本平和学会部会Ｖ「日米安保とアジアの平和」討論者（於　一橋大学）

1998年２月６日　文京区女性団体連絡会主催　プラスワンセミナー講師「人権保障と裁判のあり方」（於　文京区女性センター）

1998年２月18日　東京早稲田ライオンズクラブ主催　第611回２月第二例会ゲストスピーカー「フランスから見た日本」（於　ホテル海洋）

1998年２月27日　八王子市女性問題協議会会長として市長への提言書提出

1998年４月30日　八王子市職員対象女性問題講演会講師「21世紀の女性行政推進のために」（於　八王子市役所）

1998年５月３日　憲法擁護・平和・人権フォーラム主催　憲法施行51年シンポジウム司会兼パネリスト「憲法と安全保障」（於　日本教育会館）

1998年６月24日　NHK放送研修講師「女性差別の現状と課題」（於　NHK研修センター）

1998年９月26日　八王子手をつなぐ女性の会主催　10周年記念の集い記念講演会講師「世界の女達に学ぶ—21世紀の女性政策と市民活動」（於　八王子市学園都市センターホール）

1998年10月８日　日本比較法研究所主催　中央大学—エックス・マルセイユ第三大学交流20周年記念シンポジウム『今日の家族をめぐる日仏の諸問題』「憲法・国際法の観点からみた家族の諸問題」コーディネーター、翻訳者、総括（於　中央大学多摩キャンパス）

1998年10月29日　川越市主催　政策参画講座講師「男女共生を考える」（於　川越市役所）

1999月１月27日　人事院創立50周年記念セミナー司会兼パネリスト「フランスENA官僚の実像」（於　弁護士会館）

1999月３日23日　第17回市町村女性問題実務担当職員連絡会女性問題研修講師「これからの女性行政について」（於　立川市女性総合センター「アイム」）

1999年５月７日　市川房枝記念会主催　憲法記念講演会講師「日本国憲法の制定過程

と世紀末の課題」（於　婦選会館）

1999年５月７日　現代フランス憲法理論研究会（科研費による研究）にて報告「フランスにおける家族―憲法学の視点から」（於　東京大学）

1999年９月22日、23日　全国憲法研究会主催　アジア立憲主義シンポジウムにて研究報告「日本国憲法の意義と全国憲法研究会」（於　早稲田大学）

1999年11月11日、12日川越市主催　第10回女性問題全国都市会議＆イーブンライフin川越　コーディネーターとまとめの講演「これからの女性行政」（於　川越市立図書館および川越プリンスホテル）

2000年２月23日「第147回参議院共生社会に関する調査会」における参考人

2000年４月28日　宮城県護憲平和センター主催　憲法記念日講演会講師「憲法と平和主義」（於　宮城県ろうふく会館）

2000年５月３日　戦争への道を許さない女たちの連絡会主催「女性憲法学者による『憲法調査会』」シンポジスト（於　東京ウィメンズプラザホール）

2000年５月15日　立命館大学人文科学研究所（フランス法研究プロジェクト）にて研究発表「フランスにおける男女平等」（於　立命館大学）

2000年６月15日　関東人権擁護委員連絡会定時総会　記念会講師「人権問題の現在」（於　水上館）

2000年11月１日　東久留米市男女共同参画都市宣言記念講演会講師『あなたの出番、IN東久留米'～男女共同参画社会をめざして』「女性政策の現在」（於　東久留米市市民プラザホール）

2000年11月18日　全国憲法研究会憲法問題特別委員会主催　憲法フォーラム「平和・民主・人権と改憲論」コーディネーター（於　明治大学）

2001年２月25日―３月５日　内閣府委託調査でフランスに出張『諸外国における政治への女性の参画に関する調査研究』（フランス担当）

2001年５月15日　EU-Japan Friendship Weekパネルディスカッション『日欧とジェンダー』基調報告担当「女性の政界進出状況日仏比較」（於　中央大学多摩キャンパス）

2001年６月４日　日本学術会議公法学研究連絡委員会・金沢大学・石川県主催　シンポジウム『男女共同参画社会の法と制度』パネリスト「政治領域における男女共同参画」（於　石川県女性センター）

2001年７月６日　平成13年度学術会議　第２部夏期部会公開シンポジウム　パネリスト「男女平等と学校教育」（於　函館大学）

2001年10月６日　17th Law Asia Biennial Conference Section27のスピーカー“Violence within the family”（於　ニュージーランド　クライストチャーチ）

2001年11月27日　埼玉調停委員協会連合会主催　講演会講師「D.V.防止法の意義—男女共同参画の進展に向けて」（於　浦和ロイヤルパインズホテル）

2002年２月26日　日本女性法律家協会・女性と仕事の未来館共催　日本・ジョルダン・エジプト・パレスチナ女性交流クロースドディスカッションコーディネーター「女性と労働」（於　女性と仕事の未来館）

2002年２月27日　日本女性法律家協会主催　日本・ジョルダン・エジプト・パレスチナ女性交流　国会議員との懇談会、コーディネーター（於　参議院議員会館）

2002年８月22日　フェミニズム国際法学研究会（科研費による研究）にて報告「CEDAWとフランス」（於　国立女性教育会館）

2002年12月１日　憲法理論研究会・韓国地方自治学会主催　日韓法学者シンポジウム　コメンテーター「憲法と地方自治」（於　私学会館）

2002年12月25日　参議院法制局第３部１課研究会講師「フランスにおけるパリテ法の成立」（於　参議院）

2003年５月31日　日本教育法学会第33回定期総会研究総会にて報告「教育基本法改正をめぐる諸問題—憲法の視点から」（於　埼玉大学）

2004年１月22日　九州大学セクシュアルハラスメントセミナー講師「ジェンダーと法」（於　九州大学）

2004年４月８日　七婦人団体議会活動連絡委員会主催　婦人参政権行使58周年記念集会『参院選に際し女性の政治参画を考える』基調講演及びパネリスト「グローバリゼーションと女性の政治参画」（於　婦選会館）

2004年５月８日　全国憲法研究会　春期研究総会にて報告「グローバリゼーションと憲法動態」（於　専修大学）

2004年５月30日　日本教育法学会第34回定期総会　第１分科会にて報告「教育目的と公共性」（於　神戸大学）

2004年８月30日　フランス憲法研究会・日仏公法セミナーにて報告“Quelques problèmes sur organes juridictionnels”（於　関東学院大学）

2004年10月28日　日本婦人有権者同盟主催　公開講座講師「日本国憲法24条の意義」（於　参議院議員会館）

2004年11月５日　STOP！憲法24条改悪キャンペーン主催　キックオフ集会基調講演講師「『家族制度見直し』についての問題点」（於　東京ウィメンズプラザホール）

2005年３月５日　日仏女性資料センター（日仏女性研究学会）『フランス女性と法』研究会にて報告「フランスにおける平等原則の進展」（於　日仏会館）

2005年４月26日、５月11日　東京都市町村職員新任研修会講師「人権の尊重」（於　東京都市町村職員研修所）

2005年６月９日―10日　フランス憲法学会に出席　日本学術会議より派遣（於　モンペリエ大学）

2005年９月27日　日本弁護士連合会・第一東京弁護士会主催　シンポジウム「国家を超えた根本規範を検証する―国連憲章、日本国憲法、そしてEU憲法」パネリスト（於　弁護士会館）

2005年11月10日　日本弁護士連合会主催　第48回人権擁護大会シンポジウム第１分科会「憲法は、何のために誰のためにあるのか」パネリスト（於　鳥取県立県民文化会館）

2006年４月30日　日本教育法学会教育基本法研究特別委員会にて研究発表「政府案の検討―家庭教育・幼児教育」（於　明治大学）

2006年５月22日　国際女性の地位協会主催　女性差別撤廃条約研究会にて報告「女性差別撤廃条約の憲法への波及」（於　明治大学）

2006年６月18日　日本教育法学会教育基本法研究特別委員会にて研究発表「民主党案の検討―家庭教育・幼児教育」（於　明治大学）

2006年８月６日　日本私大教連主催　第17回全国私大教研　特別学習セッション講師「憲法・教育基本法改悪が狙うものは何か」（於　立命館大学）

2006年10月１日　日本婦人有権者同盟等参加　９条フェスタ2006シンポジウム「平和なくして平等なく、平和なくして人権なし」基調講演者兼コーディネーター（於　品川きゅりあん）

2006年10月１日　日本教育法学会主催　公開シンポジウム　報告者「教基法改正案　新設条項と削除された条項」（於　明治大学）

2006年10月13日　岡山弁護士会主催　憲法記念県民集会「どうする？憲法と平和主義」基調講演者「憲法改正と立憲主義」（於　岡山市三木記念ホール）

2006年10月31日　千葉弁護士会主催　市民集会講師「憲法と国民投票法を考える」（於　千葉市文化センター）

2006年11月17日　憲法と人権の日弁連をめざす会主催　講演会講師「改憲は、何のために、誰のために？」（於　弁護士会館）

2006年11月25日　中央大学大学院公共政策研究科２周年記念講演会とシンポジウム　パネルディスカッション「市場主義を超えて」パネリスト（於　中央大学都心キャンパス）

2006年12月９日　フランス行政法研究会にて研究発表「フランスの裁判制度」（於　中央大学都心キャンパス）

2007年２月15日　第二東京弁護士会主催　日本弁護士連合会等共催「どうする、どうなる、憲法９条」パネリスト（於　イイノホール）

2007年3月5日　日弁連憲法委員会講演会講師「憲法改正案の問題点」(於　弁護士会館)

2007年3月13日　埼玉弁護士会主催　市民集会「改憲論は私たちの生活をどう変えるのか?」講師「自民党新憲法草案の問題点」(於　埼玉会館小ホール)

2007年5月3日　2007年5・3憲法集会実行委員会主催　2007年5・3憲法集会スピーチ担当「生かそう憲法　守ろう9条」(於　日比谷公会堂)

2007年10月7日　第72回公法学会　第1部会報告者「国民保護と国家の役割」(於　香川県県民ホール)

2007年12月9日　東京母親大会実行委員会主催　2007年東京母親大会　記念講演会講師「憲法改悪がねらうもの」(於　一ツ橋ホール)

2008年2月9日　第二東京弁護士会主催　憲法シンポジウム「憲法改正と心の支配」パネルディスカッション「教育現場の現状と対応策」パネリスト(於　弁護士会館)

2008年2月25日―3月3日　中央大学日本比較法研究所　研究基金による「現代議会制の比較法的研究」グループのフランス訪問調査研究に団長として参加　テーマ「フランスの権力分立の現実」

2008年3月12日　第8回日仏公法セミナー「基本権の現代的変化 Les mutations contemporaines des droits fondamentaux」の報告者 “Globalisation et garantie des droits de l’homme”(於　福岡大学)

2008年5月3日　9条世界会議―国際法律家パネル「世界の法律家は日本の9条をどう生かすか」コーディネーターとまとめの発言(於　幕張メッセ)

2011―2014年度　基盤研究C 公法学『立法過程・政策決定過程における各機関の自立と協働』(代表者:植野妙実子)

2012年1月31日　日弁連憲法委員会主催「これまでの10年、これからの10年―憲法が生きている日本をめざして」リレートーク発言者(於　弁護士会館)

2013年7月3日　埼玉弁護士会主催　学習会講師「自民党憲法改正草案の内容と問題点―基本的人権の保障と立憲主義の観点から」(於　さいたま共済会館)

2013年7月14日　慶応義塾大学フランス公法研究会にて研究発表「フランスにおける法的安定性」(於　慶応義塾大学)

2013年11月22日　北海道大学教育学研究院　共同研究企画＜教育と暴力―学校・スポーツ・家庭＞招聘講演者「憲法24条の意義と限界―DV、児童虐待の規制を考える」

2013年12月8日　清瀬市男女共同参画センター主催　人権週間記念講座講師「憲法から考える男女平等―婚外子差別はなぜ違憲か」(於　清瀬市男女共同参画センター会議)

2014年１月７日　立川市総合政策部男女平等参画課 管理職研修講師「男女共同参画を政策にいかす―何が重要な解決すべき課題か？」（於　立川市役所）

2014年５月３日　2014・５・３愛媛憲法集会実行委員会主催　５・３愛媛憲法集会記念講演講師「憲法と国民の暮らし」（於　愛媛県民文化会館）

2014年12月４日　埼玉弁護士会主催　憲法と人権を考える市民の集い　講師「憲法改正と集団的自衛権」（於　大宮ソニックシティー）

2014年12月13日　フランス行政法研究会にて研究発表「フランスのQPC（事後的違憲審査制）の概要と影響」（於　東京大学）

2015年７月31日　９条連結成20周年記念シンポジウム「憲法改悪に立ち向かう！」コーディネーター（於　日暮里サニーホール）

2015年11月１日―７日　中央大学教育力向上推進事業（大学院公共政策研究科　代表：植野妙実子）として、フランスにおける公務人材育成についてコンセイユ・デタ、ENA等を訪問調査研究

2015年11月28日　日本科学者会議にて報告「立憲主義と国家緊急権」（於　拓殖大学）

2015年11月　中央大学教養番組　知の回廊　105回「女も男も輝く社会！」監修

2016年２月27日　第25回女と男の生き生きフォーラム八王子　シンポジウム「戦後70年、女たちは今」 講演者（於　八王子クリエイトホール）

2016年10月６日　日本弁護士連合会主催　第59回人権擁護大会シンポジウム第１分科会「立憲主義と民主主義を回復するために」第５部パネルディスカッション　パネリスト（於　福井市フェニックスホール）

2016年10月30日 第25回慶応義塾大学フランス公法研究会にて研究発表「ファヴォルー著『法にとらわれる政治』の今日的意義」（於　慶応義塾大学）

2016年11月10日　大学院生のために講演 “Les droits des femmes au Japon”（於　エックス・マルセイユ大学）

2016年12月17日　第26回中央大学学術シンポジウム『法化社会のグローバル化と理論的・実務的対応』報告者「フランス公法における『グローバル・スタンダード』の影響」（於　中央大学比較法研究所）

2017年５月３日　憲法集会『施行70年　いいね！日本国憲法―平和といのちと人権を』発言者（於　有明防災公園）

2017年６月10日　子どもと教科書全国ネット21　第20回記念講演会講師「日本国憲法施行70周年と安倍政権の改憲の動向」（於　東京大学）

2017年７月15日　憲法問題研究会にて研究発表「立憲主義と国家緊急権―フランスでの議論を踏まえて」（於　明治大学）

2017年８月17日　日本婦人団体連合会主催　戦争はごめん女性のつどい記念講演会講

師「憲法施行70年―平和とジェンダー平等のための憲法の価値」(於　新日本婦人の会中央本部)

2017年９月27日　国際婦人年連絡会2017年度第２回セミナー講師「憲法施行70年、憲法の価値と『改憲』への動き」(於　婦選会館)

2017年11月27日　市民と語るどこでも憲法　主催　憲法ネット103　憲法講座講師「選挙結果と憲法改正の動向」(於　中央大学都心キャンパス)

2018年５月３日　憲法を活かす市民の会・やまぐち/憲法を守る山口集会実行委員会共催　2018憲法を守る山口集会　講師「安倍改憲の狙いと憲法を生かす努力」(於　山口市民会館)

2018年６月３日　日本教育法学会第48回定期総会　第２分科会「家庭教育と国家」にて研究報告「憲法から見た家庭教育と国家」(於　東北学院大学)

2018年９月７日・８日　第34回国際比較憲法裁判学会　日本の問題の報告者 “Egalité, genre et Constitution”(於　エックス・マルセイユ大学)

【その他　多数】

【執筆者一覧】（執筆順、◎は編著者）

伊藤　洋一	（いとう　よういち）	東京大学大学院法学政治学研究科教授
◎藤野美都子	（ふじの　みつこ）	福島県立医科大学医学部人間科学講座教授
蛯原　健介	（えびはら　けんすけ）	明治学院大学法学部教授
小川有希子	（おがわ　ゆきこ）	慶應義塾大学大学院法学研究科博士課程
加藤　一彦	（かとう　かずひこ）	東京経済大学現代法学部教授
畑尻　　剛	（はたじり　つよし）	中央大学法学部教授
松原　幸恵	（まつばら　ゆきえ）	山口大学教育学部准教授
◎佐藤　信行	（さとう　のぶゆき）	中央大学法科大学院教授
山元　　一	（やまもと　はじめ）	慶應義塾大学大学院法務研究科教授
工藤　達朗	（くどう　たつろう）	中央大学法科大学院教授
橋本　基弘	（はしもと　もとひろ）	中央大学法学部教授
横尾日出雄	（よこお　ひでお）	中京大学法務総合教育研究機構教授
只野　雅人	（ただの　まさひと）	一橋大学大学院法学研究科教授
萩原　貴司	（はぎわら　たかし）	中央大学大学院法学研究科博士後期課程公法専攻
福岡　英明	（ふくおか　ひであき）	國學院大學法学部教授
丹羽　　徹	（にわ　とおる）	龍谷大学法学部教授
宮盛　邦友	（みやもり　くにとも）	学習院大学文学部准教授
寺川　史朗	（てらかわ　しろう）	龍谷大学法学部教授
石川多加子	（いしかわ　たかこ）	金沢大学人間社会研究域准教授
早田　幸政	（はやた　ゆきまさ）	中央大学理工学部教授
佐藤修一郎	（さとう　しゅういちろう）	東洋大学法学部教授
妹尾　克敏	（せのお　かつとし）	松山大学法学部教授

憲法理論の再構築
植野妙実子先生古稀記念論文集

2019年1月25日　初版発行　定価はカバーに表示してあります

編著者　藤野美都子
　　　　佐藤信行
発行者　竹内基雄
発行所　株式会社　敬文堂
〒162-0041　東京都新宿区早稲田鶴巻町538
電話(03)3203-6161㈹ FAX(03)3204-0161
振替　00130-0-23737
http://www.keibundo.com

Printed in Japan

印刷／信毎書籍印刷株式会社　製本／有限会社高地製本所
カバー装丁／株式会社リリーフ・システムズ
落丁・乱丁本は、お取替えいたします。
ISBN978-4-7670-0228-6　C3032